Jutta Bertram

Einführung in die inhaltliche Erschließung

Grundlagen – Methoden – Instrumente

_____

ERGON VERLAG

Bibliografische Information Der Deutschen Bibliothek

Die Deutsche Bibliothek verzeichnet diese Publikation
in der Deutschen Nationalbibliografie;
detaillierte bibliografische Daten sind im Internet
über http://dnb.ddb.de abrufbar.

© 2005 ERGON Verlag · Dr. H.-J. Dietrich, 97080 Würzburg
Umschlaggestaltung: Jan von Hugo
Satz: Thomas Breier, Ergon Verlag

www.ergon-verlag.de

Printed in Germany
ISBN 3-89913-442-7

Inhalt

Verzeichnis wichtiger Abkürzungen

AAT	Art & Architecture Thesaurus
BID	Bibliothek Information Dokumentation
BK	Niederländische Basisklassifikation
BUBL	Bulletin Board for Libraries
CC	Colon Classification
DBE	Dokumentarische Bezugseinheit
DC	Dublin Core
DDB	Die Deutsche Bibliothek
DDC	Dewey Decimal Classification/ Dewey-Dezimalklassifikation
DE	Dokumentationseinheit
DFG	Deutsche Forschungsgemeinschaft
DIMDI	Deutsches Institut für medizinische Dokumentation und Information
DIN	Deutsches Institut für Normung
DK	Dezimalklassifikation
ETB	Europäischer Thesaurus Bildungswesen
GKD	Gemeinsame Körperschaftsdatei
ICS	International Classification for Standards
IID	Institut für Information und Dokumentation
IPC	Internationale Patentklassifikation
ISO	International Organization for Standardization
IuD	Information und Dokumentation
KWIC	Keyword in context
KWOC	Keyword out of context
LCC	Library of Congress Classification
LCSH	Library of Congress Subject Headings
MeSH	Medical Subject Headings
OCLC	Online Computer and Library Center
PMEST	Personality, Matter, Energy, Space, Time
PND	Personennamendatei
RSWK	Regeln für den Schlagwortkatalog
RVK	Regensburger Verbundklassifikation
SOSIG	Social Science Information Gateway
SUB Göttingen	Niedersächsische Staats- und Universitätsbibliothek Göttingen
STW	Standard Thesaurus Wirtschaft

SWD	Schlagwortnormdatei
UDC	Universal Decimal Classification
URL	Uniform Resource Locator

Vorwort

Die inhaltliche Erschließung geht von der Frage aus, wie man sich gezielt und schnell einen Zugang zu Dokumentinhalten und eine Orientierung über sie verschaffen kann. Ein Dokument kann dabei alles ein, was als Träger inhaltlicher Daten in Betracht kommt: eine Patentschrift oder ein Plakat, ein Fernsehbeitrag oder ein Musikstück, ein musealer Gegenstand oder eine Internetquelle, ein Buch, ein Zeitungsartikel und vieles mehr. Als Dozentin für inhaltliche Erschließung am Potsdamer Institut für Information und Dokumentation (IID), das wissenschaftliche Dokumentare ausbildet, habe ich mich mit obiger Frage vier Jahre lang beschäftigt. Das vorliegende Buch stellt eine Essenz meiner Unterrichtsmaterialien dar, die ich im Laufe dieser Zeit entwickelt habe. Mit der Erstellung der Materialien wollte ich zum einen dem Mangel an aktueller deutschsprachiger Literatur zum Thema 'Inhaltserschließung' begegnen und außerdem das Lehrgeschehen so vollständig wie möglich dokumentieren. Die Zusammenfassung meiner Skripte zu einer Buchpublikation ist eine Reaktion auf das häufig geäußerte Bedürfnis der Kursteilnehmer, neben all den Loseblattsammlungen auch ein „richtiges Buch" erstehen zu können. Die Publikation richtet sich aber ebenso an mein derzeitiges Klientel, die Studentinnen und Studenten des Fachhochschulstudiengangs Informationsberufe in Eisenstadt (Österreich). Darüber hinaus ist sie an jegliche Teilnehmer von Studiengängen im Bibliotheks-, Informations- und Dokumentationsbereich adressiert. Zudem verbinde ich mit ihr die Hoffnung, daß sie auch der einen oder anderen lehrenden Person als ein Hilfsmittel dienen möge.

Bei der Erstellung der Lehrmaterialien ging es mir nicht darum, das Rad neu zu erfinden. Vielmehr war es meine Absicht, die bereits vorhandenen Räder zusammenzutragen und in einem einheitlichen Konzept zu vereinen. Der Literaturpool, aus dem sich die Publikation speist, besteht zunächst aus nationalen und internationalen Normen, die den Bereich der Inhaltserschließung berühren. Dazu kommen die nicht eben zahlreichen Monographien und Aufsätze im deutschen Sprachraum sowie einige englischsprachige Buchpublikationen zum Thema. Schließlich habe ich Zeitschriftenartikel aus dem Bibliotheks- und Dokumentationsbereich der letzten vier Jahre einbezogen, mehrheitlich ebenfalls aus dem deutschen Sprachraum, vereinzelt aus dem anglo-amerikanischen.

Ein wesentliches Anliegen dieses Buches ist es, Licht in das terminologische Dunkel zu bringen, das sich dem interessierten Leser bei intensivem Literaturstudium darbietet. Denn der faktische Sprachgebrauch weicht häufig vom genormten ab, die Bibliothekare verwenden andere Ausdrücke als die Dokumentare und Informationswissenschaftler, unterschiedliche Autoren sprechen unterschiedliche Sprachen und auch die Normen selbst sind längst nicht immer eindeutig. Ich habe mich um terminologische Konsistenz in der Weise bemüht, daß ich alternative deutsche Ausdrucksformen zu einem Terminus in Fußnoten aufführe. Dort finden sich gegebenenfalls auch die entsprechenden englischen Bezeichnungen, wobei ich mich in dieser Hinsicht überwiegend an dem genormten englischen Vokabular orientiert habe.

Das Buch beginnt mit einem Überblick über die wesentlichen Themen der Inhaltserschließung (Kap.1). Es führt in die zentrale Problemstellung ein, die sich an die Dualität zwischen Begriffen und Bezeichnungen knüpft (Kap. 2). Danach stehen die Methoden der Inhaltserschließung im Vordergrund: Das Abstracting (Kap. 3), das Indexieren (Kap. 4) und automatische Verfahren der Inhaltserschließung (Kap. 5). Für diese Methoden werden jeweils Arbeitschritte und Qualitätskriterien benannt und es werden typologische Unterteilungen vorgenommen. Ein weiteres Kapitel ist einem häufig vernachlässigtem Produkt inhaltserschließender Tätigkeit gewidmet, dem Register (Kap. 6). Mit Dokumentationssprachen kommen dann wichtige Erschließungsinstrumente zu Wort. Nach einem Überblick (Kap. 7) geht es um ihre beiden Ausprägungen, nämlich um Klassifikationen (Kap. 8-10) und um Thesauri (Kap. 11-12). Sie werden vor allem unter dem Aspekt ihrer Erstellung thematisiert. Zudem werden Qualitätskriterien und typologische Ausformungen angesprochen. Nach einem zusammenfassenden Vergleich von Dokumentationssprachen (Kap. 13) wird mit dem Internet schließlich exemplarisch ein Anwendungsbereich vorgestellt. Dabei geht es zunächst um die Erschließung von Internetquellen ganz allgemein (Kap. 14) und dann besonders um diejenige von Fachinformationsquellen (Kap. 15).

Jedes Kapitel beginnt mit einem Überblick über die wesentlichen Inhalte und die zugrunde liegende Literatur und endet mit ausgewählten bibliographischen Angaben. Diese sind gegebenenfalls mit Hinweisen auf Rezensionen versehen. Die Gesamtheit der zitierten Literatur findet sich im abschließenden Literaturverzeichnis. Grundlegende Begriffe sind gesperrt kursiv, Beispiele und Eigennamen einfach kursiv gesetzt, Pfeile ($\rightarrow$) stellen stets Verweise auf Abbildungen oder Tabellen dar. Die angeführten Internetquellen wurden zuletzt am 11-2-2005 auf ihre Gültigkeit hin überprüft. Die vier theoretischen Kernmodule (Abstracting, Indexieren, Klassifikationen, Thesauri) werden von Übungsbeispielen flankiert, wie ich sie so oder so ähnlich in der Lehre am IID eingesetzt habe. Sie sind mit exemplarischen Lösungsvorschlägen versehen. Dabei versteht es sich von selbst, daß diese Vorschläge nur einige wenige von vielen möglichen darstellen.

14

Mein Dank für das Zustandekommen dieser Publikation gilt zunächst den Teilnehmerinnen und Teilnehmer meiner Kurse am IID. Sie haben mich durch ihre ermutigenden Rückmeldungen, ihre rege Beteiligung am Unterrichtsgeschehen und ihre kritischen Fragen immer wieder dazu motiviert, Lehrinhalte zu hinterfragen und zu präzisieren. Jutta Lindenthal hat mit wertvollen Anregungen zu diesem Buch beigetragen. Außerdem danke ich ihr für die immense Sorgfalt, Zeit und Geduld, die sie auf das Gegenlesen des Manuskripts verwandt hat, und vor allem für ihre Begeisterungsfähigkeit. Für die akribische Suche nach formalen Fehlern geht ein herzliches Dankeschön an meinen Vater. Mein Dank für Korrekturtätigkeiten gilt ferner Sabine Walz und Jan Dürrschnabel.

Zum Schluß noch eine persönliche Anmerkung: Ich übernahm die Inhaltserschließung damals mit einer großen Portion Skepsis und in der Erwartung, es mit einer unendlich trockenen Materie zu tun zu bekommen. Je intensiver ich mich dann damit beschäftigte, desto größer wurde meine Begeisterung. Wenn ich meinen Lesern auch nur einen Funken davon vermitteln kann, dann wäre das für mich ein großer Erfolg.

Jegliche Anmerkungen, Korrekturen oder Kritik sind mir willkommen. Diese bitte ich zu richten an: jutta.bertram@fh-burgenland.at.

Kapitel 1 –
Inhaltserschließung im Überblick

„Bibliothekare haben die Aufgabe, dafür zu sorgen, daß Bücher und Köpfe aufeinandertreffen, machen aber das hohle Geräusch, das bei diesem Zusammentreffen mitunter entsteht, zu selten zu ihrem Problem."[1]

In diesem Kapitel soll in grundlegende Begriffe, Methoden und Instrumente der inhaltlichen Erschließung eingeführt werden. Dabei geht es zunächst um eine Zweckbestimmung, in deren Zentrum die Rolle der Inhaltserschließung als Mittler zwischen Dokumenturhebern („Büchern") und Nutzern („Köpfen") steht. Sie tritt an, eben jenes „hohle Geräusch", von dem im obigen Zitat die Rede ist, zu verhindern. Einige der Hindernisse und Anforderungen, denen sie sich dabei gegenübersieht, werden im folgenden thematisiert. Danach kommt die Inhaltsanalyse als wichtiger Teilprozeß der Inhaltserschließung zur Sprache. Es wird ein typologischer Überblick über Methoden und Ressourcen gegeben, an die sich inhaltserschließende Tätigkeiten knüpfen. Zudem werden einschlägige Hilfsmittel der Inhaltserschließung benannt und Formen, in denen Inhalte verdichtet wiedergegeben werden können.

    L i t e r a t u r : Einführende *deutschsprachige Literatur* stellt zunächst einmal Gaus' Lehrbuch zur Dokumentations- und Ordnungslehre dar (2003 in der 4. Auflage erschienen). Es geht thematisch über die Inhaltserschließung hinaus, weicht teilweise allerdings von der genormten Terminologie ab und ist nicht immer so aktuell, wie es das Erscheinungsjahr erhoffen läßt. Ebenfalls aus neuerer Zeit stammt ein von pädagogischer Seite geschriebenes Buch, das in die Wissensorganisation einführt und Schnittstellen mit Themen der inhaltlichen Erschließung aufweist – insbesondere, was die Thematik 'Begriffe und Bezeichnungen' und 'Dokumentationssprachen' angeht (Kiel/Rost 2002). Zur schon etwas älteren Grundlagenliteratur gehört Götz Greiners *Allgemeine Ordnungslehre* aus dem Jahre 1978.[2] Der Autor behandelt in diesem verständlich geschriebenen Büchlein grundlegende Aspekte der Inhaltserschließung unter besonderer Berücksichtigung von Ordnungsproblemen. Und zu guter Letzt sei noch auf einen längeren Aufsatz zur Inhaltserschließung von Friedrich Lang aus dem Jahre 1980 hingewiesen, der

---

[1]   Umlauf 2002:4.1
[2]   Greiner war Dozent für inhaltliche Erschließung am Frankfurter *Lehrinstitut für Dokumentation* (LID), das bis 1991 für die Ausbildung wissenschaftlicher Dokumentare in Deutschland zuständig war.

sich in der zweiten Auflage des LaiLuMu[3] findet und in etwa die thematische Bandbreite dieses Kapitels umfaßt. Im Internet gibt es zudem ein einführendes Skript aus bibliothekarischer Sicht zum Thema (Umlauf 2000). All dieser Literatur ist jedoch eine weitgehende Aussparung einzelner Anwendungsbereiche gemein. So fehlen theoretische Ausführungen zur inhaltlichen Erschließung etwa von Internetquellen oder von Bilddokumenten. Zugleich werden neuere Entwicklungen, vor allem automatische Verfahren, nur wenig berücksichtigt.

Anders ist dies im Bereich der *englischsprachigen Literatur*. Diesbezüglich sollen hier drei Einführungsbücher in die Inhaltserschließung erwähnt werden: Zum einen das Buch von Cleveland/Cleveland (2001 in der 3. Auflage erschienen), das sich an Neulinge richtet. Es zeichnet sich mehr durch Breite als durch Tiefe aus und wurde in einschlägigen Fachzeitschriften recht kritisch rezensiert, was vor allem auf einen Mangel an Sorgfalt in der Ausarbeitung zurückzuführen ist. Zum anderen das Buch von Lancaster (1998 in der 2. Auflage erschienen), das die Inhaltserschließung auf knapp 400 Seiten in Theorie und Praxis beleuchtet, wobei der Schwerpunkt eindeutig auf der Theorie liegt. Beide Bücher behandeln vor allem die Methoden der Inhaltserschließung (Indexieren und Abstracting), wohingegen die Konstruktion von Dokumentationssprachen weitgehend ausgespart bleibt. Ein einführender Klassiker ist schließlich das Buch von Foskett (1996 in der 5. Auflage erschienen), der seinen Schwerpunkt auf Klassifikationen legt. Auch einzelne Kapitel in Taylor (1999) führen in die Inhaltserschließung ein.

Abschließend sei noch auf ein Online-Tutorial zur Inhaltserschließung hingewiesen, das von Studenten des Fachbereichs Bibliothek und Information der Fachhochschule Hamburg entwickelt wurde.[4]

1 Definition und Zweck

Inhaltliche Erschließung umfaßt die Gesamtheit der Methoden und Hilfsmittel zur inhaltlichen Beschreibung von Dokumenten. Dabei werden Dokumente mit einzelnen Wörtern und/oder ganzen Sätzen angereichert, die ihre Inhalte verdichtet darstellen. Dies erleichtert deren Wiederauffind-

---

[3] LaiLuMu ist ein Namenskürzel. Es steht für Laisiepen/Lutterbeck/Meyer-Uhlenried, die die ersten Herausgeber der „Grundlagen der praktischen Information und Dokumentation" waren, *dem* theoretischen Grundlagenwerk für Dokumentare und sonstige Informationsspezialisten schlechthin.

[4] URL: http://www.bui.haw-hamburg.de/pers/ulrike.spree/TutorialBetaversion/ medok3tutbeta1/frame.html

barkeit, ermöglicht einen schnellen Zugriff und beschleunigt die Relevanzentscheidung.[5]

Inhaltliche Erschließung ist also niemals Selbstzweck, sondern erfährt ihre Bestimmung dadurch, den Nutzern *Zugang* zu und *Orientierung* über Dokumentinhalte zu verschaffen. Sie stellt damit einen wichtigen Teilprozeß
des *Information Retrieval* dar. Darunter versteht man im weiteren
Sinne die Repräsentation, Speicherung und Organisation von sowie den
Zugriff auf Informationen, die in Retrievalsystemen gespeichert werden
können. Im engeren Sinne ist damit das methodisch geleitete, gezielte Wiederauffinden von Dokumenten gemeint, die für eine bestimmte Fragestellung relevant sind.[6]

2 Anforderungen und Qualitätskriterien

„Every information professional knows that the hardest part of the job is finding
out exactly what the information seeker is asking."[7]

Die besondere Schwierigkeit bei der Inhaltserschließung besteht darin, daß
i.d.R. für einen anonymen Nutzerkreis erschlossen wird, der zudem nicht
nur aktuelle, sondern auch künftige Nutzer umfaßt.

Die in Suchanfragen vergegenständlichten Nutzerinteressen nun zeichnen sich typischerweise durch Vagheit und Unschärfe aus. D.h.:

- Die Nutzer sind sich häufig über ihren eigenen Bedarf nicht im klaren.
- Sie kennen ihre eigenen Wissensdefizite nicht genau.
- Sie haben Schwierigkeiten, ihr Anliegen in eine Suchanfrage zu trans-
  formieren.
- Sie wissen nicht genau, was sie als Antwort erwarten.

Computer können aber nur präzise Informationen verarbeiten. Wurden inhaltstragende Ressourcen also nicht oder nur ungenügend dokumentarisch
aufbereitet, ergeben sich *zu viele, die falschen* oder *keine Treffer* als typische
Probleme. Hier sind auf beiden Seiten (auf der Input- bzw. Erschließungs-
seite ebenso wie auf der Output- bzw. Retrievalseite) Maßnahmen gefordert,
die die Diskrepanz zwischen menschlicher Denkweise und der Arbeitsweise
des Computers verringern helfen.[8] Zu diesen Maßnahmen gehört die In-

---

5   Vgl. auch DIN 31 631-1:2; Fugmann 1999:11f; Lang 1980:246. In der englischen
    Sprache dürfte dem Begriff der Inhaltserschließung wohl der Ausdruck 'Indexing and
    Abstracting' am nächsten kommen.
6   Vgl. Salton 1987:1.
7   Cleveland/Cleveland 2001:185.
8   Vgl. hierzu z.B. Kiel/Rost 2003:51f; Gödert 1998:5.

haltserschließung. Sie soll dazu beitragen, den Nutzern zu relevante(re)n Treffern zu verhelfen. Dabei meint *Relevanz* „eine treffende Antwort auf die gestellte Frage"[9], also die begriffliche Übereinstimmung zwischen Anfrage und Dokument. Davon zu unterscheiden ist die *Pertinenz*, die alles umfaßt, „was den Fragesteller interessiert."[10] Sie bezeichnet also die subjektive Relevanz einer Ergebnisausgabe für den Informationssuchenden, ihre Nützlichkeit. Denn ein Dokument, das relevant für unsere Fragestellung ist, muß noch lange nicht pertinent sein (z.B. weil wir seinen Inhalt schon kennen). Relevanz ist die Grundlage der beiden zentralen Qualitätskriterien, anhand derer sich Recherche-Ergebnisse beurteilen lassen, nämlich Recall und Precision. Beides sind zugleich auch quantifizierbare Größen.[11]

Der *Recall* gibt über die Fähigkeit eines Informationssystems Auskunft, *alle* relevanten Treffer auf eine Suchfrage hin zu finden. Er ist ganz wesentlich von der Erfüllung eines weiteren Qualitätskriteriums, nämlich der *Konsistenz* der Erschließungsergebnisse abhängig: Dafür müssen gleiche Inhalte in unterschiedlichen Dokumenten (u.U. von unterschiedlichen Personen) gleich erschlossen werden. Die *Precision* wiederum gibt über die Fähigkeit eines Informationssystems Auskunft, *nur* relevante Treffer auf eine Suchfrage hin zu finden.[12]

Des weiteren spielt, wenn es um Qualitätskriterien geht, ein Aspekt eine zentrale Rolle, der in der englischen Literatur häufig als *Aboutness* bezeichnet wird (im Sinne der Frage: *What is the document about?*) und den man vielleicht mit 'Begriffliche Abdeckung' übersetzen könnte. Die Aboutness hat zwei Dimensionen, nämlich einerseits eine vertikale, die Abdeckung in der Tiefe (zumeist als *Spezifität* bezeichnet) und andererseits eine horizontale, nämlich die Abdeckung in der Breite (im Englischen als *Exhaustivity* bezeichnet). Die Qualität der Inhaltserschließung lebt nun wesentlich von der Frage, in welchem Ausmaß sie beide Dimensionen abzubilden vermag.[13] In diesem Zusammenhang wiederum ist es von entscheidender Bedeutung zu vermeiden, was Moens als 'errors of omission' und 'errors of commission' bezeichnet: Weder sollte Wichtiges weggelassen, noch Unwichtiges abgebildet werden.[14] Zudem sollten qualitativ hochwertige Re-

---

9   Fugmann 1992:71.
10 Fugmann ebd.
11 Zu ihrer Berechnung vgl. z.B. Salton 1987:174ff. Die englischen Bezeichnungen für 'Relevanz' und 'Pertinenz' lauten: 'relevance' und 'pertinence' (ISO 5127).
12 Vgl. hierzu ausführlicher Wersig 1985:269f. Alternative Bezeichnungen für 'Precision' und 'Recall' sind 'Vollständigkeit' und 'Genauigkeit'.
13 Zum Konzept der Aboutness vgl. Taylor 1999:139; 166; Cleveland/Cleveland 2001: 98; Lancaster 1998:10ff; Foskett 1996:23f; 114.
14 Vgl. Moens 2000:72.

cherche-Ergebnisse aktuell sein, schnell und kostengünstig bereitgestellt werden, zuverlässig, transparent und reproduzierbar sein.

3 Ressourcen

Inhaltserschließung kann sich grundsätzlich auf alles richten, was als Träger inhaltlicher Daten in Betracht kommt. Zusammenfassend sollen die Bezugsgrößen der Inhaltserschließung hier als 'Ressourcen' oder 'Dokumente' bezeichnet werden. Eine Definition für *Dokument* lautet: „any item, printed or otherwise, which is amenable to cataloguing or indexing."[15] Ein Dokument muß also nicht notwendigerweise eine physische Dimension haben. Davon zu unterscheiden ist die *dokumentarische Bezugseinheit* (kurz: DBE). Sie stellt ein Dokument oder einen Teil eines Dokuments dar, dessen Eigenschaften während des Dokumentationsprozesses als Einheit betrachtet werden. Z.B. würde eine Zeitung in einer Zeitungsdatenbank sowohl als Dokument als auch als DBE dienen und dort vermutlich mit den Merkmalen *Auflagenstärke, Zielgruppe, Erscheinungsweise* und dergleichen mehr erfaßt werden. In einer Pressedokumentation hingegen würde die Zeitung zwar das Dokument darstellen, DBE wäre aber der einzelne Zeitungsartikel. Ein Dokument kann also mehrere DBE enthalten. Umgekehrt kann eine DBE aber auch aus mehreren Dokumenten bestehen (die DBE *Fernsehfilm* etwa aus mehreren Teilen).[16] Im alltäglichen fachsprachlichen Gebrauch wird dieser Unterschied allerdings oft vernachlässigt und in der englischen Literatur sowie im Bibliotheksbereich ist diese Differenzierung ohnehin unüblich. Daher wird auch in diesem Buch bisweilen von 'Dokument' gesprochen, wenn es eigentlich um die DBE geht. Unter *Dokumentationseinheit* (kurz: DE) versteht man schließlich „die Menge der Erfassungselemente, die stellvertretend für eine DBE in den Dokumentationsprozeß eingeht."[17] In EDV-basierten Informationssystemen ist dies häufig der Datensatz einer Datenbank, in konventionellen kann es etwa eine Karteikarte sein.

Nach Art des Mediums bzw. der Zweckbestimmung unterteilt man üblicherweise in *Schriftdokumente* (z.B. Bücher, Zeitungsartikel, Patentschriften), also in Dokumente, die vorwiegend für die Aktivität 'Lesen' gedacht sind, in *Tondokumente* (z.B. Wortbeiträge im Hörfunk, Musikdokumente), also Dokumente zum Hören und in *Bilddokumente* ('stehende' und bewegte Bil-

---

15 ISO 5963:1. Alternative deutsche Bezeichnung für ‚Dokument': 'Dokumentationsobjekt'.
16 Vgl. DIN 31 631-1:2.
17 ebd.

der, z.B. Fotos oder Fernsehbeiträge), also Dokumente zum Sehen. Dazu gesellen sich noch *Gestaltdokumente* (z.B. Museumsobjekte) und *multimediale Dokumente* (z.B. Internetquellen).[18] Es gibt jedoch eine ganze Reihe von Ressourcen, die mit dieser Typologie nicht zu fassen sind, etwa: Fakten, Softwarequellen, Dienstleistungen, interaktive Objekte, Datenmengen.

Nach der Vorhaltung läßt sich zudem differenzieren in ausschließlich konventionelle, ausschließlich digitale oder in beiden Formen vorliegende Ressourcen. Gerade dieser Aspekt hat gravierende Auswirkungen auf die Art der Erschließung – sowohl auf die dafür nötigen Arbeitsabläufe als auch auf die einsetzbaren Methoden, auf die Erschließungsziele und die Erschließungstiefe.[19]

4 Repräsentationsform

Inhaltliche Erschließung findet i.d.R. in Form von (Schrift-)Sprache statt, insbesondere dann, wenn sie den Zugang zu Dokumenten schaffen soll. Dieser zunächst banal anmutende Umstand hat weitreichende Konsequenzen. Zunächst einmal konfrontiert er beständig mit dem Problem, daß Sprache vielfältig ist: Ein und derselbe Sachverhalt (im folgenden als *Begriff* bezeichnet) kann auf weit mehr als eine Art ausgedrückt werden, *Fasching* z.B. auch als *Karneval*, *Fastnacht* oder *die fünfte Jahreszeit*. Und umgekehrt kann eine sprachliche Ausdrucksform (eine *Bezeichnung*) ganz unterschiedliche Begriffe vertreten: Der Ausdruck *Note* etwa kann eine Musiknote, eine Schulnote, eine Banknote und noch einiges mehr meinen. Eine der Hauptaufgaben inhaltserschließender Tätigkeiten besteht demzufolge darin, sprachliche Vielfalt zu reduzieren und Mehrdeutiges eindeutig zu machen (→ Kapitel 2).

Und dann impliziert die schriftliche Sprache, daß der Inhalt nicht-schriftsprachlicher Dokumente für seine Erschließung zunächst in schriftsprachliche Ausdrucksformen transformiert werden muß, was naturgemäß einen beträchtlichen Informationsverlust nach sich zieht – denken wir etwa an das Sprichwort, wonach ein Bild mehr als tausend Worte sagt ... .

5 Teilprozesse

Die inhaltliche Erschließung umfaßt die Prozesse der *Inhaltsanalyse* und der *Inhaltsdarstellung*. Der erste der beiden Prozesse wird in Theorie

---

[18] Vgl. Lang 1980:252; Krause u.a. 2003:23.
[19] Vgl. hierzu z.B. Dürr 2003:83.

und Praxis häufig vernachlässigt und soll hier deshalb besondere Erwähnung finden.

Die Inhaltsanalyse ist Kern und zugleich Teilprozeß jeder intellektuellen Inhaltserschließung. Sie ist auf das Verstehen des Dokumentinhalts gerichtet und geht der Inhaltsdarstellung stets voraus.[20] Ihr Ziel besteht in der Identifikation der Aboutness, sowohl in der Breite, als auch in der Tiefe. Und zwar unabhängig davon, ob und wie sie ausgedrückt ist. Dabei sollte man stets die Perspektive der aktuellen und potentiellen Nutzer einnehmen. Anders als die Inhaltsdarstellung kann die Inhaltsanalyse nur sehr begrenzt regelgeleitet erfolgen:

> „Scanning a document to decide what it is about is the key operation in subject analysis, yet it is the least discussed and the least reducible to rule".[21]

Die Inhaltsanalyse erfolgt in den Stufen 'Orientieren', 'Strukturieren' und 'Auswählen'. Das *Orientieren* geschieht durch ausführliches oder kursorisches Lesen und unter Rückgriff auf bereits vorhandene Inhaltsverdichtungen (z.B. Kapitelüberschriften, Zusammenfassungen und dergleichen mehr). Beim *Strukturieren* können Kategorien als Hilfen dienen, anhand derer sich Leitfragen formulieren lassen, z.B.:

- Was ist das hauptsächliche *Thema*?
- Wer ist die *Zielgruppe*?
- Welche *Theorien* oder *Gesetzmäßigkeiten* werden angeführt?
- Um welche *Prozesse* geht es?
- Welche *Anwendungsgebiete* werden thematisiert?
- Welche *Ergebnisse*, *Schlußfolgerungen*, *Prognosen* werden dargestellt?
- Gibt es *Zeit-* oder *Ortsangaben*?
- Werden *Personen* oder *Institutionen* bzw. *Organisationen* erwähnt?[22]

Beim *Auswählen* geht es schließlich darum, Wichtiges von Unwichtigem nach Maßgabe der Nutzerinteressen zu trennen.[23]

---

[20] Vgl. hierzu und im folgenden besonders Lang 1980:246f; Lorenz 1998:9; Nohr 1999; Weßner 1980:424f. Die englische Bezeichnung für 'Inhaltsanalyse' lautet: 'content analysis' (ISO 5127).

[21] Vickery 1968, zit. nach Nohr 1999:71

[22] Auf den Begriff der Kategorie wird näher in Kapitel 2, Abschnitt 2.1 eingegangen, Kategorienschemata in der IuD werden in Kapitel 4, Abschnitt 2.1 vorgestellt.

[23] Vgl. z.B. Lancaster 1998:22.

6 Methoden

a) Abstracting und Indexieren

Nach dem Ausmaß an produziertem Kontext lassen sich Erschließungsmethoden zunächst in 'Abstracting' und 'Indexieren' unterteilen. Beim *Abstracting* werden die Inhalte von Dokumenten im Kontext wiedergegeben, was dem Nutzer eine schnelle Orientierung über sie ermöglicht. Beim *Indexieren* wiederum werden dem Dokument einzelne inhaltskennzeichnende Bezeichnungen zugeteilt, um dem Nutzer einen schnellen Zugang zu Dokumentinhalten zu ermöglichen (→ Kapitel 3 und Kapitel 4).

Beide Methoden sind subjektiv in der Unterscheidung zwischen Wichtigem und Unwichtigem, Begriffsauswahl und -anzahl. Ihre Ergebnisse werden zum Bestandteil der Dokumentationseinheit. Jedoch wird beim Abstracting der Inhalt eines Dokuments *im Kontext* wiedergegeben, während beim Indexieren die Bezeichnungen zumeist unverbunden und kontextlos nebeneinander stehen. Ihre Beziehungen untereinander sind nicht oder nur ansatzweise erkennbar.

Die beiden Methoden erfüllen einander ergänzende Funktionen. So dient das Indexat vor allem als Scharnier zwischen den relevanten Dokumenttermen und den Suchtermen. Es sorgt für eine Grobfilterung von Dokumenten aus einer gegebenen Dokumentenmenge. Das Abstract wiederum ist vor allem wichtig für die Relevanzentscheidung bzw. die Auswahl relevanter Dokumente aus einer bereits gefilterten Dokumentenmenge. Der exemplarische Datensatz in Abbildung 1-1 verdeutlicht das Zusammenspiel dieser beiden Methoden.

b) Automatische und intellektuelle Erschließungsverfahren

Die *intellektuelle Inhaltserschließung* beruht auf intellektueller Inhaltsanalyse. Intellektuelle Erschließungsverfahren werden auf absehbare Zeit dort das Mittel der Wahl bleiben, wo es ganz oder überwiegend um nicht-schriftsprachliche Dokumente bzw. um konventionelle (also nicht in digitaler Form vorliegende) Schriftdokumente geht. Die *automatische Inhaltserschließung* beruht zumeist auf computerlinguistischen und/oder statistischen Analysen, die sich an der Sprachoberfläche, also an den Wörtern, ihrer Struktur und ihren Bestandteilen orientieren. Automatische Verfahren der Inhaltserschließung sind tendenziell weniger zeit-, kosten- und personalaufwendig als die intellektuelle Inhaltserschließung. Sie sind für das Indexieren verbreiteter und weiter entwickelt als für das Abstracting und gewinnen vor allem dort an Bedeutung, wo große Dokumentenmengen in möglichst kurzer Zeit erschlossen werden müssen – etwa in der Pressedokumentation (→ Kapitel 5).

Abb. 1-1: *Zusammenspiel von Indexat und Abstract am Beispiel eines Datensatzes aus der Datenbank INFODATA. Das Indexat setzt sich aus den Inhalten der Felder Fachordnung (Indexat mit Klassifikation), Deskriptoren (Indexat mit Thesaurus) und Schlagworte / Eigennamen (Indexat mit freien Schlagwörtern) zusammen.*

Record: 70241	Treffer: 1
REF-NR.	9502591
Publikationsart	Zeitschriftenaufsatz; Sign.: 140
Autor	1. Gödert, W.
Titel/Zusatz	Import der Schlagwortnormdatei und Darstellung von Schlagwortbeziehungen in bibliographischen Datenbanken
Sprache d. Dok.	deutsch
Quelle	Bibliothek: Forschung und Praxis. - Vol. 19(1995) Nr.2; S. 207-216: 25 Abb.; 22 Lit.; München, DE: Saur. ISSN 0341-4183
Fachordnung	T15; L25; L15; K50
Deskriptoren	Referenzdatenbank; Schlagwortkatalog; Diskette; Elektronischer Dienst; Schlagwort; Recherche
Schlagworte	Schlagwortnormdatei
Eigennamen	Deutsche Nationalbibliographie; BISMAS; Allegro
Aspekte	Enthält Beispiele

Ausgangspunkt dieses Beitrages ist das Angebot der Schlagwortnormdatei (SWD) als Diskettendienst. In einem ersten Teil werden Möglichkeiten vorgestellt, diesen Diskettendienst in die Programme BISMAS und Allegro zu importieren. In einem zweiten Teil werden einige Gesichtspunkte erörtert, diese importierten Daten als lokale Normdateien für lokale bzw. kooperative Schlagwortzuteilung zu verwalten und zu aktualisieren. In einem dritten Teil wird vorgestellt, in welcher Form nunmehr in der Deutschen Nationalbibliographie die Schlagwortverweisungen für eine Recherche aufbereitet sind und wie Schlagwort-Recherchen in einer Bibliographie im Zusammenspiel zwischen CDMARC Bibliographic und CDMARC Subjects realisiert wurden. (Autor)

c) Verbale und klassifikatorische Inhaltserschließung

Im Bibliotheksbereich ist es üblich, die Methoden der Inhaltserschließung primär entlang der Frage zu unterteilen, ob man mit einer Klassifikation (siehe weiter unten), oder mit der natürlichen Sprache operiert.[24] Ist letzte-

---

24 Zur näheren Erläuterung dieses Unterschieds vgl. Kapitel 2. Zu den Vorzügen der künstlichen gegenüber der natürlichen Sprache vgl. besonders Kapitel 8, Abschnitt 5.

res der Fall, so spricht man von *verbaler Inhaltserschließung*. Dem Dokument werden dann entweder freie Schlagwörter oder solche aus der *Schlagwortnormdatei* (SWD), dem in deutschen Bibliotheken verwendeten Erschließungsinstrument, zugeteilt. Von *klassifikatorischer Inhaltserschließung* spricht man hingegen, wenn der Erschließung eine Klassifikation zugrunde liegt.

7 Formen verdichteter Inhaltsdarstellung

Typisches Ergebnis inhaltserschließender Tätigkeiten ist die Anreicherung einer Dokumentationseinheit mit Produkten, die man zusammenfassend als inhaltliche Metadaten bezeichnen könnte. Das sind Daten, die den Inhalt anderer Daten (hier also anderer Dokumente) beschreiben. Neben Abstract und Indexat können sie die Form einer Annotation oder eines Registers annehmen.

Eine *Annotation* nimmt eine möglichst kurze, allgemeine, redundanzfreie Charakterisierung eines Dokuments vor. Unabhängig von bestimmten Benutzerbedürfnissen dient sie dem weiteren Verständnis eines Dokumenttitels und verdeutlicht den Hauptgegenstand des Dokuments. Sie ist rein deskriptiv, darf also nur Angaben enthalten, die aus dem Dokument selbst hervorgehen.[25] Ein Beispiel:

Wilmsmeier, Silke 1999: „... und was haben die Benutzer davon? Kundenorientierung im Bibliotheks- und Informationswesen", in: Bibliothek. Forschung und Praxis 23 (1999) 3: 277-317.
Annotation: *Geschichte der Nutzerforschung mit Schwerpunkt auf modernen, aus der Wirtschaft entlehnten Ansätzen und ihre Anwendung auf den BID-Bereich.*

Ein *Register* ist ein Hilfsmittel, das einen alternativen Zugriff auf Dokumentinhalte ermöglicht. Es hat weniger Informationsgehalt als das Dokument, dem es zugeordnet ist und verweist lediglich auf eine Stelle im Dokument, an der mehr Information erhältlich ist (→ Kapitel 6).

Jenseits dieser klassischen Produkte inhaltserschließender Tätigkeiten gibt es darüber hinaus aber noch weitere Formen zur verkürzten Darstellung von Dokumentinhalten, nämlich vor allem das *Inhaltsverzeichnis*, die *Zusammenfassung* und den *Auszug*, also die verkürzte Wiedergabe eines Dokuments durch ausgewählte, repräsentative Teile.[26]

---

[25] Vgl. DIN 1426:2. Die englische Bezeichnung für 'Annotation' lautet entsprechend (vgl. ISO 5127).

[26] Die englischen Bezeichnungen für 'Inhaltsverzeichnis', 'Zusammenfassung' und 'Auszug' lauten 'table of contents' (oder kurz: TOC), 'summary' und 'extract' (ISO 5127).

8 Instrumente

Ein abstraktes Hilfsmittel inhaltserschließender Tätigkeit ist zunächst einmal *Ordnung*. Bedeutsame konkrete Hilfsmittel sind *Dokumentationssprachen*. Sie stellen einen verbindlichen Wortschatz und Anwendungsregeln bereit, die dem Dokumentar das Erschließen von Dokumentinhalten und dem Nutzer die Suche erleichtern sollen. Dabei reduzieren sie sprachliche Vielfalt und machen mehrdeutige Bezeichnungen eindeutig (→ Kapitel 7 und 13). Man unterscheidet in dieser Hinsicht die Grundtypen 'Klassifikation' und 'Thesaurus'. *Klassifikationen* leben vor allen davon, Gegenstände bzw. Wissen über Gegenstände in eine Ordnung zu bringen und so eine Groberschließung von Dokumentbeständen zu leisten. *Thesauri* wiederum sind für deren Feinerschließung konzipiert (→ Kapitel 8-10 und Kapitel 11-12).

Dazu gesellen sich vor allem Normen und Regelwerke für die Inhaltserschließung. *Normen* stellen Rahmenrichtlinien für inhaltserschließende Tätigkeiten im Hinblick auf den Gebrauch von Methoden, die Konstruktion von Hilfsmitteln und die Klärung von Begriffen bereit. Es gibt nationale Normen und internationale. Erstere werden in Deutschland vom *Deutschen Institut für Normung* (DIN) herausgegeben, letztere von der *International Organization for Standardization* (ISO). *Regelwerke* dienen im Prinzip dem gleichen Zweck wie DIN-Normen, sind aber auf die Erschließung eines spezifischen Dokumentbestands zugeschnitten. Im einzelnen enthalten sie Richtlinien und Vorschriften für die formale Erfassung, inhaltliche Erschließung und eventuell die Feststellung der Archivwürdigkeit. Sie zielen darauf, die Konsistenz der Inhaltserschließung und damit die Nutzungsqualität zu erhöhen.[27] Regelwerke haben bisweilen auch einrichtungs- bzw. bestandsübergreifenden Modellcharakter, so etwa die drei Regelwerke der Mediendokumentation, nämlich das *Regelwerk Fernsehen* (für die Erschließung von Fernsehbeiträgen), das *Regelwerk Hörfunk Wort* (für die Erschließung von Wortbeiträgen) und das *Regelwerk Hörfunk Musik* (für die Erschließung von Musik). Als Rahmenregelwerk im Bibliotheksbereich fungieren die *Regeln für den Schlagwortkatalog* (RSWK).

9 Anwendungsbereiche

Die Ausführungen im letzten Abschnitt legen nahe, daß inhaltliche Erschließung prinzipiell immer dort betrieben werden kann, wo inhaltstra-

---

[27] Vgl. DIN 31623-1:4; Umlauf 2000:1.5.

gende Ressourcen in größerer Zahl anfallen und zugänglich gemacht werden sollen. Dabei hat sich die dokumentarische Profession in engem Bezug zur *Fachinformation* herausgebildet, die zugleich einen der wesentlichen Anwendungsbereiche der Inhaltserschließung darstellt (man denke z.B. an das Patentwesen). Einen klassischen Anwendungsbereich jenseits der Fachinformation stellen die *Medien* dar, dort geht es vor allem um die Erschließung von Printprodukten und audiovisuellen Medien. Seit jeher wird Inhaltserschließung zudem auch in *Bibliotheken* betrieben, die zugleich die Heimstatt für ein wesentliches Hilfsmittel, nämlich die Klassifikation darstellen. Und (historisch) last but not least darf natürlich das *Internet* nicht fehlen, das vor allem, aber nicht nur im Zusammenhang mit der Erschließung von Fachinformationsquellen relevant ist und inhaltserschließende Tätigkeiten zudem vor neuartige Herausforderungen stellt (→ Kapitel 14 und 15). Dies sind nur ein paar Schlüsselbereiche, die Aufzählung ließe sich selbstverständlich fortsetzen.

10 Zentrale Faktoren für Erschließungskonzepte

Ein tragfähiges Konzept für die inhaltliche Erschließung eines Dokumentbestands muß zunächst von einer Analyse der *Nutzer* ausgehen, also ihre Voraussetzungen und ihren Bedarf erwägen. Hierbei spielen die Art und Anzahl der Suchanfragen ebenso eine Rolle wie die erforderliche Genauigkeit, Vollständigkeit und Schnelligkeit der Recherchen. Zudem sind die *Rahmenbedingungen* zu berücksichtigen, und zwar in personeller, materieller, finanzieller, zeitlicher, technischer und fachlicher Hinsicht. Und schließlich müssen die Besonderheiten des *Gegenstandsbereichs* einbezogen werden. Dabei sollte vor allem die Größe der Dokumentsammlung sowie das von ihr abgedeckte Sachgebiet berücksichtigt werden, ferner ihre inhaltliche und formale Heterogenität sowie die Sprache bzw. der Stellenwert, den Probleme sprachlicher Benennungen im Textmaterial haben. Zudem sind die Art der Dokumente sowie ihre Vorhaltung (konventionell oder digital) mit einzubeziehen.

Nach Maßgabe der Ergebnisse ist dann über die Erschließungsmethode(n) und den eventuellen Einsatz von Hilfsmitteln zu entscheiden. Diese drei Faktoren (Nutzer, Gegenstandsbereich, Rahmenbedingungen) sollten stets bedacht werden, wenn es um Erschließungskonzepte als ganze oder um Teilfragen geht, wenn also z.B. die Entscheidung über eine angemessene Indexiermethode oder über eine geeignete Dokumentationssprache zu treffen ist.

11 Zusammenfassung

- Die Inhaltserschließung dient dem schnellen und gezielten Zugang zu Dokumentinhalten und einer ebensolchen Orientierung über sie.
- Qualitätskriterien allgemeiner Art für die Inhaltserschließung und das Retrieval sind neben Precision und Recall Konsistenz und Aktualität, Schnelligkeit und Kosten.
- Inhaltliche Erschließung läßt sich in die Teilprozesse 'Inhaltsanalyse', bei der Kategorien eine zentrale Rolle spielen, und 'Inhaltsdarstellung' aufteilen. Ihre schriftsprachliche Form wirft Probleme auf, die auf sprachliche Ausdrucksvielfalt und Mehrdeutigkeit zurückzuführen sind.
- Es können verschiedene Erschließungsmethoden zur Anwendung kommen. Besonders bedeutsam ist dabei die Differenzierung in 'Indexieren' und 'Abstracting' sowie diejenige in automatische und intellektuelle Verfahren.
- Das Ergebnis inhaltserschließender Tätigkeit sind zumeist Daten, die Dokumentinhalte beschreiben (Metadaten). Dies können Annotationen, Abstracts, Indexate oder Register sein.
- Als spezifische Hilfsmittel für die Inhaltserschließung sind vor allem Dokumentationssprachen (Klassifikationen und Thesauri) von Bedeutung. Leitlinien für deren Konstruktion und Anwendung stellen Normen und Regelwerke bereit.
- Inhaltliche Erschließung richtet sich auf konventionell und/oder digital vorgehaltene Dokumente jeder Art. Neben klassischen Anwendungsbereichen wie den Bibliotheken oder der Mediendokumentation gewinnt vor allem das Internet zunehmend an Bedeutung,
- Ein Erschließungskonzept hat zunächst von der Analyse dreier Faktoren auszugehen: 1. dem Nutzerbedarf, 2. den Rahmenbedingungen und 3. dem Gegenstandsbereich.

12 Literatur zum Thema

DIN 1426: Inhaltsangaben von Dokumenten. Kurzreferate, Literaturberichte, Stand: Oktober 1988

Cleveland, Donald B./Cleveland, Ana D. 2001: Introduction to Indexing and Abstracting, 3rd ed., Englewood, Colorado: Libraries Unlimited
Rezensionen in: The Library Quarterly 72 (2002) 1-2: 142-144 (von Bella Hass Weinberg) The Indexer 22 (2001) 4: 211 (von Jessica Milstead) JDOC 57 (2001) 6: 814-816 (von Henk Voorbij)

Foskett, Antony Charles 1996: The subject approach to information, 5th ed., London: Library Association Publishing

Gaus, Wilhelm 2003: Dokumentations- und Ordnungslehre. Theorie und Praxis des Information Retrieval, 4., überarb. u. erw. Aufl., Berlin u.a.: Springer *Rezensionen: 3. Auflage in: ZfBB 49 (2002) 1: 45-47 (von Winfried Gödert) 4. Auflage in: ABI-Technik 23 (2003) 4: 344-345 (von Petra Blödorn-Meyer)*

Greiner, Götz 1978: Allgemeine Ordnungslehre, Frankfurt/M.: Eigenverl.

Kiel, Ewald/Rost, Friedrich 2002: Einführung in die Wissensorganisation. Grundlegende Probleme und Begriffe, Würzburg: Ergon

Lang, Friedrich H. 1980: Inhaltserschließung, in: Laisiepen, Klaus/Lutterbeck, Ernst/Meyer-Uhlenried, Karl-Heinrich: Grundlagen der praktischen Information und Dokumentation. Eine Einführung, 2., völ. neubearb. Aufl., München u.a.: K G Saur: 246-298

Lancaster, Frederick W. 1998: Indexing and abstracting in theory and practice, 2nd ed., London: Library Association Publishing *Rezensionen in: The Indexer 21 (1999) 3: 148 (von Pat F Booth) JDOC 55 (1999) 3: 345-350 (von Birger Hjørland)*

Foskett, Antony Charles 1996: The subject approach to information, 5th ed., London: Library Association Publishing

Nohr, Holger 1999: Inhaltsanalyse, in: nfd 50 (1999) 2: 69-78

Taylor, Arlene G. 1999: The organization of information, Englewood, Colorado: Libraries unlimited: Kap. 7 u. 8

Umlauf, Konrad 2000: Inhaltserschließung in Bibliotheken, (Berliner Handreichungen zur Bibliothekswissenschaft; 82), Berlin: Institut für Bibliothekswissenschaft der Humboldt-Universität zu Berlin: http://www.ib.hu-berlin.de/~kumlau/handreichungen/h82/

Kapitel 2
Begriffe und Bezeichnungen

„Find what I mean not what I say."[1]

Inhaltliche Erschließung findet zumeist in Form von Schriftsprache statt. Dies hat Folgen für den gesamten Dokumentationsprozeß, die sich wesentlich um das Begriffspaar 'Begriff' und 'Bezeichnung' ranken. Es wird ausgehend von einem Recherche-Szenario im folgenden erläutert. Danach geht es um die sprachlichen Phänomene, die die Beziehung zwischen Begriffen und Bezeichnungen hervorbringt. Das Kapitel schließt mit Folgerungen, die sich daraus für die dokumentarische Tätigkeit ergeben.

Literatur: Grundlegende terminologische Klärungen zum Thema finden sich in den DIN-Normen 2330, 2331 und 2342-1 sowie in den ISO-Normen 704 und 5127. Die verschiedenen Ebenen der Begriffsbildung sind anschaulich im ersten Kapitel von Wersigs Thesaurus-Leitfaden (1985) beschrieben. Der Problematik natürlichsprachiger Ausdrucksformen wiederum hat sich Fugmann (1999) ausführlich gewidmet. Wer das Thema vertiefen will und vor linguistischer Terminologie nicht zurückschreckt, dem sei die Lektüre von Kuhlen (1980) empfohlen.

1 Ein Beispiel zum Auftakt

Nehmen wir an, jemand nimmt den Absturz der Raumfähre *Columbia* im Februar 2003 zum Anlaß für eine Forschungsarbeit über Astronauten und die Frage, was diese Menschen dazu bringt, für ihre Berufsausübung ihr Leben aufs Spiel zu setzen. Die gemeinte Zielgruppe ist also scharf umrissen, ihre Transformation in eine Suchanfrage an einen (wie immer gearteten) Dokumentbestand gestaltet sich jedoch voraussetzungsvoll. Denn auf Seiten der Dokumente könnte sich z.B. finden:

- ein Buch mit dem Titel: „Das Leben des russischen Kosmonauten Juri Gagarin"
- eine Zeitungsmeldung mit der Schlagzeile: „Die ersten Taikonauten bereiten sich auf ihren Einsatz vor"[2]
- eine Biographie über Neil Armstrong

---

1 So der Titel eines Zeitschriftenartikels über Suchmaschinen (zit. nach Lewandowski 2001:381).
2 Als Taikonauten bezeichnen sich die chinesischen Raumfahrer.

- ein Dokumentarfilm mit dem Titel: „Pioniere der Raumfahrt"
- eine alte Broschüre zum Thema „Berufswunsch: Weltraumfahrer"

All diese Dokumente dürften hochrelevant für das Suchanliegen unseres Nutzers sein. Für vollständige Ergebnisse müßten wir also berücksichtigen, daß die gesuchte Zielgruppe in unterschiedlichen politisch-geographischen Sphären unterschiedlich benannt wird, wir müßten an veralteten Sprachgebrauch, an Eigennamen und Umschreibungen denken. Dafür müssen wir von der Ebene des Gemeinten auf diejenige des Gesagten wechseln. Diese beiden Ebenen – Gemeintes und Gesagtes – entsprechen der Differenz von Begriff und Bezeichnung, die im folgenden näher beleuchtet werden soll (→ Tab. 2-1).

Tab. 2-1: *Der Unterschied zwischen Begriff und Bezeichnung*

What I mean → Begriff	What I say → Bezeichnung
Astronaut	„Weltraumfahrer" „Raumfahrer" „Astronaut" „Kosmonaut" „Taikonaut" „Person, die in den Weltraum fährt" „Neil Armstrong" „Juri Gagarin" (...)

2 Begriff

Unter einem *Begriff* versteht man die gedankliche Vorstellung von einem Gegenstand. Er ist Ergebnis einer menschlichen Abstraktionsleistung und unabhängig von der jeweiligen sprachlichen Form. Gegenstände werden durch die Zuweisung von Merkmalen 'auf einen Begriff gebracht'.[3] In den Normen finden sich folgende Definitionen:

> DIN: „Denkeinheit, die aus einer Menge von Gegenständen unter Ermittlung der diesen Gegenständen gemeinsamen Eigenschaften mittels Abstraktion gebildet wird".[4]

> ISO: „A unit of thought" bzw.: „A unit of knowledge"[5]

---

[3] Englische Bezeichnung für 'Begriff': 'concept' (ISO 704:vii)
[4] DIN 2342-1:1
[5] ISO 704:2

Begriffe weisen üblicherweise Merkmale auf. Ein *Merkmal* ist eine durch Abstraktion gewonnene Denkeinheit, die diejenigen Eigenschaften von Gegenständen wiedergibt, die zur Begriffsbildung und -abgrenzung dienen. Merkmale sind sowohl für die Begriffsbestimmung als auch für die Herstellung von Begriffsbeziehungen von grundlegender Bedeutung.[6]

2.1 Begriffsarten

Begriffe lassen sich nach ihrem Abstraktionsniveau in Kategorien, Allgemeinbegriffe und Individualbegriffe sowie nach dem Grad ihrer Komplexität in Einzelbegriffe und Begriffskombinationen unterscheiden.

a) Kategorie, Allgemeinbegriff und Individualbegriff

Eine *Kategorie* ist ein Grundbegriff, also ein Begriff auf sehr hoher Abstraktionsstufe. Es gibt universell gültige Kategorien (z.B. *Raum, Zeit, Stoff, Lebewesen*) und nur in begrenzten Bereichen gültige (z.B. *Ressort* im Pressewesen). Universell gültige Kategorien werden auch als Fundamentalkategorien bezeichnet.[7] Abgesehen von den Fundamentalkategorien ist es eine Frage des Kontexts, ob einem Begriff der Rang einer Kategorie zukommt. Beispiel: Im Kontext einer Dokumentation zu Schriftgut, das sich mit Landwirtschaft befaßt, könnte der Begriff *Tier* Inhalt der Kategorie *Lebewesen* sein (als ein Aspekt, unter dem wir diesen Bestand analysieren könnten). Weitere Inhalte dieser Kategorie könnten *Pflanze* und *Mensch* sein. Im Kontext einer Dokumentation von zoologischer Literatur hingegen käme *Tier* der Rang einer Kategorie zu (mit den Inhalten *Affen, Elefanten, Pinguine* usw.). Kategorien spielen in der inhaltlichen Erschließung eine große Rolle, dienen sie doch z.B. als Hilfsmittel bei der Anordnung von Vokabular und seiner Grobgliederung und zur Auswahl der Essenz bei der Inhaltsanalyse.

Ein *Allgemeinbegriff* beschreibt eine Klasse von miteinander verwandten Gegenständen, die wesentliche Merkmale gemein haben. Er wird zumeist über eine Bezeichnung ausgedrückt, kann jedoch auch umschrieben werden. Ein *Individualbegriff* wiederum beschreibt eine individuelle Einheit, also etwas, das sich nicht weiter sinnvoll spezifizieren läßt. Er

---

6 Vgl. DIN 2330:3; ISO 704:4. Die englische Bezeichnung für 'Merkmal' lautet: 'characteristic' (ISO 704:3).
7 Vgl. DIN 32 705:3; Fugmann 1999:23f; 49f; Laisiepen 1980:343. Mögliche englische Bezeichnungen für 'Kategorie' sind: 'category'; 'broad facet' (ISO 5127).

wird zumeist lexikalisch in Form eines (Eigen-)Namens ausgedrückt.[8] Beispiele für die jeweiligen Begriffsarten finden sich in Tabelle 2-2.

Tab. 2-2: Beispiele für Begriffsarten unterschieden nach Abstraktionsniveau

Kategorie	Allgemeinbegriff	Individualbegriff
Institution	*Partei*	*SPD*
Gegenstand	*Auto*	*VW Käfer*
Medium	*Zeitung*	*Tagesspiegel*

b) Einzelbegriff und Begriffskombination

Begriffe können unterschiedlich komplex sein. In diesem Zusammenhang differenziert man zwischen Einzelbegriffen und Begriffskombinationen. Ein *Einzelbegriff* ist eine aus einem einzigen Begriff bestehende Einheit, die zumeist durch ein einfaches Wort ausgedrückt wird, z.B. *Register, Sprache, Klassifikation*. Eine *Begriffskombination* ist demgegenüber eine aus mehreren begrifflichen Bestandteilen zusammengesetzte Einheit, die im Deutschen häufig durch Komposita, im Englischen häufig durch Mehrwortbenennungen ausgedrückt wird, z.B. *Registereintrag – index entry, Auszeichnungssprache – markup language, Klassifikationssystem – classification system*.

2.2 Begriffsbeziehungen

Begriffe existieren zumeist nicht als isolierte Einheiten, sondern in Beziehung zueinander. Unter einer *Begriffsbeziehung* versteht man „eine Beziehung zwischen Begriffen, die aufgrund von Merkmalen besteht oder hergestellt wird."[9]

b) Äquivalenz-, Hierarchie- und Assoziationsrelationen

Im Zusammenhang mit Dokumentationssprachen ist eine Ausdifferenzierung von Begriffsbeziehungen nach Art ihres inhaltlichen Bezugs von Belang. Man unterscheidet hierbei Äquivalenz-, Hierarchie- und Assoziations-

---

[8] Vgl. DIN 32 705:3; Fugmann 1999:20ff u. 33; Wersig 1985:88 sowie Abschn. 2.3.3. Die englische Bezeichnungen für 'Allgemeinbegriff' und 'Individualbegriff' lauten: 'general concept' und 'individual concept'; bzw. 'individual entity' oder 'class-of-one' (ISO 704:3; ISO 2788:5).

[9] DIN 2342-1:2. Mögliche englische Bezeichnungen für 'Begriffsbeziehung' sind: 'concept relation'; 'relation' (ISO 704:5; ISO 5127).

relationen. Unter einer *Äquivalenzrelation* versteht man die Beziehung zwischen zwei bedeutungsgleichen oder in ihrer Bedeutung gleichgesetzten Begriffen, etwa die Beziehung zwischen: *Roß, Pferd, Mähre* und *Gaul.* Ihre Ausweisung im dokumentarischen Kontext ermöglicht eine Vereinheitlichung von Vokabular und in ihrer Folge eine vollständigere Suche. Die *Hierarchierelation* stellt die Beziehung zwischen einem übergeordneten und einem untergeordneten Begriff her, etwa diejenige zwischen *Einhufer* und *Pferd.* Sie ermöglicht eine Präzision oder Ausdehnung einer Suchanfrage. Sonstige Begriffsbeziehungen werden häufig zusammenfassend als *Assoziationsrelationen* bezeichnet. Darunter versteht man inhaltlich irgendwie gerechtfertigte Beziehungen zwischen Begriffen, die weder synonym noch hierarchisch aufeinander bezogen sind, z.B. *Pferd* und *Sattel* oder *Pferd* und *Reiten.*

> „Associative relations are non-hierarchical. An associative relation exists when a thematic connection can be established between concepts by virtue of experience."[10]

Im Unterschied zu den anderen beiden Beziehungen ist diese Beziehung ungerichtet, also umkehrbar und ermöglicht die Ausdehnung einer Suche 'zur Seite'.[11]

b) Paradigmatische und syntagmatische Begriffsbeziehungen

Nach Art des Zustandekommens lassen sich zwei weitere Beziehungsarten unterscheiden: *Paradigmatische Begriffsbeziehungen* sind durch ein Ordnungs- oder Sprachsystem vorgegeben und existieren unabhängig von Dokumenten. Beispiele dafür sind die äquivalenten, hierarchischen und assoziativen Begriffsbeziehungen innerhalb einer Dokumentationssprache. Wie oben zu sehen war, können sie sowohl zu einer Erhöhung des Recall als auch zu einer Erhöhung der Precision beitragen. *Syntagmatische Begriffsbeziehungen* hingegen sind Beziehungen zwischen Begriffen, die während der Sprachanwendung (etwa innerhalb von Dokumenten) hergestellt werden. Sie finden beim Abstracting und u.U. beim Indexieren Berücksichtigung. Ihre Abbildung dient einer höheren Precision.[12]

---

10 ISO 704:12
11 Vgl. DIN 1463-1:6; Fugmann 1999:26f; Wersig 1985:125. Hierarchierelationen werden ausführlicher in Kapitel 8 behandelt, Äquivalenzrelationen in Kapitel 11.
12 Vgl. Gödert 1991:5; Knorz 2004:184; Wersig 1985:21; Foskett 1996:98; 110). Alternative deutsche Bezeichnungen für paradigmatische und syntagmatische Begriffsbeziehung sind: 'A priori Beziehung' und 'A posteriori Beziehung'. Mögliche englische Bezeichnungen lauten: 'a priori relationship'; 'semantic relation' bzw.: 'a posteriori relationship'; 'syntactical relationship' (ISO 2788:1; ISO 5127).

Eine qualitativ hochwertige Inhaltserschließung, die sich auf eine Dokumentationssprache gründet, lebt u.a. davon, daß die dort hergestellten Begriffsbeziehungen mit den im Dokument hergestellten übereinstimmen. Nehmen wir z.B. die beiden Begriffe *WWW* und *Internet*: Wenn wir auf das *WWW* eine technische Perspektive einnehmen und es als Unterbegriff zum *Internet* ansetzen (paradigmatische Begriffsbeziehung), die Begriffe in unserem Dokumentbestand aber vorwiegend synonym gebraucht werden (syntagmatische Begriffsbeziehung), fallen diese beiden Beziehungsarten auseinander. Wir sollten dann unsere Dokumentationssprache entsprechend anpassen.

3 Bezeichnung

Unter einer *Bezeichnung* versteht man die sprachliche Repräsentation eines Begriffes. Sie kann die Form einer Benennung, eines Namens, einer Notation (alle siehe unten) oder eines Symbols annehmen (z.B. das Paragraphenzeichen oder das Dollarzeichen). Ein und dieselbe Bezeichnung kann verschiedene Begriffe repräsentieren (Homonymie bzw. Polysemie) ebenso wie verschiedene Bezeichnungen ein und denselben Begriff repräsentieren können (Synonymie).[13] Man unterscheidet zwischen Bezeichnungen der natürlichen und der künstlichen Sprache.[14]

c) Natürlichsprachige Bezeichnung (Benennung)

Unter der *natürlichen Sprache* versteht man die historisch gewachsene und zur alltäglichen Kommunikation verwendete Sprache. Eine *Benennung* wiederum ist die natürlichsprachige Ausdrucksform für einen (Allgemein-)Begriff.[15] So können wir die Zielgruppe des eingangs beschriebenen Recherche-Szenarios wahlweise mit den Benennungen *Astronauten, Raumfahrer, Taikonauten* usw. belegen. Benennungen können aus einem einzigen oder aus mehreren Wörtern bestehen.[16]

---

[13] Vgl. DIN 2342-1:2; Greiner 1978:19; ISO 704:vii; 24. Das englische Wort für 'Bezeichnung' lautet: 'designation' (ISO 704:vii).

[14] Vgl. auch Foskett 1996:113. Die englischen Bezeichnungen für künstliche und natürliche Sprache lauten: 'artificial language' und 'natural language' (vgl. z.B. ISO 5127; Aitchison/Gilchrist/Bawden 2000:5).

[15] Vgl. DIN 2342-1:2. Die englische Bezeichnung für 'Benennung' lautet: 'term' (ISO 5127).

[16] In der ISO-Norm wird diesbezüglich zwischen 'simple terms' und 'complex terms' unterschieden (vgl. ISO 704:24).

Eine *Einwortbenennung* kann ein einfaches Wort sein (z.B. *Informati-on*) oder ein Kompositum (z.B. *Fachinformationspolitik*). Es kann sich aber auch um eine Kurzform handeln, entweder um eine Abkürzung wie *HIV, IuD* oder *UNHCR* oder um ein Akronym, etwa *AIDS, UNESCO, MeSH.*[17] Und schließlich gilt auch eine Wortbindestrichkombination noch als eine Einwortbenennung (z.B. *Informations- und Kommunikationstechnologie*).[18] Bei-spiele für eine *Mehrwortbenennung* sind etwa: *Information und Doku-mentation, Kalter Krieg* oder *Hartz IV.*[19] Sofern Individualbegriffe repräsen-tiert werden, nehmen Benennungen zumeist die Form eines *Namens* an.[20]

d) Künstlichsprachige Bezeichnung

Künstliche Sprachen sind „auf Widerspruchsfreiheit und Eindeutigkeit hin konstruierte Zeichensysteme, die der Vermittlung einer natürlichen Sprache bedürfen."[21] Mögliche Formen sind Notationen und Nummern. Eine *Notation* ist eine künstlichsprachige Bezeichnung, die eine Klasse repräsentiert. Beispiel: *648.2* ist der künstlichsprachige Ausdruck, also die Notation einer Klasse, die natürlichsprachig *Einweichen. Waschen. Spülen* lau-tet.[22] Eine *Nummer* wiederum dient zur eindeutigen Identifikation indivi-dueller Einheiten innerhalb eines definierten Bezeichnungssystems.[23]

4 Probleme natürlichsprachiger Ausdrucksformen

Die Beziehung zwischen Begriff und Bezeichnung bringt sprachliche Phä-nomene hervor, die unbearbeitet im dokumentarischen Kontext zum Pro-blem werden. Nachfolgend werden sie daher benannt.

4.1 Homonymie/Polysemie

Unter *Homonymie* bzw. *Polysemie* versteht man Bedeutungsvielfalt. Sie liegt immer dann vor, wenn eine Bezeichnung verschiedene Begriffsinhalte

---

17 Eine Abkürzung wird Buchstabe für Buchstabe gesprochen, wohingegen ein Akro-nym (auch: Initialwort) wie ein Wort gesprochen wird.
18 Vgl. DIN 2330:2; 8.
19 Die alternative deutsche Bezeichnung für 'Mehrwortbenennung' lautet: 'Wortgrup-pe' (vgl. DIN 2342-1:2; DIN 2330:9).
20 Vgl. DIN 2342-1:3; ISO 704:3; 24. Mögliche englische Bezeichnungen für 'Name' sind: 'appelation'; 'name'; 'proper name' (ISO 704:3; ISO 5127; ISO 999:4).
21 Greiner 1978:20
22 Das Beispiel entstammt der DK-Handausgabe von 1968.
23 Vgl. Greiner 1978:19. In der englischen Fachliteratur werden 'number' und 'notati-on' häufig synonym gebraucht.

hat und damit mehrdeutig ist.[24] Ein *Homonym* ist eine „Benennung für einen Begriff, die mit der Benennung für einen anderen Begriff überein-stimmt"[25], ohne etymologische oder semantische Verwandtschaft, etwa: *Schloß* (entweder ein Gebäude oder eine Schließvorrichtung) im Deutschen oder *arm* (entweder ein Körperteil oder eine Waffe) in der englischen Spra-che. Neben dem Homonym ist auch der *Homograph* erschließungsre-levant. Das ist eine Benennung für einen Begriff, die mit der Benennung für einen anderen Begriff lediglich in der Schreibweise übereinstimmt, etwa: *Baumast* (gesprochen als *Bau-Mast* oder als *Baum-Ast*).[26] Ein *Polysem* schließlich ist eine Benennung, die ausgehend von einem gemeinsamen etymologischen Ursprung durch Übertragung, Analogie, geschichtliche oder regionale Auseinanderentwicklung mehrere Bedeutungen gewonnen hat, z.B. *Flügel, Virus, Zelle*. Es kann aber auch eine Benennung sein, die so all-gemein ist, daß sie in unterschiedlichen Kontexten unterschiedliche Bedeu-tung hat, z.B. *Information, Klasse, Schlagwort*.[27] Für die inhaltliche Erschlie-ßung ist die Unterscheidung zwischen Polysemen und Homonymen uner-heblich. Es versteht sich von selbst, daß diese bei Allgemeinbegriffen ver-breiteter sind als bei Individualbegriffen. Aber auch die sind nicht frei da-von. Würden wir etwa in der Pressedokumentation im Ressort *Sport* eine Suche nach *Jens Lehmann* durchführen, dem ewigen Ersatztorhüter der deut-schen Fußball-Nationalmannschaft, so würden wir mit einiger Wahrschein-lichkeit auch Artikel zum gleichnamigen Bahnradfahrer erhalten. Besonde-res Gewicht kommt dem Problem der Homonymie dort zu, wo wir es mit Benennungen zu tun haben, deren Kontext wir nicht kennen oder nicht bestimmen können – z.B. Telefonbucheinträge oder Suchterme (→ Abb. 2-1).

→ Homonyme, Homographen und Polyseme erzeugen *Ballast* bei der Recherche in Form irrelevanter Dokumente. Sie gehen folglich *auf Kosten der Precision*. Ihre Bearbeitung wird freilich erst dann nötig, wenn in dem Gegenstandsbereich, der inhaltlich erschlossen werden soll, mehrere Be-deutungen derselben Benennung auftreten können.[28] Wenn wir bei-spielsweise in einer Datenbank, die den Bereich der Sport- und Natur-

---

[24] Vgl. DIN 2330:8; DIN 2342-1:3. Die englischen Bezeichnungen für 'Homonymie' und Polysemie lauten: 'homonymy' und 'polysemy' (ISO 704:24; ISO 5127).

[25] DIN 2342-1:3. Die englische Bezeichnung für 'Homonym' lautet: 'homonym' (ISO 704:24).

[26] Englische Bezeichnung für 'Homograph': 'homograph' (ISO 704:24)

[27] Vgl. DIN 2342-1:3; Wersig 1985:63ff.

[28] Vgl. Gaus 2003:59. Die englische Bezeichnung für 'Ballast' lautet: 'noise' (ISO 5127).

wissenschaften abdeckt, nach Dokumenten zum Thema 'Pferde' suchten und dabei das Tier im Sinn hätten, so würden wir u. U. auch solche Treffer erhalten, die sich dem gleichnamigen Sportgerät oder sogar der Schachfigur widmen.

Abb. 2-1: *Homonymie und die Folgen (Quelle: Frankfurter Rundschau vom 8-2-2003; der Abdruck erfolgt mit ihrer freundlichen Genehmigung)*

Meisterliche Traumspeisen
Telefonabzocker nutzte Doppelsinn des Worts „Gericht"

Von Eckhard Stengel (Bremen)

Kleiner Erfolg im langwierigen Kampf gegen Telefongebühren-Abzocker: Justizministerien und Richter haben einem dubiosen 0190-Telefonservice Einhalt geboten. Er hatte den Eindruck erweckt, eine Vermittlung für Amtsgerichte zu betreiben.

Hinter dem irreführenden Angebot steckte ein Bochumer Kaufmann, der gutgläubige Anrufer zum Wählen teurer 0190-Nummern verleiten wollte. In rund 60 Städten richtete er Telefonanschlüsse für „AMTS GERICHTE – Hauptgerichte und Nebengerichte (Kul.) Zentrale 24 Stunden" ein.

Dabei nutzte er aus, dass viele Gerichte nicht unter ihrem Namen, sondern nur unter „Justizbehörden" im Telefonbuch und in der elektronischen Auskunft stehen. Wer das nicht weiß, fand womöglich nur den Eintrag „AMTS GERICHTE" – zunächst eine normale Ortsnetznummer, bei der aber per Ansageband behauptet wurde: „Auf Grund der großen Nachfrage zu unseren Gerichten ist unsere überlastete Telefonzentrale nur noch unter der Ihnen gleich mitgeteilten Servicerufnummer erreichbar", nämlich einer 0190-Hotline für 1,86 Euro pro Minute.

Unter der teuren 0190-Nummer meldete sich eine automatische „Vermittlungsstelle zu dem Gericht Ihrer Wahl". Der Anrufer wurde dann minutenlang hingehal-

ten, bis er schließlich bei der „Vorstellung eines Hauptgerichts oder Nebengerichts" ankam: „Gericht 1: Kalbfleisch mit Tunfisch".

Der Betreiber nutzte nicht nur die juristische und kulinarische Doppelbedeutung des Begriffs „Gerichte" aus, sondern hatte sich auch noch einen doppeldeutigen Firmennamen zugelegt: „AMTS", laut Handelsregister eine Abkürzung für „Außergewöhnliche Meisterliche Traumspeisen".

Doch diese Formulierungs-Spitzfindigkeiten nützten ihm nichts. Als erstes erwirkte das Niedersächsische Justizministerium beim Landgericht Oldenburg eine Verfügung, wonach die Telefonauskunft nicht mehr auf die angeblichen Gerichte in Niedersachsen hinweisen durfte: wegen „rechtswidriger Namensanmaßung". Zusätzlich forderten die Justizminister von Baden-Württemberg, Bayern und Bremen den Betreiber zum Aufhören auf. Mit Erfolg: Wie der zwischengeschaltete Telefonnetz-Zugangsservice „Itelkom" auf Anfrage der *FR* bestätigte, wurden jetzt „vorsichtshalber" gleich bundesweit alle rund 60 Anschlüsse aufgehoben.

Dafür verdient „Itelkom" weiterhin mit der Vermittlung anderer kostspieliger Nummern: In diversen Städten werden immer noch angebliche Servicenummern für Kfz-Zulassungen und andere Behördenauskünfte angeboten, hinter denen sich ebenfalls nur 0190-Gebührenabzocker verbergen.

4.2 Synonymie/Quasi-Synonymie

Unter *Synonymie* versteht man Benennungsvielfalt. Sie meint die Beziehung zwischen zwei bedeutungsgleichen Benennungen. Ein *Synonym* ist demzufolge eine Benennung, die denselben Begriff bezeichnet wie eine andere Benennung.[29] Typische Fälle zeigt Abbildung 2-2.

Abb. 2-2: *Alltagssprachliche Beispiele für Synonymie*

Unterschiedliche Rechtschreibung:	*Chicorée – Schikoree*
Kurzform – Langform:	*IuD – Information und Dokumentation*
Offizielle Sprache – Umgangssprache:	*Gefängnis – Knast*
Eingedeutschtes Wort – Fremdwort:	*Meinungsforschung – Demoskopie*
Unterschiedliche Sprachen:	*Liebe – Love – Amour*
Regionalismen:	*Fasching – Karneval – Fastnacht*
Unterschiedliche historische Epochen:	*Leningrad – Petrograd – St. Petersburg*
Politisch-ideologisch bedingte Unterschiede	*Reichskristallnacht – Pogromnacht*
'Ostsprache' – 'Westsprache'	*RGW – COMECON*

Aber nicht nur in der Alltagssprache, sondern auch im fachsprachlichen Zusammenhang ist die Beziehung zwischen Begriffen und Bezeichnungen nicht immer eindeutig. Denken wir im Kontext der IuD etwa an die Gruppe von Operatoren, die eine Suche nach zwei Termen in festgelegtem Abstand voneinander ermöglicht. Gleichermaßen mögliche wie verbreitete Bezeichnungen hierfür sind: *Kontextoperatoren, Abstandsoperatoren, Nachbarschaftsoperatoren* und *Proximity-Operatoren*. Zudem macht sich Synonymie nicht nur an Allgemeinbegriffen, sondern auch an Individualbegriffen bzw. Namen fest, hier vor allem durch Schreibweisen- und Ansetzungsvarianten. Beispiele dafür zeigt die Abbildung 2-3.

Abb. 2-3: *Namensansetzungen (Quelle für das linke Beispiel: Burkart 2004:146. Das Beispiel rechts ist dem Vortrag einer ehemaligen Kurs-Teilnehmerin des IID entnommen).*

– Bundesminister des Innern	– Heiliger Johann Nepomuk
– Der Bundesminister des Innern	– Heiliger Nepomuk
– Bundesinnenminister	– Hl. Johann von Nepomuk
– Innenminister (Bundesrepublik Deutschland)	– Johannes Nepomuk, Heiliger
– ...	– Johann Nepomuk
	– Nepomuk, Heiliger
	– St. Nepomuk

---

[29] Vgl. DIN 2342-1:2f. Die englische Bezeichnung für 'Synonym' lautet entsprechend, diejenige für 'Synonymie' ist 'synonymy' (ISO 704:25).

Quasi-Synonymie meint die Beziehung zwischen sich in ihrer Bedeutung überlappenden Benennungen.[30] Typische Fälle sind unterschiedliche Wortformen (z.B. *Spielen – Spiel*) oder unterschiedliche Konnotationen (*Frau – Weib – Dame*).[31]

→ (Quasi-)Synonyme erzeugen *Verlust* bei der Recherche, denn bei ihrer Nichtberücksichtigung werden unter Umständen nicht alle für die Suchfrage relevanten Dokumente gefunden. Sie gehen folglich *auf Kosten des Recall*.[32] Wenn wir also bei unserer Suche nach Pferden keine alternativen Ausdrucksformen wie Gaul oder Roß berücksichtigen, so gehen uns u.U. Datensätze verloren.

4.3 Paraphrasen

Ein Unterfall von Synonymie ist dann gegeben, wenn ein Begriff nicht lexikalisch, also durch eine Benennung ausgedrückt, sondern vielmehr paraphrasiert, also umschrieben wird. Eine Paraphrase für *Fahrstuhl* wäre z.B.

*Käfigartige Einrichtung zur automatischen Beförderung
von Personen innerhalb von Gebäuden*

Manchmal kann das Vorkommen einer Paraphrase in dem Umstand begründet liegen, daß für einen Begriff noch keine Benennung existiert. So gibt es in der deutschen Sprache zwar ein Adjektiv für gestillten Hunger *(satt)*, aber keines für gestillten Durst – der Vorschlag *sitt* konnte sich bislang nicht durchsetzen. Auch gibt es z.B. kein Substantiv für *Schwimmen*. Der Vorzug paraphrasierender Ausdrucksweisen besteht darin, daß sie für einen jeden Begriff sofort verfügbar sind. Das Retrieval stellen sie jedoch vor schwerwiegende Probleme.[33]

→ Bei Allgemeinbegriffen gibt es keine Gewähr dafür, daß sie lexikalisch ausgedrückt werden. Bei Individualbegriffen ist die Wahrscheinlichkeit zwar höher, jedoch kommt es nicht eben selten vor, daß Personen statt über ihren Namen z.B. über ihre Funktion bzw. ihr Amt erwähnt werden, etwa: *der Bundeskanzler* statt: *Gerhard Schröder*.

---

30 Vgl. Lang 1980:262; Wersig 1985:51. Die englische Bezeichnung für 'Quasi-Synonymie' lautet: 'quasi-synonymy'.
31 Im dokumentarischen Kontext wird im Interesse eines 'schlanken' Vokabulars bisweilen auch eine eigentlich hierarchische Beziehung als eine quasi-synonyme aufgefaßt (z.B. *Katze – Hauskatze*). Nach der ISO-Norm sollten derartige Konstrukte aber möglichst vermieden werden (vgl. ISO 5964:15).
32 Vgl. Gaus 2003:58f; Greiner 1978:23; Wersig 1985:49ff. Englische Bezeichnung für 'Verlust': 'silence' (ISO 5127).
33 Vgl. zu diesem Problem vor allem Fugmann 1999: Kap.3.

Schreibweisenvielfalt: Dieses Phänomen tritt z.B. infolge unterschiedlicher Rechtschreibung auf und ist, wie bereits erwähnt, vor allem bei Namen verbreitet. Das trifft besonders auf Namen ausländischer Herkunft zu – zumal dann, wenn sie zusätzlich auch noch transliteriert oder transkribiert wurden (→ Abb. 2-4).[34] Schreibweisenvarianten müssen vereinheitlicht werden, soll es nicht zu Verlust beim Retrieval kommen.

Abb. 2-4: *Schreibweisenvielfalt bei Eigennamen, im WWW gefunden*

Schreibweisen des Eiskunstläufers Евгений Плющенко	
Vorname	Nachname
Jevgenij	Plushchenko
Evgenij	Plushenko
Evgeni	Pluschenko
Evgeny	Pluschtschenko
Jewgeni	
Ewgeny	

Wortformenvielfalt (z.B. Singular- und Pluralformen sowie unterschiedliche Fälle): Sie entsteht durch die Notwendigkeit, Wörter bzw. Benennungen an den jeweiligen grammatikalischen Kontext anzupassen. Aufgabe der Inhaltserschließung ist es demzufolge, Vorkehrungen für die Normung von Vokabular zu treffen. Andernfalls tritt möglicherweise Verlust bei der Recherche ein.

Ausdrucksvielfalt: Sie ergibt sich durch das Nebeneinander von 'nüchterner' Sprache einerseits und 'blumiger' Sprache, Umgangssprache, Metaphern andererseits. Ausdrucksvielfalt wird vor allem dort zum Problem, wo wir es nicht primär oder ausschließlich mit Fachinformation zu tun haben – also etwa im Medienbereich oder im Internet. Wer würde z.B. allein aufgrund eines Titels mit dem Wortlaut *Götter, Gräber und Gelehrte* ein Dokument über Archäologie vermuten? Und wie sollen wir ein Dokument über Verkehrsampeln finden, wenn der Titel *Rot-Gelb-Grün* lautet und es nicht inhaltlich erschlossen ist?

---

[34] Die Auswirkungen der Rechtschreibreform auf die Datenkonsistenz finden sich am Beispiel von Bibliothekskatalogen bei Eversberg beschrieben, der ein engagierter Gegner dieser Reform ist, URL: http://www.allegro-c.de/formate/rref.htm. Zudem existiert ein umfangreicher Thread (Mailwechsel) zu diesem Thema im Archiv der Mailingliste *Inetbib* der Monate Mai/Juni 2004, URL: http://www.inetbib.de.

Begriffskombinationen: Wie zu sehen war, können Begriffe nicht nur einzeln, sondern auch in Kombination auftreten. Z.B. kann der Begriff *Pferd* in der Kombination *Pferdestall, Reitpferdezucht, Arbeitspferd* auftreten. Auch dies ist ein Faktor, der es erschwert, dem Qualitätskriterium 'Vollständigkeit' bei einer Recherche nachzukommen (wenn wir also alles über Pferde suchen). Von Fall zu Fall ist daher eine Zerlegung solcher Begriffskombinationen in einzelne Komponenten zu erwägen.[35]

Implizite Inhalte: Natürlichsprachige Texte leben immer auch von nicht lexikalisch oder über Paraphrasen ausgedrückten Inhalten. Sie betreffen meist den größeren Zusammenhang, in dem der Dokumenttext zu verstehen ist. Bei einem Zeitungsartikel über die Sesamstraße etwa muß nicht notwendigerweise dabei stehen, daß es sich um eine Kindersendung handelt, denn das versteht sich *beim Lesen* von selbst. Nicht aber *bei der Suche* danach – hier werden wir nur fündig, wenn dieser Sachverhalt im Zuge der Inhaltserschließung dargestellt wurde.[36]

Mangelnde Transparenz von Begriffsbeziehungen: Die natürliche Sprache bildet Begriffsbeziehungen häufig nicht ab. So wird etwa aus den Benennungen *Schmetterling, Fliege, Heuschrecke* nicht ersichtlich, daß es sich jeweils um Insekten handelt. Umgekehrt täuschen Benennungen bisweilen verwandtschaftliche Beziehungen vor, wo keine sind, etwa: *Löwenzahn, Elfenbein, Rotes Kreuz* ... .[37]

Irrelevanz: Das bloße Vorkommen von Textwörtern sagt nichts über deren Eignung aus, wesentliche Dokumentinhalte zu repräsentieren. So werden wir über eine Volltextsuche möglicherweise zwar viele Treffer erhalten, aber auch viele irrelevante. Dieses Kapitel hier würden wir etwa bei der Suche nach Astronauten finden, ohne daß es auch nur im mindesten relevant dafür ist.

5 Kommunikation

Begriffe und Bezeichnungen sind Elemente der Kommunikation. Kommunikationsprozesse wiederum gründen sich auf den Austausch von Zeichen:

> „Kommunikation bedeutet (...) Überbrückung von Distanzen zum Zwecke der Übermittlung von Zeichen zwischen einem Sender (Kommunikator) und Empfänger (Rezipienten). (...) Genügen diese Zeichen bestimmten Regeln, so haben wir es mit Botschaften oder Nachrichten zu tun. Dabei spielt es erstmal keine Rol-

---

[35] Die Frage, unter welchen Bedingungen und wie Begriffskombinationen zu zerlegen sind, wird ausführlich in Kapitel 11, Abschnitt 6.3 erörtert.
[36] Vgl. hierzu vor allem Fugmann 1999:43f.
[37] Vgl. ebd.:44f.

le, ob es sich um einen Menschen und/oder ein technisches System handelt, das Zeichenketten sendet und/oder empfängt."[38]

Hauptphasen des Kommunikationsprozesses sind: a) die Encodierung, also die Zuordnung von Bezeichnungen zu Begriffen seitens des Kommunikators, b) die Übertragung dieser Bezeichnungen und c) die Decodierung, also die Zuordnung von Begriffen zu Bezeichnungen seitens des Rezipienten. Kommunikation beruht also auf Transformationsprozessen zwischen Begriffen und Bezeichnungen, von deren Gelingen der Erfolg einer Kommunikation abhängt. Hierzu müssen Kommunikator und Rezipient erstens den gleichen Zeichenvorrat nutzen und zweitens einem bestimmten Begriff die gleiche Bezeichnung und einer bestimmten Bezeichnung den gleichen Begriff zuordnen. Eben dieses ist in der natürlichen Sprache aber nicht ohne weiteres gewährleistet. Sie ist uneindeutig u.a. wegen Synonymen und Homonymen/Polysemen und kann ihre Kommunikationsaufgabe nur dadurch erfüllen, daß die Bedeutung des Einzelwortes durch *Kontext* (Textzusammenhang) und *Redundanz* (Wortüberfluß) gesichert wird.[39]

Auch der Dokumentationsprozeß kann als ein Kommunikationsprozeß verstanden werden. Kommunikationspartner sind abgesehen von den Dokumenturhebern diejenigen, die Dokumentinhalte analysieren und zum Zwecke ihrer späteren Wiederauffindung beschreiben und diejenigen, die Dokumentinhalte suchen. Auch diese Akteure brauchen einen gemeinsamen Bezeichnungsvorrat. Abbildung 2-5 veranschaulicht die dafür nötigen Transformationsprozesse und macht zugleich die zentrale Rolle der Sprache im Dokumentationsprozeß deutlich:

1. Der Autor muß Begriffe (1) in Bezeichnungen (1) umsetzen.
2. Der Informationsvermittler muß diese verstehen, also in Begriffe (2) zurückübersetzen und beim Indexieren in Bezeichnungen (2) umsetzen.
3. Der Nutzer muß seine Suchbegriffe (3) in einer Frage formulieren, also in Bezeichnungen (3) umsetzen.
4. Der Informationsvermittler muß zugleich auch das Suchanliegen des Nutzers verstehen, diesem also wieder Begriffe (4) zuordnen und die Begriffe schließlich in Bezeichnungen (4) übersetzen.

Der Suchprozeß ist formal erfolgreich, wenn die Bezeichnungen 2 und 4 identisch sind, inhaltlicher Erfolg stellt sich jedoch nur ein, wenn die Begriffe 1 und 3 übereinstimmen.

---

[38]   Ratzek 2002:139
[39]   Vgl. Greiner 1978:24.

Abb. 2-5: *Sprachliche Transformationsprozesse im Dokumentationsprozeß (Quelle: Wersig 1978:15)*

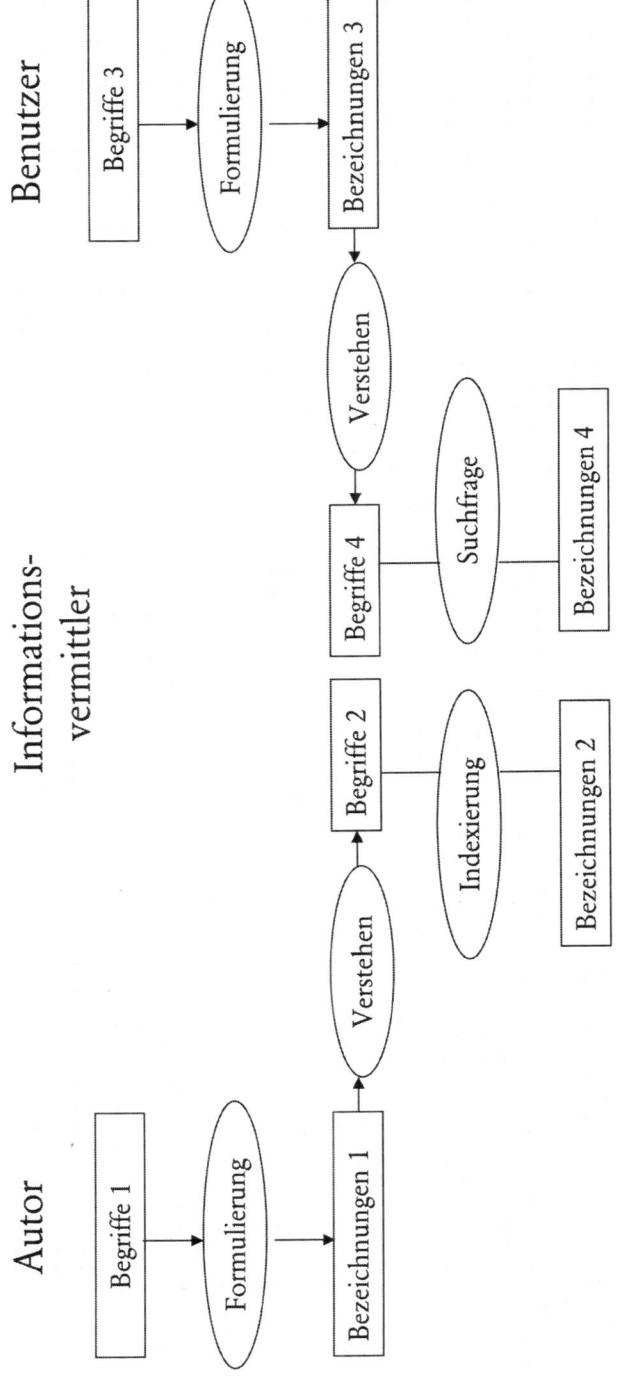

Bezogen auf das Eingangsbeispiel (die Suche nach Astronauten) bedeutet das: Es obliegt uns als Informationsvermittler, gleiche Sachverhalte, wie immer sie sprachlich ausgedrückt sein mögen, auch gleichartig abzubilden. Dort, wo wir es mit unerschlossenen Beständen zu tun haben, sollten wir bei der Suche alle gebräuchlichen Ausdrucksformen für das Gemeinte berücksichtigen. Nur auf diese Weise können wir gewährleisten, daß dem Nutzer kein Verlust entsteht.

6 Folgerungen für die dokumentarische Tätigkeit

Was uns Informationsspezialisten vom 'gemeinen Endnutzer' unterscheidet (zumindest unterscheiden sollte), ist vor allem das Bewußtsein für sprachliche Phänomene und ihre problematischen Folgen für das Retrieval. Im Gegensatz zum zumeist genügsamen Endnutzer wissen wir also, daß, wenn wir *etwas* finden, dies längst noch nicht *alles* sein muß, und daß, wenn wir *nichts* findet, dies mitnichten bedeuten muß, daß auch nichts vorhanden ist. Wollen wir unsere Mittlerrolle zwischen Dokumenturhebern und Nutzern effektiv erfüllen, müssen wir demzufolge:

- Schreibfehler vermeiden bzw. korrigieren;
- Wortgut normieren;
- Homonyme und Polyseme eindeutig machen;
- Synonyme zusammenführen;
- Paraphrasen lexikalisieren;
- Umgangssprache und Metaphern in formale Sprache übertragen;
- Begriffskombinationen u.U. zerlegen;
- Implizite Inhalte explizit machen;
- Begriffsbeziehungen transparent machen;
- Wichtiges von Unwichtigem trennen und darstellen.

7 Zusammenfassung

- Begriffe stellen Denkeinheiten dar und brauchen sprachliche Repräsentationen, um kommuniziert werden zu können. Im Kontext der inhaltlichen Erschließung werden Begriffe durch Benennungen oder Notationen vertreten.
- Begriffe lassen sich nach dem Abstraktionsniveau in Individualbegriffe, Allgemeinbegriffe und Kategorien differenzieren und nach der Komplexität in Einzelbegriffe und Begriffskombinationen.

- Kategorien sind wertvolle Strukturierungshilfen bei der Analyse einzelner Dokumente, ganzer Dokumentbestände sowie bei der Konzeption von Dokumentationssprachen.
- Individualbegriffe werden in der Regel lexikalisch durch Namen ausgedrückt, die in Ansetzung und Schreibweise variieren können. Allgemeinbegriffe können außer durch Benennungen auch durch Paraphrasen ausgedrückt sein.
- Die Beziehung zwischen Begriffen und Bezeichnungen bringt sprachliche Phänomene hervor, die Probleme im Dokumentationsprozeß erzeugen. Diese Probleme sind neben Wortformen- und Schreibweisenvarianten Synonymie und Quasi-Synonymie, Paraphrasen und implizite Inhalte. Sie alle gehen zu Lasten des Recall. Zu Lasten der Precision gehen demgegenüber Homonymie/Polysemie und Irrelevanz.
- Wesentliche Aufgabe inhaltserschließender Tätigkeiten ist die Bewältigung dieser Probleme. Dies geschieht vor allem über Normung, Homonym-, Zerlegungs- und Synonymkontrolle, über das Darstellen impliziter Inhalte und die Lexikalisierung von Paraphrasen.

8 Literatur zum Thema

DIN 2330: Begriffe und Benennungen. Allgemeine Grundsätze, Stand: Dezember 1993

DIN 2331: Begriffssysteme und ihre Darstellung, Stand: April 1980

DIN 2342-1: Begriffe der Terminologielehre. Grundbegriffe, Stand: Oktober 1992

Eversberg, Bernhard 2003: Eine seltene Sache. Erwartung und Ernüchterung bei der thematischen Katalogsuche:
http://www.allegro-c.de/regeln/cosarara.htm

Fugmann, Robert 1999: Inhaltserschließung durch Indexieren: Prinzipien und Praxis, (Reihe Informationswissenschaft der DGD, Bd. 3), Frankfurt/M.: DGD *Rezension in: Password 7+8/1999: 26-27 (von Wolfgang G. Stock). Replik von Fugmann in: nfd 51 (2000): 162*

Greiner, Götz 1978: Allgemeine Ordnungslehre, Frankfurt/M.: Eigenverl.: Kap. 6

ISO 704-2000: Terminology work – Principles and methods

Kuhlen, Rainer 1980: Linguistische Grundlagen, in: Laisiepen, Klaus, Lutterbeck, Ernst, Meyer-Uhlenried, Karl-Heinrich: Grundlagen der praktischen Information und Dokumentation. Eine Einführung, 2., völ. neubearb. Aufl., München u.a.: K G Saur: 675-728

Wersig, Gernot 1985: Thesaurus-Leitfaden. Eine Einführung in das Thesaurus-Prinzip in Theorie und Praxis, (DGD-Schriftenreihe; 8), 2. erg. Aufl., München/New York: K G Saur: Kap. 1

Kapitel 3
Abstracting

„Abstracting (...) ist ohne Zweifel im Bewusstsein derjenigen, die sich professionell und praktisch damit beschäftigen, eher eine Kunst als ein regelgeleiteter Routineprozess."[1]

Thema dieses Kapitels ist die Methode des Abstracting und ihr Produkt, das Abstract. Es werden Vorteile von und Anforderungen an Abstracts erläutert, und es wird eine typologische Unterteilung von Abstracts vorgenommen. Zum Schluß wird noch auf die Implikationen audio-visueller Medien für Form und Inhalt von Abstracts eingegangen. Dabei beziehen sich die folgenden Ausführungen auf intellektuelle Verfahren. Automatische Ansätze, die beim Abstracting vergleichsweise weniger fortgeschritten sind als beim Indexieren, werden kurz in Kapitel 5 angesprochen.

L i t e r a t u r : Das Abstracting gestaltet sich in der Praxis wesentlich anspruchsvoller als in der Theorie. Grundlegende Literatur zu diesem Thema stellen die DIN-Norm 1426 dar (die allerdings stärker auf das Produkt abhebt als auf den Prozeß) und die ihr weitgehend entsprechende ISO-Norm 214. Außerhalb der Normen ist vor allem der Aufsatz von Kuhlen (2004) zu erwähnen. Kontextbezogene Hinweise zum Schreiben von Abstracts finden sich demgegenüber in Regelwerken wieder. Für audio-visuelle Medien sind dies das *Regelwerk Fernsehen* und das *Regelwerk Hörfunk Wort*.

1 Begriffe

Unter *Abstracting* versteht man eine Methode der inhaltlichen Erschließung, bei der der Inhalt einer DBE komprimiert und im Kontext wiedergegeben wird. Ihr Sinn besteht in der schnelleren Inhaltserfassung und der schnelleren Auswahl relevanter Dokumente, womit sie vor allem eine *Orientierungsfunktion* erfüllt.[2] Das Ergebnis dieser Methode ist das *Abstract*, auch als Kurzreferat bezeichnet. Es soll im Unterschied zur Zusammenfassung auch ohne Originalvorlage verständlich sein und kann in das Dokument eingehen, auf das es sich bezieht oder unabhängig davon zugänglich gemacht werden. Das Abstract wird Teil der Dokumentationseinheit und ermöglicht eine schnelle Orientierung über die DBE, deren Inhalte es re-

---

1 Kuhlen 2004:191
2 Vgl. Kuhlen 2004; Lang 1980:251; Fugmann 1999:15. Alternative deutsche Bezeichnung für 'Abstracting': 'Referieren'

präsentiert. Abstracts werden in der Regel für einen anonymen Benutzer-kreis erstellt.[3]

Abstracts waren (und sind bis heute) Ausdruck des Bemühens, sich über die in allen Fachgebieten ständig ansteigende Textproduktion auf dem Laufenden zu halten. Sie wurden zunächst vor allem in Referatediensten publiziert, deren Zahl seit Mitte des 19. Jahrhunderts kontinuierlich anstieg. Bis in die Mitte des 20. Jahrhunderts waren diese Dienste die am meisten verbreitete Form einer inhaltlichen Referenzinformation.[4]

2 Funktion von Abstracts

Zunächst einmal verdichten Abstracts (wie jede andere Erschließungsmethode auch) den Inhalt von Dokumenten. Im Zusammenhang mit ihrer ausgeprägten Orientierungsfunktion beschleunigen sie zudem die Auswahl relevanter Originaltexte aus einer gegebenen Antwortmenge und sind dafür geeigneter als etwa der Dokumenttitel.[5] Sie ersparen Lesezeit und erlauben eine bessere Integration fremden Wissens in die eigenen Wissensbestände. Dadurch erleichtern sie z.B. die Erstellung von Übersichtsartikeln und Bibliographien.[6] Soweit Abstracts im Volltext suchbar sind, erfüllen sie zusätzlich eine *Zugangsfunktion*, wie sie sonst vor allem den Indexaten zugeschrieben wird. In dieser Eigenschaft tragen sie vor allem zur Gewinnung von Suchtermen bei und schaffen den Zugang zur Primärquelle.

Abstracts kommen in Bibliographien, Referatediensten, Datenbanken, Literaturberichten, Patentdokumenten u.ä. zum Einsatz. Sie können sich auf Bild-, Text-, Tondokumente oder auf multimediale Quellen beziehen (etwa auf ganze Websites, wie Abbildung 3-1 zeigt). Sie sind vor allem dann hilfreich, wenn es um komplexe, strukturell homogene und qualitativ hochwertige Dokumente geht, deren Inhalt nicht auf einen Blick überschaubar ist.

---

[3] Vgl. DIN 1426:2f; Kuhlen 2004:189f; ISO 214:1.
[4] Vgl. Kuhlen 2004:192
[5] Zu den Unzulänglichkeiten von Dokumenttiteln vgl. auch Flachmann 2004:767.
[6] Vgl. hierzu vor allem Kuhlen 2004:190f.

Amnesty International (AI)

⬈ http://www.amnesty.org/ailib/intcam/femgen/fgm1.htm

AI's website on FGM is divided into 12 sections, which revolve around main aspects of the practice, AI's and other organisation's initiatives against FGM, and the rights context. The respective texts are based on expert statements, legal documents, statistics, etc., and present thorough background information. Particularly the section on framing FGM as a human rights issue is well developed. Country information with prevalence rates and the type of FGM practised are provided. It offers links to other relevant organisations, a variety of contact addresses of international organisations and advocacy groups as well as a selected bibliography. The website is frequently updated. The German language version is identical in contents.

3 Qualitätskriterien

Ein Abstract, das dokumentarischen Qualitätskriterien genügt, sollte folgende Anforderungen erfüllen:[7]

Vollständigkeit: Alle wesentlichen Sachverhalte sollten explizit enthalten sein (z.B. die Fragestellung und die Zielsetzung, der Bezug zu anderen Arbeiten, die Methodik, die Ergebnisse, der Zeitraum, der geographische Raum usw.).

Verständlichkeit: Das Abstract muß ohne Rückgriff auf das Originaldokument verständlich sein. Im Bereich der Fachinformation sollte soweit möglich Fachsprache verwendet werden. Ungebräuchliche Ausdrücke sind zu vermeiden. Die Inhalte sollten i.d.R. kohärent (zusammenhängend) wiedergegeben werden. In einigen Bereichen, etwa in der Mediendokumentation, sind Telegrammstil und Substantivierungen bisweilen jedoch zweckmäßiger (siehe Abschn. 7). Der Schreibstil sollte ökonomisch sein, Schachtelsätze sollten vermieden werden. Allgemein verständliche Abkürzungen sind erlaubt, sonstige Abkürzungen sollten bei erstmaliger Erwähnung aufgelöst werden.

Genauigkeit: Das Abstract sollte dem Original gerecht werden. Es darf seine Akzente nicht verschieben, verschweigen, verfälschen oder nicht im Original enthaltene Angaben hinzusetzen.

---

[7] Vgl. hierzu vor allem DIN 1426:2f; Kuhlen 2004:196ff.

Objektivität: Mit Ausnahme vom kritischen Referat (siehe unten) sollte im Abstract keine Wertung vorgenommen werden.[8]

Kürze: Dokumentinhalte sind so kurz wie möglich, jedoch „in einer der dokumentarischen Bewertung angemessenen Ausführlichkeit [zu] erschließen".[9] Man sollte sich also auf die Wiedergabe der Hauptaspekte beschränken und Nebenaspekte nur in Ausnahmefällen erwähnen.

Redundanzfreiheit: Titel und Indexat sollten nicht wiederholt, sondern ergänzt und erläutert werden. Auch im Abstract selbst sollte man sich nicht wiederholen, und es sollten auch keine Informationen aufgenommen werden, die schon aus der Formalbeschreibung ersichtlich sind (etwa der Autorenname).

Fehlerfreiheit: Auf eine korrekte Rechtschreibung und Zeichensetzung ist ebenso zu achten wie auf die Vermeidung von Tipfehlern und inhaltlichen Fehlern.

Maßnahmen für die Volltextsuche

Soweit Abstracts im Volltext suchbar sind, empfehlen sich folgende Maßnahmen zur Optimierung der Retrievalqualität: Zentrale Begriffe sollten mit verschiedenen Benennungen belegt werden. Hierbei ist jedoch Fingerspitzengefühl gefragt. So könnten wir etwa in ein Abstract zu einem Artikel über die politische Situation in den Ländern der *Dritten Welt* getrost den Ausdruck *Entwicklungsländer* einfließen lassen, der zwar aus einem anderen theoretischen Kontext kommt, aber verbreitet und gebräuchlich ist. Vorsicht wäre jedoch bei Wendungen wie *Länder des Südens* oder *Länder der südlichen Halbkugel* angebracht (kompliziert, ungebräuchlich, paraphrasierend und unpräzise). Ganz vermeiden sollten wir eine Bezeichnung wie *Trikont* (ideologisch, tendenziös).

Suchanliegen werden i.d.R. positiv formuliert, daher sollten wir Negativformen vermeiden. Statt also zu schreiben:

Es wird untersucht, wie sich die Retrievalqualität verbessert,
wenn nicht frei indexiert wird.

---

[8] Dabei ist jedoch zu bedenken, daß die Methoden der Inhaltserschließung, soweit sie intellektuell vonstatten gehen, stets subjektiv sind, vollständige Objektivität also gar nicht zu leisten ist. Wenn etwa zehn Personen zu ein und demselben Dokument ein Abstract schreiben, werden dabei mit Sicherheit auch zehn verschiedene Produkte entstehen. Nachfolgende Definition der ISO ist daher eher als ein idealtypisches Postulat zu verstehen: „ (...) the term abstract signifies an abbreviated, accurate representation of the contents of a document, without added interpretation or criticism and without distinction as to who wrote the abstract" (ISO 214:1).

[9] Regelwerk Hörfunk Wort: 99

täten wir besser daran, wie folgt zu formulieren:

Es wird untersucht, wie sich die Retrievalqualität verbessert,
wenn gebunden indexiert wird.

Auch Paraphrasen sollten wir umgehen, denn Suchanliegen werden i.d.R. lexikalisch (über einen oder mehrere Suchterme) formuliert. Eine Formulierung wie:

Das Bundesland zwischen Rhön und Alpen
wird im Hinblick auf seine Eignung als Urlaubsregion untersucht.

ist folglich zu verwerfen, stattdessen sollte es heißen:

Bayern wird im Hinblick auf seine Eignung als Urlaubsregion untersucht.

Wörter mit gemeinsamem Sammelwort sollten vollständig aufgeführt und Wortbindestrichtilgungen vermieden werden. Statt also zu schreiben:

Berufsbilder und -aussichten von wissenschaftlichen und Diplom-Dokumentaren

sollten wir formulieren:

Berufsbilder und Berufsaussichten
von wissenschaftlichen Dokumentaren und Diplom-Dokumentaren.

→ Wie bereits erwähnt, erfüllen im Volltext recherchierbare Abstracts neben ihrer Orientierungsfunktion zugleich eine Zugangsfunktion. Diese beiden Funktionen stellen unterschiedliche Anforderungen an den Schreibstil, die in Widerspruch zueinander geraten können. So kommt es bei der Zugangsfunktion vor allem auf die *Suchbarkeit* an, der ein ökonomischer, an Substantiven orientierter Stil besonders zuträglich ist. Dieser geht u.U. jedoch auf Kosten der *Lesbarkeit*, die ihrerseits ein wichtiges Kriterium für die Orientierungsfunktion darstellt. Die Kunst des Abstractschreibens besteht nun darin, einen Schreibstil zu finden, der beiden Funktionen und den damit verbundenen Anforderungen gerecht wird.[10]

4 Schreiben und Darstellung von Abstracts

Das Abstracting beginnt mit dem Lesen, dem die Inhaltsanalyse folgt, wie sie im ersten Kapitel beschrieben wurde. Das Schreiben und Redigieren beendet den Prozeß. Dabei sollten wir stets eine Auswahl nach Maßgabe der Nutzerinteressen vornehmen.

---

10 Vgl. auch Lancaster 1998:121f; Moens 2000:59.

Regelwerke für das Abstracting sollten Richtlinien für die Darstellung, den Umfang und den Schreibstil enthalten. Sie sollten die Behandlung fremdsprachlicher Materialien und diejenige unterschiedlicher Dokumentarten regeln sowie die Form von Literaturverweisen und Zitaten. Außerdem sollten sie eine Liste von Standardabkürzungen (z.B. Zeitschriftentitel) enthalten und die im Abstract aufzunehmenden Gesichtspunkte festlegen.[11]

Für die Darstellung des Abstracts gelten folgende allgemeine Richtlinien: Soweit das Abstract Dokumentbestandteil ist, sollte es am Anfang, noch vor einem eventuellen Inhaltsverzeichnis stehen. Gemäß DIN- bzw. ISO-Norm sollte das Abstract bei kurzen Dokumenten weniger als 100 Wörter, sonst weniger als 250 Wörter und bei umfangreichen Dokumenten maximal 500 Wörter umfassen. Abstracts sollten i.d.R. in einem Absatz geschrieben werden. Es empfiehlt sich, mit einem Satz zu beginnen, der den zentralen Gegenstand des Dokuments wiedergibt – es sei denn, dies übernimmt der Titel schon.[12]

5 Abstract-Typen

Abstracts können nach dem Abstraktionsniveau, nach dem Erzeuger, nach der Form und nach weiteren Aspekten unterschieden werden.[13] Nach dem Abstraktionsniveau differenziert man vor allem zwischen dem ersetzenden, dem informativen und dem indikativen Abstract, nach dem Erzeuger zwischen Autoren- und Fremdreferat und nach der Form in Textreferat, Strukturreferat und Schlagwortreferat.

a) Ersetzendes, informatives und indikatives Abstract

Das *ersetzende Referat* ist eine Grenzform des Kurzreferats: Soweit ein Schriftdokument zugrunde liegt, soll es den Nutzer nicht mehr zum Originaldokument hinführen, sondern dessen Einsichtnahme ersparen. Es handelt sich also um ein komprimiertes Originaldokument, das auch die nebensächlichen Sachverhalte enthält. Es findet sich häufig im Medienbereich und ist dort meist auf Hörfunk- bzw. Fernsehbeiträge bezogen (vgl. hierzu auch Abb. 3-3 und 3-4).[14]

---

[11] Vgl. hierzu Kuhlen 2004:196ff.
[12] Vgl. hierzu DIN 1426:5; ISO 214:3f; Cleveland/Cleveland 2001:116.
[13] Vgl. hierzu Kuhlen 2004:193ff; DIN 1426:3f.
[14] Eine alternative und in der Mediendokumentation verbreitete Bezeichnung für 'Ersetzendes Referat' lautet: 'Protokollierendes Referat'.

Das *informative Abstract* gibt die gesamten hauptsächlichen Sachverhalte einer DBE (aber nicht die Nebenaspekte) einschließlich Fakten und Daten wieder: Themen und Zielsetzungen (sofern nicht aus dem Titel ersichtlich), Hypothesen und Methoden, Ergebnisse und Schlußfolgerungen. Das *indikative Abstract* gibt die wesentlichen behandelten Sachverhalte wieder und deutet die Art der Behandlung an, aber enthält keine konkreten Resultate. Im Interesse eines schnellen Überblicks sollte auch ein informatives Abstract indikative Passagen enthalten – vorausgesetzt, diese werden dann informativ angereichert. Eine Mischform stellt das *informativ-indikative Abstract* dar: Einige Sachverhalte (die z.B. nach Nutzerbedürfnissen, Neuigkeitswert oder wegen ihres Beispielcharakters ausgewählt wurden) werden ausführlicher dargestellt, andere dagegen nur erwähnt.[15]

Bildlich läßt sich der Unterschied zwischen 'indikativ' und 'informativ' folgendermaßen beschreiben: Wenn wir die DBE als eine Kommode betrachten, deren Schubladen ihre wesentlichen Inhaltskomponenten repräsentieren, so bildet das indikative Abstract lediglich die Etiketten dieser Schubladen ab, während das informative Einblick in ihre Inhalte gewährt. Abbildung 3-2 zeigt ein Beispiel für den Unterschied zwischen 'indikativ' und 'informativ'. Weitere Beispiele finden sich im Abschnitt 9.

b) Autoren- und Fremdreferate

„The ideal abstractor would probably be the author of the paper who is a recognized expert in the subject and has training and years of experience in writing abstracts. Obviously, such rare individuals write relatively few abstracts."[16]

Autorenreferate werden vom Dokumenturheber selbst erstellt. Sie genügen häufig nicht den dokumentationsspezifischen Qualitätsanforderungen. Ihr wesentlicher Vorzug besteht darin, zur gleichen Zeit wie das Dokument publiziert zu werden, auf das sie sich beziehen.[17] Bei *Fremdreferaten* wiederum, die zumeist von Informationsspezialisten angefertigt werden, kann sich neben dem Zeitverzug u.U. das Problem eines Mangels an Sachkenntnis stellen.

---

15   Die englischen Bezeichnungen lauten: 'informative abstract', 'indicative abstract' sowie 'informative-indicative abstract' (ISO 214:1). Das informativ-indikative Abstract findet sich in der deutschen Literatur bisweilen auch als indikativ-informatives Abstract wieder. Dieser Wortfolge wird in der Mediendokumentation der Vorzug gegeben, während sich in den Normen vorzugsweise die erstgenannte Variante findet.
16   Cleveland/Cleveland 2001:58
17   Vgl. Kuhlen 2004:193.

Abb. 3-2: *Indikatives und informatives Abstract zu einem fiktiven Buchtitel*

Kasimir Kaminski / Leo Löwental
Katzenhaltung in Wohnungen – leicht gemacht
Katzenbach 2004: Mausoleum Verlag

Indikatives Abstract: Unter praktischen Gesichtspunkten werden grundlegende Aspekte der Wohnungshaltung von Hauskatzen behandelt. Dabei geht es zunächst um ihre Ernährung und die Vermeidung von Übergewicht. Es werden geeignetes Spielzeug und geeignete Schlafplätze vorgestellt. Ferner wird auf Katzentoiletten und typische Unfallquellen eingegangen. Abschließend werden Maßnahmen zum Schutz des Wohnungsinventars beschrieben.

Informatives Abstract: Unter praktischen Gesichtspunkten werden grundlegende Aspekte der Wohnungshaltung von Hauskatzen behandelt. Zur Vorbeugung vor Übergewicht ist auf eine fettarme Ernährung und auf regelmäßige, aber mäßige Mahlzeiten zu achten (max. zwei am Tag). Zwischenmahlzeiten aller Art sollten vermieden werden und menschliche Nahrungsmittel niemals offen zugänglich sein. Bewegung ist durch geeignetes Spielzeug oder über die Haltung eines weiteren Haustiers zu gewährleisten. Als Schlafplätze bieten sich neben dem menschlichen Bett Schubladen und Körbe aller Art an. Bei der Katzentoilette ist darauf zu achten, daß das Klo an einem ruhigen und leicht zugänglichen Ort aufgestellt wird. Typische Unfallquellen sind ungesicherte Balkonbrüstungen, brennende Kerzen oder spitze Gegenstände. Das Wohnungsinventar kann durch Katzenbäume und Kratzbretter geschützt werden.

c) Textreferat, Strukturreferat und Schlagwortreferat

Das *Textreferat* ist ein im Fließtext abgefaßtes, an der natürlichen Sprache ausgerichtetes, u.U. im Telegrammstil geschriebenes Referat. Im weit weniger verbreiteten *Strukturreferat* werden die wesentlichen Inhaltskomponenten einer DBE dagegen in vorgegebenen Kategorien in vorgegebener Reihenfolge abgebildet. Die Kategorien können allgemeiner Natur sein (etwa: *Objekt, Methode, Verfahren, Ergebnisse ...*) oder allgemein-fachlicher Natur (etwa: *Typ, Hersteller, Preise)*. Sie können sowohl mit freiem Text (in ganzen Sätzen oder im Telegrammstil) als auch mit standardisierten Einträgen oder mit Schlagwörtern ausgefüllt werden. Voraussetzung ihrer sinnvollen Anwendung ist das Vorhandensein einigermaßen homogen strukturierter Dokumente. Dabei erleichtert die vorgegebene Struktur dem Referenten die Kontrolle und dem Nutzer die Orientierung.[18] Das *Schlagwortreferat* schließlich ist ein Abstract, das den Inhalt einer DBE mittels der Aneinanderreihung von Schlagwörtern abbildet, damit zu den indikativen Abstracts gehört und im Übergangsbereich zum Indexat angesiedelt ist.

d) Sonstige Typen

Das *Kurzreferat aus besonderer Perspektive* ist ein für spezielle Nutzerkreise abgefaßtes Referat, das die Inhalte einer DBE bewußt selektiv wiedergibt und daher besonders gekennzeichnet sein sollte (z.B. das Abstract eines medizinischen Aufsatzes aus der Sicht von Chemikern). Das *kritische Referat* enthält eine explizite Stellungnahme des Referenten und markiert den Übergang des Abstracts zur Rezension. Im Gegensatz dazu muß es aber die wichtigsten Inhalte wiedergeben und ist zur Kürze verpflichtet. Eine Passage in einem solchen Abstract könnte lauten:

„This article reports on the number of onions grown in California, but since it doesn't indicate which years, the information is not of much value."[19]

Das kritische Referat gewinnt im Zusammenhang mit dem Abstracting von Internetquellen, die keiner zentralen Qualitätskontrolle unterliegen, an Bedeutung. Das *Einzelreferat* schließlich bezieht sich auf eine einzige DBE, während das *Sammelreferat* inhaltlich ähnliche DBE erschließt und immer ein Fremdreferat ist – entweder indikativ oder informativ.

---

18 Vgl. auch Kuhlen 2004:195. Alternative Bezeichnung für 'Strukturreferat': 'Positionsreferat'
19 Das Beispiel ist Cleveland/Cleveland entnommen (2001:57).

6 Das Abstracting audio-visueller Medien

Grundsätzlich gilt zunächst einmal: Bei audio-visuellen Medien ist, soweit intellektuelle Verfahren zur Anwendung kommen (und das tun sie bei AV-Medien meistens – noch), ein Übersetzungsvorgang von einem Medium, nämlich Ton und/oder Bild in ein anderes, nämlich Schriftsprache erforderlich. Der durch die inhaltliche Erschließung produzierte Informationsverlust fällt damit erheblich höher aus als bei Schriftdokumenten.

Abstracts fallen insbesondere im Kontext der Mediendokumentation an – bei Wortbeiträgen im Hörfunk und bei Fernsehsendungen. Angesichts immens hoher Produktionskosten ist die Wiederverwendung und Weiterverwertung des gesendeten Materials geboten. Hierfür wiederum ist eine differenzierte und qualifizierte Inhaltserschließung vonnöten, wie sie vor allem Abstracts zu leisten vermögen. Dabei richtet sich die Erschließungstiefe nach der Dokumentationswürdigkeit. Die jeweiligen Regeln dafür sind im Regelwerk Hörfunk Wort und im Regelwerk Fernsehen festgehalten.[20]

a) Wortbeiträge im Hörfunk[21]

Der Inhalt von Wortbeiträgen wird indikativ, informativ oder ersetzend referiert. Auch Mischformen sind möglich. Welcher Referattyp jeweils zum Einsatz kommt, ist vor allem eine Frage der Präsentationsform der Sendung (etwa *Feature, Hörspiel, Interview* usw.) In allen Abstract-Typen sind Originaltöne (O-Töne) auszuweisen. Dies sind Einblendungen aus anderen Tonaufnahmen (etwa Ausschnitte aus Reden oder Interviews). Informative und ersetzende Referate werden sequentiell, also dem Ablauf der Sendung entsprechend, dargestellt. Sie sind selektiv und sollten sich an die Sprache der Sendung anlehnen. Ersetzende Referate enthalten zudem im allgemeinen auch Zeitangaben.

Die Abstracts von Wortbeiträgen erfüllen sowohl eine Orientierungs- als auch eine Zugangsfunktion. Entsprechend dienen sie sowohl einer ersten Relevanzbeurteilung als auch z.B. der gezielten Suche nach O-Tönen. Diese sind als solche auszuweisen, mit dem Aufnahmedatum sowie gegebenenfalls mit Sprachangaben zu versehen. Etwa: (*O-Ton, russ, darüber dt Übersetzung) Michail Gorbatschow am 07.10.1989 in Ost-Berlin: „Gefahren warten nur*

---

[20] Die medienspezifischen Regelwerke sollen perspektivisch in ein integriertes Multimedia-Regelwerk übergehen, das ebenso wie die Monomedia-Regelwerke unter http://mmd.dra.de/multimediaregelwerk zugänglich ist.

[21] Vgl. hierzu das Regelwerk Hörfunk Wort.

auf jene, die nicht auf das Leben reagieren".[22] Historische Daten sind genau anzuführen, Personennamen in natürlicher Wortfolge anzusetzen. Zusammengehörige Sachinhalte bzw. in sich geschlossene Einzelthemen werden mit Schrägstrich voneinander abgetrennt. Akustische Besonderheiten sind ebenfalls auszuweisen, etwa: *(O-Ton) Abheben der Rakete und Beifall der Zuschauer.*[23] Gleiches gilt, nach Maßgabe ihrer Relevanz, für Musikeinblendungen. Zeitangaben können sich auf die Dauer einzelner Beiträge bzw. auf den Beginn von O-Tönen und sonstigen einzelnen Passagen beziehen. Soweit vor allem die Zugangsfunktion der Abstracts gefragt ist, es also weniger auf Lesbarkeit und Kohärenz ankommt, werden die Abstracts im Nominalstil geschrieben. Das bedeutet, daß Verben vorzugsweise substantivisch auszudrücken sind und vom Telegrammstil Gebrauch gemacht werden sollte (→ Abb. 3-3).

b) Fernsehsendungen[24]

Grundsätzlich sind bei der Erschließung von Bilddokumenten zwei Ebenen zu berücksichtigen: Erstens die konkreten Gegenstände bildlicher Darstellung unabhängig von ihrem Kontext. Diese Ebene wird in der Literatur manchmal als *Ofness* bezeichnet (*what is the picture of?*). Zweitens ihr historischer, thematischer oder sonstiger Kontext, der sich häufig gar nicht unmittelbar aus dem Abgebildeten selbst ablesen läßt: die *Aboutness* (*what is the picture about?*). Stellen wir uns z.B. eine Bildsequenz vor, die einen mit Menschen in Badekleidung dicht besiedelten Strand in praller Sonne zeigt – das wäre die Ofness. Die dazugehörige Aboutness könnte *Massentourismus, Hitzewelle* oder *Hautkrebsgefahr* sein. Und die Aboutness eines Bildes, das den Eifelturm zeigt, könnte z.B. *Paris, berühmte Türme* oder *Sightseeing* sein.[25]

Entsprechend dieser Besonderheit werden bei Fernsehbeiträgen der Sachinhalt (die Aboutness) und der Bildinhalt (die Ofness) getrennt abgebildet. Der *Sachinhalt* wird zudem in zwei Teilen referiert: Der erste Teil enthält eine Annotation, ein indikatives Abstract oder den indikativen Teil eines informativ-indikativen Abstracts (letzteres ist der Standard). Welcher Referattyp jeweils zum Einsatz kommt, ist auch hier vor allem eine Frage der Präsentationsform der Sendung (etwa *Dokumentarbericht, Spielfilm, Spot* usw.). Der sich daran u.U. anschließende zweite Teil hat eine informative Ausprägung und kann zudem O-Töne aus Statements oder Gesprächen umfassen.

---

22 ebd.: 101
23 ebd.
24 Vgl. hierzu das Regelwerk Fernsehen.
25 Vgl. hierzu etwa Lancaster 1998: 117f; Fugmann 1999:45; Schmitt 2001.

Der *Bildinhalt* wird selektiv oder ersetzend referiert. Das Referat kann eine verdichtende Darstellung von Kameraeinstellungen (z.B. *zoom, nah, groß, Schwenk, Luftaufnahme*), Schnittabfolgen, Bildsequenzen und Zeitangaben enthalten sowie motivverbundene O-Töne wie Geräusche, Sprachen oder Musik. Von besonderer Bedeutung im Hinblick auf eine spätere Wiederverwendung sind darüber hinaus Tages- und Jahreszeiten.

Der indikative Teil des Sachinhalts dient einer ersten Relevanzbeurteilung, womit er primär eine Orientierungsfunktion erfüllt. Der informative Teil des Sachinhalts sowie der Bildinhalt sollten zudem aber auch eine Zugangsfunktion erfüllen, also die gezielte Suche nach O-Tönen oder Bildmotiven ermöglichen. Für die Darstellung der Abstracts bewegter Bilder gilt in etwa dasselbe wie für Abstracts von Wortbeiträgen. Im Bildteil werden Motivwechsel durch Schrägstriche voneinander abgetrennt. Die Bereiche innerhalb der Schrägstriche sind teilweise separat recherchierbar (→ Abb. 3-4).

7 Zusammenfassung

– Abstracts zeichnen sich gegenüber Indexaten dadurch aus, daß sie verdichtete Inhaltsangaben im Kontext enthalten. Damit erfüllen sie vor allem eine Orientierungsfunktion, die wiederum eine schnelle Relevanzentscheidung unterstützt. Soweit Abstracts im Volltext suchbar sind, können sie zugleich aber auch Zugangsfunktionen erfüllen.

– Die sich aus diesen beiden Funktionen ergebenden Anforderungen (Lesbarkeit und Suchbarkeit) stehen häufig in einem Spannungsverhältnis zueinander.

– Ein dokumentarisches Abstract sollte vollständig, kurz, verständlich und genau sein, zudem frei von Bewertungen, Redundanzen und Fehlern.

– Abstracts lassen sich vor allem nach der Form, dem Abstraktionsniveau und dem Erzeuger unterscheiden. Besondere Praxisrelevanz, zumal in der Mediendokumentation, kommt dabei der Unterscheidung nach dem Abstraktionsniveau in indikative und informative Abstracts zu.

– Das Abstracting audio-visueller Medien ist mit größerem Informationsverlust verbunden als dasjenige von Schriftdokumenten. Die Zugangsfunktion (damit also die Suchbarkeit) eines Abstracts hat dort im Interesse der gebotenen Wiederverwendung des Materials einen besonders hohen Stellenwert.

– Sehr wichtig in Abstracts von audio-visuellen Dokumenten sind O-Töne. Fernsehdokumente zeichnen sich zudem vor allem durch das getrennte Abstracting von Sach- und Bildinhalt aus.

Abb. 3-3: *Inhaltliche Erschließung eines Wortbeitrags im Hörfunk mit Indexat und Abstract. Der erste Absatz des Abstracts hat indikativen Charakter, der zweite ersetzenden bzw. protokollierenden. Auch das Indexat ist zweigeteilt: Der obere Teil (Kat.Präs.Form/ Kat.Inhalt) nimmt eine kategorielle Zuordnung der Sendung vor, der untere (Indexat) beschreibt ihre Inhalte mit Schlagwörtern (Quelle: Regelwerk Hörfunk Wort; Stand: 1993; Beispiel 6).*

BEISPIEL 6	FEATURE; Dokumentation mit O-Tönen; indikativ/protokollierendes Kurzreferat
	17.10.1976
	Zwanzig Jahre Ungarn-Aufstand 14'20
Kat.Präs.Form	Feature
Kat.Inhalt	Politik
Abstract	Der Aufstand war eine nationale und soziale Revolution gegen die sowjetische Besetzung, ausgelöst durch die Demonstration in Polen. Die Sendung enthält historische O-Töne, Ausschnitte aus deutschsprachigen Reportagen und Erläuterungen des Historikers Zoltan Paulyni.
	(O-Ton) Reportage aus Budapest, Demonstrant (dt) gegen russische Besetzung, Sprechchöre (ungar): Russen raus (0'35) / Ereignisse am 23.10.1956 / Bewaffnung der Aufständischen / (O-Ton) Reportage von der Zerstörung des Stalin-Denkmals (0'40) / Schilderung der Kämpfe gegen Panzer der Roten Armee am 24.10.1956 / (O-Ton) Reportage von einer Demonstration auf dem Land, Demonstranten singen Kossuth-Lied (ungar)(0'50) / Sieg der Aufständischen nach fünf Tagen mit Hilfe der ungarischen Armee / Staatssicherheitspolizei AVH ausgeschaltet / Selbstverwaltung durch Arbeiterräte in Fabriken und Kommunen / Revolutionsräte auf regionaler Ebene / (O-Ton, dt) Paulyni: System der Arbeiterräte (0'45) / Ziel des Aufstands demokratischer Sozialismus, nicht Kapitalismus / (O-Ton, ungar) Sprechchor: Russen nach Hause (0'20) / Ablösung von Parteisekretär Ernö Gerö durch Janos Kadar, Ministerpräsident wurde Imre Nagy / Austritt Ungarns aus dem Warschauer Pakt und Erklärung der Neutralität / (O-Ton) Reportage Kundgebung auf dem Budapester Parlamentsplatz (0'25) / Einmarsch russischer Truppen nach Hilfeersuchen Kadars / Hilfe vom Westen wegen Suezkrise nicht möglich / (O-Ton, dt) Paulyni: Ungarn Opfer der Großmachtpolitik auf Grundlage des Abkommens von Jalta / Moralischer Druck des Westens reichte nicht / (1'10) / Analyse der Ideen der ungarischen Revolution (0'35) / Ende der Kämpfe und Angaben über Opfer und Flüchtlinge / (O-Ton, ungar, darüber dt Übersetzung) Ungarischer Freiheitssender mit Hilfeersuchen an den Westen (0'35) //
Indexat	Ungarn; Ungarn-Aufstand; Kommunismus; Budapest; Warschauer Pakt; Arbeiterrat; Entstalinisierung; Demokratischer Sozialismus; UdSSR; Rote Armee

Abb. 3-4: *Inhaltliche Erschließung eines Fernsehbeitrags mit Indexat und Abstract. Das Indexat besteht aus einer kategoriellen Zuordnung der Sendung (Felder KAI und KAP – Kategorie Inhalt und Kategorie Präsentationsform) und einer Zuweisung freier Schlagwörter (Feld HD – Hauptdeskriptoren). Das Abstract des Sachinhalts besteht aus einem indikativen ersten und einem informativen zweiten Teil. Das Abstract des Bildinhalts findet sich in Textabschnitt 3a (Quelle: Regelwerk Fernsehen; Stand: 1998; Beispiel 4).*

Beispiel 4		Dokumentarbericht; indikativ-informatives Referat
41'49"		<u>48 Stunden / Hinter den Kulissen von Bayreuth</u>
KLASSIFIZIERUNG	KAI	Gesellschaft
	KAI	Kunst, darstellende
	KAP	Dokumentarbericht
TEXTABSCHNITT 1	T	Kurzzeitreportage (31.7.77 bis 1.8.77) über das Geschehen hinter den Kulissen der Bayreuther Festspiele im 101. Jahr ihres Bestehens.
TEXTABSCHNITT 2	T	Zwei Kamerateams beobachten Publikum, Chor, Techniker und Wolfgang Wagner, Leiter der Festspiele. Statements Wolfgang Wagner, Franz Mazura (Sänger), Patrice Chereau (Regisseur), Ricardo Duser (Ballettmeister), Colin Davis (Dirigent) und Bühnenarbeiter. Der Autor bezieht Position zu Richard Wagner: Bewunderung für das musikalische Genie, Distanz zu dessen politischer Haltung.
TEXTABSCHNITT 3a	B	Bayreuth Festspielhaus: Bühne / Chorprobe / Garten vor dem Festspielhaus / ankommende Besucher / Damenschneiderin / Herrenschneider / Kostümbildner / Friseur / Sänger in der Garderobe / Fanfaren / Besucher kurz vor der Vorstellung / Wolfgang Wagner auf der Bühne / Festspielhaus außen, Parkplatz / Sänger auf der Bühne und Wagner nach der Vorstellung / Chorprobe der Männer / Wagner mit Gästen / Ballettproben / Damenchorversammlung / Rundgang durch das Festspielhaus / Restaurant während der Pause / Stimmengewirr / Befragung von Besuchern / Büste von Richard Wagner / Archivmaterial.
INDEXAT	HD	Bayreuth; Festspiele; Richard Wagner; Wagner-Clan; Bayreuther Festspiele; Oper; Götterdämmerung; Tannhäuser;

8 Literatur zum Thema

Cleveland, Donald B./Cleveland, Ana D. 2001: Introduction to Indexing and Abstracting, 3rd ed., Englewood, Colorado: Libraries Unlimited: Kap. 5 u. 7

DIN 1426: Inhaltsangaben von Dokumenten. Kurzreferate, Literaturberichte, Stand: Oktober 1988

ISO 214-1976: Documentation – Abstracts for publications and documentation

Kuhlen, Rainer 2004: Informationsaufbereitung III: Referieren (Abstracts – Abstracting – Grundlagen), in: Kuhlen, Rainer/Seeger, Thomas/Strauch, Dieter (Hg.) 2004: Grundlagen der praktischen Information und Dokumentation, 5. völ. neu gef. Aufl., München u.a.: K G Saur: 189-206

Lancaster, Frederick W. 1998: Indexing and abstracting in theory and practice, 2nd ed., London: Library Association Publishing: Kap. 7 u. 8

Pinto, Maria 2003: Abstracting/abstract adaptation to digital environments: research trends, in: JDOC 59 (2003) 5: 581-608.

Regelwerk Fernsehen: Richtlinien für die Formalbeschreibung, Inhaltserschließung und Feststellung der Archivwürdigkeit von Fernsehproduktionen; Fassung August 1991; mit neuesten Ergänzungen Dezember 2001

Regelwerk Hörfunk Wort: Richtlinien für die Formalbeschreibung, Inhaltserschließung und Feststellung der Archivwürdigkeit von Wortproduktionen; 2., ergänzte Aufl., Stuttgart 1993

9 Abstracting an einem Beispiel

Im folgenden wurden beispielhaft verschiedene Typen von Abstracts für einen Zeitschriftenartikel aus der nfd (heute IWP) angefertigt. Es handelt sich um:

Kind, Joachim/Weigend, Arno 20001: Informationsspezialisten Darmstädter Prägung. Ergebnisse der Absolventenbefragung 2000, in: nfd 52 (2001) 1: 41-47.

Vorgegebenes Indexat der nfd: Ausbildung; Beruf; Fachhochschule Darmstadt; empirische Untersuchung

Es folgen ein informatives, ein informativ-indikatives und ein indikatives Abstract. Die jeweiligen informativen Elemente sind kursiv gesetzt. Zum Schluß wird noch ein Beispiel für ein Strukturreferat angeführt.

Informatives Abstract: Es werden die Ergebnisse einer schriftlichen Befragung von Diplom-Informationswirten der FH Darmstadt der Jahrgänge 1985-2000 vorgestellt. *Die Befragung fand als standardisierte Vollerhebung statt. Bei einer Grundgesamtheit von 392 Personen und 187 Antwortenden betrug die Rücklaufquote 47,7%.* Die Studie zielte auf den beruflichen Verbleib der Absolventen und eine Evaluation der Lehre. Die Ergebnisse umfassen Informationen zu den Absolventen (Alter, Geschlecht, Studiendauer, Vorbildung), zum Berufseinstieg und zur Berufstätigkeit der Befragten (Beschäftigtenstatus, Branche, Tätigkeitsinhalte, Einkommen, Arbeitszufriedenheit), zu Mobilität, Verlauf der Karriere sowie zur Bewertung des Studiums. *Die in etwa geschlechtsparitätisch zusammengesetzte Gruppe der Antwortenden ist im Durchschnitt 32 Jahre alt, über die Hälfte verfügt über eine vorherige berufliche Ausbildung oder über Studienerfahrung. Über 80% absolvierten ihr Studium innerhalb der Regelstudienzeit. Es ergibt sich ein weitgehend problemloser Übergang vom Studium in den Beruf, bei dem Stellenausschreibungen, Initiativbewerbungen und die Diplomarbeit als wichtige Wegbereiter fungieren. Die Befragten weisen eine Arbeitslosenquote von 3,3% auf. Sie ordnen sich schwerpunktmäßig den informatiknahen Branchen (Multimedia, Internet, Software) zu, gefolgt von Unternehmensberatungen. Bei den Tätigkeiten dominiert die Informationsvermittlung vor Softwareentwicklung/System-Design und Kundenberatung/Kundenbetreuung. Deutliche geschlechtsspezifische Unterschiede ergeben sich beim Einkommen und der Wahrnehmung von Führungsaufgaben. Die interdisziplinäre Ausrichtung des Studiums wird sehr positiv bewertet, die Zufriedenheit mit den Studieninhalten bleibt demgegenüber etwas zurück. Als berufspraktisch relevant werden vor allem die erworbenen Informatikkenntnisse angesehen. Zusätzlicher Qualifikationsbedarf besteht in den Bereichen Informatik (Programmiersprachen, Netzwerktechniken, Datenbankkonzeption) und Internet (Web-Design, E-Commerce). Die Autoren kommen zu dem Schluß, daß sich der Studiengang samt seiner praxisnahen Konzeption bewährt hat.*

Kommentar: Die Ziele der Studie wurden von vier in dem Artikel genannten auf zwei reduziert. Was die Methode angeht, so wurden Synonyme zur Ausdrucksweise im Titel eingearbeitet *(Studie, [schriftliche] Befragung).* Im übrigen wurde sich an der Binnenstruktur des Textes orientiert.

Indikativ-informatives Abstract: Es werden die Ergebnisse einer schriftlichen Befragung von Diplom-Informationswirten der FH Darmstadt der Jahrgänge 1985-2000 vorgestellt. *Die Befragung fand als standardisierte Vollerhebung statt. Bei einer Grundgesamtheit von 392 Personen betrug die Rücklaufquote 47,7%.* Die Studie zielte auf den beruflichen Verbleib der Absolventen und eine Evaluation der Lehre. Die Ergebnisse umfassen Informationen zu den Absolventen (Alter, Geschlecht, Studiendauer, Vorbildung), zum Berufseinstieg und zur Berufstätigkeit der Befragten (Beschäftigtenstatus, Branche, Tätigkeitsinhalte, Einkommen, Arbeitszufriedenheit), zu Mobilität, Verlauf der Karriere sowie zur Bewertung des Studiums. *Es ergibt sich ein weitgehend problemloser Übergang vom Studium in den Beruf, bei dem Stellenausschreibungen, Initiativbewerbungen und die Diplomarbeit als wichtige Wegbereiter fungieren. Die Befragten weisen eine Arbeitslosenquote von 3,3% auf. Sie ordnen sich schwerpunktmäßig den informatiknahen Branchen (Multimedia, Internet, Software) zu, gefolgt von Unternehmensberatungen. Bei den Tätigkeiten dominiert die Informationsvermittlung vor Softwareentwicklung/System-Design und Kundenberatung/Kundenbetreuung. Deutliche geschlechtsspezifische Unterschiede ergeben sich beim Einkommen und der Wahrnehmung von Führungsaufgaben. Die Autoren kommen zu dem Schluß, daß sich der Studiengang samt seiner praxisnahen Konzeption bewährt hat.*

Kommentar: Der Hybrid-Charakter dieses Abstracts wird dadurch erreicht, daß die Priorität auf das erstgenannte Ziel der Studie gesetzt wird (der berufliche Verbleib), das folglich informativ abgebildet wird. Denn wir können davon ausgehen, daß dieser Aspekt für (externe) Nutzer von größerem Interesse ist, als die Bewertung der Interna.

Indikatives Abstract: Es werden die Ergebnisse einer schriftlichen Befragung von Diplom-Informationswirten der FH Darmstadt *(Jahrgänge 1985-2000; Grundgesamtheit: 392 Personen; Rücklaufquote: 47,7%)* vorgestellt. Die Studie zielte auf den beruflichen Verbleib der Absolventen und eine Evaluation der Lehre. Die Ergebnisse umfassen Informationen zu den Absolventen (Alter, Geschlecht, Studiendauer, Vorbildung), zum Berufseinstieg und zur Berufstätigkeit der Befragten (Beschäftigtenstatus, Branche, Tätigkeitsinhalte, Einkommen, Arbeitszufriedenheit), zu Mobilität, Verlauf der Karriere und geschlechtsspezifischen Unterschieden sowie zur Bewertung des Studiums. Abschließend werden Rückschlüsse für den Erfolg des Studiengangs gezogen.

Kommentar: Die Elemente in den Klammern sind informativ, gehören streng genommen also eigentlich nicht hierhin. Sie wurden jedoch wegen ihrer zentralen Bedeutung für die Einschätzung der Qualität der Studie aufgenommen. Denn bei schriftlichen Befragungen spielt die Rücklaufquote in Kombination mit der absoluten Zahlenbasis stets eine wichtige Rolle – schließlich ist es ein Unterschied, ob wir 30 oder 3000 Personen befragen.

Strukturreferat:	
Zielgruppe:	Diplom-Informationswirte der FH Darmstadt (Jahrgänge 1985-2000); Grundgesamtheit: 392 Personen;
Untersuchungsziele:	a) Beruflicher Verbleib der Befragten; b) Evaluation der Lehre
Methode:	Schriftliche standardisierte Befragung; Rücklaufquote: 47,7%
Ergebnisse:	Zu a) Es ergibt sich ein weitgehend problemloser Übergang vom Studium in den Beruf, bei dem Stellenausschreibungen, Initiativbewerbungen und die Diplomarbeit als wichtige Wegbereiter fungieren. Die Befragten weisen eine Arbeitslosenquote von 3,3% auf. Sie ordnen sich schwerpunktmäßig den informatiknahen Branchen (Multimedia, Internet, Software) zu, gefolgt von Unternehmensberatungen. Bei den Tätigkeiten dominiert die Informationsvermittlung vor Softwareentwickung/System-Design und Kundenberatung/Kundenbetreuung. Deutliche geschlechtsspezifische Unterschiede ergeben sich beim Einkommen und der Wahrnehmung von Führungsaufgaben.

Zu b) Die interdisziplinäre Ausrichtung des Studiums wird sehr positiv bewertet, die Zufriedenheit mit den Studieninhalten bleibt demgegenüber etwas zurück. Als berufspraktisch relevant werden vor allem die erworbenen Informatikkenntnisse angesehen. Zusätzlicher Qualifikationsbedarf besteht in den Bereichen Informatik (Programmiersprachen, Netzwerktechniken, Datenbankkonzeption) und Internet (Web-Design, E-Commerce). Die Autoren kommen zu dem Schluß, daß sich der Studiengang samt seiner praxisnahen Konzeption bewährt hat.

Kommentar: Die gefundenen Kategorien könnten außer auf die konkrete DBE z.B. sinnvoll auf ein Informationssystem angewendet werden, das ausschließlich empirische Studien verzeichnet. Es wäre auch eine separate Kategorie *Institution* denkbar.

Kapitel 4
Indexieren

„Indexing has always been and will forever be primarily an art."[1]

In diesem Kapitel geht es um die zweite wesentliche Methode der inhaltlichen Erschließung, das Indexieren. Sie kommt sowohl im Kontext von Informationssystemen bzw. Datenbanken zur Anwendung als auch bei der Erstellung von Registern. Zunächst wird noch einmal die Inhaltsanalyse aufgegriffen und der diesbezügliche Stellenwert von Kategorien illustriert. Danach werden Indexierregeln allgemeiner und spezieller Art sowie Regelwerke angesprochen. Anschließend geht es um Qualitätskriterien: Was macht einen geeigneten Indexterm aus, was ein gelungenes Indexat? Es werden drei grundlegende Möglichkeiten dargelegt, beim Indexieren mit komplexen Sachverhalten umzugehen. Das syntaktische Indexieren wird thematisiert und schließlich wird eine Typologie von Indexiermethoden erstellt.

Literatur: Dem Thema liegt eine dreiteilige DIN-Norm (DIN 31623) zugrunde, die sich neben dem Indexieren allgemein zwei speziellen Methoden, nämlich dem gleichordnenden und dem syntaktischen Indexieren widmet. Grundlegend ist darüber hinaus der Aufsatz von Knorz (2004). Schließlich ist noch das Buch von Fugmann (1999) zu erwähnen, der sich nicht nur dem Indexieren für Datenbanken, sondern auch der Registererstellung widmet.

1 Begriffe

Beim *Indexieren* werden die wesentlichen Inhaltskomponenten einer DBE mittels einzelner Bezeichnungen beschrieben. Diese werden entweder frei zugeteilt, dem Dokumentvokabular oder einer zugrunde liegenden Dokumentationssprache entnommen. Das Indexieren für Datenbanken zielt darauf, aus einer großen Anzahl von DBE die relevanten herauszufiltern. Das Indexieren zum Zwecke der Registererstellung soll einen alternativen Zugriff auf die Inhalte des Basisdokuments ermöglichen. In beiden Fällen erfüllt die Methode primär eine Zugangsfunktion.[2]

---

1 Cleveland/Cleveland 2001:10.
2 Vgl. DIN 31623-1. Die alternative deutsche Bezeichnung für 'Indexieren' lautet: 'Verschlagworten' – im Bibliotheksbereich spricht man auch von 'Beschlagworten'. Die englische Bezeichnung lautet 'indexing' (ISO 5127).

→ Indexieren meint also nicht nur die Vergabe inhaltskennzeichnender Bezeichnungen, sondern auch die Erstellung von Registereinträgen.[3]

Die Bezeichnungen, die einer DBE im Zuge des Indexierens zugeteilt werden, lassen sich als *Indexterme* zusammenfassen. Dies können sein: Stichwörter, freie oder gebundene Schlagwörter, Deskriptoren oder Notationen.[4]
Ein *Stichwort* ist ein aus einem gegebenen Dokumenttext extrahiertes
und diesen kennzeichnendes Wort. Ein *Schlagwort* ist demgegenüber ein
Wort, das einem Text zur inhaltlichen Beschreibung zugeteilt wird, ohne
notwendigerweise im Text selbst vorkommen zu müssen. 'Schlagwort' heißt
also nicht, daß das Wort nicht im Text vorkommen *darf*, sondern lediglich,
daß es dort nicht vorkommen *muß*.[5] Eine *Notation* ist Bestandteil einer
Klassifikation, ein *Deskriptor* wiederum ist Bestandteil eines Thesaurus.[6]

Das Ergebnis des Indexierprozesses ist das *Indexat*. Es wird Teil der
Dokumentationseinheit und ermöglicht den unmittelbaren Zugriff auf die
DBE, deren Inhalte es repräsentiert. *Index* wiederum ist die englische Be-
zeichnung für Register.

2 Kategorielle Inhaltsanalyse

Bei der Inhaltsanalyse, die der Vergabe von Indextermen vorgeschaltet ist,
ist es hilfreich, sich an Kategorien zu orientieren. Welche Kategorien jeweils
sinnvoll sind, darüber entscheidet der Gegenstandsbereich bzw. das Informationssystem, dem wir zuarbeiten. Dort sind Kategorien häufig schon
vorgegeben.[7]

---

[3] Vgl. Kiel/Rost 2002:47. In der englischen Sprache werden für diese Unterscheidung
auch die Ausdrücke 'book indexing' und 'database indexing' verwandt.

[4] Alternative deutsche Bezeichnungen für 'Indexterm' sind: 'Indexterminus'; 'Indexie-
rungsbezeichnung'. Die DIN-Norm faßt lediglich Deskriptoren und Notationen
darunter zusammen, legt aber auch ein abweichendes Verständnis von 'Deskriptor'
zugrunde (vgl. Fußnote 6). Die englische Bezeichnung für 'Indexterm' lautet: 'index
term' (ISO 5127).

[5] Vgl. Gaus 2003:51; Knorz 2004:183. Der Plural von 'Stichwort' und 'Schlagwort'
lautet: 'Stichwörter' und 'Schlagwörter', die englischen Bezeichnungen lauten: 'key
word' und 'heading' (ISO 5127), bisweilen ist auch von 'derived term' (für Stichwort)
und 'assigned term' (für Schlagwort) die Rede (Cleveland/Cleveland 2001:37).

[6] Vgl. zu diesen beiden Begriffen ausführlicher die Kapitel 8 und 11. Die DIN-Norm
legt den Begriff 'Deskriptor' weiter aus und faßt darunter jegliche natürlichsprachigen Indexterme, also alles außer Notationen zusammen (vgl. DIN 31623-2:8; Lang
1980:291).

[7] Vgl. auch DIN 31623-2:5.

a) Kategorienschema der RSWK

Die *Regeln für den Schlagwortkatalog* (RSWK) sind das Regelwerk für die verbale Inhaltserschließung in deutschen Bibliotheken. Sie beziehen sich sowohl auf die freie Vergabe von Schlagwörtern als auch auf den Gebrauch der *Schlagwortnormdatei* (SWD), der dazugehörigen Dokumentationssprache. Die RSWK geben die folgenden fünf Kategorien vor: *Person, Geographicum, Sache, Zeit, Form.* Nehmen wir etwa den folgenden (fiktiven) Buchtitel:

Erich Honecker in der Bundesrepublik
– Pressestimmen zum Staatsbesuch im Herbst 1987

Die kategorielle Analyse ergibt folgendes:

Kategorie	Inhalt
Person	*Erich Honecker*
Geographicum	*Bundesrepublik Deutschland*
Sache	*Staatsbesuch*
Zeit	*Herbst 1987*
Form	*Pressestimmen*

Gemäß RSWK würden wir die Inhalte dieser Kategorien nun auf das Vokabular der SWD abbilden und kettenartig nach der obigen Reihenfolge miteinander verknüpfen.[8] Das Indexat würde dann folgendermaßen lauten:

Honecker, Erich ; Deutschland <Bundesrepublik> ; Staatsbesuch ;
Geschichte 1987 ; Pressestimme

b) Kategorienschema des Regelwerks Fernsehen

Das *Regelwerk Fernsehen* sieht folgende, mit kontrolliertem Vokabular versehenen Kategorien für die Erschließung von Fernsehbeiträgen vor:

Inhalt	etwa: *Architektur, Bildung, Freizeit …*
Präsentationsform	etwa: *Dokumentarbericht, Spot, Interview …*
Zielgruppe	etwa: *Kleinkinder, Kinder, Jugendliche …*
Verwendung	etwa: *Programmelement, Pausenfüller, Vorschau …*
Sparte	etwa: *Alltagsbeobachtungen, Spielfilm, Frauenfragen …*

---

8   Ein Merksatz für die Reihenfolge der Kategorien lautet: „*Peter geht sein Zebra füttern*" (Quelle: Ein ehemaliger Kursteilnehmer des IID).

Eignungsbewertung von 1 (jederzeit einsetzbar) bis 6 (Wiederverwendung nur nach aufwendiger Bearbeitung)[9]

Nehmen wir z.B. die folgenden beiden Sendungen:

1) *Die Sendung mit der Maus*
2) *Der 7. Sinn*

Nach Zuordnung zu den Kategorien ergibt sich folgendes Schema:

	Beispiel 1	Beispiel 2
Inhalt	*Unterhaltung*	*Verkehr; Erziehung*
Präsentationsform	*Trickfilm*	*Spot*
Zielgruppe	*Kinder*	
Verwendung		*Servicesendung*

Ganz ähnlich gestalten sich die Regeln für die Wortdokumentation im Hörfunk. Hier beschränkt man sich auf zwei Kategorien, nämlich auf die Präsentationsform und den Inhalt.

3 Indexierregeln

Es läßt sich zwischen speziellen und allgemeinen Indexierregeln unterscheiden. Für letztere legt die DIN-Norm 31623 Rahmenrichtlinien fest.

a) Allgemeine Indexierregeln

Zunächst einmal: Es sollten nur Sachverhalte indexiert werden, die wirklich behandelt (nicht lediglich berührt) werden. Dabei ist darauf zu achten, daß jeder wesentliche Sachverhalt durch einen Indexterm abgebildet wird, *auch dann, wenn er sich bereits im Titel findet*. Anders als beim Abstracting wird also nicht komplementär zur bereits vorhandenen (Titel-)Information erschlossen. Denn es muß möglich sein, durch Einschränkung einer Suche auf das Datenfeld, das den Indextermen vorbehalten ist, alle relevanten DBE aufzufinden. Dabei ist stets der spezifischste Indexterm zuzuweisen. Zugleich ist eine Aufnahme von Indextermen, die unwesentliche Sachverhalte abbilden, unbedingt zu vermeiden. Es gilt folglich, so viele Indexterme wie nötig und zugleich so wenige wie möglich zu vergeben. Entbehrlich sind dabei

---

[9] Vgl. auch Abbildung 9-10.

70

solche, die mit den inhaltskennzeichnenden in begrifflicher (vor allem in hierarchischer) Beziehung stehen. Dies gilt aber nur dann, wenn eine Dokumentationssprache vorhanden ist, die über solche Relationen Auskunft gibt. Wenn z.B. in einer Dokumentationssprache, die für die Sportdokumentation konzipiert ist, zu dem Begriff *Tour de France* der übergeordnete Begriff *Radrundfahrt* oder *Radrennen* ausgewiesen ist, können wir uns dessen Aufnahme in das Indexat sparen, wenn wir es mit einem Dokument zu diesem Ereignis zu tun haben.[10]

Paraphrasen sollten lexikalisiert und implizite Inhalte explizit gemacht werden, um eine Einordnung des Dokumentinhalts in größere Zusammenhänge zu ermöglichen. Für den Umgang mit Daten gilt: Außer bei der Datendokumentation ist es nicht Ziel des Indexierens, Werte von Größen oder Eigenschaften wiederzugeben, sondern lediglich die Größen und Eigenschaften selbst.

Um sehr speziellen ebenso wie sehr allgemeinen Suchanfragen nachkommen zu können, sollten wir beim Indexieren sowohl abstrakte als auch spezifische Zugänge zum Dokumentinhalt eröffnen. Dazu noch ein Beispiel: Ein Zeitungsartikel, der ausführlich über die fünfzigste Vierschanzentournee berichtet, bei der es einem Sportler (Sven Hannawald) erstmalig in der Geschichte dieses Turniers gelungen war, alle vier Einzelwettkämpfe zu gewinnen, muß sowohl für Personen wiederauffindbar sein, die sich für dieses spezielle Turnier interessieren, als auch für solche, die etwa im Jahre 2010 eine Chronik über historische Momente im Wintersport des neuen Jahrtausends schreiben wollen. Häufig wird Derartiges durch eine kombinierte Erschließung mit Thesaurus und Klassifikation ermöglicht, wobei der Thesaurus für das Spezielle und die Klassifikation für den Überblick zuständig ist (indem sie z.B. eine Einteilung von Zeitungsartikeln nach Ressorts bzw. eine Einteilung der Sportberichterstattung nach Sparten vornimmt).

b) Spezielle Indexierregeln

Spezielle Indexierregeln werden in Regelwerken festgelegt. Sie regeln z.B. die Behandlung von Zahlenangaben, Formeln, Namen und Dokumentarten, den Gebrauch von Werkzeugen sowie die Verwendung und Bildung freier Schlagwörter.

Systemspezifische Indexierregeln werden vor allem dann benötigt, wenn Indexierer oder Rechercheure dezentral organisiert sind, die Indexierer wenig Kontakt untereinander haben, oder sie nicht im gleichen Umfang auch

---

10 Vgl. z.B. Lancaster 1998:28f.

Recherchen durchführen. Letzteres ist aber zu empfehlen. Denn qualitativ hochwertige Indexate leben von einer profunden Kenntnis der Bedarfslage. Und die eignen wir uns am besten auf dem Wege von Recherchen an.

Im Anwendungsbereich 'Mediendokumentation' sieht das *Regelwerk Fernsehen*, wie in Abschnitt 2.1 zu sehen war, zunächst ein kategorielles Grob-Indexat vor. Diesem wird ein spezifischeres Indexat mit freien Schlagwörtern zur Seite gestellt. Auch im *Regelwerk Hörfunk Wort* findet sich die Mischung: kategorielles Grob-Indexat und spezifischeres verbales Indexat (ob gebunden oder frei, variiert in den einzelnen Sendeanstalten). Im Anwendungsbereich Bibliothek gelten die oben schon erwähnten RSWK. Wie zu sehen war, beruht das Indexieren nach den RSWK wesentlich auf dem Prinzip der Bildung von Schlagwortketten nach Reihenfolge ihrer kategoriellen Zugehörigkeit.[11]

4 Kriterien für die Beurteilung der Indexierqualität

Was die Indexierqualität betrifft, so läßt sich unterscheiden zwischen dem Indexat als ganzem und seinen einzelnen Bestandteilen, den Indextermen.

4.1 Qualitätskriterien für Indexate

Neben Anforderungen allgemeiner Art wie Aktualität, Schnelligkeit, Vollständigkeit, Genauigkeit sind hier die Indexierbreite, die Indexiertiefe, die Indexierspezifität und die Indexierkonsistenz anzuführen.[12] Die *Indexierbreite* bezieht sich auf die horizontale Dimension des Indexats und gibt den Grad der Erschließung durch die Anzahl der vergebenen Indexterme an, während die *Indexierspezifität* das hierarchische Niveau der Indexterme, also die vertikale Dimension meint. Im allgemeinen wird der Recall um so höher ausfallen, je breiter das Indexat angelegt ist und die Precision um so höher, je spezifischer es ist.[13] Die *Indexiertiefe* wiederum gibt über eine Kombination von Indexierbreite und Indexierspezifität die Wiedergabetreue des Indexats an, meint also die Anzahl der Indexterme unter Berücksichtigung ihres hierarchischen Niveaus. Ein weiteres wichtiges Qualitätskriterium ist die *Indexierkonsistenz*: Sie gibt

---

[11] Vgl. RSWK sowie den Abschnitt 5.4.3.
[12] Vgl. DIN 31623-1:4; Knorz 2004:186. Die englischen Bezeichnungen für Indexierbreite, -spezifität und -konsistenz lauten: 'exhaustivity', ‚specifity' und 'consistency' (ISO 5963:1;3;4), für 'Indexiertiefe' existiert der Ausdruck 'depth of indexing' (Cleveland/Cleveland 2001:105).
[13] Vgl. Lancaster 1998:25.

den Grad an Übereinstimmung zwischen Indexaten an und läßt sich auf folgende Aspekte beziehen:

1. Auf die *Indexierer:* Dabei geht es um das Maß, in dem unterschiedliche Personen das gleiche Dokument gleich indexieren (Inter-Indexiererkonsistenz).
2. Auf den *Zeitpunkt* des Indexierens: Dabei geht es um das Maß, in dem dieselbe Person das gleiche Dokument zu unterschiedlichen Zeitpunkten gleich indexiert (Intra-Indexiererkonsistenz). [14]
3. Auf die *Dokumente:* Dabei geht es um das Maß, in dem gleiche/ähnliche Inhalte in verschiedenen Dokumenten gleich indexiert werden.

Die Überprüfung der Indexate auf die genannten Kriterien kann Aufschluß geben über eventuell nötige Schulungen sowie gegebenenfalls über die Qualität der Dokumentationssprache.

4.2 Qualitätskriterien für Indexterme

Zunächst einmal: Indexterme können konkrete Gegenstände (Dinge, ihre Teile, Material) repräsentieren, abstrakte Gegenstände (z.B. *Marketing, Krieg, Evolution*), Eigenschaften (z.B. *Schnelligkeit, Armut*), Fachdisziplinen, Maßeinheiten und Individualbegriffe (z.B. *Nigeria, Internationaler Gerichtshof, Helmut Schmidt*).[15]

Ein Indexterm sollte die folgenden Anforderungen erfüllen: [16]

Wiedergabetreue: Er sollte Aussagekraft und Informationswert haben, auch losgelöst von seinem spezifischem Kontext.

Eindeutigkeit: Auch in isolierter Betrachtung sollte unser Indexterm aussagekräftig und in verschiedenen Kontexten möglichst gleich interpretierbar sein – also Vorsicht bei Homonymen und Polysemen.

Prägnanz: Der Term sollte kurz, knapp, treffend, genau, einprägsam und unkompliziert formuliert sein. Beispiele: *Wohnungsbau* statt *Bau von Wohnungen; Hirn* statt *Gehirn; term bank* statt: *terminological data bank*.[17]

Relevanz: Ein Indexterm darf den Nutzer nicht in die Irre führen, sondern muß tatsächlich einen relevanten Sachverhalt wiedergeben. Bei der

---

[14] Vgl. Lancaster 1998:68. Die englischen Bezeichnungen für Inter- und Intra-Indexiererkonsistenz lauten: 'inter-indexer consistency' und 'intra-indexer consistency' (vgl. ISO 2788:13; Lancaster 1998:62).

[15] Vgl. ISO 2788:4f; Aitchison/Gilchrist/Bawden 2000:17; 31. Indexterme, die Individualbegriffe repräsentieren, werden im Englischen manchmal auch 'identifiers' genannt.

[16] Vgl. hierzu DIN 31623-2:4.

[17] Beispiele aus der ISO-Norm 704:26 und aus der DIN-Norm ebd..

Entscheidung für oder wider die Vergabe sollten wir uns also stets fragen, ob die dazugehörige DBE eine relevante wäre, wenn wir den Indexterm als Suchterm einsetzten.

Gebräuchlichkeit: Der Indexterm sollte am anerkannten Sprachgebrauch des Fachgebiets orientiert sein. Wortschöpfungen des Autors oder des Indexierers sollten ebensowenig Eingang in das Indexat finden wie Slang oder Jargon. Komposita und Wortbindestrichkombinationen sollten mit Bedacht verwendet werden.

Verläßlichkeit: Indexterme sind um so verläßlicher, je spezifischer und je genauer sie dem Dokumentinhalt entsprechen.

→ Je komplizierter die Wortform, desto schlechter die Vorhersehbarkeit für die Nutzer!

5 Umgang mit komplexen Sachverhalten

Als komplexer Sachverhalt soll hier alles verstanden werden, was aus mehr als einer begrifflichen Komponente besteht. Ein solcher Sachverhalt kann z.B. durch ein Kompositum repräsentiert werden, aber auch durch ein komplettes Dokument. Es gibt grundsätzlich drei Arten, beim Indexieren mit komplexen Sachverhalten umzugehen bzw. sie abzubilden, nämlich: Präkombination, Präkoordination und Postkoordination. Sie werden im folgenden erörtert.[18]

5.1 Präkombination, Präkoordination und Postkoordination

Bei der *Präkombination* werden die Sachverhalte als Einheit indexiert bzw. als Einheit in das Vokabular einer Dokumentationssprache aufgenommen. Präkombination herrscht dort, wo uns Indexterme in Form von Komposita begegnen (*Straßenverkehrsrecht; Arbeitsmarktentwicklung; Sondersammelgebietsbibliothek*), in Form von Mehrwortbenennungen (*Inhaltliche Erschließung; Information und Dokumentation*) oder in Form hierarchischer Notationen, wie sie Klassifikationen oftmals eigen sind.

Präkoordination wiederum bedeutet, daß die begrifflichen Bestandteile komplexer Sachverhalte beim Indexieren (also *vor der Recherche*) zu einer Einheit zusammengeführt werden und auch nur als solche suchbar sind. Präkoordination ist kennzeichnend für das syntaktische Indexieren, das im

---

[18] Vgl. Knorz 2004:182f; Lang 1980:264ff; Lorenz 1998:14 sowie Miller/Teitelbaum 2002. Die englischen Bezeichnungen für Prä- und Postkoordination lauten: ,precoordination' und 'post-coordination' (ISO 5963:1).

nachfolgenden Abschnitt behandelt wird. Präkoordination hat dort stattgefunden, wo Indexterme mittels syntaktischer Zeichen verknüpft wurden. Beispiele: *Straßenverkehr/Recht; Sondersammelgebiet=Bibliothek, Arbeitsmarkt: Entwicklung; 726.54:72.034.7(430.1-43.6.).*[19] Auch die Bildung von Schlagwortketten beruht auf Präkoordination.[20]

Bei der *Postkoordination* werden die Sachverhalte in ihre begrifflichen Komponenten zerlegt. Beispiele: *Arbeitsmarkt # Entwicklung; Straßenverkehr # Recht.*[21] Beim Retrieval (also *nach dem Indexieren*) werden sie dann mithilfe Boolescher Operatoren wieder zusammengesetzt. Beispiele: *Straße AND Verkehr AND Recht; Arbeitsmarkt AND Entwicklung.* Die Postkoordination ist das vorherrschende Prinzip in Thesauri und geht mit dem gleichordnenden Indexieren einher, das ebenfalls in Abschnitt 6 näher erläutert wird.[22]

5.2 Gegenüberstellung

Zu der Gegenüberstellung von 'Prä' und 'Post' sei zunächst folgendes Zitat angeführt:

> „Pre-coordination and post-coordination are two fundamentally different data processing and retrieval philosophies which were influenced by different philosophical doctrines."[23]

Dabei geht es ganz wesentlich um die Frage, wie viel Verantwortung bzw. wie viel Freiheiten der Nutzer beim Retrieval bzw. der Indexierer bei der Erschließung in bezug auf die Abbildung komplexer Sachverhalte haben kann, darf, soll, muß ... .

Die DIN-Normen machen keinen Unterschied zwischen Präkombination und Präkoordination, manche Autoren wiederum behandeln die Präkombination als einen Unterfall der Präkoordination. Auch im Englischen wird lediglich zwischen Prä- und Postkoordination unterschieden.[24] Präkombination und Präkoordination gemein ist, daß sie einen komplexen Begriff durch *einen* Indexterm repräsentieren und dem Nutzer die Arbeit der Zusammenführung abnehmen. Dies führt zu größerer Indexierspezifität, aber

---

19 Bei dem letzten Beispiel handelt es sich um eine zusammengesetzte Notation aus der DK. Sie bedeutet: *Barockkirchen zwischen Donau und Alpen.*
20 Vgl. hierzu Abschnitt 2.1, Beispiel a).
21 Das Trennzeichen zwischen den Indextermen zeigt hier und in den folgenden Beispielen an, daß es sich bei den Termen um selbständige, also unverbundene Einheiten handelt.
22 Vgl. DIN 31623-2:8; Knorz 2004:183; Lang 1980:264.
23 Miller/Teitelbaum 2002:90
24 Vgl. DIN 31623-2:8 u. DIN 1463-1:3; Greiner 1978:35 sowie z.B. Foskett 1996:97.

auch zu einem umfangreicheren Vokabular und weniger Flexibilität bei der Suche. Entsprechend wird die spezifische Suche erleichtert, die generische, auf einer hohen Hierarchiestufe angesiedelte Suche jedoch erschwert. Postkoordinierende Verfahren wiederum kommen mit einem schlankeren Vokabular aus und lassen dem Nutzer mehr Freiheit. Sie führen u.U. aber zu Fehlverknüpfungen und Ballast bei der Recherche.

Beispiele: Starke Präkombination bzw. Präkoordination hat den Vorteil, daß wir gezielt nach Dokumenten suchen können, in denen es z.B. um *Informationsbedarfsanalyse*n geht, denn diesen Sachverhalt würde man als Einheit in das Indexat aufnehmen. Bei extremer Postkoordination und nachfolgender Rekonstruktion (*Information* AND *Bedarf* AND *Analyse*) laufen wir demgegenüber Gefahr, auch Dokumente zu finden, die sich etwa der *Analyse des Technikbedarfs in der Informationsgesellschaft* widmen. Umgekehrt brauchen wir bei einer allumfassenden Recherche etwa zum Thema *Arbeitsmarkt* im Falle von Postkoordination nur nach diesem Term zu suchen, während wir bei starker Präkombination/Präkoordination alle vorkommenden Komposita und Mehrwortbenennungen einbeziehen müssen.

Abschließend sei noch ein Zitat angeführt:

> „Neither I nor anyone else is arguing for precoordination *rather than* postcoordination. We need *both* browse displays of precoordinated strings *and* the possibility of postcoordinate combinations of individual elements." [Hervorheb. im Original][25]

→ Ein gutes Indexat setzt demnach eine ausgewogene Mischung aus Präkombination bzw. Präkoordination und Postkoordination voraus!

6 Syntaktisches Indexieren

Im Zusammenhang mit Prä- und Postkoordination soll eine Indexiermethode näher beleuchtet werden, die sich der Begriffszerlegung und ihrer Folgen annimmt: das syntaktische Indexieren.

Nehmen wir z.B. einen Zeitschriftenaufsatz mit folgendem postkoordinierenden Indexat:

Zuckerrübe # Mais # Weizen # Anbau # Import # Export

Schwer zu sagen, worum es geht. Jedes der landwirtschaftlichen Erzeugnisse (*Zuckerrübe, Mais, Weizen*) ließe sich sinnvoll mit einem (oder auch mit allen) indexierten Prozessen (*Anbau, Import, Export*) in Verbindung bringen. Als Orientierung über den Inhalt taugt ein solches Indexat also nicht viel. Nun gut, muß es ja auch nicht, könnten wir einwenden, denn das Indexie-

---

[25] Mann 2000, zit. nach Miller/Teitelbaum 2002:91

ren soll ja in erster Linie den Zugang zu Dokumentbeständen eröffnen. Aber kann es dieser Aufgabe mit obigem Ergebnis zuverlässig nachkommen?

Für den weiteren Verlauf der Ausführungen wollen wir folgendes annehmen: In dem Artikel geht es um den Im- und Export von Mais und Zuckerrüben sowie um den Weizenanbau. Nun würde uns die DBE fälschlicherweise aber auch ausgegeben, wenn wir mit *Zuckerrübe AND Anbau* nach Datensätzen zum Zuckerrübenanbau gesucht hätten oder mit *Weizen AND Export* nach Dokumenten, die sich dem Export von Weizen widmen.

Das Problem unzulänglicher Rekonstruierbarkeit komplexer Sachverhalte entsteht im Kern dadurch, daß die Methode der Postkoordination hier mit der Gleichordnung der Indexterme einhergeht. *Gleichordnendes Indexieren* bedeutet soviel wie: Die Anordnung der Indexterme folgt keiner bestimmten Regel, vorhandene Beziehungen zwischen den Indextermen werden nicht transparent. Vielmehr werden die Indexterme der DBE unabhängig von ihrem hierarchischen Niveau und dokumentspezifischen Zusammenhängen zugeteilt.[26] Wäre im Ausgangsbeispiel gleichordnend, aber präkombinierend verfahren worden, hätte es überhaupt kein Problem gegeben. Das Indexat lautete dann:

Zuckerrübenimport # Zuckerrübenexport # Maisimport # Maisexport # Weizenanbau

6.1 Definition und Zweck

Wollen wir die Postkoordination dennoch beibehalten, besteht ein Ausweg darin, Syntax einzusetzen, um die Beziehungen zwischen den Indextermen sichtbar zu machen. Syntax meint:

> „Lehre vom Bau des Satzes als Teilgebiet der Grammatik. Bestimmt die korrekte Verknüpfung sprachlicher Einheiten im Satz und die zulässige Verbindung von Wörtern zu Wortgruppen hinsichtlich ihrer äußeren Form, ihrer inneren Struktur und ihrer Funktion".[27]

Syntaktisches Indexieren ist demzufolge eine Indexiermethode, bei der die dokumentenspezifische Verknüpfung und/oder Rolle der Indexterme in der DBE nach Regeln der Syntax kenntlich gemacht wird. Diese Methode verfolgt den Zweck, das Rechercheergebnis stärker als das gleichordnende Indexieren einzuengen und damit Ballast zu vermindern. Sie gibt

---

26 Vgl. DIN 31623-2f; Lang 1980:293ff. Eine alternative Bezeichnung für ‘Syntaktisches Indexieren’ ist: ‘Strukturiertes Indexieren’ (vgl. Knorz 2004:184).

27 DIN 31623-3:3

näheren Aufschluß über Bedeutungszusammenhänge und verabschiedet sich von einer beliebigen Anordnung der Indexterme.

6.2 Techniken

Im folgenden werden exemplarisch verschiedene Techniken und Hilfsmittel des syntaktischen Indexierens vorgestellt.[28]

a) Einsatz von Rollenindikatoren

Rollenindikatoren sind unselbständige Elemente einer Dokumentationssprache, die die Rolle eines Indexterms in seinem jeweiligen dokumentspezifischen Zusammenhang angeben und diesem präkoordinierend entweder vor- oder nachgestellt werden. Für die Verknüpfung nimmt man oft syntaktische Zeichen zu Hilfe, i.d.R. den Schrägstrich, das Gleichheitszeichen oder den Doppelpunkt.[29] Rollenindikatoren sind meist auf sehr hohem Abstraktionsniveau angesiedelt, ihre Anzahl ist entsprechend zu begrenzen. In der Chemie könnten etwa *Analyse* und *Synthese* die Funktion von Rollenindikatoren einnehmen und im Bereich der Waren eben *Import* und *Export*. Mit ihrer Hilfe läßt sich das oben angesprochene Problem lösen, freilich um den Preis einer Aufblähung des Indexats. So könnte das genannte Beispieldokument nunmehr wie folgt indexiert werden:

> *Zuckerrübe=Import # Zuckerrübe=Export # Mais=Import #*
> *Mais=Export # Weizen=Anbau*

Diese Methode wird etwa praktiziert in der *Schlagwortliste Arbeitsmarkt, Beruf und Berufsbildung* des *Instituts für Arbeitsmarkt- und Berufsforschung* (IAB).[30]

b) Bildung von Schlagwortketten

Eine *Schlagwortkette* ist eine nach bestimmten Kriterien gebildete, feste Abfolge von Schlagwörtern, die einer DBE in Präkoordination zur Inhalts-

---

[28] Vgl. hierzu auch Lancaster 1998:181f; Aitchison/Gilchrist/Bawden 2000:88ff.

[29] Vgl. DIN 31623-3:4; Lang 1980:266; 269; Foskett 1996:99. Alternative deutsche Bezeichnungen für 'Rollenindikator' sind: 'Funktionsanzeiger'; 'Funktionsdeskriptor' (Gaus 2003:205ff). Die englische Bezeichnung lautet: 'role' (ISO 5963:4) oder 'role indicator'.

[30] Dort nehmen Wörter wie *Maßnahme*, *Dauer* oder *Entwicklung* die Funktion von Rollenindikatoren ein, die mit spezifischen Schlagwörtern wie *Bevölkerung*, *Arbeitslosigkeit* oder *Welthandel* verbunden sind (vgl. auch Abb. 7-2).

kennzeichnung zugeteilt wird.[31] Übertragen auf das Ausgangsbeispiel sähe das folgendermaßen aus:

1. *Zuckerrübe # Import # Export*
2. *Mais # Import # Export*
3. *Weizen # Anbau*

c) Zusatz von Kopplungsindikatoren

Ein *Kopplungsindikator* ist ein an einen Indexterm angehängter Code, der Aufschluß darüber gibt, welche Indexterme zusammengehören. Er dient folglich zum Zusammenfassen und Abgrenzen verschiedener Teilmengen. Ergänzt um Kopplungsindikatoren würde das Indexat wie folgt lauten:[32]

Zuckerrübe (1) # Mais (2) # Weizen (3) # Import (1,2) # Export (1,2) # Anbau (3)

7 Typologie und Vergleich von Indexiermethoden

Im folgenden wird eine typologische Unterteilung des Indexierens vorgenommen. Die einzelnen Methoden, die sich daraus ergeben, werden mitsamt ihren jeweiligen Vor- und Nachteilen einander gegenübergestellt.

7.1 Gleichordnendes und syntaktisches Indexieren

Beim gleichordnenden Indexieren müssen weniger Regeln aufgestellt und beherrscht werden als beim syntaktischen Indexieren, das nur mit hohem intellektuellen Aufwand realisierbar ist. Zudem ist beim gleichordnenden Indexieren keine intensive Beschäftigung mit begrifflichen Zusammenhängen erforderlich, was diese Methode verhältnismäßig kostengünstig macht.

Das gleichordnende Indexieren lebt in erster Linie von Postkoordination. Dadurch ergibt sich die Gefahr von Fehlverknüpfungen und Ballast bei der Recherche, also Verlust an Precision. Um dieser Gefahr entgegenzuwirken, sollte man komplexe Sachverhalte, die sich über gebräuchliche Komposita oder Mehrwortbenennungen ausdrücken lassen, bevorzugt präkombiniert in das Indexat aufnehmen. Beim syntaktischen Indexieren, das vorwiegend

---

[31] Vgl. DIN 31623-3:3.
[32] Vgl. ebd.:4; Greiner 1978:68; Knorz 2004:185. Alternative deutsche Bezeichnung für 'Kopplungsindikator' ist: 'Verknüpfungsindikator' (vgl. Gaus 201ff). Die englische Bezeichnung lautet: 'link' (ISO 5963:4).

mit Präkoordination verbunden ist, ist die Gefahr von Fehlverknüpfungen wesentlich geringer, die Precision fällt damit höher aus.

→ In der Praxis ist das gleichordnende Indexieren viel verbreiteter, da weniger aufwendig in bezug auf Zeit, Kosten und Wissen. Auch ist es voraussetzungsärmer und eignet sich dadurch besser für Endnutzer-Recherchen. Zugleich ist es jedoch auch informationsärmer als das syntaktische Indexieren.

7.2 Extraktions- und Additionsmethode

Nach Art der Ermittlung der Indexterme unterscheidet man zwischen Extraktions- und Additionsmethode. Bei der *Extraktionsmethode* indexieren wir quasi mit dem Markierstift und entnehmen die Indexterme dem Dokument – mit oder ohne gleichzeitige Rückführung auf ihre grammatikalische Grund- oder Stammform[33], Transliteration oder Übersetzung. Die *Additionsmethode* beruht demgegenüber auf der Zuteilung von Indextermen, die im Dokument nicht enthalten sein müssen.[34]

Bei der Extraktionsmethode werden Stichwörter vergeben, bei der Additionsmethode freie Schlagwörter, gebundene Schlagwörter, Deskriptoren oder Notationen. Die Extraktionsmethode setzt das Vorhandensein von Text voraus und ist dementsprechend auch nur auf Schriftdokumente anwendbar, wohingegen die Additionsmethode auf alle Dokumentarten bezogen werden kann.

Die Extraktionsmethode ermöglicht eine schnelle Erfassung aller relevanten Begriffe, die im Dokument hinreichend explizit ausgedrückt sind und ist dadurch kostengünstig. In bezug auf die konsistente Indexierung unterschiedlicher Dokumente gleichen Inhalts müssen wir bei ihr jedoch gravierende Abstriche machen, denn es kommt zum Verlust solcher Begriffe, die im Text nicht explizit bzw. lexikalisch ausgedrückt sind. Dieses Problem stellt sich gerade auch im Zusammenhang mit 'blumiger Sprache', wie wir sie häufig in nicht-wissenschaftlichen Dokumenten vorfinden. Konsistenzverlust entsteht zudem durch Synonymie, die durch reine Extraktion nicht aufgelöst werden kann. Die Additionsmethode hingegen ermöglicht die Vergabe von Indextermen, die zur Inhaltskennzeichnung nötig, aber nicht

---

[33] Zur Wortformenreduktion vgl. auch Kapitel 5, Abschnitt 3.
[34] Vgl. hierzu Knorz 2004:183; DIN 31623-1:3. Die genormte englische Bezeichnung für 'Extraktionsmethode' ist: 'derived indexing' (ISO 5127), man spricht aber auch von 'extraction indexing' oder 'term indexing' (Foskett 1996:114; Lancaster 1998: 14). Die Bezeichnung für 'Additionsmethode' ist 'assigned indexing' (ISO 5127) oder 'concept indexing' (Foskett ebd.).

im Text enthalten sind. Damit können implizite Inhalte dargestellt, Paraphrasen lexikalisiert und Metaphern aufgelöst werden. Zudem kann eine Einordnung in übergeordnete Zusammenhänge vorgenommen werden. All dies ermöglicht größere Indexierkonsistenz als beim Extrahieren: Gleiche Sachverhalte in unterschiedlichen Dokumenten können gleich indexiert werden. Daher sind die Prognosen für Precision und Recall bei der Additionsmethode günstiger.

→ Die Extraktionsmethode als zutiefst benennungsorientiertes Verfahren ist also vor allem dann geeignet, wenn zentrale Begriffe lexikalisch ausgedrückt sind und diese Ausdrucksweise so weit verbreitet ist, daß sie von Autoren immer benutzt wird und zugleich nicht mehrdeutig ist. Ihr kommt große Bedeutung im Zusammenhang mit automatischen Indexierverfahren zu, die maßgeblich von Extraktion leben.[35] Zudem ermöglicht sie die Dokumentation von Literatur aus Fachgebieten wie der Philosophie, deren Terminologie zutiefst schulen-, wenn nicht gar autorenabhängig ist.[36] Zudem ist diese Methode bedeutsam, wenn es um die Erstellung von Stichwortregistern geht.

7.3 Freies und gebundenes Indexieren

Nach Art der Verbindlichkeit unterscheidet man zwischen freiem und gebundenem Indexieren. Beim *freien Indexieren* werden die Indexterme frei zugeteilt, sind also weder an das Vokabular einer Dokumentationssprache noch an das Dokumentvokabular gebunden. Dokumentationssprachen ebenso wie weitere Nachschlagewerke können gleichwohl als Orientierungshilfen verwendet werden. Beim *gebundenen Indexieren* müssen die Indexterme dagegen dem Vokabular einer Dokumentationssprache entnommen werden.[37]

---

35 Vgl. hierzu auch Kapitel 5.
36 Eine spezifische Indexiermethode, die sich auf Extraktion gründet, ist die sog. Textwortmethode: Sie wurde von dem Informationswissenschaftler Norbert Henrichs für die Dokumentation philosophischer Literatur entwickelt und verbindet die Extraktionsmethode mit derjenigen des syntaktischen und gewichteten Indexierens (vgl. Stock 2000).
37 Vgl. hierzu Gaus 2003:51f und DIN 31623-1:3f. Die Grenze zwischen dem gebundenen Indexieren und der Additionsmethode fällt in der englischsprachigen Literatur recht unscharf aus. Eine Entsprechung der Gegenüberstellung von 'frei' und 'gebunden' stellt am ehesten diejenige von 'controlled language' und 'natural language' dar, auf die sich Indexterme gründen können (vgl. Aitchison/Gilchrist/Bawden 2000:5; Moens 2000:24).

Beim freien Indexieren werden freie Schlagwörter zugeteilt, beim gebundenen Indexieren können es gebundene Schlagwörter (im Falle einer Schlagwortliste), Deskriptoren (im Fall eines Thesaurus) oder Notationen (im Fall einer Klassifikation) sein. Beim freien Indexieren muß keine Dokumentationssprache entwickelt, gepflegt und beherrscht werden. Um so höher sind aber die Anforderungen an den Indexierer, will er dennoch eine konsistente Erschließung erreichen. Er braucht dann ein ausgeprägtes Problembewußtsein für die Tücken der natürlichen Sprache und große Sachkenntnis. Beim gebundenen Indexieren muß der Indexierer die Dokumentbegriffe in die zugrundeliegende Dokumentationssprache übersetzen, was den Indexiervorgang u.U. erschwert und verlangsamt, ihn aber auch erleichtern und beschleunigen kann. Denn erstens müssen wir nicht über Synonyme nachdenken und zweitens keine Entscheidung über Vorzugsbenennungen treffen. Auch bei dieser Übersetzungsleistung ist profunde Sachkenntnis gefragt, soll sie nicht zu Lasten der Indexierkonsistenz gehen. Zudem ist die Bindung an eine Dokumentationssprache stets mit der Gefahr eines Verlusts an Spezifität und Aktualität verbunden.[38] So suchen wir im INFODATA-Thesaurus z.B. vergeblich nach dem Deskriptor *Internet* und müssen uns statt dessen mit Deskriptoren wie *Informationsnetz* oder *Rechnernetz* behelfen.[39]

Die Kontrolle von Synonymen, Homonymen und Wortformen geht beim freien Indexieren weniger systematisch vonstatten als beim gebundenen. Die Konsistenz dürfte daher beim gebundenen Indexieren größer sein, vorausgesetzt, die Dokumentationssprache wird kontinuierlich gepflegt und weiterentwickelt. Vor allem der Recall wird beim freien Indexieren niedriger ausfallen als beim gebundenen Indexieren. Die Precision wiederum ist neben der Homonymkontrolle auch eine Frage der Spezifität des Vokabulars und seiner Pflege.

→ In der Praxis wird häufig eine Mischform aus gebundenem und freiem Indexieren angewandt, die die Vorteile beider Verfahren, gerade in puncto Spezifität und Aktualität, vereinen kann. Das gebundene Indexieren kann sein Potential nur bei kontinuierlicher Revisionsarbeit der Erschließungsinstrumente entfalten, auf die es sich gründet!

---

[38] Vgl. auch Lancaster 1998:67.
[39] INFODATA ist der Name einer Referenz-Datenbank, die publizierte und graue Literatur aus dem informationswissenschaftlichen Bereich und verwandten Gebieten erfaßt. Sie wird vom *Informationszentrum für Informationswissenschaft und -praxis* (IZ), Potsdam unterhalten.

Nach Art der Durchführung läßt sich zwischen intellektuellem und automatischem Indexieren differenzieren. Beim *intellektuellen Indexieren* erfolgt die Zuweisung von Indextermen auf Grundlage einer vorangegangenen intellektuellen Inhaltsanalyse, beim *automatischen Indexieren* erfolgt sie maschinell.[40] Eine Mischform stellt das *computerunterstützte Indexieren* dar. Dabei werden Indexterme aus dem Dokumenttext auf maschinelle Weise vorgeschlagen. Auf dieser Grundlage wird intellektuell nachindexiert.

Sowohl für intellektuelle als auch für automatische Verfahren müssen (je nach weiterer Indexiermethodik) Werkzeuge vorhanden sein bzw. erarbeitet werden: Bei den intellektuellen Verfahren sind dies vor allem Indexierregeln und gegebenenfalls Dokumentationssprachen, bei automatischen Verfahren können dies Algorithmen, Wörterbücher, Wortlisten u.ä. sein.[41] Während intellektuelle Verfahren gemeinsam mit allen anderen Indexiermethoden eingesetzt werden können, sind automatische Verfahren gut geeignet für die Extraktionsmethode und das gleichordnende Indexieren, weniger gut geeignet aber für die Additionsmethode und das syntaktische Indexieren.

Intellektuelle Verfahren sind tendenziell zeit-, kosten- und personalaufwendiger als automatische Verfahren. Eine begriffsorientierte Inhaltsabbildung (mit all ihren Vorteilen) ist bei den intellektuellen Verfahren leichter zu realisieren als bei den automatischen Verfahren, jedoch fällt der subjektive Faktor hier stärker ins Gewicht. Soweit sich automatische Verfahren auf die Extraktion von Dokumenttermen beschränken, gelten hier die für die Extraktionsmethode getroffenen Aussagen. Intellektuelle Verfahren leben von einer *begriffsorientierten* Inhaltserfassung und großer Variabilität im Ausdruck, automatische von einer *benennungsorientierten* Inhaltserfassung und geringer Ausdrucksvielfalt.

Intellektuelle Verfahren sind auf alle Dokumentarten anwendbar, konventionell oder digital, homogen oder nicht. Für große, dynamische Dokumentmengen sind sie allerdings weniger geeignet. Demgegenüber ist die erfolgreiche Anwendung automatischer Verfahren bislang weitgehend auf Textdokumente beschränkt. Der Dokumentbestand muß in jedem Fall in digital(isiert)er Form vorliegen.

---

[40] Nähere Ausführungen zum automatischen Indexieren und eine Definition finden sich im nächsten Kapitel. Alternative deutsche Bezeichnungen für intellektuelles und automatisches Indexieren sind: 'Manuelles Indexieren' und 'Maschinelles Indexieren'. Die englische Bezeichnung für 'Automatisches Indexieren' lautet: 'automatic indexing' (ISO 5127).

[41] Zum Begriff des Algorithmus vgl. das nächste Kapitel, Abschnitt 4.

→ Das intellektuelle Indexieren steht traditionell im Zusammenhang mit sog. *Exact-Match-Retrievalverfahren*, die Dokumentsammlungen ohne jede Zwischenstufen in zwei Untermengen einteilen: in Treffer (= für die Suchanfrage relevante Dokumente) und in Nicht-Treffer (= für die Suchanfrage irrelevante Dokumente). Eben diese Verfahren stehen aber im Widerspruch zur Unschärfe und Vagheit, mit denen Suchanfragen häufig behaftet sind. Automatische Verfahren hingegen gründen sich häufig auf *Best-Match-Retrievalverfahren*, die statt Treffern und Nicht-Treffern lediglich besser oder schlechter passende Dokumente zu einer Suchanfrage kennen, Vagheit und Unschärfe folglich angemessener begegnen können.[42]

7.5 Zusammenfassender Vergleich

Die Gegenüberstellung in Tabelle 4-1 bildet lediglich grobe Tendenzen ab. Dabei sollten wir uns vergegenwärtigen, daß die verschiedenen Aspekte, hinsichtlich derer die Methode der Indexierung unterteilt werden kann, *analytische Trennungen* darstellen. In der Praxis werden immer mehrere dieser Unterteilungsgesichtspunkte zusammentreffen. So lebt das gebundene Indexieren naturgemäß von der Additionsmethode. Soweit ein Thesaurus zugrunde liegt, kommt dabei zugleich das gleichordnende Indexieren zum Einsatz.

Die Additionsmethode, das intellektuelle und das gleichordnende Indexieren sind die flexibelsten, in ihrer Kombinierbarkeit am wenigsten eingeschränkten Indexiermethoden.

---

[42] Vgl. hierzu Knorz 1994:167; Knorz 1997:132; Moens 2000:31f; Nohr 2003:110.

Tab. 4-1: *Vor- und Nachteile der Indexiermethoden im Vergleich*

	Ex-traktion	Addi-tion*	frei	ge-bun-den	gleich ord-nend	syn-taktisch	intel-lek-tuell*	auto-matisch
Voraus-setzungen	+	−	+	−	+	−	+*	−
Aktualität/ Spezifität	+	−*	+	−	*	*	−*	+
Schnellig-keit/Kosten	+	−*	+	−	+	−	−	+
Konsistenz (Inhalte)[43]	−	+*	−	+	*	*	+*	−
Precision/ Recall	−	+*	−	+	−	+	+*	−

Legende:
+ In bezug auf das jeweilige Vergleichskriterium hat die Methode Vorteile gegenüber ih-rem Pendant.
− In bezug auf das jeweilige Vergleichskriterium hat die Methode Nachteile gegenüber ih-rem Pendant.
* Das kommt auf die weiteren Indexiermethoden an, die dabei angewandt werden.

8 Zusammenfassung

– Beim Indexieren erfolgt die Inhaltsdarstellung über die Vergabe einzel-ner Bezeichnungen oder über die Erstellung von Registereinträgen.

– Indexterme können Stichwörter, Schlagwörter, Deskriptoren oder Nota-tionen sein.

– In vielen Anwendungsbereichen existieren als Strukturierungshilfe für Inhaltsanalyse und -darstellung feste Kategorienschemata.

– Ganz allgemein sollten wir den Inhalt einer DBE beim Indexieren so-wohl spezifisch als auch abstrakt abbilden, nicht mehr Indexterme als nötig vergeben und dafür Sorge tragen, daß alle relevanten Inhaltskom-ponenten im Indexat abgebildet sind. Zu diesen allgemeinen Regeln ge-sellen sich häufig spezielle Indexierregeln, die in Regelwerken festgehal-ten werden.

– Indexate als ganze werden nach ihrer Spezifität, Breite, Tiefe und vor al-lem nach ihrer Konsistenz beurteilt. Die einzelnen Indexterme sollten

---

[43] Es geht hier um die Wahrscheinlichkeit, mit der gleiche Sachverhalte in unterschied-lichen Dokumenten gleich indexiert werden.

spezifisch, eindeutig, prägnant, gebräuchlich, verläßlich und vorhersehbar sein.

- Präkombination, Präkoordination und Postkoordination bezeichnen drei unterschiedliche Möglichkeiten, beim Indexieren mit komplexen Sachverhalten umzugehen. Sie reichen von 'Belassen' bis 'Zerlegen'. Welcher Variante wir den Vorzug geben, ist dabei vor allem eine Frage der Zweckmäßigkeit.

- Übermäßige Präkombination geht auf Kosten der Flexibilität und Übersichtlichkeit des Vokabulars, übermäßige Postkoordination geht zu Lasten der Spezifität und Genauigkeit bei der Recherche.

- Das syntaktische Indexieren wirkt der durch Postkoordination verursachten Gefahr von Fehlverknüpfungen entgegen. Es zielt darauf, die zwischen Indextermen bestehenden Beziehungen transparent zu machen. Dabei können neben Schlagwortketten z.B. Rollenindikatoren und Kopplungsindikatoren zum Einsatz kommen.

- Neben gleichordnendem vs. syntaktischem Indexieren läßt sich die Methode des Indexierens unterteilen in: Extraktionsmethode vs. Additionsmethode, freies vs. gebundenes Indexieren sowie intellektuelle vs. automatische Verfahren.

- Wesentliche Aspekte der Gegenüberstellung von Indexiermethoden sind die dafür benötigten Voraussetzungen, die Aktualität und Spezifität, Schnelligkeit und Kosten, die zu erwartende Konsistenz sowie die Auswirkungen auf Precision und Recall.

9 Literatur zum Thema

Cleveland, Donald B./Cleveland, Ana D. 2001: Introduction to Indexing and Abstracting, 3rd ed., Englewood, Colorado: Libraries Unlimited: Kap. 6 u. 12

DIN 31623-1: Indexierung zur inhaltlichen Erschließung von Dokumenten. Begriffe, Grundlagen, Stand: September 1988

DIN 31623-2: Indexierung zur inhaltlichen Erschließung von Dokumenten. Gleichordnende Indexierung mit Deskriptoren, Stand: September 1988

DIN 31623-3: Indexierung zur inhaltlichen Erschließung von Dokumenten. Syntaktische Indexierung mit Deskriptoren, Stand: September 1988

Foskett, Antony Charles 1996: The subject approach to information, 5th ed., London: Library Association Publishing: Kap. 6 u. 7

Fugmann, Robert 1999: Inhaltserschließung durch Indexieren: Prinzipien und Praxis, (Reihe Informationswissenschaft der DGD, Bd. 3), Frankfurt/M.: DGD

ISO 5963-1985: Documentation – Methods for examining documents, determining their subjects, and selecting indexing terms

Knorz, Gerhard 2004: Informationsaufbereitung II: Indexieren, in: Kuhlen, Rainer/Seeger, Thomas/Strauch, Dieter (Hg.) 2004: Grundlagen der praktischen Information und Dokumentation, 5. völ. neu gef. Aufl., München u.a.: K G Saur: 179-188

Lancaster, Frederick W. 1998: Indexing and abstracting in theory and practice, 2nd ed., London: Library Association Publishing: Kap. 2, 3, 5-6 u. 11

Miller, Uri/Teitelbaum, Ruth 2002: Pre-Coordination and Post-Coordination: Past and Future, in: Knowledge Organization 29 (2002) 2: 87-93

RSWK 1998: Regeln für den Schlagwortkatalog, hg. von der Konferenz für Regelwerksfragen beim Deutschen Bibliotheksinstitut, 3., überarb. und erw. Aufl., Berlin: http://www.shorl.com/fuhemestestera

10 Indexieren an Beispielen

Im folgenden werden Indexate nach verschiedenen Methoden für einen Zeitschriftenartikel angefertigt und dabei deren Vor- und Nachteile noch einmal diskutiert. Im Anschluß daran wird am Beispiel zweier themenverwandter IID-Abschlußarbeiten die Konsistenzproblematik verdeutlicht und der Einfluß, den die verschiedenen Methoden darauf haben. Den exemplarischen Indexaten, die in der Anfertigung eines 'idealen' Indexats für die jeweilige DBE münden, geht stets eine kategorielle Inhaltsanalyse voraus. Die Anzahl der Indexterme, die pro Indexat vergeben werden, liegt im Interesse einer gewissen Standardisierung jeweils zwischen 5 und 10 Termen.

10.1 Beispiel A: Indexiermethoden im Vergleich

Zum Artikel in einer Fachzeitschrift werden drei gleichordnende Indexate angefertigt: Eines nach der Extraktionsmethode, eines mit freien Schlagwörtern (Additionsmethode/Freies Indexieren) und eines mit Deskriptoren des INFODATA-Thesaurus (Additionsmethode/Gebundenes Indexieren).

a) Die dokumentarische Bezugseinheit

Stellvertretend für den Artikel selbst gibt hier ein informatives Abstract Auskunft über seinen Inhalt.

Titel: Portale in Internet, Betrieb und Wissenschaft. Marktplatz und Instrument des Kommunikations- und Wissensmanagements

Autor: Hermann Rösch

Zeitschrift: B.I.T.online 4 (2001) 3: 237-246

Abstract: Getrennt nach den Anwendungsbereichen Wirtschaft, Wissenschaft und Internet werden wesentliche Merkmale von Portalen als Instrumente des Wissensmanagement und Informationsmanagement herausgearbeitet. Unter Hinzuziehung von Beispielen geht es um ihre Typologie und Definition, ihre Entwicklung und Funktion. Zunächst wird eine inflationäre Verwendung des 1997 geprägten Begriffs festgestellt und seine Entstehung nachgezeichnet, die mit dem Typ des Internetportals begann. Von Suchmaschinen und Webkatalogen unterscheidet sich das Portal durch seine Personalisierungsfunktion, die Produkt und Voraussetzung neuer Marketingstrategien ist. Vorreiter dieser Entwicklung war der Suchdienst Yahoo. Neben herkömmlichen Suchdiensten sind Internet Service Provider, Browserhersteller und Medienkonzerne die wesentlichen Betreiber von Internetportalen. 1998 kam mit dem Unternehmensportal ein auf das betriebliche Informationsmanagement zugeschnittener Portaltyp auf. Hierzu gesellte sich schließlich das Wissenschaftsportal, das national unterschiedlich ausgeprägt ist. Als wesentlich für Portale werden folgende Funktionalitäten ausgemacht und auf die einzelnen Portaltypen bezogen: einheitlicher Einstiegspunkt, einfache Handhabung, leistungsfähige Suchwerkzeuge, Aggregation großer Informationsmengen, Strukturierung und Validierung von Informationen, integrierte Zusatzfunktionalitäten, Personalisierung sowie die Bereitstellung von Kommunikationskanälen. Schließlich werden die Portaltypen in Zusammenhang mit einer Differenzierung nach fachlicher Abdeckung bzw. Zielgruppe gebracht. Hier unterscheidet man horizontale Portale und vertikale Portale, wobei letzteren für die Zukunft die besseren Perspektiven eingeräumt werden.

b) Exemplarische Indexate

Die Kategorien

In dem vorliegenden Artikel sollten folgende Kategorien abgebildet und mit Indextermen gefüllt werden:

1. Der hauptsächliche Gegenstand des Artikels (Kategorie 'Gegenstand' o.ä.)
2. Die wesentlichen Aspekte, unter denen dieser Gegenstand behandelt wird (Kategorie 'Aspekt' o.ä.)
3. evtl.: Die Anwendungsbereiche, auf die der Gegenstand bezogen wird (Kategorie 'Bereich' o.ä.).
4. Die Einordnung des Gegenstands in übergeordnete Zusammenhänge.

Örtliche und zeitliche Kategorien sind entbehrlich, da diese hier keine wesentliche Rolle spielen.

Überlegungen zu passenden Indextermen

1. Kategorie 'Gegenstand'

Stichwort/freies Schlagwort	Deskriptor (INFODATA)
Portal	keine Entsprechung
Wissenschaftsportal *Internetportal* *Wirtschaftsportal*	dito

Ganz allgemein stellt sich hier die Frage: Präkombination oder Postkoordination? Mein Plädoyer: Sowohl als auch (vorausgesetzt, wir können nicht auf eine Dokumentationssprache zurückgreifen, die Auskunft über Begriffsbeziehungen gibt – etwa in der Weise, daß sie Portal als Oberbegriff zu den einzelnen Portaltypen ansetzt). So indexiert, finden wir den Artikel sowohl bei Interesse an Portalen ganz allgemein als auch bei Interesse an speziellen Portaltypen. Zumal der Artikel für beide Ebenen gleichermaßen relevant ist.

2. Kategorie ,Aspekt'

Stichwort/freies Schlagwort	Deskriptor (INFODATA)
Typologie/Definition/Merkmal	*Typologie* (Verwandter Begriff *Definition*)
Funktionalität/Funktion	keine Entsprechung
Entwicklung/Entstehung	*Entwicklungstendenz*

Diese Terme sind zwar sehr allgemein, können sich aber als hilfreich bei der Präzisierung einer Suchanfrage erweisen. Dabei können wir *Funktion, Entwicklung, Definition* und *Merkmal* nur aus dem (hier nicht abgebildeten) Volltext extrahieren, wenn wir sehr lange danach suchen. Unmittelbar ins Auge springen vielmehr *Entstehung* und *Funktionalität. Funktionalität* ist gegenüber *Funktion* der prägnantere, aber auch der längere und womöglich weniger gebräuchliche Term. An seiner statt könnten wir auch überlegen, einfach nur *Merkmal* aufzunehmen. *Definition* wiederum ist u.U. irreführend, weil sie hier nicht explizit enthalten ist, sondern primär vermittelt über Funktionalitäten daherkommt.

3. Kategorie 'Anwendungsbereich'

Stichwort/freies Schlagwort	Deskriptor (INFODATA)
Internet	keine Entsprechung
Wissenschaft	*Wissenschaft und Technik*
Wirtschaft	*Wirtschaft/Betrieb*

4. Kategorie 'Übergeordneter Zusammenhang'

Stichwort/freies Schlagwort	Deskriptor (INFODATA)
Informationsangebot *Informationsdienstleistung*	*Informationsdienst, Mehrwertdienst, Dienstleistung* (letztere aber nur zu verwenden, wenn es nicht um den Kontext Bibliothek oder Information geht)
Wissensmanagement	keine Entsprechung
Informationsmanagement	*Informationsmanagement*

c) Exemplarische Indexate

Stichwort- und freies Schlagwortindexat fallen nahezu identisch aus. Die Extraktionsmethode verhindert also nicht zwangsläufig eine Einordnung in übergeordnete Zusammenhänge. Der häufig mit dieser Methode einhergehende Konsistenzverlust hält sich hier dadurch in Grenzen, daß es für den zentralen Gegenstand *(Portal)* eine einheitliche und (im informationswissenschaftlichen Kontext!) eindeutige Bezeichnung gibt, der keine Konkurrenz durch Synonyme erwächst. Im interdisziplinären Kontext würde sich aber sofort das Polysemie-Problem stellen. Schwieriger wird es mit der Konsistenz schon bei der Einordnung in übergeordnete Zusammenhänge: Ist hier von *Wissensmanagement* die Rede, könnte der nächste Artikel von *Knowledge Management* sprechen. In jedem Fall aber wird bei der Extraktionsmethode durch die Gebundenheit an den Textwortschatz die Inter-Indexiererkonsistenz (der Grad an Übereinstimmung von Indexaten verschiedener Personen zu ein und derselben DBE) immer höher ausfallen als bei der Additionsmethode, soweit wir freie Schlagwörter verwenden.

An dieser Stelle sei noch einmal der Unterschied zwischen einer DBE, die im Volltext vorliegt (ohne Indexat), und einer solchen betont, die im Volltext zugänglich, aber zugleich über ein Stichwortindexat erschlossen ist. Im Unterschied zu einem einfachen Textwort bietet ein Indexterm – und sei er auch nur ein Stichwort – stets die Gewähr, daß er einen wesentlichen Dokumentinhalt repräsentiert. Zumindest *sollte* ein Indexterm dies tun. Dadurch wird ein präziserer Zugriff möglich.

Deutlich zu sehen ist, daß die Verwendung einer Dokumentationssprache (zumal in einem hochdynamischen Gegenstandsbereich wie der Information und Dokumentation) nicht notwendigerweise nur Vorteile hat. Bei diskontinuierlicher Revisionsarbeit kann der von ihr ausgeübte Zwang vielmehr einen Verlust an Spezifität und Aktualität hervorrufen. So stellt der INFODATA-Thesaurus für den zentralen Gegenstand des Artikels *(Portal)* keinen auch nur annähernd passenden Deskriptor zur Verfügung. Erschwerend auf die Indexierungsarbeit wirkt sich zudem das Fehlen eines systematischen Zugangs zum Thesaurus aus – der Thesaurus verfügt nur über einen alphabetischen Teil. Dadurch ist es sehr umständlich, das Vorhandensein brauchbarer Alternativen zu fehlenden, aber eigentlich benötigten Termen zu überprüfen. Der eigentliche Nutzen einer Dokumentationssprache verkehrt sich hier in sein Gegenteil. Denn hätten wir nur den INFODATA-Thesaurus zum Indexieren zur Verfügung, würden unterschiedliche Indexierer vermutlich auf sehr unterschiedliche Deskriptoren ausweichen, um den Sachverhalt 'Portal' abzubilden. All dies ändert aber nichts daran, daß eine gut gepflegte, aktuelle Dokumentationssprache hier aufgrund der zahlreichen im Volltext genannten Synonyme zu den einzelnen Portaltypen eine große Hilfe wäre.

Eine Mischform aus freiem und gebundenem Indexieren, wie sie in der Datenbank INFODATA auch zur Anwendung kommt, könnte den Mängeln des Thesaurus entgegenwirken und zugleich die Vorzüge gebundenen Indexierens wahren.

Und hier die Ergebnisse im Vergleich:

Kategorien	Stichwörter	freie Schlagwörter	Deskriptoren
Gegenstand	*Portal* *Internetportal* *Wissenschaftsportal* *Unternehmensportal*	*Portal* *Internetportal* *Wissenschaftsportal* *Unternehmensportal*	*-/-* *-/-* *-/-* *-/-*
Aspekt	*Entstehung* *Typologie* *Funktionalität*	*Entwicklung* *Typologie* *Definition*	*Entwicklungstendenz* *Typologie* *Definition*
Anwendungsbereich	*Internet* *Wissenschaft* *Wirtschaft*	*Internet* *Wissenschaft* *Wirtschaft*	*-/-* *Wissenschaft und Technik* *Wirtschaft*
Übergeordneter Zusammenhang	*Wissensmanagement* *Informationsmanagement* *Informationsangebot*	*Wissensmanagement* *Informationsmanagement* *Informationsdienstleistung*	*-/-* *Informationsmanagement* *Informationsdienst*

'Ideales' Indexat: *Portal # Internetportal # Wissenschaftsportal # Unternehmensportal # Entwicklungstendenz # Typologie # Definition # Wissensmanagement # Informationsmanagement # Informationsdienst*

10.2 Beispiel B: Indexate im Vergleich

Die gleichordnenden Indexate werden auf Grundlage von Titel und Abstract zweier Abschlußarbeiten am IID angefertigt. Es kommen die gleichen Indexiermethoden wie im vorherigen Beispiel zum Einsatz, wiederum mit 5-10 Indextermen pro Indexat. Auch hier sind die Deskriptoren dem INFODATA-Thesaurus entnommen.

a) Die beiden dokumentarischen Bezugseinheiten

DBE 1

Titel: Papier oder Digital? Fragestellungen, Szenarien, Perspektiven für das Zeitungsausschnittarchiv der Dokumentationsstelle des Deutschen Literaturarchivs in Marbach.

Autor: Klaus Greschek

Abstract: Die Arbeit befaßt sich mit der Frage der Umstellung eines konventionell arbeitenden Zeitungsausschnittarchivs auf digitale Verfahren: Wann könnte eine solche Umstellung notwendig werden, welche Vorteile würden sie bringen, was würde sich am Arbeitsablauf ändern? Dabei steht das Zeitungsausschnittarchiv der Dokumentationsstelle des Deutschen Literaturarchivs in Marbach im Zentrum der Untersuchung. Zunächst werden allgemeine Entwicklungen zur Frage "Papier oder digital?" seit den 70er Jahren skizziert. Das digitale Zeitungsausschnittarchiv der Bibliothek der Hochschule für Film und Fernsehen "Konrad Wolf" in Potsdam (gescannte Artikel werden als Faksimile und ASCII-Volltext in diesem Dokumentenmanagementsystem gespeichert) dient als Modell und wird als Beispiel einer gelungenen Umstellung vorgestellt, um daraus Impulse für Marbach ableiten zu können. Als Ergebnis werden Fragestellungen, Perspektiven und Szenarien zu möglichen technischen und infrastrukturellen Maßnahmen vorgeschlagen (Autor).

DBE 2

Titel: Mediendokumentation im Wandel: Die Pressedokumentation des Deutschen Bundestages im Übergang vom konventionellen Papierarchiv zur elektronischen Volltextdatenbank.

Autor: Albrecht Walsleben

Abstract: Die Pressedokumentation ist eine von zahlreichen Informationsdienstleistungseinrichtungen des Deutschen Bundestages für die Abgeordneten und deren Mitarbeiter. In den Jahren 1997-1998 erfolgte die Umstellung von einem konventionell geführten Papierarchiv zu einer digitalen Volltext- und Faksimiledatenbank. Für die Mitarbeiter bedeutet die Umstellung Arbeitserleichterungen bei Informationsbeschaffung und -aufbereitung. Mit der Abhängigkeit der Dienstleistung von der Funktionsfähigkeit eines EDV-gestützten Systems wächst ihnen eine größere Verantwortung zu, der die entsprechenden Kenntnisse im Umgang mit dem System gegenüberstehen müssen. Statt der reinen Informationsvermittlung wird voraussichtlich die Beratung der Nutzer bei der selbständigen Nutzung der elektronischen Dienste der PD und damit das dokumentarische Wissen an Bedeutung gewinnen. Die Nutzer werden vom eigenen Arbeitsplatz aus im Pressearchiv recherchieren können. Die Pressemappe, in Papierform nur in begrenzter Zahl hergestellt, ist in elektronischer Form allen Nutzern zugänglich. Allerdings wird ihnen Selbständigkeit im Umgang mit dem System abverlangt. Aufgaben für die Zukunft sollten eine verstärkte Integration der Pressedokumentation in die Informationslandschaft des Bundestages und eine intensivierte Kommunikation und Kooperation mit den Nutzern sein (Autor).

b) Exemplarische Indexate

Wichtige Kategorien in der DBE 1:

- der Gegenstand, um den es geht;
- eventuell: Eigenschaften dieses Gegenstandes;
- der Prozeß, der im Zusammenhang damit thematisiert wird;
- eventuell: der Aspekt, unter dem er thematisiert wird;
- die Institution;
- der Ort.

Kategorien	Stichwörter	freie Schlagwörter	Deskriptoren
Gegenstand	*Zeitungsausschnittarchiv*	*Zeitungsausschnittarchiv* *Pressearchiv* *Pressedokumentation*	*Presseausschnittarchiv* *Mediendokumentation*
Eigenschaft	*konventionell* *digital*		*digital*
Prozeß	*Umstellung*	*Digitalisierung*	*Umstellung*
Aspekt	*Vorteil*	*Nutzen*	*Auswirkung*
Institution	*Deutsches Literaturarchiv*	*Deutsches Literaturarchiv Marbach Dokumentationsstelle*	*ID Stelle*
Ort	*Marbach*	*Marbach*	*Baden-Württemberg*

'Ideales Indexat': *Presseausschnittarchiv # Mediendokumentation # digital # Umstellung # Digitalisierung # Auswirkung # Deutsches Literaturarchiv Marbach # ID Stelle # Baden-Württemberg*

Wichtige Kategorien in der DBE 2:

- der Gegenstand, um den es geht;
- eventuell: Eigenschaften dieses Gegenstandes;
- die Prozesse, die im Zusammenhang damit thematisiert werden;
- eventuell: Aspekte, unter denen sie thematisiert werden;
- die Institution;
- der übergeordnete Zusammenhang, in dem die DBE zu verorten ist.

Kategorien	Stichwörter	freie Schlagwörter	Deskriptoren
Gegenstand	*Pressedokumentation*	*Pressedokumentation*	*Presseausschnittarchiv Mediendokumentation*
Eigenschaft	*konventionell elektronisch/digital*		*digital*
Prozeß	*Umstellung Arbeitserleichterung*	*Digitalisierung Arbeitsorganisation*	*Umstellung Arbeitsablauf*
Aspekt		*Folge*	*Auswirkung*
Institution	*Deutscher Bundestag*	*Deutscher Bundestag*	*Parlament Deutschland*
übergeordneter Zus.hang		*Informationsvermittlung Informationsdienstleistung*	*Informationsvermittlung*

'Ideales' Indexat: *Presseausschnittarchiv # Mediendokumentation # digital # Umstellung # Digitalisierung # Auswirkung # Arbeitsablauf # Parlament # Deutscher Bundestag # Informationsvermittlung*

Die beiden DBE sind vor allem hinsichtlich ihres Gegenstandes und ihres Prozesses eng verwandt und wären relevante Dokumente, wenn wir uns für Abschlußarbeiten interessieren, die sich mit den Auswirkungen der Digitalisierung im Bereich der Pressedokumentation beschäftigen. Nach der Extraktionsmethode indexiert, gehen diese Gemeinsamkeiten allerdings durch die unterschiedliche Benennung des Gegenstandes verloren. Außerdem ist es nicht möglich, den Prozeß prägnant durch *Digitalisierung* auszudrücken. Letzteres ist bei den freien Schlagwörtern kein Problem, Überschneidungen im Hinblick auf den Gegenstand ergeben sich allerdings nur, wenn wir wenigstens ein Indexat mit Synonymen zur Ausdrucksweise im Text anreichern. An dieser Stelle offenbart sich ein wesentlicher Vorteil kontrollierten Vokabulars, nimmt es uns das Nachdenken über gebräuchliche Synonyme doch ab. Zugleich erlaubt es aber keine prägnante Abbildung des Prozesses – *Digitalisierung* läßt sich mit dem INFODATA-Thesaurus lediglich durch *digital + Umstellung* zum Ausdruck bringen.

Als Schnittmengen der beiden 'idealen' Indexate ergeben sich: *Presseausschnittarchiv; Mediendokumentation; digital; Umstellung; Digitalisierung; Auswirkung.* Auf diese Weise indexiert, finden wir die beiden Arbeiten als relevante Dokumente zu obiger Fragestellung, wenn wir dafür vor allem Deskriptoren zu Rate ziehen. Die Schnittmengen zwischen den Indexaten, die mit nur einer Methode bzw. ohne kontrolliertes Vokabular angefertigt wurden, fallen demgegenüber wesentlich geringer aus!

Kapitel 5
Automatische Inhaltserschließung

Täglich wachsende und zunehmend digital vorgehaltene Dokumentbestände rufen verstärkt automatische Erschließungsverfahren auf die Tagesordnung. Im folgenden wird daher der Versuch einer Definition und Typisierung solcher Verfahren unternommen, und es werden ihre Voraussetzungen und Aufgaben umrissen. Dabei geht es vor allem um computerlinguistische und statistische Verfahren. Exemplarische Anwendungsbereiche werden vorgestellt und schließlich Ansätze zu einer automatischen Erschließung von Bildern skizziert. Die sonstigen Ausführungen dieses Kapitels beziehen sich vorwiegend auf Schriftdokumente, für die automatische Verfahren sehr viel weiter vorangeschritten sind. Insgesamt will und kann das Kapitel in Anbetracht der Komplexität des Themas nicht viel mehr als einen Problemaufriß leisten. Wer es vertiefen will, dem sei die Lektüre der im folgenden Absatz aufgelisteten Literatur empfohlen.

Literatur: Auf dem Gebiet automatischer Erschließungsverfahren wird zur Zeit an vielen Stellen Pionierarbeit geleistet, die sich aber noch nicht hinreichend theoretisch verfestigt hat. Aktuelle deutschsprachige Einführungsliteratur zu diesem Thema aus BID-Perspektive ist daher Mangelware. Gab es in den 1990er Jahren noch die Aufsätze von Knorz (1994 und 1997), so ist für das neue Jahrtausend einzig das 2003 neu aufgelegte Buch von Nohr zu erwähnen. Ansonsten muß man neben dem Internet auf Zeitschriftenartikel zurückgreifen. Hier seien zum einen die (allerdings auch schon etwas älteren) Aufsätze von Klaus Lepsky erwähnt (1998; 2000), zum anderen die letzten beiden Jahrgänge der *Info 7*, die über den Stand automatischer Verfahren im Kontext der Mediendokumentation berichten. Zudem gibt es auf der Website des Fachbereichs Bibliothek und Information der Fachhochschule Hamburg ein Internetmodul zu diesem Thema.[1] Für den anglo-amerikanischen Sprachraum sei auf das Werk von Moens (2000) hingewiesen.

1 Begriffe und Voraussetzungen

Unter *automatischer Inhaltserschließung* faßt man Verfahren zusammen, die die Prozesse der Inhaltsanalyse und -darstellung auf maschinellem Wege leisten. Sie schließen das automatische Abstracting und das

---

[1]   URL: http://www.bui.haw-hamburg.de/pers/ulrike.spree/wissorg/index.html

automatische Indexieren ein. Anders als die intellektuelle Inhaltserschließung muß die automatische Inhaltserschließung aber nicht notwendigerweise mit einer expliziten, für den Nutzer sichtbaren Produktion inhaltlicher Metadaten einhergehen.

Das *automatische Indexieren* wiederum meint

> „Verfahren, die vollautomatisch Dokumente analysieren und abgeleitet aus dieser Analyse entweder ausgewählte Terme aus dem Dokument extrahieren und (...) als Indexterme abspeichern (Extraktionsverfahren) oder Deskriptoren einer kontrollierten Indexierungssprache dem Dokument als Inhaltsrepräsentanten zuweisen (Additionsverfahren)".[2]

Neben der vollautomatischen Inhaltserschließung werden auch teilautomatische Verfahren angewandt. Damit sind zum einen Ansätze gemeint, bei denen automatisch generierte inhaltliche Metadaten intellektuell nachbearbeitet werden. Zum anderen kann es sich um die vollautomatische Erschließung eines abgegrenzten Teilbereichs und ihre bloß stichprobenartige intellektuelle Überprüfung handeln.[3]

Wiewohl des öfteren synonym gebraucht, ist das automatische Indexieren vom einfachen Invertieren zu trennen. *Invertieren* bedeutet zunächst schlicht 'Umstellen'. Im Kontext von Datenbanken meint es die alphabetische Anordnung der Inhalte eines Datensatzes in einer oder mehreren invertierten Dateien (auch Index oder Indexdateien genannt).[4] Das Invertieren orientiert sich an Zeichenketten und ermöglicht die Suchbarkeit von Dokumenttexten, hat aber an sich noch keinen inhaltsverdichtenden Effekt. Hintergrund dieses Verfahrens ist das Aufkommen billiger Massenspeicher, welches die „Reduktion auf Wesentliches" kostspieliger gemacht hat als „das Anbieten aller Textwörter als Suchbegriffe."[5] Denn das Invertieren ist unabhängig von der Art der Textdokumente und deren Sprache und erfordert keine Pflege. Es verlagert den Erschließungsaufwand aber eigentlich nur auf die Suchenden. Beim Invertieren und dem nachfolgenden Freitextretrieval unterbleiben sämtliche Kontrollen der Phänomene, die mit der natürlichen Sprache verbunden sind, also etwa die Normung von Wortformen, die Kontrolle von Homonymen, die Zusammenführung von Synonymen, die Zerlegung von Komposita, die Lexikalisierung von Paraphrasen, die Verbalisierung von Graphiken bzw. Abbildungen und die Darstellung impliziter Inhalte.

---

[2] Nohr 2003:20
[3] Vgl. Leesch 2003:96.
[4] Vgl. Knorz 1994:139; Nohr 2003:29.
[5] Knorz 1997:130

→ Die automatische Inhaltserschließung ist demnach als Methode zu verstehen, mit der man gezielt die Schwächen des Freitextretrievals angehen will. Dabei hat sie im großen und ganzen dieselben Probleme zu lösen wie intellektuelle Erschließungsverfahren auch.

Automatische Erschließungsverfahren setzen für ihre erfolgreiche Anwendung einen digitalen bzw. digitalisierten Dokumentbestand voraus, der nach Möglichkeit zudem homogen sein sollte – in fachlicher, sprachlicher und/oder struktureller Hinsicht. Als vorteilhaft erweisen sich darüber hinaus große (inhaltstragende) Textmengen sowie große Dokumentsammlungen.[6]

2 Typologie

Üblich und verbreitet ist in der Literatur eine Einteilung automatischer Erschließungsverfahren in computerlinguistische, statistische und begriffsorientierte Verfahren.[7] Genau genommen ließe sich zunächst jedoch erst einmal differenzieren in Verfahren, die explizit Metadaten produzieren (wie es beim automatischen Indexieren und beim automatischen Abstracting der Fall ist) und in solche, die das nicht tun. Letztere leben davon, Ressourcen dynamisch, also infolge einer Suchanfrage zu erschließen und das Ergebnis über die Reihenfolge (das Ranking) sichtbar zu machen, in der die Ressourcen ausgegeben werden. Derartiges kennt man u.a. von Suchmaschinen im Internet.

Verfahren, die explizit Metadaten produzieren, lassen sich dann nach der Methode zur Identifikation inhaltskennzeichnender Terme weiter in computerlinguistische und statistische Verfahren unterscheiden. Nach Art der Begriffsermittlung unterscheidet man begriffsorientierte Verfahren, die von der Zuweisung kontrollierten Vokabulars leben, von extrahierenden Verfahren.

→ Die verschiedenen Verfahren schließen einander keineswegs aus, sondern kommen im Gegenteil häufig gemeinsam zum Einsatz. Verbreitet ist z.B. der Einsatz computerlinguistischer Verfahren in Kombination mit statistischen Verfahren. Diese beiden Verfahren dürften zugleich die größte Praxisrelevanz besitzen, weswegen sie im folgenden ausführlicher zu Wort kommen sollen.[8]

---

[6] Vgl. hierzu z.B. Nohr 2003:39.
[7] So etwa bei Nohr 2003 und 2004.
[8] Im Englischen werden diese beiden Ansätze auch als 'statistical approach' und ,syntactic[al] approach' bezeichnet (vgl. z.B. Cleveland/Cleveland 2001:211).

Allen Verfahren gemein ist aber letztlich, daß sie kein Verstehen von Dokumenttexten i.e.S. leisten können. In diesem Zusammenhang laufen automatische Verfahren sehr viel stärker als intellektuelle Gefahr, den beiden Grundfehlern inhaltserschließender Tätigkeit zu erliegen. Nämlich erstens: wichtige Sachverhalte zu übergehen, und zweitens: unwichtige Sachverhalte abzubilden.

Bei der automatischen Inhaltserschließung werden zunächst einmal alle Nachteile virulent, mit denen auch die Extraktionsmethode behaftet ist. In diesem Zusammenhang sei noch einmal die Problematik impliziter Inhalte in Erinnerung gerufen. Wie sollte eine Maschine z.B. in der Lage sein, einen Dialog wie den folgenden erschließen?

> „Er: Wo ist's denn?
> Sie: Was denn?
> Er: Du weißt schon!
> Sie: Wo wohl?
> Er: Ach so."[9]

Auch Paraphrasen, Umgangssprache und Metaphern stellen automatische Verfahren i.d.R. vor schwer lösbare Probleme. Da kann es dann schon mal passieren, daß im Feuilletonteil einer Zeitung die Rezension einer *Macbeth*-Inszenierung mit *Kriminalität* indexiert oder ein Fußballspiel unter widrigen Wetterbedingungen als *Wetterbericht* erkannt wird. Abbildung 5-1 zeigt ein Beispiel aus dem Bereich der öffentlichen Bibliotheken. Wie sollen automatische Verfahren hier anhand des Wortlauts der Buchtitel erkennen, daß sie sich allesamt um Balkonpflanzen drehen? Problematisch sind zudem Homonyme und Polyseme – zumal nicht nur einzelne Wörter, sondern auch ganze Sätze mehrdeutig sein können, z.B.:

Ich sah den Mann mit dem Fernrohr.
Vermutlich wurde die Klassenlehrerin von 23 Kindern erwürgt.
Stefan liebt Maria mehr als Gertrud.

Ganz schwierig wird es für automatische Verfahren auch bei Neologismen (sprachlichen Neubildungen) wie z.B. *Oderfluttage, Trainerfindungskommission* oder *Zahnpasta-Affäre*.

---

[9] Quelle für das Beispiel: Kamphusmann 2002:136

- Balkon-Träume: die schönsten Ideen für alle Lagen und für das ganze Jahr
- Gärtnern auf Terrasse und Balkon
- Grüne Paradiese für Balkon und Terrasse: 1000 Pflanzen, Arrangements, Pflanzanleitungen, Schritt für Schritt; Kultur und Pflege
- Bunte Balkonbepflanzung: Pflanz- und Gestaltungsideen mit Blumen, Gemüsen und Kräutern

3 Aufgaben

Nachfolgend wird dargestellt, welche typischen Aufgaben automatische Verfahren der Inhaltserschließung zu bewältigen haben.

Stopwort-Eliminierung: Ein *Stopwort* ist ein im dokumentarischen Sinne nicht-bedeutungstragendes Wort, das gleichwohl für Textkohärenz und Textverständnis unerläßlich ist (→ Tab. 5.1). Stopwörter machen etwa ein Drittel bis die Hälfte des Wortguts von Texten aus. Sie werden häufig über hinterlegte Listen ermittelt, können aber auch über Worthäufigkeiten bestimmt werden.[10]

Tab. 5-1: *Die häufigsten Stopwörter (Quelle: Lang 1980:260)*

deutsch	englisch
die	the
der	of
und	and
zu	a
in	to
ein	in
an	is
den	you
auf	that
das	it

---

[10] Vgl. Lang 1980:260; Moens 2000:80.

Wortformenreduktion: Dies ist eine Aufgabe für computerlinguistische Verfahren. Dabei werden grammatikalische Flexionsformen auf korrekte Grund- oder Stammformen zurückgeführt.[11] Ein Beispiel dafür findet sich in Tabelle 5-2.

Tab. 5-2: *Wortformenreduktion an einem Beispiel (Quelle: Lehrmaterialien von Gerhard Knorz: http://spock.iuw.fh-darmstadt.de/methodik/publ/example/cl1.htm#KapGF)*

Ausgangssatz	Reduktion auf Grundformen[12]	Reduktion auf Stammformen
Wissenschaftlerinnen	Wissenschaftlerin	Wiss
untersuchten	untersuchen	such
die		
Auswirkungen	Auswirkung	wirk
des		
Umsturzes.	Umsturz	sturz

Anders als bei statistischen Verfahren lassen sich auf diese Weise unterschiedliche Wortformen auf einen einzigen Indexterm reduzieren.

Dekomposition: Bei der Dekomposition geht es um die Zerlegung von Komposita in sinnvolle begriffliche Bestandteile – z.B. die Zerlegung von *Sondersammelgebietsbibliothek* in: *Sondersammelgebiet, Sammelgebiet, Bibliothek.* Auch dies ist eine Aufgabe computerlinguistischer Verfahren.[13] Ihr kommt gerade in der kompositumträchtigen deutschen Sprache ein hoher Stellenwert zu. Dabei ist sie kaum regelgeleitet zu bewältigen, wie folgende Beispiele zeigen:

Silberfischbesteck

Kulturinfiltration

Papierhalter

Staatsexamen

Glücksautomaten[14]

Wie soll das System z.B. wissen, daß es *Silberfischbesteck* in *Silber* und *Fischbesteck* zu zerlegen hat und nicht in *Silberfisch* und *Besteck, Glücksautomaten* in *Glück* und *Automaten* statt in *Glück, Sau* und *Tomaten*? Und selbst dort, wo Wörter eindeutig zerlegt werden können, ist es voraussetzungsvoll, auf au-

---

[11] Vgl. Grummann 2000:299; Knorz 1994:150; Moens 2000:81ff. Dieser Vorgang wird auch 'Lemmatisierung' oder 'Stemming' genannt.
[12] Bei gleichzeitiger Eliminierung der Stopwörter *die* und *des*.
[13] Vgl. Grummann 2000:300.
[14] Die Beispiele sind der Website Methodik von Gerhard Knorz entnommen: http://spock.iuw.fh-darmstadt.de/methodik/publ/example/cl1.htm#KapKomp.

tomatischem Wege eine Entscheidung über sinnvolle Wortbestandteile her-
beizuführen. So wäre eine Zerlegung von *Wissensdurst* in *Wissen* und *Durst*
sicher für die erste Komponente sinnvoll, nicht aber für die zweite. Denn
wer sich mit dem Phänomen 'Durst' beschäftigt, dürfte kaum an Wissensdurst interessiert sein.[15]

Wortgruppenerkennung: Die Erkennung von Wortgruppen (Mehrwortbenennungen) wird einerseits durch Wörter mit gemeinsamem Sammelwort erschwert (z.B.: *öffentliche und private Einrichtungen*) und zum anderen durch Paraphrasen. Die Maschine hat folglich nicht nur die Aufgabe,
Wortgruppen zu identifizieren, sondern muß sie auch in ihre lexikalische
Ausdrucksform übertragen (→ Abb. 5-2).[16]

Abb. 5.2: *Problem der Wortgruppenerkennung (Quelle: Nohr 2003:61)*

Das Konzept der drei Konkurrenz-Konzerne zielt hingegen auf einen *elektronischen Marktplatz* für die Zuliefererindustrie.

Das Konzept der drei Konkurrenz-Konzerne zielt hingegen auf einen *Marktplatz* für die Zuliefererindustrie *in elektronischer Form.*

Namenserkennung: Einen Unterfall der Wortgruppenerkennung stellt
die Erkennung von Namen dar, die gerade im Pressebereich ein Gebot der
Stunde ist. Da die Hinterlegung vollständiger Namenslisten kaum möglich
ist, muß die Namenserkennung aus einer Analyse der inneren Struktur des
Textes erfolgen.[17] Wenn die Maschine zudem auch noch die dazugehörige
Kategorie (etwa *Person* oder *Institution*) erkennen soll, stellt dies eine zutiefst
anspruchsvolle, bisweilen auch unlösbare Aufgabe dar. Dabei kann natürlich schnell der Fall eintreten, daß die Maschine Namen erkennt, wo keine
sind. Gegeben sei etwa folgender Ausgangssatz:

Beim Baden oder Essen singen Arbeiter seine Weisen.[18]

Hier erkennt das System nun womöglich sieben Namen, nämlich:

Baden → Ort
Oder → Fluß

---

[15] Das Kompositum 'Staatsexamen' stand im November 2004 im Zentrum einer in der
Inetbib geführten Diskussion über die Filterungspraxis der Suchmaschine MSN, die
bei einer Suche nach dieser Zeichenfolge folgende Meldung ausgab: „Bei der Suche
nach S t a a t s e x a m e n werden möglicherweise sexuelle Inhalte ausgegeben. Ändern
Sie Ihre Suchbegriffe, um Ergebnisse zu erhalten." URL: http://beta.search.msn.de/
[16] Vgl. auch Moens 2000:84ff.
[17] Vgl. ebd.: 88ff.
[18] Quelle für das Beispiel ist Nohr 2003:206.

Essen → Ort
Singen → Ort
Arbeiter → Ort
Seine → Fluß
Weisen → Ort

Freilich: Selbst wenn ein Name erkannt ist, ist damit noch nicht gesagt, daß er auch einen wesentlichen Sachverhalt widerspiegelt. Ob dies der Fall ist, könnte die Maschine z.B. anhand der Fragen klären, wie oft der Name im Dokument genannt ist, ob er mit Beruf oder Funktion zusammen erwähnt wird, ob es sich um den einzigen Namen handelt und dergleichen mehr.

Schließlich seien noch zwei wiederum von computerlinguistischen Verfahren zu bewältigende Aufgaben erwähnt: Zum einen die Erkennung und Ergänzung von Wortbindestrichtilgungen, also z.B. die Umwandlung von: *Videocassetten und -recorder* in: *Videocassetten und Videorecorder*. Zum anderen die Derivation (Wortableitung), also die Umformung von Adjektiven in Substantive, etwa die Umformung von *bibliothekarisch* in: *Bibliothek*.[19]

4 Computerlinguistische Verfahren

Computerlinguistische Verfahren identifizieren Indexterme auf Grundlage einer vorherigen linguistischen Analyse. Sie sind zutiefst abhängig vom gegebenen Sprachsystem und setzen für ihre erfolgreiche Anwendung daher eine zuverlässige Spracherkennung bzw. einen sprachlich homogenen Dokumentbestand voraus.[20] Die Verfahren lassen sich nach der zur Anwendung kommenden Technik in regel- und wörterbuchorientierte Verfahren unterscheiden.

Regelbasierte Verfahren führen die linguistische Analyse auf Grundlage von Regeln durch, die in Form von Algorithmen formuliert werden.[21] Ein *Algorithmus* ist eine Verarbeitungsvorschrift, die so präzise formuliert ist, daß sie von einem mechanisch oder elektronisch arbeitenden Gerät durchgeführt werden kann. Aus der sprachlichen Darstellung des Algorithmus muß die Abfolge der einzelnen Verarbeitungsschritte eindeutig hervorgehen. Die Implementierung von Regeln ist eine einmalige und generalisierende Aufgabe. Sie ist damit relativ unaufwendig und wenig pflegeintensiv, denn es muß keine Auseinandersetzung mit einzelnen Wörtern bzw. Wortgruppen stattfinden. Zudem fallen bei Neologismen, die meist regelkon-

---

[19] Vgl. Grummann 2000:300.
[20] Alternative Bezeichnung für 'Computerlinguistische Verfahren': 'Informationslinguistische Verfahren'
[21] Vgl. Nohr 2003:55ff; Knorz 1994:153f.

form sind, keine Änderungen an. Zugleich sind regelbasierte Verfahren aber nicht so genau wie Wörterbücher, mit denen sich jeder Einzelfall erfassen läßt. So treten etwa Probleme bei der Bearbeitung unregelmäßiger Pluralbildungen auf (z.B. bei der Rückführung von *Häuser* auf *Haus*).

→ Für flektionsarme und morphologisch wenig komplexe Sprachen wie die englische wurden regelbasierte Verfahren mit großem Erfolg entwickelt und eingesetzt. Ein Beispiel hierfür stellt der Algorithmus von Kuhlen dar, dessen Regeln sequentiell durchlaufen werden, so daß die jeweils erste passende Regel Anwendung findet. Dabei beziehen sich die ersten fünf Regeln auf Substantive, die letzten drei auf Verben (→ Abb. 5-3). Für flexionsreiche und kompositumträchtige Sprachen wie die deutsche sind regelbasierte Verfahren weniger geeignet.[22]

Abb. 5-3: *Algorithmus von Kuhlen für die englische Sprache*
(vereinfachte Fassung; Quelle: Knorz 1994:156)

1. IES → Y
   activities → activity
2. ES → _ [wenn *O / CH / SH / SS / ZZ / X vorausgehen]
   processes → process
3. S → _ [wenn * / E / %Y / %O / OA / EA vorausgehen]
   methods → method
4. IES' → Y; ES' → _; S' → _
   ladies' → lady
5. 'S → _; ' → _
   mother's → mother
6. ING → _ [wenn ** / % / X vorausgehen];
   mixing → mix
   ING → E [wenn %* vorausgehen]
   loosing → loose
7. IED → Y
   satisfied → satisfy
8. ED → _ [wenn ** / % / X vorausgehen]
   mixed → mix
   ED → E [wenn %* vorausgehen]
   believed → believe

Legende: % = alle Vokale;
* = alle Konsonanten;
_ = Leerzeichen;
/ = logische Oder-Bedingung

---

[22] Vgl. Nohr ebd.

Wörterbuchbasierte Verfahren sind Einzelfallösungen. Sie führen die linguistische Analyse aufgrund eines hinterlegten Wörterbuchs durch.[23] Der Anbieter eines wörterbuchabhängigen Verfahrens wird ein Basiswörterbuch zur Verfügung stellen, das um fachsprachliche Ausdrücke zu ergänzen ist. Gerade die Behandlung von Komposita, die im Deutschen von eminenter Wichtigkeit ist, läßt sich durch Wörterbücher einfacher als durch Regeln realisieren. Allerdings setzen diese Verfahren eine umfangreiche und kontinuierliche Wörterbuchpflege voraus. Sie sind also arbeits-, zeit- und kostenaufwendig.

5 Statistische Verfahren

Unter *statistischen Verfahren* faßt man Systeme zusammen, die auf der Termgewichtung beruhen. Sie vergleichen die Repräsentationen von Frage- und Dokumentinhalt miteinander und liefern als Antwort gewichtete Treffer. Kriterium für die Gewichtung ist die vom System geschätzte Wahrscheinlichkeit, mit der die jeweils ausgegebene DBE für die gestellte Suchanfrage relevant ist.[24]

Diese Ansätze knüpfen an die Eigenheit der natürlichen Sprache an, sich durch „auswertbare Ungleichverteilungen ihrer Elemente"[25] auszuzeichnen. Entsprechend geht man von zwei Prämissen aus:

- Nicht alle Terme eines Dokuments sind als Indexterme geeignet. → Es gilt also, eine Auswahl zu treffen.
- Nicht alle ausgewählten Terme besitzen in bezug auf ihre Bedeutung die gleiche Wertigkeit. → Es gilt also, eine Gewichtung vorzunehmen. [26]

Es wird folglich zunächst untersucht, anhand welcher Kriterien man formal und begründet entscheiden kann, ob ein Wort als Suchwort taugt oder nicht. Die verbleibenden Wörter sind daraufhin zu gewichten, inwieweit ihre Übereinstimmung mit dem Fragewort signifikant ist. Hierbei spielen Häufigkeiten eine entscheidende Rolle. So schrieb Luhn, der 'Vater' statistischer Indexierungsansätze:

> „It is here proposed that the frequency of word occurence in an article furnishes a useful measurement of word significance."[27]

---

[23] Vgl. Knorz 1994:130f; Nohr 2004:221.
[24] Vgl. Nohr 2003:33ff; Knorz 1994:166ff; Knorz 1997:131ff.
[25] Kamphusmann 2002:139
[26] Vgl. Nohr ebd.
[27] Luhn, zit. nach: Nohr 2003:33

Dem Termfrequenzansatz liegen folgende Annahmen zugrunde:

- Häufig auftretende Wörter in einem Dokument können es besser repräsentieren als selten auftretende.
- Selten auftretende Wörter innerhalb einer Dokumentsammlung haben eine höhere Unterscheidungswirkung als häufig vorkommende, sind daher die besseren Indexterme. [28] Beispiel: Nehmen wir die beiden Wörter *Zahnarztpraxis* und *Information* und beziehen wir sie auf den Datenbestand von INFODATA. Es liegt auf der Hand, daß *Information* kaum dazu geeignet sein dürfte, den Inhalt einzelner Dokumente zu charakterisieren – dazu kommt es einfach zu häufig vor. Anders hingegen die Zahnarztpraxis, die dafür aufgrund ihres seltenen Auftretens sehr geeignet sein dürfte.[29]

Die Termhäufigkeit ergibt sich zunächst schlicht aus der Anzahl eines Terms im Dokument. Um den Einfluß der Dokumentlänge auf diesen Wert zu nivellieren, setzt man ihn ins Verhältnis zu der Gesamtzahl der Terme im Dokument, womit man die relative Termhäufigkeit erhält. Diese wird dann noch mal ins Verhältnis gesetzt zur Anzahl der Dokumente, in denen der Term vorkommt – man spricht in diesem Zusammenhang auch von der inversen Dokumenthäufigkeit.[30]

Hier nun kommt das Kriterium der Entscheidungsstärke ins Spiel. Sie beschreibt die Fähigkeit eines Indexterms, relevante Dokumente aus einer Sammlung auszuwählen und zugleich irrelevante zu verwerfen.[31] Am entscheidungsstärksten sind Terme im mittleren Frequenzbereich. Hoch- und niedrigfrequente erfüllen das Kriterium nicht und werden über zu definierende Schwellenwerte ausgeschlossen. Denn bei niedrigfrequenten Wörtern handelt es sich vermutlich um autorenspezifische Terminologie, die für den Nutzer nicht vorhersehbar ist. Solche Wörter verringern wegen ihres seltenen Auftretens die Ähnlichkeit zwischen Dokumenten, während hochfrequente die Ähnlichkeit zwischen Dokumenten durch ihr häufiges Auftreten steigern, für sich genommen aber zu wenig bedeutungstragend sind. Letzteres trifft etwa auf klassische Stopwörter zu. [32]

---

[28] Vgl. Nohr 2003:36; Moens 2001:90ff.
[29] Vgl. hierzu auch Lancaster 1998:254.
[30] Vgl. Nohr 2004:217 sowie die Lehrmaterialien von Klaus Lepsky: http://www.shorl.com/fuvabristakoha.
[31] Entscheidungsstärke ist in etwa gleichbedeutend mit der englischen Bezeichnung 'term discrimination value', definiert als „measure of the quality of an index term in distinguishing documents from each other" (ISO 5127; vgl. auch Moens 2000:95).
[32] Vgl. Nohr 2003:37; 46.

→ Ein Term ist dann besonders aussagekräftig, wenn er in nur wenigen Dokumenten vorkommt und in diesen dann häufig. Über statistische Verfahren ermittelte und explizit zugeteilte Indexterme werden häufig mit Gewichten versehen. Diese geben an, mit welcher Wahrscheinlichkeit das System das vorgeschlagene Ergebnis als richtig bewertet.

→ Die letztlich intellektuell zu treffende Entscheidung über geeignete Schwellenwerte ist eine der wichtigsten bei der Anwendung statistischer Verfahren. Sie hat weitreichende Folgen für das Retrieval. Setzen wir sie zu niedrig an, dann riskieren wir, daß irrelevante Terme zugewiesen werden. Setzen wir sie zu hoch an, gehen relevante Dokumente womöglich verloren.[33]

6 Weitere Verfahren

a) Begriffsorientierte Verfahren

Begriffsorientierte Verfahren versuchen sich von der benennungsorientierten Ebene dadurch zu lösen, daß sie die inhaltskennzeichnenden Terme letztlich aus einem zugrundeliegenden kontrollierten Vokabular zuteilen. Damit simulieren sie die Leistung intellektueller Inhaltserschließung. Sie verabschieden sich also von der reinen Termextraktion und bilden die extrahierten Terme vielmehr auf eine Dokumentationssprache ab. Ihre Implementierung ist mit hohem Aufwand verbunden.[34]

b) Automatisches Abstracting

Unter *automatischem Abstracting* läßt sich die Gesamtheit der Verfahren zur automatischen Erstellung von abstractartigen Inhaltsangaben zusammenfassen.[35] Dieser Prozeß erfolgt nach Moens in drei Schritten: 1. der Inhaltsanalyse; 2. der Transformation, wobei entweder Passagen aus dem Ausgangstext extrahiert werden oder dieser abstrahiert wird und 3. der Synthese (also der Produktion einer Textzusammenfassung).[36] Soweit Sätze ex-

---

[33] Vgl. hierzu auch die diesbezüglichen Ergebnisse des Projekts KASCADE sowie Mader/Leesch 2002:156.

[34] Vgl. Nohr 2003:31; 79ff; Knorz 1994:177ff; Moens 2000: Kap. 5. Eine alternative Bezeichnung für 'Begriffsorientierte Ansätze' lautet: 'Additive Ansätze'.

[35] Vgl. zu diesem Thema vor allem Kuhlen 2004:201ff, ferner Knorz 1994:166 sowie Haag 2002.

[36] Vgl. Moens 2000:133f.

trahiert werden, können dafür die Satzposition oder die Konzentration von bedeutungtragenden Wörtern Kriterien sein, etwa nach Maßgabe ihrer Übereinstimmung mit einer Positiv-Wortliste oder dem Titel. Diese Sätze können zudem gewichtet werden. Freilich mangelt es Ergebnissen, die auf Extraktion beruhen, zumeist an Kohärenz, die dann intellektuell nachgebessert werden muß.[37] Weitere Ansätze für das automatische Abstracting kommen aus dem Bereich der Künstlichen Intelligenz.

Abschließend sei noch ein Zitat zu den Perspektiven des automatischen Abstracting angeführt, das diese recht skeptisch beurteilt:

> „Although the research in this field goes back several decades, the results are unsatisfactory. Both the extracting of data and the summarizing of information are interesting ways towards the acquisition of knowledge, but a hybrid system, based on a man-machine collaboration, is still unavoidable. At present, the idea that quality abstracts may be produced without human input seems nothing more than a utopian vision."[38]

c) Mustererkennungsverfahren

Mustererkennungsverfahren beruhen auf einem Abgleich von Zeichenketten oder Bildern mit den Einträgen (Mustern) in einer Wissensbasis und zielen z.B. auf die Erkennung von Namen (etwa von Firmen, Organisationen, Produkten oder Ländern). Nach Nohr sind sie in der Praxis noch nicht sonderlich verbreitet, gerade aber bei der Analyse visueller Medien ein erfolgversprechender Weg. Aufgrund ihrer Lernfähigkeit prophezeit er ihnen für die Zukunft eine größere Bedeutung.[39]

7 Anwendungsbeispiele im deutschsprachigen Raum

a) Kontext Bibliothek: MILOS I und II/KASCADE

MILOS (*Maschinelle Indexierung zur erweiterten Literaturerschließung in Online-Systemen*) und das Nachfolgeprojekt KASCADE (*Katalogerweiterung durch Scanning und Automatische Dokumenterschließung*) waren von der DFG geförderte Projekte an der Universitäts- und Landesbibliothek (ULB) Düsseldorf in den neunziger Jahren. In ihnen wurde die automatische Indexierung erstmalig auf rein bibliothekarische Titeldaten in einem inhaltlich stark he-

---

[37] Vgl. auch Lancaster 1998:296; Nohr 2003:91.
[38] Pinto 2003:604
[39] Vgl. Nohr 2003:75; 129. Alternative Bezeichnung für 'Mustererkennungsverfahren': 'Pattern-Matching-Verfahren'.

terogenen Bestand angewandt. Dabei kam eine Mischung aus computerlinguistischen Verfahren (MILOS) und statistischen Verfahren (KASCADE)
zur Anwendung.[40]

Trotz beachtlicher Erfolge insbesondere der computerlinguistischen Verfahren blieb das Projekt im Bibliotheksbereich aber so gut wie folgenlos.
Lediglich die ULB wandte sich infolge dieses Projekts von der RSWK-
basierten intellektuellen Inhaltserschließung ab und indexiert nun frei mit
anschließender Anwendung von MILOS. Gleiches gilt für die Bibliothek
der Friedrich-Ebert-Stiftung.[41]

Daß im Bibliotheksbereich gerade computerlinguistische Verfahren ihr
Potential sehr gut entfalten können, liegt vermutlich in der Art der zugrundeliegenden Textmenge begründet. Denn da diese selbst bereits zu einem
wesentlichen Teil auf Inhaltsverdichtungen beruht (z.B. durch die Berücksichtigung von Titeln und Inhaltsverzeichnissen), sind Termgewichtungen
hier nicht so vonnöten wie etwa im Pressebereich. Die gescannten Terme
sind per se zumeist 'gute' (entscheidungsstarke, relevante) Terme.[42]

b) Kontext Internet: GERHARD

Beispiel für ein Informationssystem, bei dem begriffsorientierte Verfahren
zur Anwendung kamen, ist GERHARD. Das Akronym steht für *German
Harvest Automated Retrieval and Directory*. Es handelte sich um ein interdisziplinäres Pilotprojekt im Internet, das Internetquellen aus einem intellektuell erstellten Pool von Servern im Bereich der Fachinformation automatisch erschloß. Dabei kam eine Mischung aus Additions- und Extraktionsmethode zum Tragen: Auf der Basis extrahierter Textwörter wurden den Internetadressen Notationen der DK zugeteilt. Die erste Entwicklungsphase
währte von 1996-1998. Nach einer längeren Pause wird das Projekt nun laut
Website seit November 2001 fortgesetzt und weiterentwickelt. Das Ziel dieser zweiten Projektphase ist es, die Klassifikationsleistung über eine automatische Dokumententyp- und Spracherkennung zu verbessern. Damit soll
dann beispielsweise ein Mensaplan von einem Vorlesungsskript unterschieden werden können. Zudem geht es darum, über die Entwicklung von Pro-

---

[40] Vgl. Lepsky 1999:326ff, die Homepage des Projekts MILOS:
   http://www.ub.uni-duesseldorf.de/projekte/milos/mil_home
   und diejenige von KASCADE:
   http://www.ub.uni-duesseldorf.de/projekte/kascade/kas_home
[41] Vgl. hierzu Lepsky 1998a.
[42] Vgl. Leesch 2003:100.

110

fildiensten eine verbesserte Nutzung zu realisieren. Die Website des Projekts ist allerdings bis auf diese Information seit Jahren unverändert geblieben.[43]

c) Kontext Medien- bzw. Pressedokumentation

Der Pressebereich mit seiner täglich zu indexierenden Dokumentenmasse stellt gewissermaßen den klassischen Anwendungsfall für automatische Indexierverfahren dar. Verschiedene Einrichtungen leisten dabei zur Zeit Pionierarbeit.

Z.B. *Gruner + Jahr* mit dem Verfahren *DocCat*, ein System für die automatische Klassierung von Texten, bei dem eine Mischung aus statistischen, computerlinguistischen und begriffsorientierten Verfahren automatischer Indexierung angewandt wird.[44] Pro Tag werden ca. 700 Artikel ohne technische Probleme bearbeitet. Der Einsatz dieses Verfahrens bringt eine Reduzierung von Routinetätigkeiten bei gleichzeitigem Ausbau von Bewertungs- und Korrekturarbeiten mit sich. Oder der *Berliner Verlag* (Verleger der *Berliner Zeitung* und des *Berliner Kurier*), der ein computerlinguistisches Verfahren einsetzt (GAdT – *Grammatikalische Analyse deutschsprachiger Texte*), das schließlich Terme aus einem in der Entwicklung befindlichen Thesaurus vergibt. Die Arbeiten an dem System wurden vom Bundesforschungsministerium bis 2004 unterstützt. Bislang erreicht es 70% der Güte der intellektuellen Erschließung.

Ein Überblick über den Stand automatischer Erschließungsverfahren im Bereich der Mediendokumentation findet sich bei Leesch 2002.

8 Automatische Bilderschließung

Die Ansätze zu einer automatischen Erschließung bewegter und 'stehender' Bilder befinden sich derzeit zwar noch in den Kinderschuhen, auch hier wird aber emsige Entwicklungsarbeit geleistet. Bis sie intellektuelle Erschließungsmethoden sinnvoll ergänzen oder gar ersetzen können, ist es jedoch noch ein langer Weg. Ihre erfolgreiche Anwendung wird nicht zuletzt eine Frage des Kontexts bleiben. So dürfen wir im Internet oder im Bereich der Mediendokumentation perspektivisch auf ihre Unterstützung hoffen, im kunsthistorischen Kontext indes erscheinen automatische Verfahren wenig erfolgversprechend. Einige Ansätze sollen hier kurz skizziert werden.[45]

---

[43] Vgl. hierzu Wätjen 1998; Nohr 2003:87ff; Tröger 2001:250 und die Website des Projekts: http://www.gerhard.de/.
[44] Vgl. hierzu Gaese/Geisler/Peters 2002.
[45] Vgl. hierzu vor allem die Aufsätze von Hermes u.a.

Die automatische Erschließung bewegter Bilder kann z.B. bei der automatischen Extraktion eingeblendeter Texte ansetzen und eine Identifikation von Schlüsselbildern, auch 'Key Frame Extraction' genannt, vornehmen. Dazu müssen die Dokumente zunächst zeitlich segmentiert werden. Dies kann über eine Analyse der Kamerabewegungen und der Schnitte geschehen oder über die inhaltliche Struktur der Sendung (etwa: Vor- und Abspann, Anmoderation, Beitrag usw.).

Fotos wiederum lassen sich über Farb-, Textur- oder Konturanalysen erschließen: Bei der *Farbanalyse* erfolgt eine Analyse einheitlicher Flächen und die Beschreibung ihrer Eigenschaften, so der Farbe, der Größe und der Position im Bild. Bei der *Texturanalyse* werden die Oberflächenstrukturen analysiert und das Bild wird in Bereiche segmentiert, die einheitlich texturiert sind. Die *Konturanalyse* wiederum widmet sich den im Bild enthaltenen Umrissen. Das Ziel dieser Analysen ist die Erkennung einfacher Objekte. So könnte etwa die Kombination *orange + einflächig + Kreis* in der (intellektuell zugewiesenen) Kategorie *Landschaftsaufnahmen* die Objekte *Sonne* oder *Mond* ergeben. Durch die Kombination einfacher Objekte können dann komplexere Szenen erkannt werden (z.B. ein Sonnenuntergang am Strand).

Die automatische Erschließung von Bilddokumenten macht es möglich, den Zugang zu Bildern über Bilder zu realisieren (als Ergänzung zu einem sprachlichen Zugang) – sei es über Farben und Formen, sei es über eine Ähnlichkeitssuche. Derartige Ansätze faßt man auch unter dem Begriff des *Content-based Image Retrieval* (CBIR) zusammen. Exemplarisch umgesetzt sind sie beispielsweise im Projekt *PictureFinder* des *Technologie-Zentrums Informatik* (TIZ) der Universität Bremen.[46]

9 Zusammenfassung

- Automatische Verfahren bewirken eine automatisierte Inhaltsverdichtung, gehen anders als die intellektuelle Inhaltserschließung aber nicht notwendigerweise mit der expliziten Produktion von Metadaten einher. Sie sind für Textdokumente am weitesten fortgeschritten.

- Sie setzen digital(isiert)e, große und einigermaßen homogene Dokumentbestände voraus und gehen letztlich von der sprachlichen Form eines Textes, nicht aber von seinem Bedeutungsgehalt aus. Sie können also kein Verstehen von Dokumenttexten leisten.

---

[46] Eine Demoversion findet sich im Internet unter
http://134.102.206.80:8080/demo/start.jsp.

- Automatische Verfahren lassen sich nach Art der Begriffsermittlung in begriffsorientierte und extrahierende Verfahren sowie nach der Methode zur Identifizierung inhaltskennzeichnender Terme in statistische und computerlinguistische Verfahren unterteilen.
- Computerlinguistische Verfahren wiederum unterscheidet man in regelbasierte und wörterbuchbasierte. Erstere eignen sich besonders für grammatikalisch unkomplexe Sprachen wie die englische, mit letzteren läßt sich jeder Einzelfall beschreiben.
- Statistische Verfahren beruhen wesentlich auf Termgewichtung, die wiederum eine Frage von Häufigkeiten ist. Dabei wird die Häufigkeit, mit der ein Term innerhalb eines Dokuments bzw. im gesamten Dokumentbestand vorkommt, als Indikator für seine Eignung als Indexterm betrachtet. Wesentlich ist in diesem Zusammenhang die Festlegung von Schwellenwerten, die besagen, ab wann ein Term als entscheidungsstark zu betrachten ist.
- (Teil-)automatische Erschließungsverfahren kommen vor allem in Bereichen zum Einsatz, in denen große und dynamische Dokumentsammlungen vorgehalten werden, wie es etwa im Pressebereich oder im Internet der Fall ist.
- Die automatische Bilderschließung kann sich bei bewegten Bildern z.B. auf die Extraktion von Schlüsselbildern stützen und bei Fotos auf die Analyse von Farben, Konturen und Oberflächen. Sie ermöglicht den Zugang zu Bildern über Bilder.

10 Literatur zum Thema

Gaese, Volker/Geisler, Stefan/Peters, Günter 2002: Das Projekt „DocCat" – Ein automatisches Verschlagwortungssystem in der Gruner + Jahr Textdokumentation, in: Info 7, 1/2002: 22-29

Grummann, Martin 2000: Sind Verfahren zur maschinellen Indexierung für Literaturbestände Öffentlicher Bibliotheken geeignet? Retrievaltests von indexierten ekz-Daten mit der Software IDX, in: Bibliothek 24 (2000) 3: 297-318

Hermes, Thorsten u.a. 2003: Automatische Indexierung von multimedialen Dokumenten, in: Info 7, 2/2003: 101-108

Hermes, Thorsten/Ioannidis, George/Miene, Andrea 2002: Wie kommt das Bild in die Datenbank? Inhaltsbasierte Analyse von Bildern und Videos, in: IWP 53 (2002) 1: 15-21

Knorz, Gerhard 1994: Automatische Indexierung, in: Hennings, Ralf-Dirk u.a.: Wissensrepräsentation und Information-Retrieval (Modellversuch BETID, Lehrmaterialien Nr. 3), Potsdam: 138-198

Knorz, Gerhard 1997: Indexieren, Klassieren, Extrahieren, in: Buder, Marianne u.a. (Hg.) 1997: Grundlagen der praktischen Information und Dokumentation, 4. völ. neu gef. Aufl., München u.a. 1997: K G Saur: 120-140

Lancaster, Frederick W. 1998: Indexing and abstracting in theory and practice, 2nd ed., London: Library Association Publishing: Kap. 12 u. 15

Leesch, Klaus 2002: Teilautomatisches Erschließen. Workshop des WDR Printarchivs im Benehmen mit der Fachgruppe 7 des VDA in Köln am 30./31.10.2002, in: Info 7, 3/2002: 144-152

Lepsky, Klaus 1998: Sacherschließung ohne RSWK? Neue Praxis an der Universitäts- und Landesbibliothek Düsseldorf, in: ProLibris 2/98: 112-114

Lepsky, Klaus 1998a: Im Heuhaufen suchen – und finden. Automatische Erschließung von Internetquellen: Möglichkeiten und Grenzen, in: BuB 50 (1998) 5: 336-340

Lepsky, Klaus/Zimmermann, Harald H. 2000: Katalogerweiterung durch Scanning und automatische Dokumenterschließung, in: ZfBB 47 (2000) 4: 305-316

Moens, Marie-Francine 2000: Automatic Indexing and Abstracting of Document texts, Boston/Dordrecht/London: Kluwer Academic Publishers *Rezension in: JDOC 57 (2001) 3: 460-461 (von Murat Karamuftuoglu)*

Nohr, Holger 2003: Grundlagen der automatischen Indexierung. Ein Lehrbuch. Berlin: Logos *Rezension in: IWP 54 (2003): 314 (von Wolfgang Ratzek)*

Wätjen, Hans-Joachim 1998: GERHARD – Automatisches Sammeln, Klassifizieren und Indexieren von wissenschaftlich relevanten Informationsressourcen im deutschen World Wide Web, in: B.I.T online (1998) 4: 279-290

im Internet:

Lehrmaterialien von Klaus Lepsky http://www.iws.fh-koeln.de/institut/personen/lepsky/material/lehre/indexierung.html

Kapitel 6
Register

„Ein Register ohne Buch hat mir manchmal genützt, ein Buch ohne Register nie."[1]

In diesem Kapitel kommt mit dem Register ein häufig vernachlässigtes Produkt inhaltserschließender Tätigkeit zur Sprache. Nach einer Klärung der Funktion von Registern wird auf ihren Stellenwert im anglo-amerikanischen Raum im Kontrast zum deutschen Sprachraum eingegangen. Die Bestandteile von Registern werden benannt und verschiedene typologische Ausprägungen alphabetischer Register vorgestellt. Weitgehend ausgespart bleibt der Prozeß der Registererstellung, denn das Thema ist zu komplex, als daß es im Rahmen dieses Buches zufriedenstellend behandelt werden könnte.

L i t e r a t u r : Registern wird in der deutschsprachigen dokumentarischen Einführungsliteratur nicht der Stellenwert beigemessen, den sie eigentlich verdienen. In neuerer Zeit widmen ihnen lediglich Fugmann (1999) und Gaus (2003) einige Kapitel, ansonsten muß man auf einen Aufsatz von Beling/Wersig aus dem Jahre 1980 zurückgreifen. Zudem gehen zwei DIN-Normen auf Register ein (DIN 2331 und DIN 31 630-1). Die einzige deutschsprachige, allerdings nicht aus dokumentarischer Perspektive geschriebene Monographie zum Thema stammt von Kunze (1992). Sie behandelt das Thema jedoch recht summarisch und läßt viele Schlüsselfragen der Registererstellung unbeantwortet. Wer sich intensiver mit der Registererstellung beschäftigen will, sollte sich besser an englischsprachige Literatur halten. Häufig empfohlene Standardwerke sind neben der ISO-Norm 999:

Booth, Pat 2001: Indexing: The manual of good practice. Munich: K. G. Saur *Rezension in: IWP 54 (2003): 440-442 (von Robert Fugmann)*
The Chicago Manual of style 2003: 15th ed. Chicago IL: University of Chicago Press
Hass Weinberg, Bella 1998: Can you recommend a good book on indexing? Collected reviews on the organization of information, Medford, NJ
Mulvany, Nancy C. 1994: Indexing books. Chicago IL: The University of Chicago Press
Wellisch, Hans H. 1995: Indexing from A to Z. New York: H. W. Wilson

---

[1] Carlyle, zit. nach einer Mail von Klaus Graf an die Inetbib am 29-8-01 zum Betreff 'Registerarie':
http://www.hbz-nrw.de/produkte_dienstl/mlist/inetbib/200108/20010829.html

1 Begriff und Funktion

„Wie wichtig ein Register ist, beweist nichts besser als die Tatsache, daß auch ein ganz schlechtes Register noch unentbehrlich für den Fachmann ist."[2]

Unter einem *Register* versteht man eine Suchhilfe zur ergänzenden Erschließung von Dokumenten mit der Funktion, einen alternativen Zugriff auf Dokumentinhalte zu ermöglichen. Register bestehen aus Einträgen, die diese Inhalte nach anderen Gesichtspunkten ordnen, erschließen und darstellen, als es im Dokument selbst geschehen ist. Register haben weniger Informationsgehalt als das Dokument, dem sie zugeordnet sind und verweisen lediglich auf eine Stelle, an der mehr Information erhältlich ist.[3] Die ISO-Norm definiert Register wie folgt:

"Alphabetically or otherwise ordered arrangement of entries, different from the order of the document or collection indexed, designed to enable users to locate information in a document or specific documents in a collection."[4]

→ Register sind unselbständige Sekundärdokumente, die stets ein Basisdokument zu ihrer Erstellung benötigen. Von diesem werden sie entweder ein Teil oder sie werden unabhängig davon zugänglich gemacht.

Im landläufigen Verständnis bringt man Register zumeist mit konventionell vorgehaltenen *Schriftdokumenten* in Verbindung. Wir begegnen Registern aber auch als Teil von *Dokumentationssprachen*. Im Zeitalter des Internet treten Register zudem als Bestandteile thematisch komplexer *Websites* in Erscheinung (→ Abb. 6-1). Und auch die Indexdateien einer *Datenbank* nehmen eine Registerfunktion wahr. Im Unterschied zu herkömmlichen Registern liegen diese Dateien aber erstens stets in elektronischer Form vor und werden zweitens stets automatisch erzeugt. Darüber hinaus werden Register z.B. für Patentschriften, Filme, Tonaufnahmen, graphische Materialien, Landkarten und Objekte erstellt.[5]

Als Produkte der Inhaltserschließung sind Register unerläßliche Hilfsmittel, wenn es darum geht, auf bekannte Literatur zurückzugreifen und erinnerte Begriffe schnell wieder aufzufinden. Zugleich läßt sich mit ihrer Hilfe rasch klären, ob bestimmte Informationen in einem unbekannten Werk enthalten sind. Register sparen also Zeit bei der Literaturbewältigung und unterstützen einen rationellen Gebrauch. Und das ist insofern von Bedeu-

---

[2] Kunze 1992:71
[3] Vgl. Beling/Wersig 1980:427f; DIN 2331:25; DIN 31 630-1:2; Gaus 2003:105ff. Die englische Bezeichnung für 'Register' lautet: 'index', Plural: 'indexes' (ISO 999:2).
[4] ISO 999:2
[5] Vgl. ebd.:1.

116

tung, als sich Register zumeist auf Fachliteratur beziehen und diese nicht wie ein Roman gelesen wird.[6]

Abb. 6-1: *Register der Website Der Deutschen Bibliothek (URL: http://www.ddb.de/: Suche + Interessenwegweiser / Site-Suche / A-Z Register)*

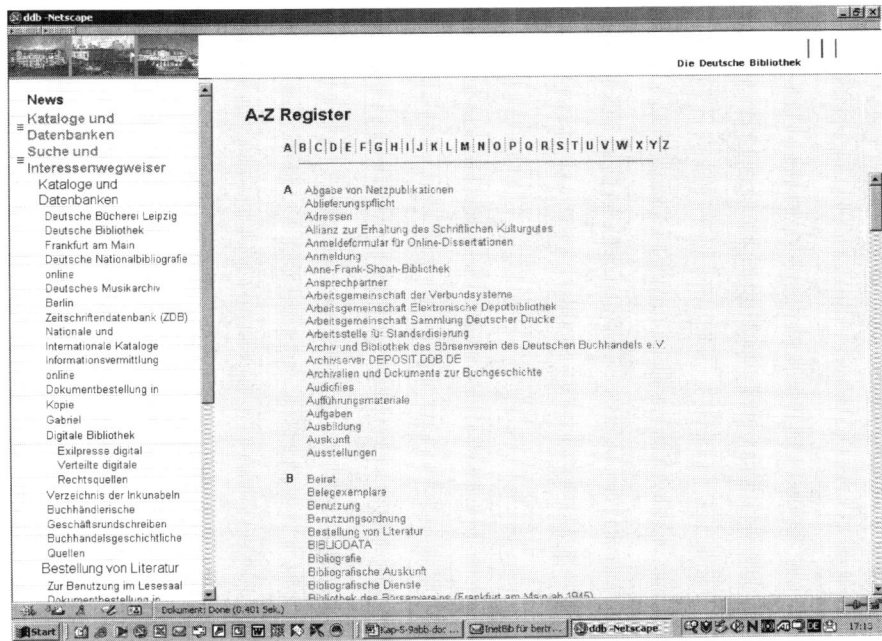

2 Stellenwert

Trotz all ihrer Vorzüge werden Register und die Kunst ihrer Erstellung in Deutschland bis heute schmählich vernachlässigt:

> „Wir Deutschen hegen, nebenbei bemerkt, eine nichtswürdige Geringschätzung gegen Blattweiser und Register, und die deutschen Gelehrten am meisten; wir blättern mit unglaublicher Geduld das Buch hunderte von malen, so oft wir brauchen, durch, ohne zu murren, während wir sehr leicht durch einigen Lärm die Autoren zwingen könnten, den unentbehrlichen alphabetischen Index zum Gesetz zu erheben.“[7]

Im Vergleich dazu genießen Register im anglo-amerikanischen Sprachraum ein höheres Ansehen. Die Wertschätzung der Registerarbeit schlägt sich u.a.

---

6   Vgl. ebd.:3.
7   Anton E. Schönbach 1894, zit. nach Kunze 1992:14f

in dem Umstand nieder, daß sich die (zumeist freiberuflich tätigen) Register-ersteller dort in Berufsverbänden zusammengeschlossen haben und eine vierteljährlich erscheinende Zeitschrift zum Thema namens *The Indexer* herausgeben.[8] Der erste Berufsverband, die *Society of Indexers* (SI), entstand 1957 in Großbritannien. Überhaupt ist Großbritannien das klassische Land des Registermachens, hier gründete Henry B. Wheatley bereits 1877 die erste *Index Society* der Welt, die nach zehnjährigem Bestehen in die *British Records Society* aufging.[9] Wheatley wird zugleich als der 'Vater der Registererstellung' angesehen, was er zwei grundlegenden von ihm verfaßten Werken zum Thema verdankt, nämlich: „What is an index?" (1879) und „How to make an index" (1902). Weitere Berufsverbände gibt es in den USA, in Australien, Kanada, China, Südafrika und Japan. Von der SI wird zudem jährlich eine sog. *Wheatley Medal* für ein besonders gut gelungenes Register vergeben. Eine vergleichbare Einrichtung, der *H. W. Wilson Award*, existiert in den USA.[10] Aber selbst im englischen Sprachraum haben Registerersteller mit dem Problem zu kämpfen, in ihrer Arbeit oftmals nicht hinreichend gewürdigt zu werden.[11] Dazu noch ein Zitat:

> "If you are asked at a wine and cheese party (...) what your profession or hobby is, and you answer proudly, 'I am an indexer', you may, depending on the background of your inquirer, be assumed to be a mathematician, a physicist concerned with optics, an anthropologist, an economist, a mechanical engineer, a forestry expert or a computer scientist; or possibly even a printer, a designer of playing cards, an employee of a motor vehicle licensing agency;..."[12]

Um so erfreulicher ist, daß sich seit dem Jahre 2004 endlich auch in Deutschland eine Infrastruktur zum Themenkomplex 'Register' herauszubilden beginnt. Es gründete sich das *Deutsche Netzwerk der Indexer* (DNI), das sich als Sammelbecken für alle am Thema interessierten Personen versteht und unter http://www.d-indexer.org/ eine Website unterhält, u.a. mit einer ausführlichen Bibliographie.

---

[8] 1968 folgte die Gründung der *American Society of Indexers*. Beide Gesellschaften haben fast 1000 Mitglieder in 23 Ländern und unterhalten neben der Zeitschrift auch eigene Trainingsangebote (Buske 1997:33).

[9] Vgl. Kunze 1992:77.

[10] Vgl. auch Lee 2002.

[11] Vgl. Buske 1997:31; 88.

[12] Wellisch 1983:147

3 Elemente

Register bestehen wesentlich aus *Registereinträgen*. Diese wiederum setzen sich zusammen aus Registereingang und Registerinformation sowie gegebenenfalls aus einem Registerzusatz und einer Registerverweisung (→ Abb. 6-2).[13]

Abb. 6-2: *Elemente eines Registereintrags*

Beispiel 1:			
Registereintrag:	*Netzer, Günther*	**1944*	*S. 28*
	Netzer, Günther:	Registereingang	
	*1944:	Registerzusatz	
	S.28:	Registerinformation	
Beispiel 2:			
Registereintrag:	Schlips *siehe Krawatte*		
	siehe:	Registerverweisung	

a) Registereintrag

Es kann zwischen selbständigen und unselbständigen sowie zwischen einfachen und komplexen Registereinträgen differenziert werden. Ein selbständiger Registereintrag ist ein Registereintrag, der eine Registerinformation enthält. Ein unselbständiger Registereintrag dagegen verweist lediglich auf einen selbständigen Registereintrag. Er findet sich häufig bei Synonymie bzw. Schreibweisen- und Ansetzungsvarianten und dient dazu, Register selbst besser zugänglich zu machen. Soweit zu einem Registereintrag viele Registerinformationen existieren, sollte man ihn über Registernebeneingänge ausdifferenzieren. Auf diese Weise wird aus einem einfachen ein komplexer Registereintrag (→ Abb. 6.3)[14]

b) Registereingang

Der *Registereingang* ist der Teil eines Registereintrags, der zur Einordnung in das Register dient. Dies kann z.B. der Name einer Person, Institution oder geographischen Einheit sein, ein Zitat oder ein Gedichtanfang. Es kann sich aber natürlich auch um einen Sacheingang handeln. Er kann die

---

13 Vgl. Beling/Wersig 1980:429ff; DIN 2331:25; DIN 31 630-1:2. Die englische Bezeichnung für ‚Registereintrag' lautet: ‚index entry' (ISO 999:2).
14 Vgl. Beling/Wersig 1980:430.

Form eines Stichworts, Schlagworts, eines Deskriptors oder einer Notation annehmen.[15]

Abb. 6-3: *Typen von Registereinträgen*

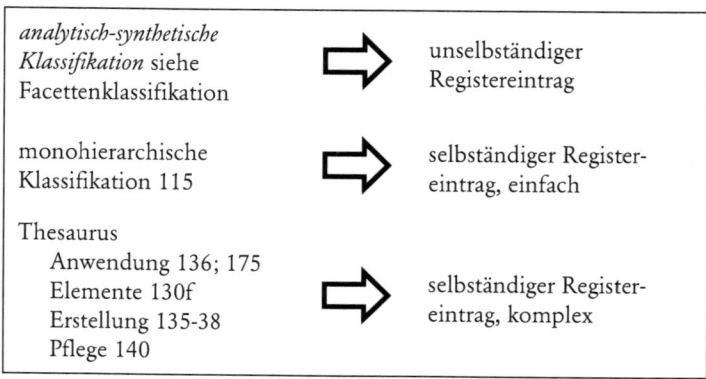

c) Registerinformation

Die *Registerinformation* ist der Teil eines Registereintrags, der zur Identifizierung und Auffindung des Beschriebenen dient.[16]

d) Registerverweisung

Eine *Registerverweisung* ist ein interner Verweis von einem Registereintrag auf einen oder mehrere andere Einträge desselben Registers.[17] Üblicherweise werden dafür der *Siehe-Verweis* und der *Siehe-auch-Verweis* benutzt. Letzterer dient als Registerverweisung zwischen selbständigen Registereinträgen, die assoziativ oder hierarchisch miteinander verbunden sind. Beispiele:

Boote siehe auch Schiffe;
Türme siehe auch Eiffelturm; Schiefer Turm von Pisa

---

[15] Vgl. ebd.:1980:434; DIN 2331:25; DIN 31 630-1:2. Die englische Bezeichnung für ‚Registereingang‘ lautet: ‘index heading’ (ISO 999:2).

[16] Vgl. Beling/Wersig 1980:435. Eine alternative deutsche Bezeichnung für ‘Registerinformation’ ist ‘Registerausgang’. Mögliche englische Bezeichnungen lauten: ‘locator’ (ISO 999:3), ‘index information’ oder ‘index reference’.

[17] Vgl. ebd. Die englische Bezeichnung für ‘Registerverweisung’ lautet: ‘cross-reference’ (ISO 999:2).

Den Siehe-Verweis wiederum benutzt man, um von einem unselbständigen auf einen selbständigen Registereintrag zu verweisen, etwa im Falle von Synonymie, Permutationen oder unterschiedlichen Wortformen.[18] Beispiele:

Vorzugsbenennung siehe Deskriptor
Erkennung von Namen siehe Namenserkennung
Inhaltserschließung siehe Inhaltliche Erschließung

e) Registerzusatz

Der *Registerzusatz* ist eine vom Bearbeiter als nützlich erachtete und zum Register hinzugefügte Ergänzung, die nicht notwendigerweise auch im dazugehörigen Dokument enthalten sein muß. Typische Fälle sind Jahresangaben in Personenregistern (z.B. Geburts- und Sterbedaten), geographische Angaben in Ortsregistern (z.B. Meereshöhe, -länge, -breite) oder Bewertungsangaben in kommentierten Registern (z.B. *veraltet*). [19]

4 Alphabetische Register

Register können nach unterschiedlichen Prinzipien angeordnet sein. Der am meisten verbreitete Typ dürfte das *alphabetische Register* sein, das seine führenden Registereingänge alphabetisch anordnet.[20] Im folgenden werden daher wichtige typologische Ausprägungen alphabetischer Register benannt.

a) Stichwort- und Schlagwortregister

Nach Art der Gewinnung der Registereingänge kann man Stichwort- und Schlagwortregister ausdifferenzieren. Ein *Stichwortregister* ist ein benennungsorientiertes Register, das häufig automatisch als Kontextregister erzeugt wird (s.u.). Die Eingänge werden dem Basisdokument entnommen. Demgegenüber handelt es sich bei einem *Schlagwortregister* um ein begriffsorientiertes, i.d.R. intellektuell erstelltes Register. Die Eingänge müssen nicht notwendigerweise identisch sein mit dem Vokabular des Basisdokuments.

---

[18] Vgl. ISO 999:22. Die englischen Bezeichnungen lauten: '„see also" cross-reference' und: '„see" cross-reference' (ebd.:2f).
[19] Vgl. Beling/Wersig 1980:436f.
[20] Vgl. ebd.:439; Cleveland/Cleveland 2001:48.

→ I.d.R. werden wir ein Register, das sich auf Dokumente stützt, die von einem einzigen Autor verfaßt sind, als Stichwortregister erstellen. Sobald jedoch mehrere Autoren im Spiel sind, handeln wir uns u.U. Probleme mit der Ausdrucksvielfalt ein. Ein Schlagwortregister stellt dann den angemesseneren Registertyp dar. Bei der Erstellung von Stichwort- bzw. Schlagwortregistern kommen die jeweiligen Vor- und Nachteile von Extraktionsmethode vs. Additionsmethode zum Tragen.[21]

b) Kontextregister und kontextunabhängige Register

Nach dem Umfang der Registereingänge lassen sich kontextabhängige und kontextunabhängige Register unterscheiden. Die Registereingänge *kontextunabhängiger Register* bestehen aus einzelnen Benennungen, es sind meist Schlagwortregister. *Kontextregister* wiederum sind Stichwortregister, die die Registereingänge im Kontext verzeichnen. Dabei kann 'Kontext' die Bestandteile einer Mehrwortbenennung ebenso meinen wie die Bestandteile eines Kompositums. Abbildung 6-4 zeigt ein Beispiel für ein Kontextregister. Durch die Darstellung des Kontexts kann die jeweilige Bedeutung der Stichwörter, die für sich genommen häufig nicht aussagekräftig genug sind, spezifiziert werden.

Abb. 6-4: *Prinzip eines permutierten Kontextregisters (Quelle: Bioethics Thesaurus des Kennedy Institute of Ethics, Georgetown University, Washington)*

Chromosome	**abnormalities**
	aborted fetuses
	abortion, induced
	abortion on demand
illegal	**abortion**
selective	**abortion**
therapeutic	**abortion**
alcohol	**abuse**
	(...)
mother	**fetus** relationship
	fetus
aborted	**fetus**es
	(...)

---

[21] Vgl. Kapitel 4.

c) KWIC- und KWOC-Register

Im Zusammenhang mit Kontextregistern unterscheidet man zwischen KWIC- und KWOC-Registern. KWIC ist die Kurzform für: *Keyword in context*, KWOC bedeutet: *Keyword out of context*. In *KWIC-Registern* steht der Registereingang in einer zentralen Lesespalte umgeben von dazugehörigem Kontext (→ Abb. 6-4; 6-5). In *KWOC-Registern* hingegen wird der Registereingang aus dem Kontext herausgezogen und vor oder über dem dazugehörigen Registereintrag geführt (→ Abb. 6-5).[22]

Abb. 6-5: *Beispiel für das Prinzip eines KWIC-Registers (links) und das eines KWOC-Registers (rechts)*

<table>
<tr><td>

Käferbefall
Käferplage
Mai **käfer**
Mai **käfer**liebesleben
Marien **käfer**
Schokoladen **käfer**
VW-**Käfer**

</td><td>

Käfer
Käferbefall
Käferplage
Maikäfer
Maikäferliebesleben
Marienkäfer
Schokoladenkäfer
VW-Käfer

</td></tr>
</table>

d) Natürliche und permutierte Register

Eine weitere typologische Unterteilung ist die in natürliche und permutierte Register. Die Registereingänge *natürlicher Register* sind in natürlicher Wortfolge verzeichnet: Jeder Eingang erscheint genau einmal.[23] Mehrgliedrige Registereingänge können jedoch auch permutiert werden. Unter einer *Permutation* versteht man die von der natürlichen Wortfolge abweichende Ansetzung einer aus mehreren Komponenten bestehenden Benennung. Sie sollte auf sinnvolle Umstellungen der natürlichen Wortfolge beschränkt bleiben. In einem *Permutationsregister* ist jeder Registereingang folglich so häufig aufgeführt, wie er permutiert wurde. Es ist dies das Prinzip, nach dem i.d.R. Kontextregister aufgebaut sind.[24] So erscheint der Registereintrag *aborted fetuses* in der Abbildung 6-5 zweimal: einmal unter *aborted* und einmal unter *fetuses*.

---

22 Vgl. auch DIN 2331:25; Beling/Wersig 1980:449; Lancaster 1998:48f sowie Foskett 1996:34f.
23 Vgl. DIN 2331:25; Beling/Wersig 1980:448. Die englische Bezeichnung für 'Natürliche Wortfolge': lautet: 'natural language order' (ISO 2788:13).
24 Vgl. DIN 2331:25; Beling/Wersig 1980:448; Greiner 1978:89.

5 Zusammenfassung

- Register sind unselbständige Dokumente, die einen alternativen Zugriff z.B. auf Schriftdokumente, das Vokabular von Dokumentationssprachen, auf Websites oder auf Feldinhalte von Datenbanken ermöglichen.
- Das Mutterland der Registererstellung ist England, wo ein eigener Berufsverband mit eigener Zeitschrift existiert. In Deutschland genießen Register bzw. ihre Erstellung gegenüber dem anglo-amerikanischen Sprachraum ein sehr geringes Ansehen.
- Ein Register besteht aus Registereinträgen, die sich aus Registereingang und Registerinformation zusammensetzen. Sie können mit Verweisen und Registerzusätzen angereichert sein.
- Alphabetische Register lassen sich auf mehrfache Art unterteilen. Wichtige Unterscheidungen können nach Art der Gewinnung der Registereingänge getroffen werden (Stichwortregister/Schlagwortregister), nach ihrer Komplexität (Kontextregister/kontextunabhängige Register) oder nach ihrer Anordnung (natürliche und permutierte Register). Stichwortregister sind häufig als permutierte Kontextregister konzipiert.

6 Literatur zum Thema

Beling, Gerd/Wersig, Gernot 1980: Register, in: Laisiepen, Klaus, Lutterbeck, Ernst, Meyer-Uhlenried, Karl-Heinrich: Grundlagen der praktischen Information und Dokumentation. Eine Einführung, 2., völ. neubearb. Aufl., München u.a.: K G Saur: 426-450

DIN 2331: Begriffssysteme und ihre Darstellung, Stand: April 1980

DIN 31 630-1: Registererstellung. Begriffe, Formale Gestaltung von gedruckten Registern, Stand: Juni 1988

Fugmann, Robert 1999: Inhaltserschließung durch Indexieren: Prinzipien und Praxis, (Reihe Informationswissenschaft der DGD, Bd. 3), Frankfurt/M.: DGD: Kap. 9

Gaus, Wilhelm 2003: Dokumentations- und Ordnungslehre. Theorie und Praxis des Information Retrieval, 4., überarb. u. erw. Aufl., Berlin u.a.: Springer: Kap. 11 u. 12

ISO 999-1996: Information and documentation – Guidelines for the content, organization and presentation of indexes

Kunze, Horst 1992: Über das Registermachen, 4., erw. u. verbess. Aufl., München u.a.: K G Saur

Lee, J. D. 2002: The father of British indexing: Henry Benjamin Wheatley, in: The Indexer 23 (2002) 2: 86-91

Pincoe, Ruth 2003: Apples, Pears and Oranges: Three important books on indexing, in: The Indexer 23 (2003) 3: 124-128

Kapitel 7
Dokumentationssprachen im Überblick

Dokumentationssprachen sind spezifische Hilfsmittel für die Inhaltserschließung, die ein verbindliches Vokabular für die Erschließung und die Recherche bereitstellen. Das Kapitel beginnt mit einer Klärung ihrer wesentlichen Aufgaben. Es geht auf die Erarbeitung und Bewertung von Dokumentationssprachen und auf ihre Typologie ein und erörtert unterschiedliche Prinzipien der Vokabularanordnung.[1]

Literatur: Zumeist werden Dokumentationssprachen in der deutschsprachigen Literatur typ- bzw. anwendungsspezifisch behandelt. Grundsätzliches zu ihrer Erstellung und Pflege sowie eine Gegenüberstellung von alphabetischer und systematischer Ordnung findet sich bei Gaus (2003). Dem Thema 'Ordnung' ist zudem praktisch das gesamte Büchlein von Götz Greiner (1978) gewidmet.

1 Begriffe

Unter einer *Dokumentationssprache* versteht man die Gesamtheit aller Begriffe und ihrer sprachlichen Ausdrücke, die, nach bestimmten Regeln angewandt, vor allem dem Indexieren dokumentarischer Bezugseinheiten und ihrer gezielten Wiederauffindung dienen. Mit Hilfe von Dokumentationssprachen werden die wesentlichen Inhaltskomponenten eines Dokuments repräsentiert und die Suchfragen formuliert. Ein sehr verbreitetes Synonym für 'Dokumentationssprache' ist: 'kontrolliertes Vokabular'.[2]

---

[1] Wem dieses Kapitel, das eine gewisse praktische Vertrautheit mit Dokumentationssprachen voraussetzt, zu abstrakt ist, der möge zunächst die Kapitel 8-12 lesen.

[2] Vgl. DIN 1463-1:2; DIN-31623-1:1; Fugmann 1999:146; Gaus 2003:162; Gödert 1991:3; Greiner 1978:26ff; Knorz 2004:181; Lang 1980:258; Wersig 1985:16. Für kaum einen anderen Term wie 'Dokumentationssprache' stehen so viele bedeutungsgleiche bzw. bedeutungsähnliche Ausdrucksformen bereit – und das gilt sowohl für die deutsche als auch für die englische Sprache. So werden als (quasi-)synonyme Bezeichnungen im Deutschen auch noch 'Indexierungssprache'' 'Indexsprache' oder 'Ordnungssystem' verwandt. Mögliche englische Bezeichnungen sind: 'controlled vocabulary'; 'indexing language'; 'controlled indexing language' (ISO 5127; ISO 5963:1), 'authority list' (Cleveland/Cleveland 2001:38f) oder 'artificial indexing language' (Foskett 1996:114). Im Bibliotheksbereich spricht man auch von 'Normdateien'. Neben der SWD sind das in Deutschland die *Personennamendatei* (PND) und die *Gemeinsame Körperschaftsdatei* (GKD). Die englische Bezeichnung für 'Normdatei' lautet: 'authority file' (ISO 5127).

2 Aufgaben

Wie in Kapitel 2 zu sehen war, beruht der Dokumentationsprozeß ganz wesentlich auf der Kommunikation zwischen Indexierern und Nutzern. Sie kann nur gelingen, wenn beide Seiten denselben Zeichenvorrat verwenden. Diesen Vorrat können im dokumentarischen Kontext Dokumentationssprachen bereitstellen. Dabei kommen sie anders als die natürliche Sprache weitgehend ohne Kontext und sprachliche Redundanz aus. Sie effektivieren die Kommunikation vielmehr dadurch, daß sie *terminologische Kontrolle* ausüben.[3] Unter diesem Begriff faßt man alle Maßnahmen zusammen, die direkt oder indirekt der Definition und Abgrenzung von Begriffen und der eindeutigen Zuordnung von Bezeichnungen zu Begriffen dienen. Dazu gehören vor allem die Kontrolle von Homonymen und Synonymen und die Frage des Umgangs mit komplexen Sachverhalten (Zerlegungskontrolle). Umfang und Qualität der terminologischen Kontrolle sind entscheidend für die Qualität einer Dokumentationssprache insgesamt.[4] Zugleich leben Dokumentationssprachen aber auch von *begrifflicher Kontrolle*. Diese dient der Festlegung von Definitionen und Erläuterungen sowie der Bestimmung von hierarchischen und assoziativen Begriffsbeziehungen.

→ Dokumentationssprachen kommt die grundsätzliche Aufgabe zu, als Brücke der Verständigung im Dokumentationsprozeß und Kopplungsstelle zwischen Nutzer und Indexierer zu wirken (→ Abb. 7-1). Der Grundgedanke dabei ist, sich *einmal* Gedanken über begriffliche Beziehungen zwischen den Vokabularelementen zu machen, um dies nicht bei jedem Indexat wieder aufs neue tun zu müssen.[5]

Dokumentationssprachen reduzieren die Vielgestaltigkeit der natürlichen Sprache und machen Begriffsbeziehungen transparent. Sie repräsentieren den Dokumentinhalt und den Inhalt von Suchfragen in komprimierter Form und erleichtern dem Nutzer dadurch den Zugang. Neben ihrer pragmatischen Funktion im Dokumentationsprozeß erfüllen Dokumentationssprachen zugleich aber auch eine Orientierungsfunktion für den Gegenstandsbereich, auf den sie sich beziehen.

---

[3] Vgl. auch Kapitel 2.
[4] Vgl. Aitchison/Gilchrist/Bawden 2000: Section D; Lang 1980:270f; Wersig 1985: 47ff. Die englische Bezeichnung für 'Terminologische Kontrolle' lautet: 'vocabulary control'.
[5] Genauer: So oft, wie die Dokumentationssprache revidiert wird.

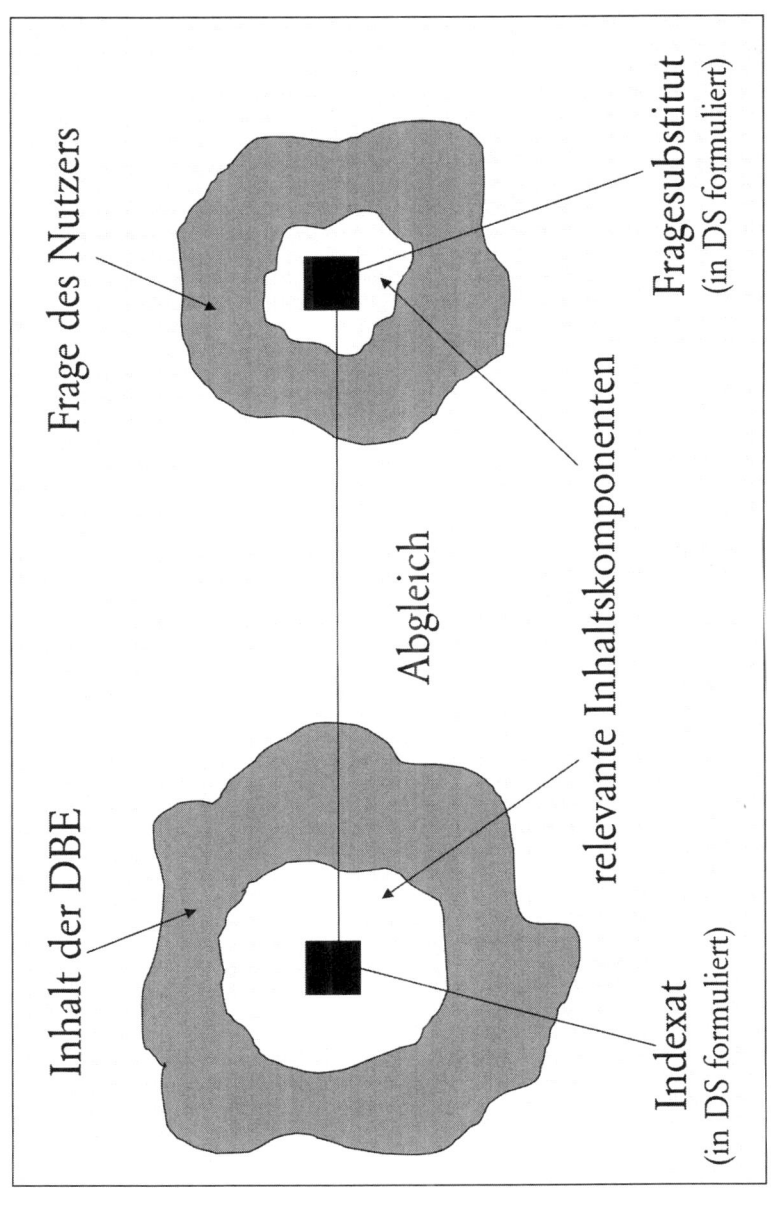

Abb. 7-1: *Scharnierfunktion von Dokumentationssprachen (DS)* (*Quelle: Greiner 1978:28*)

129

Dokumentationssprachen setzen sich wie jede Sprache aus Vokabular und Grammatik, also Anwendungsregeln für die Elemente des Vokabulars zusammen. Eine ständige Herausforderung ist in diesem Zusammenhang der Umgang mit dem gesellschaftshistorisch bedingten Bedeutungswandel der Sprache. In letzter Konsequenz führt die Verminderung der Zahl zulässiger Bezeichnungen zur Abkehr von der natürlichen Sprache. Dokumentationssprachen selbst sind mithin als künstliche Sprachen zu betrachten. Ihre Grundelemente sind keine Wörter, sondern Begriffe.[6]

Neben dem unbestrittenen Nutzen und der Zweckmäßigkeit von Dokumentationssprachen sollte man sich allerdings auch damit verbundener möglicher Fallstricke gewahr sein. So produzieren Dokumentationssprachen (qualitativen) Informationsgewinn, indem sie (quantitativen) Informationsverlust erzeugen. Das Verhältnis zwischen diesen beiden Größen ist stets ein prekäres: Ist die Dokumentationssprache etwa veraltet oder nicht auf ihren Gegenstand zugeschnitten, kann es passieren, daß der durch sie produzierte Informationsverlust den Gewinn übersteigt. Zudem sind Dokumentationssprachen, die ja wesentlich von Normung und Standardisierung leben, am temporären Stand der Wissenschaft orientiert. Sie auf Gegenstandsbereiche zu beziehen, bei denen es gerade darauf ankommt, Sprache in ihrer historischen Entwicklung abzubilden, ist nur mit hohem Aufwand zu bewerkstelligen. Auch eignen sich Dokumentationssprachen wenig für Bereiche, denen kein allgemein akzeptiertes Vokabular zugrunde liegt.[7]

3 Typologie

Für die Unterteilung von Dokumentationssprachen können zwei Merkmale herangezogen werden: die Sprachbasis (so häufig in der deutschen Literatur praktiziert) oder der Umgang mit komplexen Sachverhalten (so zumeist in der englischsprachigen Literatur gehandhabt). Im Hinblick auf das erste Merkmal differenziert man in Dokumentationssprachen, die sich auf die natürliche und solche, die sich auf künstliche Sprache gründen. Während die ersten alle Uneindeutigkeiten der natürlichen Sprache zu lösen haben, streben die letzten über den Weg der künstlichen Sprache von vornherein Eindeutigkeit zwischen Begriffen und Bezeichnungen an. Ihre Elemente müssen sie jedoch mit Hilfe der natürlichen Sprache erläutern. In bezug auf den zweiten Unterteilungsaspekt unterscheidet man prä- und postkoordi-

---

[6] Vgl. z.B. Miller/Teitelbaum 2002:89.
[7] Vgl. hierzu auch Stock 2000.

nierende Systeme.[8] Typische Vertreter von Dokumentationssprachen sind nun, wie im ersten Kapitel bereits skizziert wurde, Thesauri und Klassifikationen. Dabei sind Thesauri dem natürlichsprachigen und post-koordinierenden Typus zuzurechnen, während Klassifikationen von künstlicher Sprache und Präkoordination (bzw. Präkombination) leben. Beide Typen werden in den folgenden Kapiteln ausführlich behandelt.

Schwieriger ist es, eine Verortung und Abgrenzung von Schlagwortlisten vorzunehmen. *Schlagwortlisten* sind unstrittig verbale Erschließungsinstrumente. Sie gründen sich demzufolge auf die natürliche Sprache, ihr Vokabular ist primär alphabetisch geordnet. In sehr einfacher Form kann es sich dabei um eine schlichte Auflistung von Vokabular handeln, das für das Indexieren und die Recherche zulässig ist, ohne jegliche Definition von Begriffsbeziehungen. Ein Beispiel dafür ist die *Deskriptorenliste* des *Bundesinstituts für Sportwissenschaft* (BISp) für die dort vorgehaltenen Datenbanken.[9] Häufig sind Schlagwortlisten aber mit Begriffsbeziehungen angereichert, was ihre Abgrenzung zu Thesauri bisweilen schwierig macht. So sind z.B. die *Medical Subject Headings* (MeSH) ihrem Namen nach eine Schlagwortliste. Sie werden in der Literatur jedoch zumeist als Thesaurus gehandelt.[10] Manchmal stellen Schlagwortlisten auch die Vorstufe von Thesauri dar – so hat z.B. der *Thesaurus Sozialwissenschaften* als *Schlagwortliste für die Sozialwissenschaften* begonnen.

Ein Beispiel für eine elaborierte Schlagwortliste ist diejenige des *Instituts für Arbeitsmarkt und Berufsforschung* (IAB), die in Abbildung 7-2 auszugsweise wiedergegeben ist. Die Vokabularelemente sind mit Hinweisen auf Synonyme (Kürzel b.f.) und verwandte Begriffe (Kürzel s.a.) versehen. Charakteristisch (und zugleich untypisch für einen Thesaurus) ist hier jedoch die kettenartige Verknüpfung von Benennungen durch Gleichheitszeichen und Bindestriche. Dabei konstituiert der Bindestrich Hierarchien, während die Benennung hinter dem Gleichheitszeichen als Rollenindikator fungiert. Hier wird also ein hohes Maß an Präkoordination realisiert. Eben darin wird gemeinhin der wesentliche Unterschied zwischen Schlagwortliste und Thesaurus gesehen. Zudem weisen Schlagwortlisten bisweilen eine fachlich breitere Abdeckung auf. Klassische Vertreter in diesem Sinne sind die verbalen Erschließungsinstrumente für den Bibliotheksbereich – das ist in Deutschland die SWD, im anglo-amerikanischen Sprachraum sind es die *Library of Congress Subject Headings* (LCSH).[11]

---

8 Die englischen Bezeichnungen dafür lauten: 'pre-coordinate' und 'post-coordinate' indexing language (vgl. Foskett 1996; Cleveland/Cleveland 2001:41).
9 URL: http://www.bisp.de/produkte/datenbanken/deskriptoren.html
10 Vgl. Taylor 1999:152, ferner Foskett 1996:361 sowie Kap. 12.
11 Vgl. v.a. Taylor ebd.

Abb. 7-2: *Vokabularelemente aus der Schlagwortliste Arbeitsmarkt, Beruf und Berufsausbildung; Stand: 1998*
b.f. = benutzt für; s.a. = siehe auch. Der Bindestrich stellt Hierarchien her, das Gleichheitszeichen verbindet ein Schlagwort mit einem Rollenindikator.

Arbeitslosigkeit = Dauer

Arbeitslosigkeit - friktionelle Arbeitslosigkeit
   b.f. Fluktuationsarbeitslosigkeit

Arbeitslosigkeit - Jugendarbeitslosigkeit
   s.a. arbeitslose Jugendliche

Arbeitslosigkeit - konjunkturelle Arbeitslosigkeit
(...)

Arbeitsmarkt
   s.a. Beschäftigung
   s.a. dualer Arbeitsmarkt
   s.a. geschlechtsspezifischer Arbeitsmarkt
   s.a. interner Arbeitsmarkt
   s.a. regionaler Arbeitsmarkt
   s.a. zweiter Arbeitsmarkt

Arbeitsmarkt = Entwicklung
   b.f. Arbeitsmarktbewegungen
   b.f. Arbeitsmarktentwicklung
   b.f. Arbeitsmarktlage
   s.a. Beschäftigungseffekte
   s.a. Beschäftigungsentwicklung

Arbeitsmarkt = Modell
   b.f. Arbeitsmarktmodell

Arbeitsmarkt = Prognose
   b.f. Arbeitsmarktprojektion
   b.f. Arbeitsmarktvorausschau

Es gibt aber auch kontrolliertes Vokabular, das sich dieser Typologie gänzlich entzieht – gerade, wenn es um die Erschließung nicht-textueller Dokumente geht. Ein Beispiel dafür findet sich in Abbildung 7.3.

Abb. 7-3: *Adjektivzirkel zur Erschließung der emotionalen Qualität von E-Musik-Jingles im Kontext der Mediendokumentation. Der Abdruck erfolgt mit freundlicher Genehmigung von Gerhard Klemm, Deutsche Welle.*
E-Musik steht für 'Ernste Musik' (vor allem Klassik), ein Jingle ist ein kurzer Ausschnitt aus einem Musikstück.

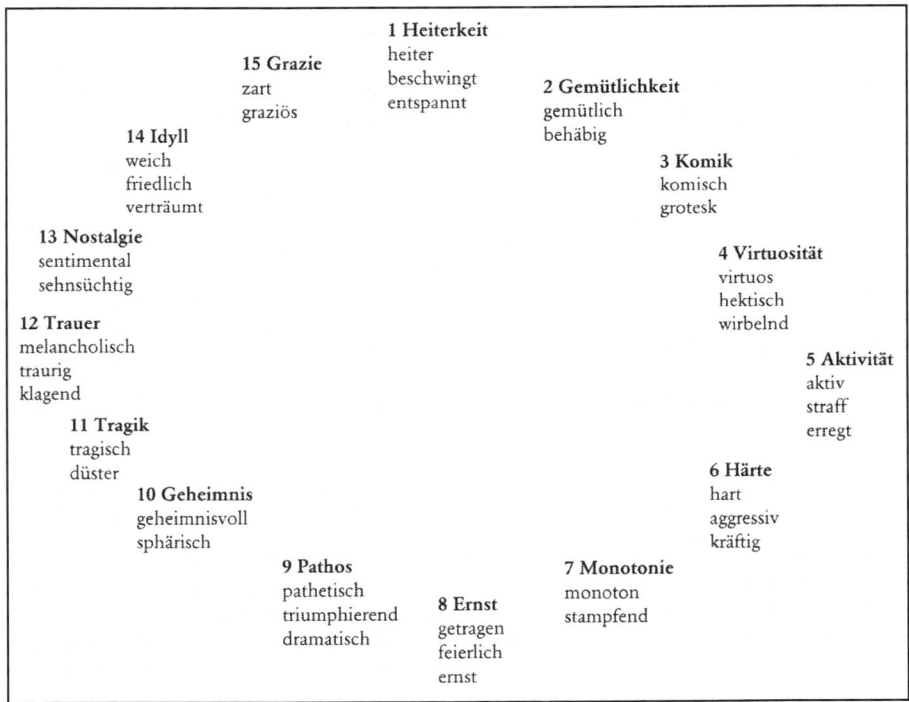

4 Ordnung

„Stell dir Ordnung vor. Oder stell dir lieber zuerst einen großen Gedanken vor, dann einen noch größeren, dann einen, der noch größer ist, und dann immer mehr Ordnung in deinem Kopf vor. Zuerst ist das nett wie das Zimmer eines alten Fräuleins und so sauber wie ein ärarischer Pferdestall; dann großartig wie eine Brigade in entwickelter Linie; dann toll, wie wenn man nachts aus dem Kasino kommt und zu den Sternen 'ganze Welt, habt acht; rechts schaut!' hinauskommandiert. Oder sagen wir, im Anfang ist Ordnung so, wie wenn ein Rekrut mit den Beinen stottert und du bringst ihm das Gehen bei; dann so, wie wenn du im Traum außer der Tour zum Kriegsminister avancierst; aber jetzt stell dir bloß eine ganze, universale, eine Menschheitsordnung, mit einem Wort eine vollkommene zivilistische Ordnung vor: so behaupte ich, das ist der Kältetod, die Leichenstarre, eine Mondlandschaft, eine geometrische Epidemie!"[12]

Daß sich Ordnung als hilfreich erweist, wenn es darum geht, Dinge wiederzufinden, ist eine recht banale Alltagserfahrung. Sie läßt sich trefflich auf den IuD-Bereich übertragen. Im folgenden werden grundlegende Ordnungsprinzipien mit ihren Vor- und Nachteilen für die Vokabularanordnung in Dokumentationssprachen und Registern erörtert werden.

4.1 Begriffe

Im Kontext der IuD könnte man *Ordnung* wie folgt definieren:

> „Aufstellung von Relationen zwischen Elementen einer Menge derart, daß jedes Element mit jedem anderen Element in einem deutlich ausgewiesenen Zusammenhang steht."[13]

Das, *was* da angeordnet wird, sind die *Ordnungselemente* – z.B. Dokumente, Registereingänge oder das Vokabular einer Dokumentationssprache. Das, *wonach* angeordnet wird, ist das *Ordnungsmerkmal*. Ordnungsmerkmale können inhaltlicher oder formaler Art sein. Formale Merkmale von Büchern sind etwa der Verfasser oder das Erscheinungsjahr.[14] In der Wahl der Ordnungsmerkmale und der Festlegung ihrer Rangfolge drückt sich das *Ordnungsprinzip* aus.

4.2 Ordnungsprinzipien

Man unterscheidet zwischen monodimensionalen Ordnungsprinzipien, zu denen die formale und die systematische Ordnung gehören, und polydimensionalen Ordnungsprinzipien, die im IuD-Bereich durch die perspektivische Ordnung und die Begriffsgleichordnung vertreten sind.[15] Die letzten beiden werden im Zusammenhang mit Klassifikationen und Thesauri erörtert. Im folgenden soll es nun zunächst um die monodimensionalen Ordnungsprinzipien gehen. Sie kommen v.a. dann zum Tragen, wenn es um die Vokabularanordnung geht.

---

[12] Musil, Robert: Der Mann ohne Eigenschaften. Reinbek bei Hamburg: Rowohlt, 1978: Kap. 100: S. 459-464, zit. aus: http://www.rrz.uni-hamburg.de/fb01AT/ug/ov12_Musil_Mann_ohne.html.

[13] TID 1975:103. Die englische Bezeichnung für 'Ordnung' lautet: 'order' (ISO 5127).

[14] Vgl. TID 1975:105.

[15] Vgl. Greiner 1978:1ff.

a) Formale Ordnung

Die *formale Ordnung* ist das Ordnungsprinzip, bei dem die Ordnungselemente nach formalen Merkmalen angeordnet werden. Es läßt sich unterteilen in die numerische und die alphabetische Ordnung.[16]

Bei der *numerischen Ordnung* werden Ordnungselemente nach Zahlen bzw. Nummern angeordnet.[17] Eine Spielart dieses Ordnungsprinzips ist die *chronologische Ordnung*, also die Ordnung nach zeitlicher Reihenfolge (z.B. die Ordnung von Büchern nach dem Erscheinungsjahr). Die *alphabetische Ordnung* ist das Prinzip, dem die Vokabularanordnung von Dokumentationssprachen folgt, die sich auf die natürliche Sprache gründen. Sie orientiert sich an der sprachlichen Form von Vokabularelementen, also an den *Benennungen*.

b) Systematische Ordnung

Die *systematische Ordnung* ordnet Elemente über Hierarchien nach inhaltlichen Merkmalen. Dabei wird ein übergeordneter Begriff bzw. eine übergeordnete Klasse über beliebig viele Hierarchiestufen hinweg in untergeordnete Begriffe bzw. untergeordnete Klassen ausdifferenziert.[18] Diese Ordnung orientiert sich am Bedeutungsgehalt von Vokabularelementen, also an den *Begriffen*, und ist das Prinzip, dem die Vokabularanordnung von Klassifikationen folgt. Das Ergebnis systematischer Ordnung kann textlich oder graphisch dargestellt werden (→ Abb. 7-6 u. 7-7).

c) Exemplarische Gegenüberstellung

Das charakteristische Merkmal der formalen Ordnung ist die Herstellung einer lückenlosen Reihe von Zeichenfolgen, während die systematische Ordnung von der Klassenbildung lebt: Begriffe des jeweils gleichen Abstraktionsgrads werden zu einer Klasse zusammengefaßt.

---

[16] Vgl. DIN 2331:24; Beling/Wersig 1980:439; Greiner 1978:37ff. Alternative Bezeichnungen für 'Formale Ordnung' sind: 'Lineare Ordnung'; 'Reihung'.

[17] Vgl. Beling/Wersig 1980: 441; Greiner 1978:38f.

[18] Vgl. hierzu insbesondere die Kapitel 8 und 9.

135

4.3 Alphabetische und systematische Ordnung im Vergleich

Abbildungen 7-4 bis 7-7 zeigen die alphabetische und systematische Ordnung im Vergleich – einmal abstrakt, einmal illustriert an einem Beispiel. Im Kontext der Anordnung von Vokabular in Registern und Dokumentationssprachen haben das systematische und das alphabetische Ordnungsprinzip sowohl Vor- als auch Nachteile: Die systematische Vokabularanordnung definiert Begriffe durch ihr Umfeld und bewirkt, daß inhaltlich Verwandtes beieinander steht. Sie macht Homonyme durch ihre Stellung eindeutig und bringt hierarchische Strukturen gut zum Ausdruck. Die alphabetische Vokabularanordnung wiederum hat den Vorteil, annähernd 'idiotensicher' zu

Abb. 7-4: *Formale Ordnung abstrakt (Quelle: Greiner 1978: 72)*

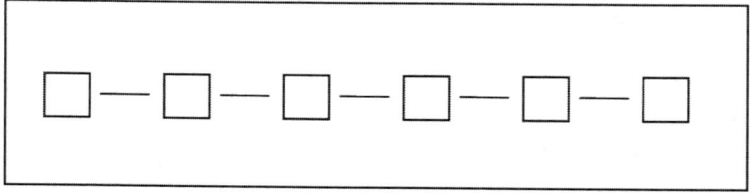

Abb. 7-5: *Systematische Ordnung abstrakt (Quelle: Greiner 1978: 72)*

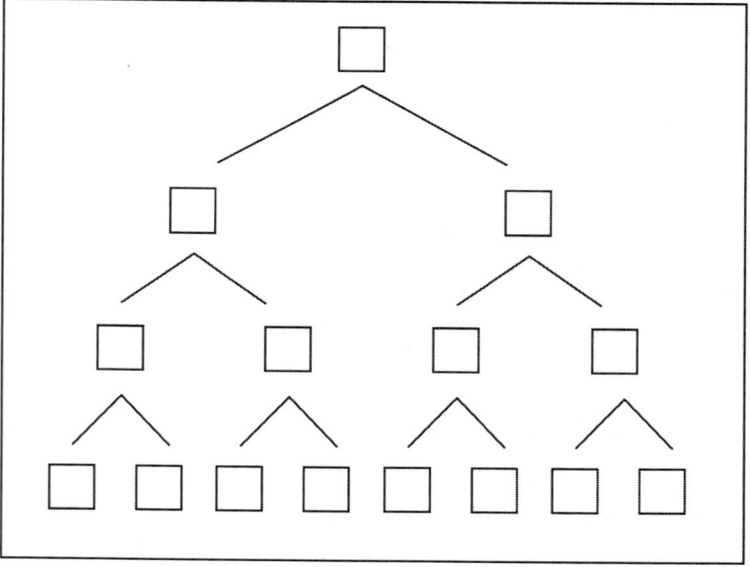

Abb. 7-6: *Formale Ordnung (links) und systematische Ordnung in textlicher Darstellung (rechts) an einem Beispiel*

Bohnen	Lebensmittel
Gemüse	- Gemüse
Grüne Bohnen	- - Sellerie
Honigmelonen	- - - Staudensellerie
Kirschen	- - - Knollensellerie
Knollensellerie	- - Bohnen
Lebensmittel	- - - Wachsbohnen
Melonen	- - - Grüne Bohnen
Obst	- Obst
Sauerkirschen	- - Melonen
Sellerie	- - - Wassermelonen
Staudensellerie	- - - Honigmelonen
Süßkirschen	- - Kirschen
Wachsbohnen	- - - Süßkirschen
Wassermelonen	- - - Sauerkirschen

Abb. 7-7: *Systematische Ordnung in graphischer Darstellung an einem Beispiel*

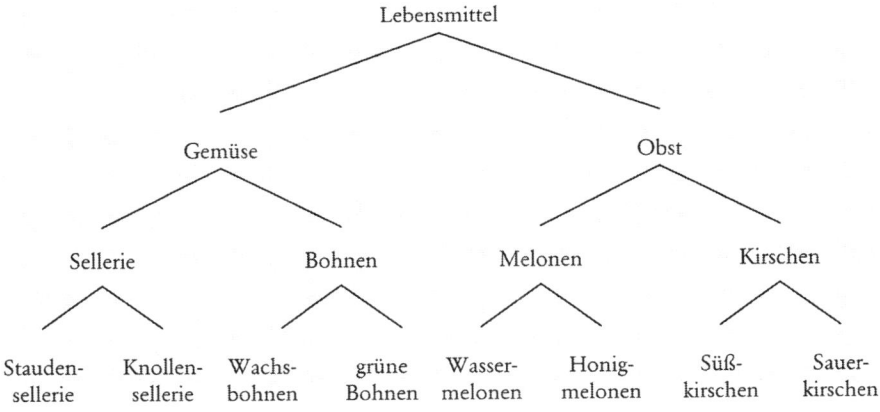

sein. Begriffsaufstellungen sind mit ihrer Hilfe auch ohne tiefergehende Kenntnis des Gegenstandsbereichs zu bewerkstelligen.[19] Zudem ist sie benutzerfreundlich, denn sie schafft einen unproblematischen Zugang zu bekannten Vokabularelementen. Sie ist für alle Fachgebiete erstellbar, wobei

---

[19] Freilich ist dafür die Kenntnis der alphabetischen Sortierregeln vonnöten (vgl. hierzu etwa DIN 5007, Beling/Wersig 1980:439; Kiel/Rost 2002:63).

dieser Erstellungsprozeß auch maschinell vonstatten gehen kann. Zudem ist sie kaum pflegebedürftig und leicht zu aktualisieren.[20] Stellen wir uns z.B. vor, wir sollten die Vokabularelemente in Abbildung 7-8 in eine Ordnung bringen.

Abb. 7-8: *Vokabular zum Begriffsumfeld 'Wintersport', ungeordnet*

Shorttrack
Nordische Kombination
Ski Freestyle
Skifliegen
2er-Bob
Rodeln
Win-
Eishockey
tersport
Slalom
Ski Nordisch
Vierschanzentournee
Skispringen
Riesenslalom
Snowboard
Ski alpin
Super-G
Paarlauf
Buckelpistenfahren
Martin Schmitt
4er-Bob
Abfahrtslauf
Eistanz
Olympische Winterspiele
Curling
Langlauf
Biathlon
Eiskunstlauf
Eisschnellauf
Skeleton
Rodel- und Bobsport

Alphabetisch ist das möglich, ohne daß wir auch nur die geringste Kenntnis des Gegenstandsbereichs haben müssen. Nicht so bei der systematischen Ordnungsvariante, die zudem das Problem aufwirft, wo wir einen 'Ausrei-ßer' wie *Martin Schmitt* unterbringen sollen, ein Element, das so offenkundig gar nicht zu den anderen Vokabularelementen passen will. Tabelle 7-1 stellt das Vokabular einmal systematisch und einmal alphabetisch geordnet dar.

---

[20] Vgl. hierzu auch Gaus 2003:86f.

Tab. 7-1: *Vokabular zum Begriffsumfeld 'Wintersport' in alphabetischer und in systematischer Anordnung*[21]

Alphabetische Ordnung	Systematische Ordnung
2er-Bob	Wintersport
4er-Bob	– Ski alpin
Abfahrtslauf	– – Abfahrtslauf
Biathlon	– – Riesenslalom
Buckelpistenfahren	– – Slalom
Curling	– – Super-G
Eishockey	– Ski Freestyle
Eiskunstlauf	– – Buckelpistenfahren
Eisschnellauf	– Ski nordisch
Eistanz	– – Biathlon
Langlauf	– – Langlauf
Martin Schmitt	– – Nordische Kombination
Nordische Kombination	– – Skispringen
Olympische Winterspiele	– – – Skifliegen
Paarlauf	– – – Vierschanzentournee*
Riesenslalom	– – – Martin Schmitt*
Rodel- und Bobsport	– Snowboard
Rodeln	– Rodel- und Bobsport
Short Track	– – Rodeln
Skeleton	– – 2er-Bob
Ski alpin	– – 4er-Bob
Ski Freestyle	– – Skeleton
Ski nordisch	– Curling
Skifliegen	– Eishockey
Skispringen	– Eiskunstlauf
Slalom	– – Eistanz
Snowboard	– – Paarlauf
Super-G	– Eisschnellauf
Vierschanzentournee	– Short Track
Wintersport	– Olympische Winterspiele*

---

21 Bei den mit * gekennzeichneten Ordnungselementen kommt es zum Bruch mit der vorherrschenden Kategorie, der Sportart. Denn die Vierschanzentournee und die Olympischen Winterspiele sind Ereignisse und Martin Schmitt ist eine Person. Hier wurde also der Grundsatz der Monodimensionalität verletzt.

Stellen wir uns nun beispielsweise eine Recherche zu einem Vergleich der Erfolge deutscher Wintersportler in den Teildisziplinen *Ski nordisch* und *Ski alpin* vor. Hier würde gerade den Ahnungslosen unter uns das Vokabular in systematischer Anordnung wesentlich nützlicher sein als in alphabetischer Anordnung. Denn letztere reißt auseinander, was doch eigentlich zusammengehört.

Und noch ein Beispiel: Angenommen, jemand hätte vor Jahrzehnten Vokabular zu Erschließungsmethoden einmal alphabetisch und einmal systematisch geordnet (→ Abb. 7-9). Wollten wir heutzutage nun das automatische Indexieren einpflegen, so wäre das im ersten Fall problemlos möglich (durch Einordnung an der entsprechenden Stelle im Alphabet), während wir im zweiten Fall länger überlegen müßten. Denn automatisches Indexieren kann sowohl frei als auch gebunden vonstatten gehen.

Abb.: 7-9: *Erschließungsmethoden in unterschiedlicher Anordnung*

<table>
<tr><td>

a l p h a b e t i s c h :
Abstracting
Annotieren
Erschließungsmethode
Freies Indexieren
Gebundenes Indexieren
Indexieren

</td><td>

s y s t e m a t i s c h :
Erschließungsmethode
- Annotieren
- Abstracting
- Indexieren
- - Freies Indexieren
- - Gebundenes Indexieren

</td></tr>
</table>

Bezogen auf Dokumentationssprachen ergibt sich also folgendes Schema:

	alphabetische Vokabularanordnung	systematische Vokabularanordnung
für den Aufbau einer Dokumentationssprache	+ (unproblematisch)	– (häufig sehr problematisch)
für die Anwendung einer Dokumentationssprache	– (weniger gut geeignet)	+ (sehr gut geeignet)

5 Darstellung

Um die Vorteile beider Ordnungsprinzipien zu nutzen, sollten elaborierte Dokumentationssprachen sowohl über einen alphabetischen, als auch über einen systematischen Teil verfügen und zusätzlich stets einen einleitenden Textteil aufweisen.[22]

---

[22] Vgl. hierzu auch Gaus 2003:90ff sowie den Abschnitt 4. Die englischen Bezeichnungen für 'Alphabetischer Teil' und 'Systematischer Teil' lauten: 'alphabetical display' und 'classified display' (ISO 5127).

Manche Dokumentationssprachen bestehen jedoch lediglich aus einem alphabetischen oder einem systematischen Teil. Sind beide vorhanden, so sollten wir den alphabetischen Teil in erster Linie für das Auffinden bekannter Terme nutzen und den systematischen zum Indexieren und für die Recherche.

Die komplementär zum Hauptteil angeordnete Darstellungsform einer Dokumentationssprache nimmt eine Registerfunktion wahr. In Klassifikationen dient das Register als alphabetischer Teil, über den der Zugriff auf den systematischen Hauptteil erfolgt. Wegen der Mehrdeutigkeiten, die entstehen können, sobald wir eine Benennung aus ihrem systematischen Kontext lösen, ist die Registererstellung für komplexe Klassifikationen ein anspruchsvolles und aufwendiges Verfahren.[23] Bei Thesauri ist der Hauptteil ohnehin schon alphabetisch angeordnet, deshalb sollte ein alphabetisches Register dort nach Lexemen geordnet sein. Ein Lexem ist die kleinstmögliche bedeutungstragende sprachliche Einheit, die als selbständiges Wort erscheinen und nicht mehr weiter zerlegt werden kann.[24] Ein alphabetisch nach Lexemen geordnetes Register erleichtert den Zugang zum Thesaurusvokabular, zumal in einer Sprache wie der Deutschen, in der es viele Komposita gibt. So könnte Abbildung 7-10 etwa einen Auszug aus einem Thesaurusregister zum Lexem *Arbeit* darstellen. Das dort versammelte Vokabular würde sowohl durch eine systematische als auch durch eine alphabetische Anordnung gesprengt.[25] Der systematische Teil eines Thesaurus nimmt gleichfalls eine Registerfunktion wahr. Er kann durch einfaches 'Auskämmen' der im alphabetischen Hauptteil definierten hierarchischen Beziehungen entstehen oder durch eine übergeordnete Grobklassifikation erzeugt werden.[26]

Abb. 7-10: *Fiktiver Registerauszug zum Lexem 'Arbeit'*

Arbeit statt Sozialhilfe
Arbeit und Leben
Arbeitsamt
Kinder**arbeit**
Landes**arbeit**sgericht
Tag der **Arbeit**
Ver**arbeit**ungsvorschrift

---

23 Nähere Ausführungen hierzu finden sich bei Buchanan 1989, Kap. 10 und bei Vikkery 1969:58ff.
24 Vgl. DIN 31623-2:10; Wersig 1985:60.
25 Zu den beiden Ordnungsprinzipien vgl. ausführlicher das nächste Kapitel, Abschnitt 4.
26 Vgl. hierzu ausführlich Wersig 1985: Kap. 4.3.

Elemente des Textteils einer Dokumentationssprache sind z.B. die Abgrenzung des Sachgebiets, das sie abdeckt, der Verwendungszweck, die Zielgruppe und das zugrundeliegende Ordnungsprinzip. Des weiteren sollte der Textteil eine Beschreibung und Erläuterung der Begriffsbeziehungen und ihrer Darstellung enthalten sowie eine Anleitung für den Gebrauch der Dokumentationssprache geben, Abkürzungen auflösen und statistische Angaben enthalten. Schließlich sollte aus dem Textteil auch hervorgehen, von wem das Werk erstellt wurde, wie und in welchen Abständen es aktualisiert wird und wo es erhältlich ist.[27]

6 Erarbeitung

Grundsätzlich gilt: Bei der Erstellung, Pflege und Beurteilung von Dokumentationssprachen sollte stets zwischen den Perspektiven 'Aufbau' und 'Anwendung' getrennt werden.

a) Vorüberlegungen

Im Vorfeld der Erstellung einer Dokumentationssprache sollten wir uns wie stets einen Überblick verschaffen über die Rahmenbedingungen, die Nutzer und den Gegenstandsbereich.[28]

Im Hinblick auf die *Rahmenbedingungen* sollten wir uns zunächst darüber klarwerden, bis wann die Dokumentationssprache fertiggestellt sein muß und welche Arbeitsorganisation sich dafür anbietet. Die an der Konzeption beteiligten Akteure sollten über ausreichend Fachkenntnisse, informationstechnologische Kenntnisse, dokumentationsmethodische Kenntnisse sowie Anwender-Erfahrungen verfügen. Des weiteren sollten wir klären, wie viel Personal für Aufbau, Pflege und die Anwendung vorhanden ist und wie viele Sachmittel zur Verfügung stehen. Auch die vorhandene technische Infrastruktur müssen wir mit einbeziehen. Der *Gegenstandsbereich* ist z.B. unter der Fragestellung zu analysieren, ob bereits eine einschlägige Dokumentationssprache vorhanden ist. Wenn ja, sollten wir überprüfen, welche Vorteile und/oder Mängel sie aufweist. Wir sollten der Frage nachgehen, ob die Dokumentsammlung für eine systematische Anordnung geeignet ist und wie es um die Art, Anzahl, Komplexität und Beschaffenheit der Dokumente steht. Schließlich gilt es, die *Nutzerinteressen* zu berücksichtigen, wofür die zu erwartende Art, Anzahl und Spezifität der Suchanfragen geeignete Indikato-

---

[27] Vgl. hierzu Aitchison/Gilchrist/Bawden 2000:165; Gaus 2003:159; ISO 2788:31.
[28] Vgl. hierzu vor allem Gaus 2003: Kap. 17 sowie Cleveland/Cleveland 2001:42f und Aitchison/Gilchrist/Bawden 2000:8ff + Section J.

ren sind. Um diese zu ermitteln, kann es sinnvoll sein, eine Bedarfsanalyse durchführen. Und auch das fachliche und dokumentarische Know-how der Nutzer sowie ihre Kompetenz im Umgang mit EDV-basierten Systemen sollten Berücksichtigung finden.

→ Aus all diesen Faktoren können wir die erforderliche Erschließungstiefe, den Vokabularumfang, den Sprachstil (Fachsprache oder 'Laiensprache'?) sowie die erforderliche terminologische und begriffliche Kontrolle ableiten.

b) Die Wortgutsammlung

In dieser Phase erfolgt die Sammlung aller sinntragenden und fachlich relevanten Begriffe. Dabei sind zwei komplementäre Erarbeitungsgrundsätze zu unterscheiden: Zum einen die *pragmatische* Herangehensweise, bei der Begriffe den DBE entnommen bzw. durch freies Indexieren gewonnen werden. Die konsistente und vollständige Abdeckung des Gegenstandsbereichs ist auf diese Weise freilich nicht unbedingt gewährleistet. Zum anderen die *systematische* Annäherung, bei der das Wortgut aus Registern, Fachlexika, Normen, bereits vorhandenen Dokumentationssprachen und dergl. mehr zusammengetragen wird. Hierbei fehlt bisweilen der Praxisbezug, und es besteht die Gefahr, überflüssige Begriffe aufzunehmen bzw. aktuelle nicht zu berücksichtigen: In der Praxis wird daher meistens eine Mischform aus beiden Herangehensweisen gewählt.[29]

c) Die weiteren Schritte

Das Wortgut gilt es zunächst zusammenzufassen und mithilfe von Kategorien in eine Grobstruktur zu bringen. Im weiteren Verlauf ist das primäre Ordnungsprinzip festzulegen. Evtl., je nach Ausmaß der terminologischen Kontrolle, werden nun Synonyme zusammengetragen und Vorzugsbenennungen festgelegt.

Danach können wir die Elemente der Dokumentationssprache miteinander in Beziehung setzen, mit Erläuterungen und mit einer Notation versehen. Sodann ist der systematische und/oder alphabetische Teil zu erstellen.

---

[29] Vgl. DIN 1463-1:9; Greiner 1978:61f; Wersig 1985:236f; ISO 2788:29. Alternative Bezeichnungen für 'Pragmatische Methode' sind: 'Empirische Methode', 'Induktive Methode' oder 'Bottom-up-Prinzip'. Statt 'Systematische Methode' sagt man auch: 'Deduktive Methode' oder 'Top-down-Prinzip'. Im Englischen spricht man von: 'inductive method' und 'deductive method' (ISO 2788:29).

Abschließend sollten wir das Werk praktisch für Indexat und Recherche erproben und schließlich muß der Textteil formuliert werden.

c) Pflege

Eine einmal erstellte Dokumentationssprache muß kontinuierlich gepflegt, fortgeschrieben, optimiert und ihr Gebrauch überprüft werden, soll sie Qualitätsstandards zuverlässig erfüllen. Der erforderliche Arbeitsaufwand bemißt sich nach dem zugrundeliegenden Ordnungsprinzip, dem Umfang des Vokabulars, dem Maß an terminologischer und begrifflicher Kontrolle, den zur Verfügung stehenden Hilfsmitteln, dem Know-how der Ersteller bzw. Pfleger sowie nach der erforderlichen Abstimmung mit anderen Personen bzw. Institutionen. Der Zeitaufwand für die Erstellung und Pflege einer Dokumentationssprache wird meist unterschätzt!

7 Qualitätskriterien

Entsprechend der Erstellungsgrundsätze ist die Qualitätsbewertung einer Dokumentationssprache unter dem Aspekt vorzunehmen, ob und inwiefern sie ihrem Verwendungszweck, den Nutzererfordernissen und der Dokumentsammlung angemessen ist.

Was die Leistungsfähigkeit einer Dokumentationssprache angeht, so spielt dabei ihre *Ausdrucksstärke* eine ganz wichtige Rolle. Damit ist ihre Fähigkeit gemeint, komplexe Realität abzubilden. Von Zeit zu Zeit sollten wir daher überprüfen, ob die Dokumentationssprache ihr Sachgebiet vollständig erfaßt, und ob der Umfang des Vokabulars der Dokumentenmenge und dem Nutzungszweck angemessen ist. Zudem ist nach der Angemessenheit der Erschließungstiefe zu fragen. Das Maß an terminologischer Kontrolle muß ausreichend und korrekt sein. Gleiches gilt für Art und Umfang der Begriffsbeziehungen. Dokumentationssprachen sollten dem neusten Stand der Wissenschaft entsprechen und sowohl in der Breite als auch in der Tiefe flexibel und erweiterbar sein. Sie sollten nach Möglichkeit polyhierarchisch und polydimensional konzipiert werden, also den Umstand berücksichtigen, daß jeder Begriff in vielfältigen Zusammenhängen mit anderen Begriffen und unter verschiedenen Aspekten auftreten kann. Zudem sollten sie Begriffe so mit anderen Begriffen verknüpfen, wie es im Dokument intendiert war.[30]

---

[30] Vgl. hierzu Laisiepen 1980:301f sowie Kapitel 2, Abschnitt 2.1.

Weitere Qualitätskriterien sind Konsistenz und Widerspruchsfreiheit. Begriffs-, Wort- und Verweistypen müssen sauber definiert und einheitlich angewandt sein. Zugleich sollte die Dokumentationssprache transparent und nachprüfbar sein, übersichtlich und nutzerfreundlich, wenig Redundanz enthalten und für maschinelle Verarbeitung geeignet sein. Ihr Grundgedanke muß eingängig und die Indexterme müssen geeignet für Indexierung und Retrieval sein. Auch ist zu fragen, wie viel Einarbeitungszeit für einen souveränen Umgang mit dem Instrument benötigt wird.

8 Zusammenfassung

- Dokumentationssprachen erfüllen im Dokumentationsprozeß in erster Linie eine Scharnierfunktion zwischen denen, die recherchieren, und denen, die indexieren. Sie stellen für beide Gruppen einen gemeinsamen Zeichenvorrat bereit und setzen an die Stelle von Kontext und Redundanz terminologische Kontrolle.

- Gut ausgebaute Dokumentationssprachen bieten sowohl einen alphabetischen als auch einen systematischen Zugang zu ihrem Vokabular und verfügen außerdem über einen erläuternden Textteil.

- Es läßt sich grob zwischen natürlichsprachig-basierten und künstlichsprachigen bzw. zwischen post- und präkoordinierenden Instrumenten unterscheiden. Thesauri gehören zu den post-koordinierenden und natürlichsprachig-basierten, Klassifikationen zu den präkoordinierenden und künstlichsprachigen Typen.

- Ordnung ist unabdingbar, wenn es um den gezielten und schnellen Zugriff auf Dokumente, auf das Vokabular einer Dokumentationssprache oder auf Registereinträge geht.

- Vokabular kann alphabetisch (benennungsorientiert) oder systematisch (begriffsorientiert) angeordnet sein. Bei beiden Varianten handelt es sich um monodimensionale Ordnungsprinzipien.

- Die alphabetische Ordnung gestaltet sich unproblematisch in bezug auf Aufbau und Pflege von Ordnungselementen, reißt sie aber aus ihrem inhaltlichen Zusammenhang. Die systematische Ordnung wiederum ist viel voraussetzungsvoller im Aufbau und in der Pflege, bewirkt aber, daß inhaltlich Verwandtes zusammengehalten wird und ermöglicht dadurch einen besseren inhaltlichen Überblick.

- Bei der Erstellung einer Dokumentationssprache ist von einer Analyse der Nutzer, des Dokumentbestandes und der Rahmenbedingungen auszugehen, bevor das Wortgut zusammengetragen und strukturiert wird.

Der Erstellungsprozeß endet mit einer praktischen Erprobung und der Formulierung des Textteils.

– Eine qualitativ hochwertige Dokumentationssprache muß ihrem Gegenstandsbereich in Breite, Tiefe und Struktur angemessen sein, dazu erweiterbar, transparent, konsistent und übersichtlich. Zudem muß sie kontinuierlich gepflegt werden.

9 Literatur und Internetquellen zum Thema

a) Literatur

Cleveland, Donald B./Cleveland, Ana D. 2001: Introduction to Indexing and Abstracting, 3rd ed., Englewood, Colorado: Libraries Unlimited: Kap. 4

Gaus, Wilhelm 2003: Dokumentations- und Ordnungslehre. Theorie und Praxis des Information Retrieval, 4., überarb. u. erw. Aufl., Berlin u.a.: Springer: Kap. 9, 16 u. 17

Greiner, Götz: Allgemeine Ordnungslehre, Frankfurt/M. 1978: Eigenverl.: Kap. 7, 9 u. 10

Kiel, Ewald/Rost, Friedrich 2002: Einführung in die Wissensorganisation. Grundlegende Probleme und Begriffe, Würzburg: Ergon: Kap. 3

b) Überblickseiten im Internet

Beyond Bookmarks: Schemes for Organizing the Web
  http://www.public.iastate.edu/~CYBERSTACKS/CTW.htm
  von Gerry McKiernan; Iowa State University Library; Stand: März 2001
Klassifikationssysteme und Thesauri im WWW
  http://www.fbi.fh-koeln.de/institut/labor/bir/thesauri_new/index.htm
  von der FH Köln; Institut für Informationswissenschaft; Stand: Januar 2003
Controlled vocabularies
  http://sky.fit.qut.edu.au/~middletm/cont_voc.html
  von der Queensland University of Technology, Australien; Stand: Oktober 2003
Taxonomy Warehouse
  http://www.taxonomywarehouse.com/
  Kommerzielle Website eines US-amerikanischen Unternehmens; Stand: 2003
Controlled vocabularies, thesauri and classification systems available in the WWW
  http://www.lub.lu.se/metadata/subject-help.html
  von Traugott Koch; Lund University, Sweden; Stand: 2001

Ausgewählte Thesauri, Klassifikationen, Systematiken und Begriffslisten für den Museumsbereich http://cms.bsz-bw.de/cms/service/museen/ thesauri/ *von MusIS – Dienstleistungen für Museen; Bibliotheksservice-Zentrum Baden-Württemberg; Stand: August 2003*

Kapitel 8
Klassifikationen

"In essence the process of classification simply means the grouping together of like things according to some common quality or characteristic. This automatically implies the separation of the unlike ..."[1]

Klassifikationen sind jahrhundertealte Hilfsmittel für das Erschließen von Dokumenten. Sie kommen vor allem dann zur Anwendung, wenn es darum geht, einen Dokumentbestand transparent und vorhersehbar zu ordnen – sei es mit, sei es ohne den gleichzeitigen Aspekt seiner Aufstellung. Vom Entstehungskontext her sind Klassifikationen vor allem eine Domäne der Bibliothekare, aber sie weisen weit über diese Profession und ihren Anwendungsbereich hinaus. Im folgenden werden zunächst wichtige Begriffe zum Thema geklärt. Funktionen und Anwendungsgrundsätze von Klassifikationen werden aufgezeigt und ihre Strukturprinzipien in Theorie und Praxis erörtert. Mit Hierarchien und Notationen geht es dann um zwei Themen, die untrennbar mit Klassifikationen verbunden sind. Abschließend wird eine typologische Unterteilung von Klassifikationen vorgenommen.

Literatur: Grundlegende Literatur in deutscher Sprache stellt zum einen die DIN-Norm 32 705 dar, zum anderen Maneckes Aufsatz im LaiLuMu (2004). In einer früheren Auflage des LaiLuMu widmet sich diesem Thema ausführlich Laisiepen, legt seinen Schwerpunkt aber auf ein im deutschen Sprachraum mehr und mehr obsolet werdendes Klassifikationssystem, nämlich die DK.[2] Eine verständliche und anschauliche Einführung, die insbesondere auf die Erstellung und Vorzüge von Facettenklassifikationen eingeht, stellt das Buch von Buchanan (1989) dar. Gleichfalls einführenden Charakter hat das englischsprachige Werk von Hunter (2002), fällt aber oberflächlicher aus. Auch Foskett (1996) widmet den Klassifikationen einen Großteil seines Buches. Dabei geht er nicht nur ausführlich auf die Theorie ein, sondern stellt auch zahlreiche Beispiele für Klassifikationssysteme samt ihrer Struktur und Entwicklungsgeschichte vor. Der Klassiker zum Thema ist schließlich Vickery (1969). Wer sich mit modernen Einsatzgebieten von Klassifikationen beschäftigen will, dem sei die Lektüre von Maltby/Marcella (2000) empfohlen.

---

[1] Hunter 2002:1
[2] Etwas eigenartig mutet es in diesem Zusammenhang an, daß auch noch Manecke im Jahr 2004 ausführlicher auf die DK eingeht, die DDC als künftige Leitklassifikation im deutschsprachigen Raum dagegen nur am Rand erwähnt (vgl. hierzu auch Kap. 10).

1 Begriffe

Eine *Klassifikation* im Kontext der IuD ist eine künstlichsprachige Dokumentationssprache zur inhaltlichen Groberschließung. Sie ist ein Begriffssystem, das zur Ordnung von Gegenständen oder Wissen über Gegenstände eingesetzt wird und auf dem Prinzip der Klassenbildung beruht. Neben dem eigentlichen Klassifikationssystem umfaßt der Begriff 'Klassifikation' auch die Prozesse des Klassifizierens und des Klassierens (siehe unten).[3] Das tragende Element einer Klassifikation ist naturgemäß die *Klasse*: Sie faßt all diejenigen Begriffe zusammen, die mindestens ein gemeinsames Merkmal haben, mit dem sie sich von anderen unterscheiden. Klassen lassen sich in *Hauptklassen* (Klassen auf der höchsten Hierarchiestufe) und *Unterklassen* (Klassen auf nachgeordneten Hierarchiestufen) unterteilen.[4]

Den Prozeß der Klassenbildung, bei dem gleiche Gegenstände oder Begriffe in Gruppen zusammengefaßt werden, nennt man *Klassifizieren*.[5] Dafür muß zuvor ein Merkmal bestimmt werden, das dieser Klassenbildung zugrunde liegen soll. Dieses Merkmal bezeichnet man auch als *Klassem*.[6] Wenn wir also beispielsweise die Klasse *Person* in die Unterklassen *männlich* und *weiblich* unterteilen, liegt dieser Differenzierung das Klassem *Geschlecht* zugrunde. Ganz allgemein kann man Klasseme auch 'Unterteilungsgesichtspunkte' oder 'Dimensionen' nennen. Soweit sie explizit gemacht und zur Strukturierung von Dokumentationssprachen eingesetzt werden, spricht man auch von Kategorien oder Facetten.[7] Dabei kann ein und dieselbe Klasse auch nach mehreren Aspekten unterteilt werden, etwa so:

---

[3]   Vgl. DIN 32 705; Manecke 2004:127. Generell ist es im Deutschen wie im Englischen schwer, 'Klassifikation' und 'Klassifikationssystem' voneinander abzugrenzen. Die ISO definiert 'Classification' als „arrangement of symbols indicating concepts into classes and their subdivisions to express generic relations or other types of relations between them" und 'classification system' als "indexing language with assigned notations". Damit käme die letzte Definition eher 'Klassifikation' nahe, wie sie hier verstanden wird und 'classification' eher 'Klassifikationssystem'. Ein vor allem im Bibliotheksbereich verbreitetes Synonym für 'Klassifikation' ist 'Systematik'. Ferner ist bisweilen auch von 'Taxonomie' die Rede (vgl. z.B. Gilchrist 2002).

[4]   Klassen, Haupt- und Nebenklassen werden im Englischen als 'classes', 'main classes' und 'subclasses' bezeichnet (ISO 5127).

[5]   So zumindest nach mehrheitlicher Auffassung – vgl. z.B. Buchanan 1989:55ff; Greiner 1978:7; Knorz 2004:180. Einige Autoren verwenden 'Klassifizieren' jedoch in der Bedeutung von 'Klassieren', z.B. Fugmann (1999:119) und Gaus (2003:72). In diesem Sinne ist gemäß ISO 5127 auch das englische 'classifying' zu verstehen. Manecke (2004:127) verwendet die beiden Begriffe synonym.

[6]   Vgl. DIN 32 705:2; Fugmann 1999:63f. Eine alternative Bezeichnung für 'Klassem' ist: 'Klassifikatorisches Merkmal'.

[7]   Vgl. auch Foskett 1996:148.

Personen
<nach Geschlecht>
weiblich
männlich
<nach Alter>
Kinder
Erwachsene.

Das *Klassifikationssystem* stellt das Ergebnis der Klassenbildung in Form einer strukturierten Darstellung von Klassen und der zwischen ihnen bestehenden Begriffsbeziehungen dar.[8] *Klassieren* meint schließlich den Prozeß der Zuordnung von Klassen zu einem Dokument, also seine klassifikatorische Erschließung.[9]

Die Klassen einer Klassifikation werden durch Notationen repräsentiert. Eine *Notation* ist eine aus Zahlen, Buchstaben und/oder Sonderzeichen bestehende, nach bestimmten Regeln gebildete künstlichsprachige Bezeichnung, die eine Klasse repräsentiert und i.d.R. deren Stellung im systematischen Zusammenhang andeutet. Sie sollte nicht mit einer *Signatur* verwechselt werden: Denn während Notationen Dokumente gleichen Inhalts zusammenfassen, dienen Signaturen der individuellen Kennzeichnung eines einzelnen Dokuments. Dafür wird häufig die Notation herangezogen und um individuelle Zusätze (etwa Autoreninitialen oder geographische Kürzel) ergänzt.[10]

2 Funktion und Anwendung

Die *pragmatische Aufgabe* von Klassifikationen besteht darin, Dokumente bzw. ihre wesentlichen Sachverhalte zu ordnen. Auf diese Weise leisten sie eine Groberschließung der Sachverhalte, die bei der Analyse von Dokumenten als wesentlich erkannt wurden. Die *erkenntnisvermittelnde Aufgabe* von Klassifikationen besteht in der Aufhellung von Zusammenhängen anhand geordneten Wissens, also in der Orientierung über den Gegenstandsbereich, auf den sie sich beziehen.[11] Dabei spiegeln sie stets sowohl den Erkenntnisstand ihrer jeweiligen Zeit als auch eine bestimmte Perspektive wider, wie das Beispiel in Abbildung 8-1 zeigt.

---

[8] Vgl. DIN 32 705:2.
[9] Vgl. Greiner 1978:7; Lang 1980:274.
[10] Vgl. Buchanan 1989:95; Gaus 2003:15f.
[11] Vgl. DIN 32 705:2.

Alte Chinesische Enzyklopädie
Hauptklassen zur Eingruppierung von Tieren

a) Tiere die dem Kaiser gehören
b) einbalsamierte Tiere
c) gezähmte Milchschweine
d) Sirenen
e) Fabeltiere
f) herrenlose Hunde
g) in diese Gruppierung gehörige
h) die sich wie Tolle gebären
i) die mit einem ganz feinen Pinsel aus Kamelhaar gezeichnet sind
j) und so weiter
k) die den Wasserkrug zerbrochen haben
l) die von weitem wie Fliegen aussehen

Die Anwendung von Klassifikationen folgt (zumindest idealtypisch) dem Grundsatz, daß für jedes Dokument eine Schublade gefunden oder hergestellt, also jedem Dokument genau eine Klasse zugeordnet wird. Hieraus beziehen Klassifikationen ihre Eignung als Aufstellungssystematiken z.B. in Bibliotheken. Dabei bringt es der künstlichsprachige Charakter einer Klassifikation von der Idee her mit sich, daß die Klassen bei Indexat und Recherche durch ihre Notation repräsentiert werden. Künstliche Sprache und Einfachzuordnung sind im Zeitalter moderner Informationstechnologie aber längst kein Muß mehr. Heute ist es vielmehr möglich, Notationen im Hintergrund, für die Nutzer unsichtbar mitlaufen zu lassen und mehr als eine Klasse pro Dokument zu vergeben.

Indem Klassifikationen Dokumentbestände ordnen und segmentieren, sind sie ganz besonders gut für Vollständigkeits- und Überblicksrecherchen, also für Recherchen auf einem hohen Abstraktionsniveau geeignet.

3 Konzeption

Der Bezug der Klassen zueinander ist bestimmt durch das Prinzip der systematischen Ordnung.[12] Voraussetzung für die Klassenbildung ist die Möglichkeit, Begriffe nach gemeinsamen Merkmalen zusammenzufassen bzw. nach unterschiedlichen Merkmalen zu trennen. Im folgenden nun werden wichtige Prinzipien erläutert, die es bei der Entscheidung für oder gegen ein Klassem und bei der Einteilung der Klassen zu beachten gilt.

---

[12] Vgl. Kapitel 7, Abschnitt 4.

3.1 Wonach klassifizieren?

Bei der Wahl des Klassems sollte folgendes beachtet werden:

- Das Prinzip der *Einschlägigkeit,* das hohe Vertrautheit mit dem Sachgebiet voraussetzt. Wenig einschlägig wäre es z.B., wenn wir die Biologie in große und kleine oder in gefährliche und ungefährliche Lebewesen statt in *Botanik* und *Zoologie* untergliederten.
- Das Prinzip der *Feststellbarkeit*: Es besagt, daß das Klassem leicht zu ermitteln sein sollte. Fragwürdig wäre es z.B., Fußballvereine nach ihrem u.U. schwer zu ermitteln den Gründungsjahr zu unterteilen – denn längst nicht alle Vereine tragen diese Information in ihrem Namen.
- Das Prinzip der *Beständigkeit*: Es sollten keine Merkmale ausgewählt werden, die einem Wechsel unterworfen sind. So wäre es z.B. keine sonderlich gute Idee, Waren nach ihrem Preis zu untergliedern.[13]

3.2 Wie klassifizieren?

Die Klassenbildung selbst muß logischen Prinzipien folgen, die nun am Beispiel der Abbildung 8-2 erläutert werden.

Abb. 8-2: *Beispiel einer fehlerhaften Klassenbildung*

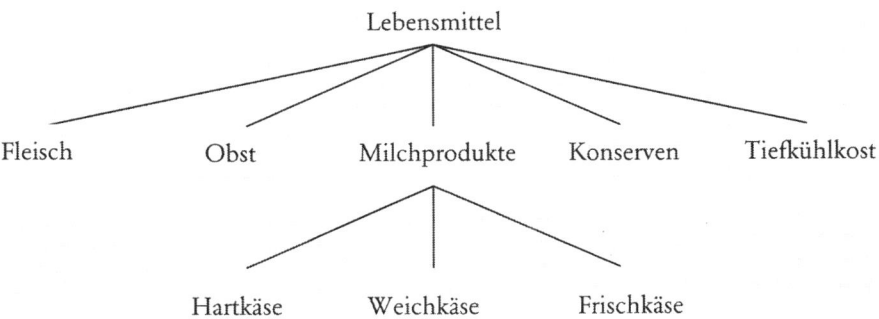

- Das Prinzip der *Vollständigkeit*: Es bezieht sich auf die *horizontale* Dimension einer Hierarchie und besagt, daß der Umfang einer übergeordneten Klasse dem Umfang der ihr untergeordneten Klassen entsprechen sollte. In Abbildung 8-2 fehlt z.B. die Klasse *Gemüse*. Im Allgemeinen können wir dieser Anforderung dadurch begegnen, daß wir bei der Klassifizierung mit einer Klasse *Allgemeines* beginnen und mit einer Klasse *Sonstiges* – im Englischen häufig als 'miscellaneous' bezeichnet – aufhören. Damit wäre

---

[13] Vgl. zu diesen Prinzipien Fugmann 1999:63f.

in unserem Beispiel gewährleistet, daß auch klassenübergreifende Lebensmittelarten sowie solche, die wir noch nicht absehen können, ihren Platz im System finden.

- Das Prinzip der *Lückenlosigkeit*: Es bezieht sich auf die *vertikale* Dimension einer Hierarchie und besagt, daß sie ohne Lücken konstruiert werden sollte, also keine übergeordnete Klasse wegfallen darf. In Abbildung 8-2 fehlt die Klasse *Käse* als Stufe zwischen den Milchprodukten und den einzelnen Käsearten.
- Das Prinzip der *Eindeutigkeit*: Die Klassen müssen sich gegenseitig ausschließen, also trennscharf sein. Dies wird gemeinhin sichergestellt durch Beachtung eines weiteren Prinzips, nämlich das der *Monodimensionalität*: Pro Unterteilungsschritt sollte nur ein Klassem zur Anwendung gebracht werden. In Abbildung 8-2 würde etwa die eindeutige Zuordnung von tiefgekühlten Himbeeren zu Problemen führen, wurden hier doch zwei Klasseme in ein und demselben Unterteilungsschritt realisiert (nämlich die Art der Vorhaltung und die Substanz). Hier wurde also polydimensional verfahren.[14]

→ Diese Prinzipien sind als idealtypische Postulate zu verstehen, die in der Praxis nicht immer eingehalten werden können. Anders ausgedrückt: Was logisch ist, muß nicht notwendigerweise auch praktisch sein. Und was praktisch ist, darüber entscheidet letztlich natürlich der Anwendungszweck. So wäre obige Gliederung für eine Literaturdokumentation zur Herstellung und Lagerung von Lebensmitteln vermutlich unzulänglich. In jedem Supermarkt läßt sich hingegen eine Abtrennung von Tiefkühlkost finden und sie ist dort natürlich auch sinnvoll. Die Schwierigkeit dokumentarischer Arbeit besteht nun gerade darin, einen Mittelweg zwischen Logik und Pragmatik zu finden. Die Logik ist dabei vor allem wichtig, um Gegenstandsbereiche *vorhersehbar* zu untergliedern und übermäßiger Subjektivität Einhalt zu gebieten.

3.3 Die horizontale Anordnung der Klassen

Die Anordnung von Klassen kann unterschiedlichen Prinzipien folgen. Sie kann z.B. chronologisch, räumlich oder nach zunehmender Komplexität vonstatten gehen. Wo dies nicht sinnvoll bzw. möglich ist, kann auch nach dem Alphabet angeordnet werden. Beispiele für Anordnungsvarianten finden sich in Abbildung 8-3.[15]

---

[14] Vgl. zu diesen Prinzipien Buchanan:10; 55ff; Greiner 1978:7; Manecke 2004:128.
[15] Vgl. Vickery 1969:40f sowie Foskett 1996:148.

Abb. 8-3: *Die horizontale Anordnung von Klassen. Links ein Beispiel für die chronologische, rechts eines für die räumliche Anordnung (Quelle: Vickery 1969:40f).*

Vorbereitende Arbeitsgänge in der Lebensmitteltechnologie	Anordnung von Planeten nach ihrem Abstand zur Sonne*
Transport	Merkur
Lieferung, abladen	Venus
Sortieren, Einstufen	Erde
Putzen, Schälen	Mars
Entsamen, Entsteinen, Entkernen	Jupiter
Säubern, Waschen	Saturn
Bleichen	Uranus
Schneiden, zerschneiden	Neptun
Abfüllen in Behälter	Pluto
Behälter verschließen	* Merksatz für die Reihenfolge: Mein Vater erklärt mir jeden Sonntag unsere neun Planeten.

3.4 Terminologische und begriffliche Kontrolle

Terminologische Kontrolle findet in Klassifikationen nur in vergleichsweise geringem Umfang statt: Durch die systematische Anordnung der Begriffe werden Homonyme eindeutig (=Homonymkontrolle), Einschluß- und Ausschlußvermerke machen manchmal bedeutungsgleiche oder -ähnliche Benennungen explizit (=Synonymkontrolle), und komplexe Sachverhalte werden in der Regel als Einheit abgebildet, entweder über Präkombination oder über Präkoordination (=Zerlegungskontrolle).

In bezug auf die begriffliche Kontrolle gilt: Dokumente sind durch eine Vielzahl unterschiedlicher Beziehungen miteinander verknüpft. Die systematische Ordnung kann jedoch nur eine davon, nämlich die hierarchische, aufzeigen. Andere Begriffsbeziehungen werden in Klassifikationen zumeist nicht explizit und systematisch ausgewiesen. Wenn assoziierte Klassen kenntlich gemacht werden, geschieht das meist mit 'Siehe-auch'-Verweisen. Bei Synonymen wird dafür der 'Siehe'-Verweis benutzt.

155

4 Hierarchierelationen

Unter einer *Hierarchierelation* versteht man eine gerichtete Beziehung zwischen Begriffen, die von Über- bzw. Unterordnung lebt, also die Beziehung 'Übergeordneter Begriff – Untergeordneter Begriff'.[16] Die vertikale Dimension einer Hierarchie bezeichnet man als *Begriffsleiter*.[17] Die lückenlose Begriffsleiter in Abbildung 8-2 müßte folgendermaßen aussehen:

> *Lebensmittel*
> *Milchprodukte*
> *Käse*
> *Weichkäse.*

Eine *Begriffsreihe* wiederum versammelt Begriffe auf dem gleichen hierarchischen Niveau mit gemeinsamem übergeordneten Begriff.[18] Begriffsreihen bezeichnen die horizontale Dimension einer Hierarchie. Eine Begriffsreihe in Abbildung 8-2 ist z.B.:

> *Weichkäse – Hartkäse – Frischkäse.*

Man kann Hierarchien zweifach unterscheiden: nach Anzahl der zulässigen übergeordneten Begriffe in Mono- und Polyhierarchie, nach dem Beziehungstyp in generische und partitive Relation.

a) Mono- und Polyhierarchie

Unter *Monohierarchie* versteht man eine hierarchische Beziehung, bei der der untergeordnete Begriff genau einen übergeordneten Begriff hat, wie es z.B. auf die Beziehung zwischen *Tischdecke* und *Decke* zutrifft.[19] Der Vorteil monohierarchischer Begriffssysteme ist darin zu sehen, daß sie einfach in Aufbau und Darstellung sind. Mit *Polyhierarchie* wiederum ist eine hierarchische Beziehung gemeint, bei der der untergeordnete Begriff mehr als einen direkt übergeordneten Begriff hat (→ Abb. 8-4).[20] Eine derartige

---

16 Die englischen Bezeichnungen für 'Hierarchierelation', 'übergeordneter' und 'untergeordneter' Begriff lauten: 'hierarchical relation[ship]', 'superordinate concept' und 'subordinate concept' (ISO 5127; ISO 704:6). Im Kontext von Thesauri spricht man auch von 'broader term' und 'narrower term'.

17 Vgl. DIN 2331:2. Alternative deutsche Bezeichnung für 'Begriffsleiter' ist 'Begriffskette'. Mögliche englische Bezeichnungen sind: 'chain' oder 'vertical series of concepts' (ISO 5127; ISO 704:7).

18 Vgl. DIN 2331:2. Mögliche englische Bezeichnungen für 'Begriffsreihe' sind: 'array' und 'horizontal series of concepts' (ISO 5127; ISO 704:7).

19 Vgl. Manecke 2004:128.

20 Vgl. ebd. u. DIN 1463-1:6.

Anordnung ist dem Gegenstandsbereich häufig angemessener, da sie uns nicht auf eine einzige Perspektive festlegt.

Abb. 8-4: *Polyhierarchie*

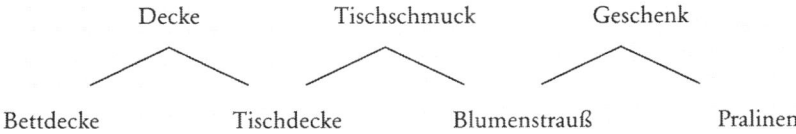

b) Generische- und partitive Relation[21]

Eine *g e n e r i s c h e   R e l a t i o n* ist eine hierarchische Beziehung, die auf Merkmalsvererbung beruht: Der untergeordnete Begriff (der Unterbegriff) weist alle Merkmale des übergeordneten Begriffs (des Oberbegriffs) sowie ein zusätzliches differenzierendes Merkmal auf. Dies trifft z.B. auf die Beziehung zwischen *Stuhl* und *Küchenstuhl* zu.[22] Eine *p a r t i t i v e   R e l a t i o n* ist demgegenüber eine hierarchische Beziehung, bei der der untergeordnete Begriff (der Teilbegriff) Bestandteil des übergeordneten Begriffs (des Verbandsbegriffs) ist.[23] Abbildung 8-5 zeigt ein paar typische Beispiele für partitive Relationen. Daß partitive und generische Beziehungen in ein und derselben Hierarchieleiter vorkommen können, zeigt das Beispiel in Abbildung 8-6. So handelt es sich bei der Beziehung zwischen *Organ* und *Sinnesorgan* sowie bei derjenigen zwischen *Sinnesorgan* und *Sehorgan* jeweils um eine generische Relation, bei der Beziehung zwischen *Sehorgan* und *Augenmuskel* um eine partitive Relation.

---

21 Die ISO-Norm (2788:17) sieht noch eine weitere hierarchische Beziehungsart vor, nämlich die Instanzrelation. Diese umfaßt die Beziehung zwischen einer Instanz (zumeist ein Individualbegriff) und dem übergeordneten Allgemeinbegriff. Beispiel: *Alpen – Gebirge*

22 Vgl. DIN 1463-1:5; DIN 32 705:4; Wersig 1985:127ff. Alternative deutsche Bezeichnung für 'generische Relation' ist: 'Abstraktionsbeziehung', mögliche englische Bezeichnungen sind: 'generic relation[ship]'; 'generic concept relation' (ISO 704:vii; ISO 5127). 'Oberbegriff' wird im Englischen als 'generic concept' oder 'genus' bezeichnet, 'Unterbegriff' als 'specific concept' oder 'species' (ISO 704:6; ISO 5127). Im Deutschen werden 'Unterbegriff' und 'Oberbegriff' häufig auch dort verwandt, wo es um Begriffe einer unspezifizierten Hierarchierelation geht und die korrekten Bezeichnungen gemäß DIN-Norm eigentlich 'Untergeordneter Begriff' und 'Übergeordneter Begriff' lauten müßten.

23 Alternative deutsche Bezeichnungen für 'Partitive Relation' sind: 'Bestandsbeziehung'; 'Teil-Ganzes-Beziehung'. Genormte englische Bezeichnungen lauten 'partitive relation[ship]'; 'partitive concept relation', 'whole-part relationship' (ISO 704:viii; ISO 5127; ISO 2788:16). Die englischen Bezeichnungen für Teilbegriff und Verbandsbegriff sind 'partitive concept' und 'comprehensive concept' (ISO 704:9).

157

Abb. 8-5: *Typische Beispiele für partitive Relationen*

Materiell-gegenständlicher Bereich:	*Stuhl – Stuhlbein, Stuhllehne ...*
Geographische Einheiten:	*Deutschland – Niedersachsen, Bremen ...*
Wissenschaftsdisziplinen:	*Biologie – Zoologie, Botanik*
Körper:	*Hand – Daumen, Zeigefinger, Mittelfinger ...*
Im IuD-Bereich:	*Thesaurus – Deskriptor, Nicht-Deskriptor*

Abb. 8-6: *Partitive und generische Relationen (Quelle: DK-Handausgabe Bd. 1, 1967, nach: DIN 2331)*

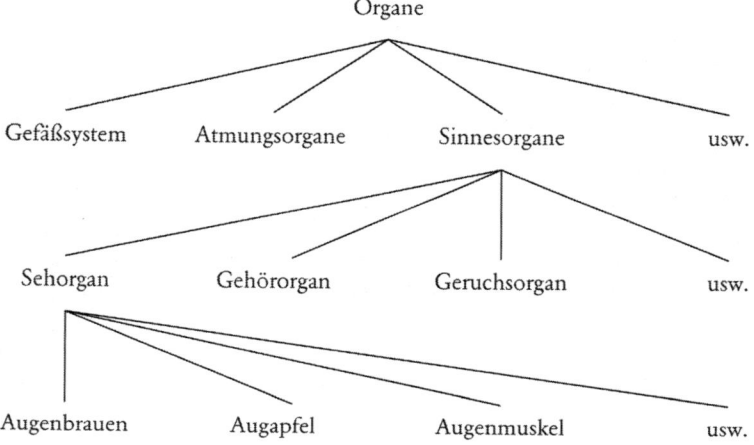

c) Kontrolle

Eine hierarchische Beziehung zwischen zwei Begriffen liegt vor, wenn folgende Kontrollsätze zutreffen:

Jedes A ist eine Art B bzw.: *A ist Teil von B = wahr*
und:
Jedes B ist eine Art A bzw.: *B ist Teil von A = falsch.*[24]

Dabei gilt der Teil vor dem Doppelpunkt für generische Beziehungen, der Teil danach für partitive Beziehungen. Der Kontrollsatz für generische Beziehungen impliziert, daß die Begriffe kategoriell übereinstimmen müssen. So kann z.B. der Begriff *Schuh* (Kategorie *Gegenstand*) niemals dem Begriff

---

[24] Vgl. Greiner 1978:16.

Schuster (Kategorie *Person*) untergeordnet sein, sondern nur (z.B.) dem Begriff *Kleidungsstück*.[25]

5 Notationen

„The notation cannot turn a bad schedule into a good one, but it can so hamper the use of a good arrangement that it becomes unacceptable to its users."[26]

Notationen fungieren in erster Linie als Kurzformen einer Klassenbenennung. Ihre Nutzerfreundlichkeit und Leistungsfähigkeit beeinflußt wesentlich die Akzeptanz und Qualität des Klassifikationssystems.[27]

5.1 Anforderungen an Notationen

Wesentliche Anforderungen an Notationen sind zunächst einmal *Kürze* und *strukturelle Transparenz*. Mit der letzten Anforderung ist die Fähigkeit einer Notation gemeint, die der Klassifikation zugrundeliegende Struktur widerzuspiegeln. Dazu gesellen sich *Eindeutigkeit* und *Hospitalität*, nämlich die Erweiterbarkeit und Aufnahmefähigkeit von Notationen – und zwar sowohl in vertikaler als auch in horizontaler Hinsicht: Neu hinzukommende hierarchische Niveaus sollten ebenso wie neue Klassen angefügt oder zwischen existierende geschoben werden können.[28] Die Anforderungen der Erweiterbarkeit und der strukturellen Transparenz geraten jedoch häufig in Widerspruch zueinander. Im Zweifelsfall sollten wir der Erweiterbarkeit den Vorzug geben.[29] Weitere Kriterien sind *Einfachheit* und *Merkbarkeit*. Notationen, die leicht merkbar sind, werden auch als m n e m o t e c h n i s c h e   N o t a t i o n e n bezeichnet. [30]

5.2 Arten von Notationen

Notationen lassen sich auf unterschiedliche Art und Weise ausdifferenzieren: nach ihrer Ausdrucksstärke in hierarchische und sequentielle Notatio-

---

25 Vgl. Aitchison/Gilchrist/Bawden 2000:57.
26 Foskett 1996:183.
27 Vgl. Laisiepen 1980:309f.
28 Die Erweiterbarkeit in vertikaler Hinsicht lautet 'hospitality in chain', diejenige in horizontaler Hinsicht 'hospitality in array' (vgl. auch ISO 5127; Lorenz 1998:26).
29 Zu den Anforderungen an Notationen vgl. auch DIN 32 705:5; Wersig 1985:215, Hunter 2002:70ff.
30 Solche Notationen entstehen z.B. dadurch, daß man sie an die natürliche Sprache anlehnt (etwa *O* für *Obst*, *G* für *Gemüse*, *M* für *Milchprodukte*) oder dadurch, daß man denselben Sachverhalten stets dasselbe Symbol zuweist (z.B. *Allgemeines* immer die *0* und *Sonstiges* immer die *9*).

nen, nach ihrem Zeichenvorrat in reine und gemischte Notationen und nach der Anzahl an Positionen in Dezimalnotationen und polydezimale Notationen.

a) Hierarchische und sequentielle Notationen

Die *hierarchische Notation* gibt die Struktur einer Klassifikation samt Über- bzw. Unterordnungsverhältnissen wieder, wohingegen die *sequentielle Notation* Auskunft über die relative Lage einer Systemstelle in der Sequenz gibt. Diese Notation ist also nicht strukturell transparent, läßt sich dadurch aber flexibler gestalten als die hierarchische (→ Abb. 8.7).[31] Eine Mischform stellt die *hierarchisch-sequentielle Notation* dar. Sie gibt die oberen Hierarchiestufen hierarchisch und die unteren sequentiell wieder oder umgekehrt.[32] Angewandt wird sie z.B. in der *Internationalen Patentklassifikation* (IPC). Hier gibt die Anzahl der Punkte hinter der Notation zwar noch Aufschluß über das hierarchische Niveau der Klasse. Der Notation selbst ist diese Information ab einer gewissen Hierarchiestufe jedoch nicht mehr zu entnehmen. Die nicht hierarchisch notierten Stufen sind dann folglich als solche auch nicht mehr recherchierbar (→ Abb. 8-8).

b) Reine und gemischte Notationen

Die *reine Notation* besteht entweder ausschließlich aus Ziffern oder ausschließlich aus Buchstaben. Der Vorteil der *numerischen Notation* liegt vor allem in ihrer Internationalität. Die *alphabetische Notation* wiederum hat den Vorzug, daß sie eine größere Anzahl an Unterteilungsmöglichkeiten zuläßt. Außerdem ermöglicht sie die Bildung leicht sprechbarer und merkbarer Notationen. Gemischte bzw. *alphanumerische Notationen* bestehen aus einer Buchstaben-Ziffern-Kombination und können die Vorteile beider Notationen vereinigen.[33]

---

[31] Abbildung 10-6 zeigt ein weiteres Beispiel für eine hierarchische Notation, Abbildung 12-3 für eine sequentielle Notation.

[32] Vgl. Buchanan 1989:79; DIN 32 705:6ff; Vickery 1969:49. Die sequentielle Notation wird auch 'aufzählende', 'enumerative' oder 'lineare' Notation genannt. Die englischen Bezeichnungen für hierarchische und sequentielle Notation sind 'hierarchical' bzw. 'expressive' notation vs. 'ordinal' bzw. 'non-expressive' notation. Die Mischform wird bisweilen als 'semi-ordinal' notation bezeichnet (vgl. Aitchison/Gilchrist/Bawden 2000:78ff).

[33] Vgl. Buchanan 1989:76f u. Greiner 1978:31. Alternative Bezeichnungen für numerische und alphabetische Notation sind: 'Ziffernnotation' und 'Buchstabennotation'. Die englischen Bezeichnungen für reine und gemischte Notation lauten: 'pure notation' und 'mixed notation' (Foskett 1996:183).

A	Bibliotheksarten		A	Bibliotheksarten	
A2	Öffentliche		A22	Öffentliche	
A3	Nicht-öffentliche		A3	Nicht-öffentliche	
A32	Akademische		A4	Akademische	
A321	Schule		A5	Schule	
A322	College		A6	College	
A323	Universität		A65	Universität	
A33	Wirtschaft		A7	Wirtschaft	
A332	Industrie		A8	Industrie	
A3322	Zeitungsverlag		A85	Zeitungsverlag	
A333	Handel		A9	Handel	

Abb. 8-8: *Die hierarchisch-sequentielle Notation der IPC*

A	Täglicher Lebensbedarf
A63	Sport; Spiele; Volksbelustigungen
A63 B	Geräte für Körperübungen, Gymnastik, zum Schwimmen, Klettern oder Fechten; Ballspiele; Trainingseinrichtungen
1/00	Recke
1/04	Reinigen der Reckstangen
3/00	Barren oder ähnliche Geräte
4/00	Schwebebalken
5/00	Geräte zum Springen
5/02	. Hochsprungständer
5/04	. . Schnüre dafür
5/06	. Hochsprungstäbe
5/08	. Sprungbretter
5/10	. . für Wassersport
5/11	. Trampoline
5/12	. Polstersprunggeräte
5/16	. Trainingsvorrichtungen zum Springen
5/20	. Springseile

c) Dezimalnotationen und polydezimale Notationen

Diese Differenzierung kommt vor allem bei numerischen Notationen zum Tragen: Die *Dezimalnotation* drückt jede Position durch eine Stelle aus. Pro Hierarchie-Ebene sind also zehn Unterteilungen möglich. Diese Art der Notation ist Grundlage der Dezimalklassifikationen DDC und DK. Entsprechend wird bei der *polydezimalen Notation* jede Position in der Notation durch eine gleichbleibende Zahl von mehr als einer Stelle ausgedrückt, so daß es pro Hierarchiestufe in jedem Fall mehr als zehn Unterteilungen gibt.[34]

5.3 Vor- und Nachteile von Notationen

Notationen haben folgende *Vorteile* gegenüber der natürlichen Sprache: Sie sind eindeutig und sprachunabhängig, dazu i.d.R. kürzer. Außerdem stehen sie immer zur Verfügung: Begriffe lassen sich mit ihnen rascher beschreiben, gerade dann, wenn es noch an einer von der Allgemeinheit akzeptierten Benennung mangelt oder Begriffe nur mit längeren Paraphrasen ausgedrückt werden können. Zudem können Notationen als Grundlage für eine Signatur bzw. für eine Standortkennzeichnung verwendet werden. Last but not least ermöglichen sie durch die Fähigkeit zu struktureller Transparenz eine bessere Orientierung in der Hierarchie und unterstützen die Technik der Trunkierung, also die Ausdehnung einer Recherche auf hierarchisch übergeordnete Begriffe. Nehmen wir z.B. folgende Hierarchieleiter:

T   Tier

TS   Säugetier

TSH   Haustier

TSHN   Nagetier

TSHN1   Hamster

Dem Hamster allein, also der natürlichsprachigen Klassenbezeichnung, sehen wir es nicht an, daß er zugleich ein Nagetier, ein Haustier, ein Säugetier und natürlich ein Tier ist – wohl aber der Notation, also dem künstlichsprachigen Teil der Klassenbezeichnung. Wenn wir uns nun für alle Haustiere interessieren, müssen wir unsere Anfrage lediglich an der richtigen Position trunkieren, also z.B. mit *TSH**.[35]

Als wesentliche *Nachteile* sind folgende Faktoren anzuführen: Notationen sind fehleranfällig und unübersichtlich, schwer merkbar und schwer sprechbar. Außerdem hat die künstliche Sprache nicht die Dynamik und Flexibilität der natürlichen Sprache. Zu bedenken ist auch, daß Notationen keineswegs selbsterklärend sind, sondern stets der Vermittlung der natürlichen Sprache bedürfen. Sowohl auf der Indexier- als auch auf der Rechercheseite muß also ein zusätzlicher Übersetzungsvorgang erfolgen. Diese Eigenschaft macht sie relativ benutzerunfreundlich. Wie stets, sollten wir auch bei der

---

[34]   Vgl. Buchanan 1989:92 u. Greiner 1978:31f. Alternative deutsche Bezeichnungen für Dezimalnotation und polydezimale Notation sind: 'Einstellen-Notation' und 'Mehrstellen-Notation'.

[35]   Trunkierungssymbole sind systemabhängig, häufig verwendet werden Stern und Fragezeichen.

Entscheidung für oder gegen ein bestimmtes Notationssystem zu allererst an die Nutzer denken und hier besonders die Frage erwägen, wie viel Komplexität ihnen zuzumuten ist. Alles in allem sind Notationen eine Wissenschaft für sich. Wer tiefer in diese Materie einsteigen möchte, dem sei die Lektüre von Buchanan (Kap. 7-9) bzw. von Vickery (1969:47ff) empfohlen.

→ Grundsätzlich gilt: Ein Notationssystem ist um so besser, je kürzer die Notationen sind. Die Länge der einzelnen Notation sollte nach Möglichkeit umgekehrt proportional zu der Häufigkeit stehen, mit der sie benutzt wird. Hierarchische Notationen erfüllen diese Anforderung in aller Regel – jedenfalls dann, wenn wir davon ausgehen, daß eine Notation um so häufiger vergeben wird, je allgemeiner sie ist.[36]

Zur Verwendung von Notationen in Dokumentationssprachen läßt sich das folgende bemerken: In Klassifikationen sind Notationen obligatorisch, in Thesauri sind sie ein Kann-Bestandteil. Wie kompliziert sich Notationen bisweilen ausnehmen können, zeigen die Beispiele in Abbildung 8-9.

Abb. 8-9: *Komplexe Notationen in Dokumentationssprachen*
(Quellen: Website Methodik von Gerhard Knorz:
http://spock.iuw.fh-darmstadt.de/methodik/publ/slide/bkdkn1.htm#IMG3
Gaus 2003:200 sowie Foskett 1996:419)

624.138.001.57:624.131.21
→ zusammengesetzte Notation aus der *Dezimalklassifikation*, sie bedeutet:
Modellversuch zur Verfestigung von Sandböden
B3.510.460.400.410.552.552.250.225
→ Notation aus den *Medical Subject Headings*, sie steht für den Deskriptor
Mycobacterium chelonae
K.KT.AFU.ALO.DUC.DUC.ALO.BCW.ARI.ALO.AXC
→ Notation aus dem *Art and Architecture Thesaurus*, sie repräsentiert den
Deskriptor *woodblock printing*

6 Typologie

Klassifikationen lassen sich auf vielfältige Arten unterteilen: Nach Art der Gegenstände, die sie abbilden, unterscheidet man zwischen Begriffssystematiken und Objektklassifikationen.[37] Nach der Struktur wiederum differenziert man in präkombinierte und Facettenklassifikationen (→ Kap. 9) und nach der Abdeckung schließlich lassen sich Universalklassifikationen von

---

[36] Vgl. Vickery 1969:56.
[37] Vgl. Manecke 2004:127.

Spezialklassifikationen trennen (→ Kap. 10). Im Bibliotheksbereich differenziert man Klassifikationen zudem nach dem Verwendungszweck in solche, die primär der Aufstellung dienen (Aufstellungssystematiken), und solche, die primär der Recherche dienen (standortfreie Systematiken).

7 Zusammenfassung

- Klassifikationen sind künstlichsprachige Dokumentationssprachen mit langer Tradition und großer Verbreitung, die sich auf ein eingängiges, aus dem Alltag vertrautes Ordnungsprinzip, die systematische Ordnung, stützen.

- Ihre Hauptelemente sind Klassen, die im Indexat und bei der Recherche durch künstliche Sprache (Notationen) repräsentiert werden.

- Eine Klassifikation umfaßt neben dem eigentlichen Klassifikationssystem die Prozesse des Klassifizierens (Klassen bilden) und Klassierens (Klassen zuweisen).

- Bei der Klassenbildung ist darauf zu achten, daß der jeweilige Unterteilungsaspekt einschlägig, feststellbar und beständig ist. Die Klassen, die sich daraus ergeben, müssen trennscharf sein, vollständig in bezug auf die Begriffsreihen und lückenlos in bezug auf die Begriffsleitern. Angesichts der zumeist vieldimensionalen Realität, die es mit Klassifikationen abzubilden gilt, sind diese Postulate allerdings häufig nicht einzuhalten.

- Klassifikationen ordnen Gleiches zu Gleichem und leben wesentlich von hierarchischen Beziehungen. Diese lassen sich in generische und partitive Relationen unterteilen. Andere Beziehungsarten werden kaum, und wenn, nicht explizit und systematisch abgebildet.

- Notationssysteme für Klassifikationen sollten strukturell transparent, erweiterbar und merkbar sein und auf größtmögliche Kürze hin konzipiert werden. Sie können hierarchisch oder sequentiell strukturiert sein oder diese beiden Formen mischen. Ihr Zeichenvorrat kann aus Ziffern, Buchstaben oder einer Kombination bestehen.

- Gegenüber der natürlichen Sprache zeichnen sich Notationen durch Eindeutigkeit, Sprachunabhängigkeit sowie durch ihre Eignung für Trunkierungstechniken und Signaturen aus. Ihr großer Nachteil besteht in ihrer Nutzerunfreundlichkeit.

- Die Anwendung von Klassifikationen folgt der Idee nach dem Prinzip, einer DBE genau eine Klasse zuzuordnen.

- Wesentliche typologische Merkmale von Klassifikationen sind ihre Struktur (präkombinierte und Facettenklassifikationen) sowie ihre Abdeckung (Universal- und Spezialklassifikationen).
- Klassifikationen eignen sich besonders für Gegenstandsbereiche von breiter fachlicher Abdeckung, in denen Inhalte abstrakt abgebildet und grob erschlossen werden sollen. Sie stellen ein sehr gutes Instrument für Vollständigkeits- und Überblicksrecherchen sowie für die Aufstellung von Dokumentbeständen dar.

8 Literatur zum Thema

Buchanan, Brian 1989: Bibliothekarische Klassifikationstheorie, München u.a. 1989: K G Saur

DIN 32 705: Klassifikationssysteme. Erstellung und Weiterentwicklung von Klassifikationssystemen, Stand: Januar 1987

Foskett, Antony Charles 1996: The subject approach to information, 5th ed., London: Library Association Publishing: Teil II

Gaus, Wilhelm 2003: Dokumentations- und Ordnungslehre. Theorie und Praxis des Information Retrieval, 4., überarb. u. erw. Aufl., Berlin u.a.: Springer: Kap. 7, 8 u. 13

Hunter, Eric J. 2002: Classification made simple, 2nd ed., Aldershot, Haunts (UK): Ashgate

Kiel, Ewald/Rost, Friedrich 2002: Einführung in die Wissensorganisation. Grundlegende Probleme und Begriffe, Würzburg: Ergon: Kap. 3.4

Laisiepen, Klaus 1980: Klassifikation, in: Laisiepen, Klaus, Lutterbeck, Ernst, Meyer-Uhlenried, Karl-Heinrich: Grundlagen der praktischen Information und Dokumentation. Eine Einführung, 2., völ. neubearb. Aufl., München u.a.: K G Saur: 299-350

Manecke, Hans-Jürgen 2004: Klassifikation, Klassieren, in: Kuhlen, Rainer/ Seeger, Thomas/Strauch, Dieter (Hg.) 2004: Grundlagen der praktischen Information und Dokumentation, 5. völ. neu gef. Aufl., München u.a.: K G Saur: 127-139

Maltby, Arthur/Marcella, Rita (Hg.) 2000: The future of classification, Aldershot: Gower. *Rezension in: Bibliothek 25 (2001) 1: 104-106 (von Armin Müller-Dreier)*

Umlauf, Konrad 2002: Einführung in die bibliothekarische Klassifikationstheorie und -praxis, Berlin: Institut für Bibliothekswissenschaft der Humboldt-Universität zu Berlin 1999-2002 (Berliner Handreichungen zur Bibliothekswissenschaft, 67): http://www.ib.hu-berlin.de/~kumlau/handreichungen/h67/

Vickery, Brian C. 1969: Facettenklassifikation, München-Pullach/Berlin: Verlag Dokumentation

Kapitel 9
Präkombinierte und Facettenklassifikationen

Das Kapitel macht mit den Spezifika der beiden grundlegenden Strukturtypen von Klassifikationen, präkombinierten Klassifikationen und Facettenklassifikationen vertraut. Dabei geht es insbesondere um eine Auseinandersetzung mit dem Prinzip der systematischen Ordnung, von dem beide Typen mehr oder weniger leben. Literaturhinweise finden sich im vorherigen Kapitel.

1 Präkombinierte Klassifikationen

Präkombinierte Klassifikationen sind untrennbar mit dem systematischen Ordnungsprinzip verbunden, das von Monohierarchie und eigentlich auch von Monodimensionalität lebt.[1] Man bezeichnet diese Art von Klassifikationen daher auch als 'Monohierarchische Klassifikation'.[2] 'Präkombination' meint in diesem Zusammenhang folgendes: Da Hierarchie auf Merkmalsvererbung beruht, sind in eine Klasse die Inhalte der ihr übergeordneten Klassen bereits eingeschlossen. So könnten in einer biologischen Klassifikation in die Klasse *Kuh* z.B. die Inhalte *Tier, Wirbeltier, Säugetier, Nutztier* eingeschlossen sein. Zugleich meint Präkombination aber auch, daß die Klassen an sich häufig schon stark präkombiniert sind, etwa eine Klasse wie:

> "Kurse für Abiturienten zur Erlangung der Hochschulreife, wenn die bestandene Prüfung nicht genügt" (DK 373.576).[3]

Außerdem ist die Präkombination mit dem Schubladenprinzip verbunden: Einem Dokument wird idealtypisch genau eine Klasse zugewiesen. Präkombinierte Klassifikationen versammeln alles Zusammengehörige am gleichen

---

[1] Wie man in einem systematischen Ordnungssystem dennoch mehrere Dimensionen unterbringen kann, wird im nächsten Abschnitt gezeigt.

[2] Vgl. etwa Buchanan 1989:33ff; Laisiepen 1980:303ff; Manecke 2004:130. Es existieren zahlreiche weitere Bezeichnungen für den hier behandelten Strukturtyp, nämlich: 'Hierarchische Klassifikation', 'Einfachklassifikation', 'Enumerative Klassifikation', 'Analytische Klassifikation' (vgl. DIN 32 705:5; Gaus 2003:130; Lorenz 1998:23 sowie Manecke 2004:130). Die genormte englische Bezeichnung lautet: 'enumerative classification system' (ISO 5127), eine weitere verbreitete Bezeichnung ist: 'hierarchical classification' (vgl. z.B. Hunter 2002:41).

[3] Hunter (2002:43) spricht in diesem Zusammenhang davon, daß präkombinierte Klassifikationen keine Begriffe ('concepts') abbilden, sondern Sachverhalte ('subjects').

Platz und weisen jedem Dokument eine Notation zu. Daher eignen sie sich gut zum Ordnen, Segmentieren und Aufstellen bzw. Ablegen großer Dokumentbestände.

Präkombinierte Klassifikationen sind vor allem relevant für Bereiche, in denen den Aspekten der Vollständigkeit und Vergleichbarkeit eine herausragende Bedeutung zukommt, wie es z.B. auf ökonomische, sicherheitstechnische oder medizinische Gebiete zutrifft. Fehlinformationen können hier zu großen gesellschaftlichen, wirtschaftlichen oder technischen Schäden führen.

Zudem eignen sich präkombinierte Klassifikationen bzw. die systematische Ordnung gut für die inhaltliche Erschließung von Internetquellen.[4] Denn die systematische Ordnung gibt eine geeignete Grundlage für das Browsing ab, also das systematische Verfolgen von Hyperlinks, das eine wesentliche Zugriffsform auf Internetquellen darstellt.[5] Dadurch kann die systematische Ordnung virtuellen Quellen gewissermaßen einen physischen Standort verleihen:

„The linear, single-place approach of the great traditional library collection can be replicated in the virtual library, where the searcher can negotiate in a physical environment equating with his or her subject needs, despite being in a non-physical or virtual one. Classification may thus find a new form of outlet in the Information Society. It may there accomplish what it never fully could on the shelves of libraries – by helping to translate invisible electronic collections of material into a visible sequence of subjects with a spatial relationship that closely correspondends to each user's needs."[6]

Probleme bereiten aber die mit dem systematischen Ordnungsprinzip verbundenen Zwänge, die im nachfolgenden Abschnitt näher erläutert werden.

2 Zur Problematik systematischer Ordnung

„It can be seen that the problem of finding a satisfactory overall order that will last for anything more than a few years is one of the most difficult problems facing systematic arrangement."[7]

Nehmen wir an, für ein riesiges Schuhkaufhaus soll ein System entworfen werden, das dem Prinzip der systematischen Ordnung folgt. Vom Grundsatz her gibt es verschiedene Herangehensweisen: entweder die monodimensionale oder die polydimensionale Untergliederung, letztere entweder pragmatisch oder logisch korrekt konzipiert.

---

[4] Vgl. auch Becker/Neuroth 2002:140f; Hunter 2002: Kap. 15.
[5] So lautete z.B. der Betreff einer über die Mailingliste *jobboerse* gesendeten Mail vom 2-4-2001: „Muenchen: Amazon sucht Klassifikations-Spezialist (Browse Developer)."
[6] Maltby/Marcella 2000:30
[7] Foskett 1996:178

1. Streng monodimensionale Untergliederung

Wir nehmen den Grundsatz der Monodimensionalität ernst und entscheiden uns demzufolge für die Abbildung eines einzigen Unterteilungsaspekts. In einem Kaufhaus würden wir vermutlich die Zielgruppe bzw. die Träger wählen. Das System sähe dann wie in Abbildung 9-1 aus. Überflüssig zu kommentieren, daß dies für einen gezielten und schnellen Zugriff nicht ausreicht.

Abb. 9.1: *Streng monodimensionale Unterteilung*

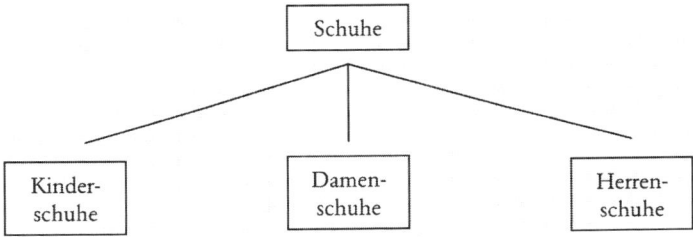

2. Pragmatische polydimensionale Untergliederung

Wir ergänzen das obige System um weitere Unterteilungsaspekte, indem wir es horizontal erweitern, wie in Abbildung 9-2 geschehen. Damit erhalten wir Klassen von Schuhen, die wir in Schuhkaufhäusern bisweilen als eigene Warengruppen vorfinden, abgetrennt vom sonstigen Angebot. Es liegt auf der Hand, daß nun keine eindeutigen Zuordnungen mehr vorgenommen werden können. Ein Herrenhausschuh in Übergröße etwa könnte mit derselben Berechtigung an drei verschiedenen Orten stehen. Das wiederum liegt in dem Umstand begründet, daß hier ein polydimensionaler Gegenstandsbereich in ein monodimensionales Ordnungssystem gezwängt wurde. Mit diesem Problem nun gibt es zwei Umgangsvarianten: entweder Einfachzuordnung oder Mehrfachzuordnung.

Abb. 9-2: *Polydimensionale Unterteilung mit logischen Brüchen*

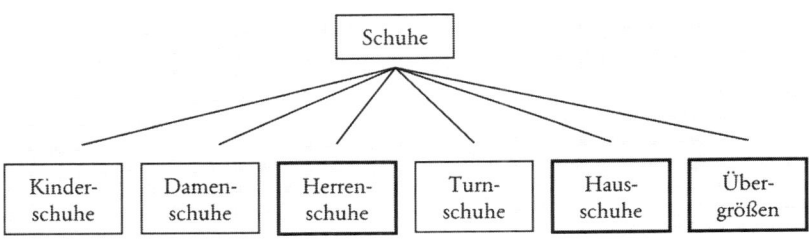

a) Einfachzuordnung/Einfachablage

Für den Fall einer Einfachzuordnung setzen wir uns der Gefahr einer inkonsistenten Zuordnung (Erschließung) aus und müssen klare Regeln definieren, um dieser Gefahr zu entgehen. Sonst ordnet der eine unseren Schuh bei Herrenschuhen ein, die nächste bei Übergrößen und der dritte bei Hausschuhen. Zudem produziert diese Umgangsweise aller Wahrscheinlichkeit nach Verlust bei der Suche (Recherche) – es sei denn, ein Käufer (Nutzer) macht sich die Mühe, alle potentiell in Frage kommenden Regale (Klassen) abzusuchen.

b) Mehrfachzuordnung/Mehrfachablage

Der Schuh (das Dokument – oder Stellvertreter davon) wird an allen zutreffenden Orten abgelegt. Damit können die Fallstricke der ersten Variante umschifft werden, jedoch entstehen neue Probleme. Denn erstens ist die Mehrfachzuordnung platzintensiv, zumal bei konventionellen Beständen, und zum zweiten geht sie mit einem erheblichen Mehr an Arbeits- und Pflegeaufwand einher. Bezogen auf den dokumentarischen Kontext bedeutet dies: Jedwede Manipulation an den Dokumenten (z.B. ihre Aussonderung) muß so oft ausgeführt werden, wie das Dokument abgelegt wurde. Dies wiegt besonders schwer, wenn es um hochdynamische Dokumente wie z.B. Internetquellen geht, und es erhöht die Gefahr der Dateninkonsistenz.[8]

3. Logische polydimensionale Untergliederung

Eine dritte Möglichkeit bestünde darin, das obige System in Richtung auf eine logisch konsequente und hierarchisch differenziertere Untergliederung zu revidieren. Dies könnte dann etwa wie in Abbildung 9-3 aussehen: Den drei Unterteilungsaspekten des Gegenstandsbereichs (*Zielgruppe*, *Verwendungszweck* – hier aus Platzgründen auf zwei Klassen reduziert – und *Größe*) wurde jeweils eine Hierarchiestufe zugewiesen. Dadurch ist das System nunmehr logisch konsistent, so daß eine eindeutige Zuordnung unseres Herrenhausschuhs in Übergröße möglich ist. Wir erkaufen diese Revision allerdings mit neuerlichen Redundanzen, nunmehr auf Seiten des Klassifikationssystems, die es aufblähen und schnell unübersichtlich machen.

---

[8] Die englischen Bezeichnungen für Einfach- und Mehrfachzuordnung lauten: 'disjunct classification' und 'conjunct classification' (ISO 5127).

Abb. 9-3: *Logisch korrekte polydimensionale Unterteilung*
NG=Normale Größen; ÜG=Übergrößen

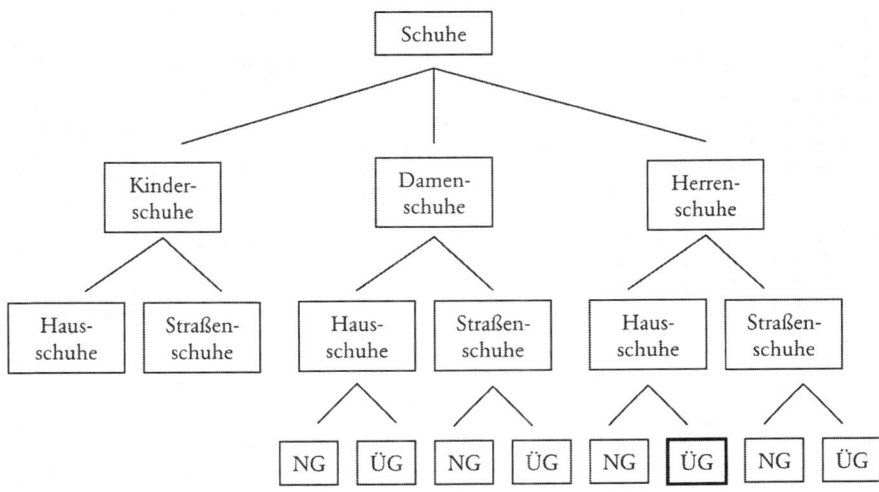

Das Problem des Pflegeaufwands ist also für die Dokumente gelöst, entsteht nun aber auf Seiten der Klassifikation. Würde das Kaufhaussortiment beispielsweise um orthopädische Schuhe erweitert, müßte diese neue Klasse schon an drei verschiedenen Stellen, auf einer Ebene mit Haus- und Straßenschuhen in das System eingepflegt werden – und das wäre strenggenommen noch nicht einmal logisch korrekt, denn orthopädische Schuhe werden in aller Regel Straßenschuhe sein. Zudem ist bei diesem Modell problematisch, daß die Reihenfolge der Unterteilungsgesichtspunkte (hier: *Zielgruppe* vor *Verwendungszweck* vor *Größe*) festgelegt und nicht veränderbar ist.[9] Wenn nun aber Dirk Nowitzki[10] den Laden beträte und sich einen allgemeinen Überblick über das Schuhangebot im Bereich der Übergrößen verschaffen wollte, so hätte er damit viel Arbeit.[11]

---

[9] Diese Reihenfolge wird auch als 'Citation Order' bezeichnet – vgl. Abschn. 2.1. Sobald das Klassifikationssystem zu Aufstellungszwecken eingesetzt werden soll, läßt sich die Festlegung auf eine Reihenfolge freilich nicht umgehen.

[10] Nowitzki ist Deutschlands derzeit erfolgreichster, in der US-amerikanischen National Basketball Association (NBA) spielender Basketballspieler. Er soll angeblich die Schuhgröße 54 haben.

[11] Begriffe, die verwandt sind, aber durch die systematische Anordnung gesprengt werden, werden in der englischen Literatur auch als 'distributed relatives' bezeichnet. Diese sollte das alphabetische Register nach Möglichkeit wieder zusammenführen (vgl. Foskett 1996:205).

Sobald ein mehrdimensionaler Gegenstandsbereich nach den Grundsätzen der systematischen Ordnung untergliedert werden soll, kommen wir nicht umhin, uns auf eine Reihenfolge der Unterteilungsaspekte festzulegen und damit nachgeordnete Aspekte zu sprengen. Zudem produzieren wir unweigerlich Redundanzen (und damit ein Mehr an Arbeits- und Pflegeaufwand) oder müssen, wo dies nicht geschieht, einen Verlust bei der Recherche in Kauf nehmen. Beides geht zu Lasten einer konsistenten Datenhaltung.

Das systematische Ordnungsprinzip läßt sich also nur selten widerspruchsfrei auf die zu klassifizierenden Sachgebiete beziehen. Sachverhalte werden demzufolge oft in Klassen untergebracht, wo sie logisch nicht hinein gehören.

> "Daher wird solchen Systematiken immer etwas Subjektives, ja Gezwungenes anhaften. Das System von Schubladen ist fertig. In diese Schubladen müssen die Sachverhalte nun hineinpassen, auch wenn es der Wirklichkeit nicht entspricht. So kommt es, daß ein solches System nicht adäquat ordnet, sondern zwingt."[12]

Zudem kann ein Sachverhalt nur indexiert werden, wenn er so auch im Klassifikationssystem abgebildet ist.[13] Wo wir aus pragmatischen Gründen von der streng logischen Einteilung abgehen, kommen subjektive Momente ins Spiel, die auf Kosten der Vorhersehbarkeit gehen. Zudem führt das Notationssystem im Gebrauch oft zu Fehlern und übt zusätzlichen strukturellen Zwang aus.

All dies macht präkombinierte Klassifikationen relativ starr und unbeweglich, ihre Anpassung an aktuelle Entwicklungen problematisch. Demnach werden diese Systeme um so unzulänglicher, je komplexer die Sachverhalte sind, die wir mit ihnen erschließen wollen. Alles in allem läßt sich mit Laisiepen festhalten:

> „Was für die dokumentarische Ordnungslehre interessant ist, sind (...) nicht die vorhandenen Systeme selbst, sondern die Möglichkeit, nach dem Prinzip der Subordination eigene Systeme konstruieren zu können, ist das hierarchische Prinzip als solches, sind die Gesetze der logischen Unterteilung von Fachgebieten nach den Regeln der strengen Subordination, ist die Abstraktion, das Zusammenführen von Merkmalen in jeweils unterschiedlicher Verallgemeinerungsstufe. Dieses Prinzip ist für kein nicht formales dokumentarisches Ordnungssystem entbehrlich."[14]

---

[12] Laisiepen 1980:303
[13] Hierfür noch ein Beispiel: In der DDC gibt es zum Thema *Kochen* eine Klasse *Cooking for persons in late adulthood* (641.5627) sowie eine Klasse *Cooking for persons with heart diseases* (641.56311). Nicht möglich ist es aber, ein Buch zum Thema *Cooking for persons in late adulthood who suffer from heart disease* abzubilden (Beispiel aus Hunter 2002:51f).
[14] Laisiepen 1980:305

Denn schließlich bleibt in allen Bereichen, die eine Einfachablage erzwingen (etwa die Dateiorganisation mit dem *Windows Explorer*), gar keine andere Möglichkeit, als nach dem systematischen Ordnungsprinzip zu verfahren.

3 Facettenklassifikationen

Ausgangspunkt ist die Überlegung, daß ein Gegenstandsbereich aus verschiedenen Perspektiven bzw. unter verschiedenen Aspekten betrachtet werden kann. In einer Facettenklassifikation nun werden aus diesen Aspekten Facetten. Beziehen wir diese Überlegung auf das Schuhbeispiel und setzen als Unterteilungsaspekte die Zielgruppe, die Größe, das Material und den Verwendungszweck an, so ergäbe sich, wenn man nach dem Prinzip einer Facettenklassifikation verfährt, ein System wie in Abbildung 9-4 dargestellt.

Abb. 9-4: *Untergliederung von Schuhen nach Facetten*

A Zielgruppe	B Verwendungszweck
A1 Kinder	B1 im Haus
A2 Damen	B2 auf der Straße
A3 Herren	B3 universal

C Größe	D Material
C1 normale Größen	D1 Leder
C2 Übergrößen	D2 Stoff
	D3 Mischung

Dabei lassen sich die Klassen einer Facette bei Bedarf beliebig weiter ausdifferenzieren, etwa so:

D Material
D1 Leder
D1.1 Glattleder
D1.2 Rauhleder
D2 Stoff
D2.1 Wolle
D2.2 Leinen
D2.3 Plüsch
D3 Mischung

Der Gegenstand *Schuh* 'verschwindet' in diesem System also zunächst. Er wird in einzelne Aspekte zerlegt, die beim Indexieren bedarfsgerecht und maßgeschneidert für den konkreten Schuh wieder zusammengesetzt werden. Wir haben es hier also mit einem klassischen Fall von Präkoordination zu tun. Ein Plüschhausschuh für Herren in Übergröße würde nun die Notation *A3B1C2D2.3* erhalten.

3.1 Wichtige Begriffe

Eine *Facette* ist das Ergebnis der Unterteilung eines Gegenstandsbereichs in grundlegende Aspekte.[15] Sie ist letztlich nichts Anderes als eine Klasse, die einen Begriff auf sehr hohem Abstraktionsniveau repräsentiert. Sehr allgemeine Facetten (z.B. *Raum* oder *Zeit*) werden auch Kategorien oder Fundamentalkategorien genannt.[16] Facetten im Schuhbeispiel in Abbildung 9-4 sind also: *Zielgruppe, Zweck, Größe, Material.* Sie spiegeln grundlegende Sichtweisen auf einen Gegenstandsbereich wider und machen diese explizit. Damit stellen sie 'Köpfe'' einzelner, von einander unabhängiger Hierarchiestränge dar. Häufig werden sie mit einem *Facettenindikator* versehen. Dies kann ein Buchstabe, eine Ziffer oder ein Satzzeichen sein. Der Facettenindikator macht es möglich, die einzelnen Bestandteile einer zusammengesetzten Notation als solche zu identifizieren. Facettenindikatoren im Schuhbeispiel sind: *A, B, C, D.* Die Ausprägungen einer Facette werden in der Literatur häufig als *Foci* bezeichnet. Foci der Facette *Zielgruppe* im Schuhbeispiel sind: *Kinder, Herren, Damen.* Auch hierbei handelt es sich um Klassen, allerdings um solche, die auf einem niedrigerem Abstraktionsniveau angesiedelt, damit Unterklassen von Facetten sind.

Der Unterschied zwischen Facetten und Foci sei noch einmal an einem weiteren Beispiel, nämlich der Klassifizierung von Personen illustriert. Als Facetten könnten wir hier *Geschlecht* und *Alter* ansetzen, da sie dem Gegenstandsbereich, den sie abbilden, *gleichzeitig* anhaften: Jede Person hat sowohl ein Geschlecht, als auch ein Alter. Als Foci wiederum könnte man *männlich* und *weiblich* für die Geschlechtsfacette sowie z.B. *Erwachsene* und *Kinder* für die Altersfacette bestimmen. Diese Klassen schließen einander aus, sie sind eindimensional: Eine Person kann nur *entweder* weiblich *oder* männlich bzw. nur *entweder* Kind *oder* Erwachsener sein.

Das Ordnungsprinzip, auf das sich die Facettenklassifikation gründet, ist die *perspektivische Ordnung,* wie sie in den Abbildungen 9-7 und 9-9

---

[15] Vgl. Buchanan 1989:47; DIN 32 705:3; Greiner 1978:71; Laisiepen 1980:343ff. Alternative Schreibweise für 'Facette' bei Gaus: 'Fassette'. Die englische Bezeichnung lautet: 'facet' (ISO 5127).

[16] Die Abgrenzung zwischen 'Facette' und 'Kategorie' ist schwierig. Manche Autoren sehen den Unterschied im Abstraktionsniveau, wobei die Kategorie als noch abstrakter angesehen wird als die Facette (vgl. auch Vickery 1969:34). Im Bibliotheksbereich spricht man häufig von 'Schlüssel' anstelle von 'Facette'.

illustriert ist. Dieses Prinzip lebt von Analyse und Synthese: Ein vorliegender Sachverhalt wird mehrfach analysiert, das Analyse-Ergebnis wird sodann aus vorgegebenen Elementen zusammengesetzt. Hierarchien werden zwar beibehalten, jedoch in Form unterschiedlicher Stränge, die frei miteinander kombinierbar sind.

Unter einer *Facettenklassifikation* versteht man also eine Klassifikation, die ihren Gegenstandsbereich in Facetten und Foci unterteilt (Analyse) und beim Indexieren wieder zusammensetzt (Synthese). Sie lebt von der Verknüpfung einzelner einfacher Sachverhalte zu einem komplexen Sachverhalt. Ihr kennzeichnendes Merkmal ist die Polydimensionaliät, wobei jede Facette eine Dimension bzw. einen Unterteilungsaspekt widerspiegelt.[17] Facettenklassifikationen sind um ein Vielfaches flexibler als präkombinierte Klassifikationssysteme – und das gilt nicht nur im Hinblick auf ihren Aufbau und ihre Anwendung, sondern auch in bezug auf ihre Pflege. Haben wir uns das Schema zu den Schuhen etwa vor hundert Jahren so ausgedacht und kommen dann im Laufe der Zeit plötzlich Schuhe aus Kunststoff auf, die eine eigene Klasse beanspruchen, so brauchen wir dieses neue Material lediglich der Materialfacette hinzuzufügen.[18]

→ Mit anderen Worten: Wir haben es hier weiterhin mit Klassen, Hierarchien und systematischer Ordnung zu tun – aber statt lediglich eines Hierarchiestranges gibt es nun ebenso viele Stränge, wie unser Gegenstandsbereich relevante Unterteilungsaspekte aufweist.

Sobald es darum geht, in einem Klassifikationssystem mehr als einen Unterteilungsaspekt abzubilden, spielt die sog. *Citation Order* eine zentrale Rolle: Sie legt die Reihenfolge der Unterteilungsgesichtspunkte beim Indexieren fest und bestimmt damit, sofern das Klassifikationssystem zu Ablagezwecken genutzt wird, was zusammengehalten und was auseinandergerissen wird.[19] Die Festlegung der Citation Order ist zutiefst abhängig von den Nutzererfordernissen. Wenn wir im Schuhbeispiel zunächst nach der Zielgruppe, dann nach dem Verwendungszweck und schließlich nach der Größe gliedern, stehen alle Damenschuhe zusammen, alle Herrenschuhe und alle

---

[17] Vgl. Buchanan 1989:27ff; DIN 32 705:5; Gaus 2003:129f; Lang 1980:282; Laisiepen 1980:341ff; Manecke 2004:130; Vickery 1969:13. Eine alternative deutsche Bezeichnung für 'Facettenklassifikation' ist: 'Analytisch-synthetische Klassifikation', eine alternative Schreibweise wird von Gaus praktiziert: 'Fassettenklassifikation'. Weniger verbreitete Synonyme sind: 'Postkombinierende Klassifikation'; 'Polyhierarchische Klassifikation' (vgl. Umlauf 2002:4.4.; 1.2). Die genormte englische Bezeichnung für diesen Strukturtyp lautet: 'faceted classification system' (ISO 5127).
[18] Vgl. auch Foskett 1996:164.
[19] Vgl. Buchanan 1989:39; Greiner 1978:71ff; Foskett 1996:151ff. Alternative deutsche Bezeichnungen für 'Citation Order' sind: 'Facettenformel' oder: 'Kategorienformel'.

Kinderschuhe. Wenn sich nun eine ganze Familie neue Wanderschuhe kaufen möchte, wird diese Aufstellung unpraktisch, denn dann muß sie an drei verschiedenen Stellen suchen. Von ihrem Potential allerdings – und das ist das Entscheidende – ist eine Facettenklassifikation flexibel, was die Reihenfolge der Unterteilungsaspekte betrifft:

> "One of the greatest advantages of a faceted classification (...) is that (…) the facets can be arranged in any sequence, to suit the particular user."[20]

→ Anders als präkombinierte Klassifkationen, die ein bereits fertiges System von Schubladen vorhalten, stellen Facettenklassikationen also lediglich einzelne Bestandteile bereit. Aus diesen werden Schubladen erst dann gebaut, wenn sie gebraucht werden und in der speziellen Form, wie sie gebraucht werden. Folglich lebt dieser Strukturtyp von der Zerlegung komplexer Sachverhalte und ihrer nachfolgenden Prä- oder Postkoordination.[21]

3.2 Erstellung und Anwendung

Während präkombinierte Klassifikationen ausgehend von einer begrenzten Anzahl an Hauptklassen von oben nach unten (top-down) konstruiert werden, gilt bei der Erstellung von Facettenklassifikationen das Bottom-up-Prinzip.[22] Es müssen also zunächst Begriffe ermittelt und dann Facetten bestimmt werden, denen diese Begriffe anschließend zugeordnet werden.[23] Dabei sollten die Facetten so allgemeingültig sein, daß jedem Dokument nach Möglichkeit ein Focus aus jeder Facette zugewiesen werden kann. Die Foci einer Facette werden hierarchisch angeordnet und mit einer Notation gekennzeichnet. Soll die Klassifikation (auch) für Ablagezwecke genutzt werden, so muß für die Indexierung die Citation Order festgelegt werden.[24] Die Notation ergibt sich durch eine Synthese der Einzelnotationen zu einer Gesamtnotation. Dadurch entsteht ein speziellerer und zugleich komplexerer Begriff, der als solcher im Klassifikationssystem selbst nicht vorhanden ist. Die einzelnen Glieder einer zusammengesetzten Notation können beim

---

[20] Foskett 1974, zit. nach: Hunter 2002:77.

[21] Und so war es denn der Überlieferung nach in der Tat der Anblick eines Baukastens in einem Londoner Warenhaus, der den Inder Ranganathan zur Erfindung der Facette und zur Konstruktion der historisch ersten Facettenklassifikation, der Colon-Klassifikation, inspirierte (Hunter 2002:33f). Mehr zu dieser Klassifikation im Kapitel 10, Abschnitt 1.4.

[22] Vgl. Hunter 2002:5.

[23] Die ersten beiden Schritte lassen sich auch umdrehen bzw. sind in der Praxis häufig miteinander verzahnt.

[24] Vgl. Hunter 2002:9ff; 24.

Indexieren aber auch als selbständige Elemente in variabler Reihenfolge eingesetzt werden, die postkoordinierende Suchmethoden ermöglicht. Die Elemente haben dann gewissermaßen den Charakter künstlichsprachiger Deskriptoren.[25]

Abb. 9-5: *Die INFODATA Fachordnung (Stand: 1994) – Beispiel einer als Facettenklassifikation konzipierten Spezialklassifikation.*
Links die Facetten, rechts die Foci der Facette ‚Anwendungsbereiche'.

T Anwendungsbereiche (Tätigkeitsfelder)	T05 Information und Dokumentation
	T10 Archivwesen
	T15 Bibliothekswesen
W Fachgebiete	T20 Medienbereich
	T25 Verlagswesen, Veröffentlichungswesen, Buchhandel
L Tätigkeiten und Dienste	T30 Patentwesen
H Dokumentationsarten	T35 Forschung und Entwicklung, Lehre
	T40 Bürobereich
S Infrastruktur	T45 Produktionsbereich
K Informations- und Kommunikationstechnik	T50 Innerbetriebliche Information
	T55 Kommerzieller Bereich
	T60 Privater Bereich
G Aspekte	T65 Öffentliche Verwaltung
Q Literaturtyp	T70 DV-Bereich

Facettenklassifikationen werden zumeist als Spezialklassifikationen eingesetzt. Ein Informationssystem, das mit einer als Spezialklassifikation konzipierten Facettenklassifikation arbeitet, ist INFODATA (→ Abb. 9-5).[26] In ihrer Reinform sind Facettenklassifikationen in der Praxis jedoch nicht sehr verbreitet. Häufiger treffen wir dort präkombinierte Klassifikationen an, die mit facettenartigen Komponenten angereichert sind.[27] Dies ist z.B. bei den beiden großen Universalklassifikationen DDC und DK der Fall (vgl. das nächste Kapitel). Sehr verbreitet ist allerdings das der Facettenklassifikation zugrunde liegende Prinzip, das uns im Alltag z.B. beim Eierkauf begegnet: Seit Januar 2004 müssen Eier innerhalb der EU mit einem einheitlichen Code gekennzeichnet sein, der sich aus den Facetten *Haltungssystem, Länderkennung* und *Betrieb* zusammensetzt. Dabei kennzeichnet die erste Ziffer die Art der Legehennen-Haltung (mit den Ausprägungen *0=ökologische Erzeugung, 1=Freilandhaltung, 2=Bodenhaltung, 3=Käfighaltung*). Der nachfol-

---

[25] Vgl. auch Hunter 2002:109.
[26] In Abweichung von der Theorie operiert sie allerdings mit bereits sehr stark präkombinierten Foci statt mit Einzelbegriffen.
[27] Vgl. auch Manecke 2004:130.

gende Buchstabencode gibt über das Herkunftsland Aufschluß (also z.B. *DE* für Deutschland oder *NL* für die Niederlande). Die abschließende mehrstellige Nummer mit angehängtem Stallcode dient zur Identifizierung des Betriebes und somit der Rückverfolgung der Eier bis in den Hühnerstall. Beispiel eines solchen Codes: *1-DE-23457-2.*

Im IuD-Bereich findet sich das Prinzip von Facettenklassifikationen dort, wo wir es mit strukturierten, in Datenbanken vorgehaltenen Daten zu tun haben. So könnte man einzelne Datenfelder mitsamt ihren zulässigen Einträgen (soweit diese festgelegt sind) jeweils als Facetten samt ihrer Foci begreifen.[28] Ein Beispiel ist die Dokumentation von Fernsehbeiträgen gemäß dem Regelwerk Fernsehen. Wie in Kapitel 4 gezeigt wurde, sieht es sechs Facetten (dort Kategorien genannt) für die inhaltliche Erschließung vor, nämlich: *Inhalt, Sendeform, Zielgruppe, Verwendung, Sparte* und *Eignung.* Für jede dieser Kategorien steht kontrolliertes Vokabular bzw. ein vorgegebener Wertebereich zur Verfügung (→ ABB. 9-10).

Alles in allem eignen sich Facettenklassifikationen gut für die Erschließung von Gegenstandsbereichen, die mit gleicher Berechtigung nach mehreren Unterteilungsaspekten untergliedert werden können. Die Kombinierbarkeit der Foci untereinander macht dabei eine komplexere Realitätsabbildung als bei der präkombinierten Klassifikation möglich.

---

[28] Geht es um inhaltliche Daten, so nehmen diese Einträge zumeist die Form kontrollierten Vokabulars an.

4 Zusammenfassende Gegenüberstellung

Den Unterschied zwischen systematischer und perspektivischer Ordnung sollen zunächst noch einmal die Abbildungen 9-6 bis 9-9 illustrieren (einmal abstrakt und einmal anwendungsbezogen).

Abb. 9-6: *Ordnungsprinzip präkombinierter Klassifikationen (Quelle: Greiner 1978:72)*

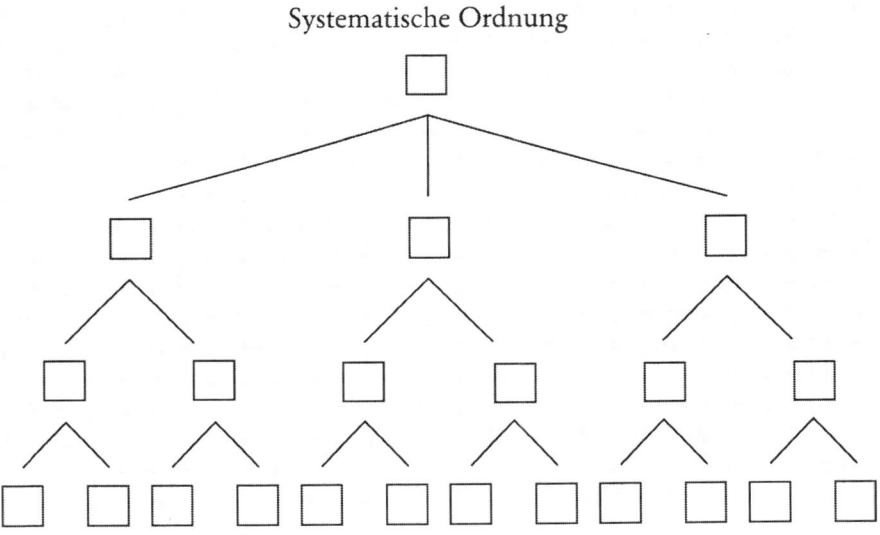

Abb. 9-7: *Ordnungsprinzip von Facettenklassifikationen (Quelle: Greiner 1978:72)*

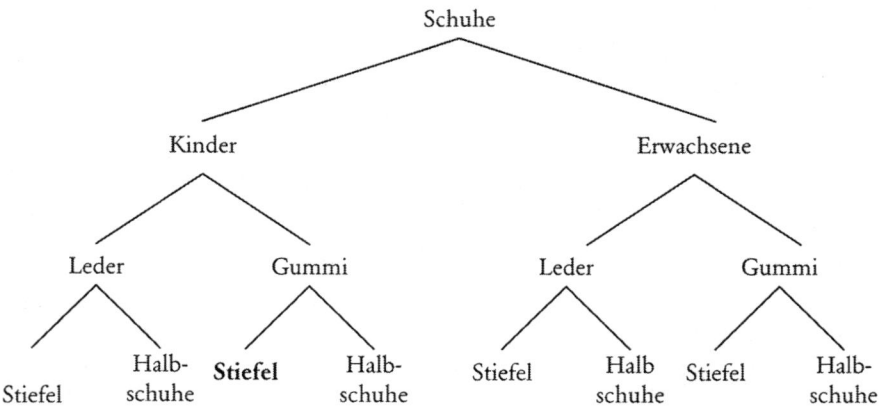

Abb. 9-8: *Ordnungsprinzip präkombinierter Klassifikationen an einem Beispiel*

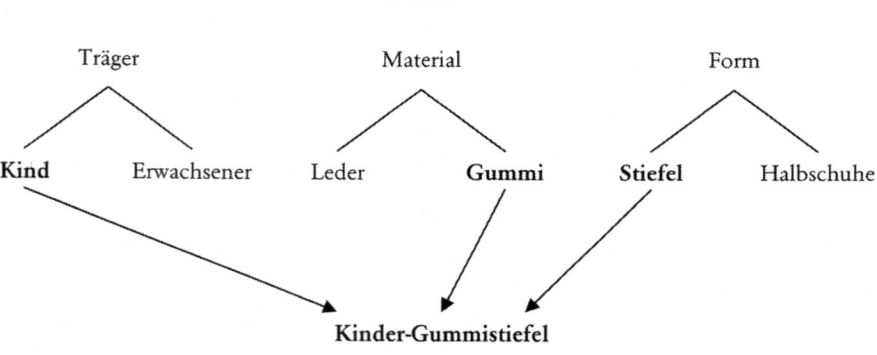

Abb. 9-9: *Ordnungsprinzip von Facettenklassifikationen an einem Beispiel*

180

Tabelle 9-1 stellt die beiden Strukturtypen zusammenfassend gegenüber:

Tab. 9-1: *Die Strukturtypen im Vergleich*

	Präkombinierte Klassifikation	Facetten- klassifikation
Konstruktionsprinzip	top-down: Monodimensionalität Monohierarchie	bottom-up: Polydimensionalität Polyhierarchie
Ordnungsprinzip	Systematische Ordnung	Perspektivische Ordnung
Verknüpfungsprinzip	Präkombination 'Schubladenprinzip'	Prä- oder Postkoordination 'Baukastenprinzip'
Erweiterbarkeit	problematisch	weniger problematisch
Flexibilität	Citation Order ist vorgegeben	Citation Order ist variabel
Ausdrucksstärke	gering	größer

– Präkombinierte Klassifikationen sind gut für die Ordnung und Aufstellung von Dokumenten, für die Groberschließung und für den Vergleich von Dokumentinhalten sowie für Vollständigkeitsrecherchen geeignet. Sie unterstützen das Zugriffsprinzip des Browsing und kommen daher häufig bei der Erschließung von Internetquellen zum Einsatz. Weniger gut eignen sie sich für die Abbildung polydimensionaler Sachverhalte. Sie sind also nur eingeschränkt ausdrucksfähig, was in der Problematik des systematischen Ordnungsprinzips begründet liegt.

– Wie präkombinierte Klassifikationen sind Facettenklassifikationen mit dem Ordnungs- und dem Hierarchie-Aspekt verbunden, werden der vieldimensionalen Realität aber besser gerecht. Denn sie bestehen nicht aus einem einzigen Hierarchiestrang, sondern aus ebenso vielen Strängen, wie ihr Gegenstandsbereich Facetten aufweist. Sie sind folglich von ihrem Strukturprinzip flexibler und ausdrucksfähiger als präkombinierte Klassifikationen und gestalten sich unproblematischer bei der Erstellung und Pflege.

Abb. 9-10: Kategorienschema des Regelwerks Fernsehen zur inhaltlichen Erschließung von Fernsehbeiträgen (gekürzt übernommen aus: Regelwerk Fernsehen 2001)

Inhalt	Sendeform	Zielgruppe	Verwendung	Sparte	Eignungsbewertung
Bildung	Dok-Mix	Kinder	Pausenfüller	B Bildung und Erziehung	1 unverändert ohne nähere Erläuterung jederzeit einsetzbar
Freizeit	Magazin	Jugendliche	Vorschau	C Fernsehspiel/Theater	
Gesellschaft	Berichterstattung	Erwachsene	Schulfernsehen	D Spielfilm/Fotografie	2 unverändert unter bestimmten Voraussetzungen zu späterem Zeitpunkt einsetzbar
Kommunikation	Spot	Senioren	Telekolleg	E Geographie/Reisen	
Kultur	Semidokumentation	Schüler	Servicesendung	F Frauenfragen	
Kunst, bildende	Kommentar	Lehrlinge	Feedbacksendung	G Geschichte	3 nach unaufwendiger Nachrecherche unverändert oder mit geringfügiger Bearbeitung wiederholbar
Kunst, darstellende	Interview	Studienanfänger	Nekrolog	H Hobby/Freizeit	
Literatur	Vortrag	Frauen	Dokmat	I Interessante Menschen	4 nicht belegt
Medizin	Diskussion	Männer	Uefmat	J Menschliche Beziehungen	5 wegen Aktualität für spätere Verwendung grundsätzlich nicht geeignet, außer in sehr speziellem Kontext
Musik	Vorlesung	Minderheiten		K Kultur und Kunst	
Politik	Ansprache	Ausländer		L Literatur und Medien	
Recht	Lesung	Hörbehinderte		M Medizin/Gesundheit	
Religion	Konzert			N Naturwissenschaft/Technik	6 spätere Wiederverwendung nur nach
Spot	Theater			O Umwelt/Natur	
Technik	Spielfilm			P Politik/Recht	

Inhalt	Sendeform	Zielgruppe	Verwendung	Sparte	Eignungsbewertung
Umwelt	Fernsehfilm			Q Fremdsprachliche Sendungen	umfangreichen Recherchen bzw. aufwendiger Bearbeitung möglich / lohnend
Unterhaltung	Dokumentarspiel			R Religion/Philosophie	
Verkehr	Experimentalfilm			S Sport	
Wirtschaft	Trickfilm			T Tiere	
Wissenschaft	Show			U Unterhaltung	
Querschnitt	Kabarett			V Ausland	
Tagesnachrichten	Musikvideo			W Wirtschaft/Soziales	
Lokales				X U-Musik	
Regionales				Y E-Musik	
Überregionales				Z Kindersendungen	

5 Klassifikationserstellung an einem Beispiel

Im folgenden wird am Beispiel einer fiktiven Sammlung von Lehrmaterialien zur Inhaltserschließung am IID die Erstellung eines Klassifikationssystems illustriert. Es soll zur Ordnung, Ablage und Erschließung der Materialien dienen, wobei wir der Einfachheit halber davon ausgehen, daß sie in ausschließlich konventioneller Form vorliegen. Das System soll in erster Linie vom IID-Personal genutzt werden können und ihm *ohne weitere zum Einsatz kommende Hilfsmittel* einen gezielten Zugriff auf und einen schnellen Überblick über das am Institut vorhandene Material zur Inhaltserschließung ermöglichen. Bei der Konstruktion ist insbesondere auf die Prinzipien 'Vollständigkeit' und 'Erweiterbarkeit' zu achten: Alle Lehrmaterialien und auch neu hinzukommende müssen erfaßt werden können.

5.1 Der Gegenstandsbereich

Im folgenden findet sich eine exemplarische Auflistung der Dokumente, die mittels Klassifikation erschlossen werden sollen.

1) Skript: Abstracting
2) Skript: Einführung in die Inhaltserschließung; Kurs B/97
3) Zeitschriftenartikel zur Inhaltsanalyse, in: nfd 50 (1999) 2
4) Beispiele für Abstracts
5) Folienpräsentation zum Vortrag: Metadaten, Subject Gateways, Renardus. IID 2000, Dr. Heike Neuroth, SUB Göttingen
6) Hinweise zur Anfertigung der Prüfungsvorleistung
7) Dokumentationssprachen im Internet
8) Stundenplan Inhaltliche Erschließung Kurs A/03
9) Skript: Dokumentationssprachen für die Bilderschließung, Kurs A/00
10) Inhaltserschließung in Bibliotheken. Begleitmaterialien zum Vortrag
11) Übung: Ordnungsprinzipien, Kurs C/02
12) Vorbereitende Prüfungsfragen zur Inhaltlichen Erschließung
13) Begleitmaterial zum Praxisbericht von Gudrun Menze: Als Wissenschaftliche Dokumentarin in einer Pressedokumentation im Umbruch; IID 12.1.2001
14) Skript: Automatisches Indexieren
15) Skript: Bilderschließung in der Mediendokumentation. Überblick.
16) Folienpräsentation: Einführung in die automatische Inhaltserschließung, Kurs C/99
17) Skript: Thesauri, Kurse AB/00
18) Folienpräsentation: Thesaurus-Software
19) Glossar zur Inhaltlichen Erschließung
20) Übung: Indexieren, Kurs B/99
21) Skript: Dokumentationssprachen. Einführung, Kurs A/00
22) DIN Norm 31 623: Indexierung zur inhaltlichen Erschließung von Dokumenten
23) Dr. Thorsten Hermes: Einführung in die Bildverarbeitung. Skript zu den Vorlesungen vom 29. Juni 2004
24) Skript: Inhaltliche Erschließung im Internet. Überblick.

5.2 Exemplarisches Klassifikationssystem

a) Analyse des Gegenstandsbereichs

Zunächst einmal gilt es, den Bestand im Hinblick auf relevante Begriffe und Unterteilungsaspekte zu analysieren. Dabei ergibt sich folgende Aufstellung:

- *Inhalt*, der sich weiter unterteilen ließe in:
  + Thema (*Dokumentationssprachen*, *Abstracting* usw.)
  + Ressource (also die Art der Dokumente, mit denen dokumentarisch umgegangen wird: *Bilder*, *Texte* usw.)
  + Anwendungsbereich (etwa: *Internet*, *Bibliothek*, *Presse*...)
  + Art der Behandlung des Themas (*Einführung*, *Überblick* usw.)
- *Form* (*Übung*, *Skript*...)
- Dazugehörige *Lehrveranstaltung*
  + Art (*Theorie/Übung/Praxisbericht/*Exkursion...)
  + Verantwortlicher Durchführender (*IID-Dozent/externer Dozent/Teilnehmer*)
- *Zeit*, wiederum unterteilt in:
  + Erscheinungs- bzw. Erstellungsjahr
  + Verwendungsjahr
- *Zielgruppe* (Kurs A, B oder C)
- *Autor*
- *Ort*

Einige dieser Aspekte erscheinen wenig relevant und werden daher in dem Klassifikationssystem nicht berücksichtigt:

- Aspekte eher formaler Art wie: *Autor*, *Zielgruppe*, *Ort*, *Erscheinungsjahr*
- Art der Behandlung des Themas
- Art der dazugehörigen Lehrveranstaltung
- Verantwortlicher Durchführender

b) Festlegung des Strukturtyps

Angesichts der Polydimensionalität des Gegenstandsbereichs und der offensichtlichen Relevanz vor allem der Dimensionen *Form* und *Inhalt* drängt sich der Strukturtyp einer Facettenklassifikation auf.

c) Bestimmung der Facetten

- *Inhalt bzw. Thema* (T)
- *Anwendungsbereich* (A)
- *Form* (F)
- (Verwendungs-)*Jahr* (J)

Das letztlich gefundene System samt Facetten, Foci und Notationen illustriert Tabelle 9-2. Bei der Notation wurde pragmatischen Erwägungen Vorrang vor der Konsistenz gegeben. Dadurch sind die ersten beiden Hierarchie-Ebenen mnemotechnisch notiert, die weiteren numerisch. Der Facettenindikator besteht aus einem Großbuchstaben, daran schließen sich bei der Inhaltsfacette ein Kleinbuchstabe, bei den Facetten *Anwendungsbereich* und *Form* hingegen drei Kleinbuchstaben. Damit soll Eindeutigkeit gewährleistet werden. Die Inhaltsfacette wurde wegen der leichten Verwechselbarkeit des großen I (wie Ida) mit dem kleinen l (wie lila) als *Thema* bezeichnet. Aus pragmatischen Gründen, um das System nicht 'überzustrukturieren', wurde der Unterteilungsaspekt 'Ressource' unter den Anwendungsbereich subsumiert. Im seltenen Fall, daß eine Ressource mit einem Anwendungsbereich kombiniert zum Thema gemacht wird, müssen wir dann freilich mehrfach zuordnen, wollen wir Informationsverlust verhindern. Ein Beispiel für diesen Fall stellt das Dokument Nr. 15 zur Bilderschließung in der Mediendokumentation dar.

d) Bestimmung der Citation Order

Wir gehen davon aus, daß das primäre Zugriffsinteresse eines Dozenten zunächst inhaltlicher und nicht formaler Natur sein wird (daß er oder sie sich also eher einen Überblick über alle Materialien zu einem Thema als z.B. über alle Übungen verschaffen möchte). Daher beginnt die Citation Order mit der Themenfacette, womit sämtliche Lehrmaterialien zu einem Thema zusammengehalten werden können.

Tab. 9-2: *Facettenklassifikation für Lehrmaterialien zur Inhaltserschließung*

T Thema	A Anwendungsbereich	F Form	J Jahr
Ta Allgemeines	Abib Bibliothek	Fbsp Beispiel	wird 4-stellig angehängt, wenn bekannt
Tg Grundlagen	Abil Bilder	Ffol Folie	
Tm Methoden	Aint Internet	Ffop Folienpräsentation (Papier)	
Tm1 Abstracting	Amed Mediendokumentation	Fglo Glossar	
Tm2 Indexieren	Aobj Objekte	Flit Literaturliste	
Tm3 Automatische Verfahren	Apat Patentwesen	Fprm Prüfungsmaterial	
Tm4 Sonstige	Axxx Sonstige	Fskr Skript	
Tp Produkte		Fstp Stundenplan	
Tp1 Register		Fueb Übung	
Tp9 Sonstige		Fver Veröffentlichte Literatur	
Th Hilfsmittel		Fxxx Sonstiges	
Th1 Ordnung			
Th2 Dokumentationssprachen			
Th21 Klassifikation			
Th22 Thesaurus			
Th29 Sonstige			
Th9 Sonstige			

Regel:

Gegebenenfalls können zwei Foci einer Facette vergeben werden,

Beispiel: 15) Skript: Bilderschließung in der Mediendokumentation: TaAbilAintFskr.

In solchen Fällen ist das Dokument zweifach abzulegen.

Weitere Beispiel-Indexate:

4) Skript: Dokumentationssprachen für die Bilderschließung, Kurs A/00: Th2AintFskrJ2000

12) Vorbereitende Prüfungsfragen zur Inhaltlichen Erschließung: TaFprm

22) DIN Norm 31623: Indexierung zur inhaltlichen Erschließung von Dokumenten: Tm2Fver

Kapitel 10
Beispiele für Klassifikationen

Im folgenden werden verbreitete Universal- und Spezialklassifikationen vorgestellt. Mit Ausnahme der Colon-Klassifikation sind sie allesamt (mehr oder weniger) dem präkombinierten Strukturtyp zuzurechnen. Zu Beginn geht es um die beiden großen Universalklassifikationen, die DDC und die DK und um das Projekt *DDC Deutsch*. Ferner kommen weitere im Bibliotheksbereich eingesetzte Klassifikationen mit universaler Abdeckung zur Sprache. Die vorgestellten Spezialklassifikationen sind allesamt für einen spezifischen Anwendungskontext entwickelt worden, haben aber gleichwohl internationale Verbreitung gefunden.

1 Universalklassifikationen

Universalklassifikationen decken dem Anspruch nach alle Wissensgebiete ab, betrachten diese von einem universalen Standpunkt und sind international verbreitet und anerkannt. Sie werden vor allem in Bibliotheken eingesetzt. Zumeist sind es präkombinierte Klassifikationen. Ihre große Verbreitung verdanken sie nicht zuletzt ihrer Kontinuität, also der Verwendung über einen langen Zeitraum hinweg. Sie liefern das Umfeld für Spezialklassifikationen und für allgemeine Unterteilungsaspekte (etwa Raum und Zeit).[1] Die beiden Universalklassifikationen mit der wohl größten Verbreitung – DDC und DK – sind als *Dezimalklassifikationen* konzipiert. Das sind Klassifikationen, die nach dem Prinzip der dezimalen Unterteilung untergliedert sind, also pro Hierarchie-Ebene genau zehn Klassen bilden. Ihr allgemeiner Vorzug ist ihre gute Überschaubarkeit (→ Abb. 10-1).[2]

1.1 DDC – Dewey-Dezimalklassifikation

Die *DDC* wurde 1873 vom gerade mal 22jährigen Melvil Dewey (1851-1931) 'erfunden'. Nach dreijähriger Erprobungszeit wurde sie veröffentlicht und diente später als Grundlage für die DK (siehe unten). Die DDC blieb

---

[1] Vgl. Buchanan 1989:109f; DIN 32 705:4. Die englische Bezeichnung für 'Universalklassifikation' lautet: 'general classification system' (Foskett 1996:175).
[2] Vgl. Manecke 2004:130. Zugleich ist 'Dezimalklassifikation' aber auch eine synonyme Bezeichnung für die DK.

Abb. 10-1: *Dezimalprinzip am Beispiel der DK (Dt. Kurzausgabe; 1973)*

> 5 Mathematik. Naturwissenschaften
> 01 Mathematik
> 02 Astronomie, Geodäsie
> 03 Physik
> 04 Chemie, mineralogische Wissenschaften
> 05 Geologie und verwandte Wissenschaften, Meteorologie
> 06 Paläontologie
> 07 Biologische Wissenschaften
> 08 Botanik
> 09 Zoologie

jedoch erhalten, entwickelte sich eigenständig weiter und erhielt im weiteren Verlauf eine facettenartige Komponente. Zuständig für ihre Bearbeitung und Herausgabe ist OCLC (*Online Computer Library Center*). Neuauflagen erscheinen im Abstand von ca. sieben Jahren.[3] Seit 2003 ist die 22. Auflage im Umlauf, die zwanzigste erschien erstmals auf CD-ROM. Seit Januar 2002 wird zudem eine laufend aktualisierte Webversion der DDC ('Web-Dewey') angeboten.[4] Die DDC gilt als die erste moderne Bibliotheksklassifikation. Mit ihrer Entwicklung wartete Dewey zugleich mit drei historischen Neuerungen auf: Erstens kam er auf die Idee, Notationen nicht mehr länger den Regalen zuzuweisen, sondern den Büchern selbst, was diese beweglich und ihre Aufstellung flexibel machte. Zweitens schuf er mit der DDC ein Instrument für eine wesentlich spezifischere Inhaltsabbildung, als es bis dahin üblich war. Und drittens führte er ein alphabetisches Register als Zugang zu den Klassifikationstafeln samt ihrer Notationen ein.[5]

Die DDC besteht aus zehn Haupttafeln und sieben Facetten bzw. Schlüsseln (→ Abb. 10.2). Die Anordnung erfolgt primär nach Wissenschaftsdisziplinen. Die Strukturierungstiefe fällt je nach Disziplin unter-

---

[3] Melvil Dewey war Zeit seines Lebens auch um eine Reform der englischen Rechtschreibung in Richtung auf eine phonetische Schreibweise bemüht und setzte diese in frühen Versionen der DDC auch um. Dies hatte zur Folge, daß sich dort z.B. Konstrukte wie *filosofy* und *jeolojy* finden ließen. In späteren Ausgaben kehrte man jedoch schon allein aus Rücksicht gegenüber den Nicht-Muttersprachlern wieder zur offiziellen Rechtschreibung zurück (vgl. Foskett 1996:259).

[4] Homepage der DDC: http://www.oclc.org/fp/. Unter http://www.oclc.org/dewey/resources/tour/default.htm findet sich zudem eine interaktive, multimediale Einführung in die DDC (für die man allerdings ein bißchen Zeit mitbringen muß).

[5] Vgl. hierzu Foskett 1996: 256f. Zur DDC allgemein vgl. auch Knudsen 1999:456f sowie Heiner-Freiling 2001.

Abb. 10-2: *Die Struktur der DDC*
            (Quelle: http://www.oclc.org/dewey/resources/summaries/deweysummaries.pdf)

Hauptklassen der DDC (Schedules)	Facetten der DDC (Tables)
000 Computer science, information & general works 100 Philosophy & psychology 200 Religion 300 Social sciences 400 Language 500 Science 600 Technology 700 Arts & recreation 800 Literature 900 History & geography	1 - Standard Subdivisions 2 - Geographic Areas, Historical Periods, Persons 3 - Subdivisions for the Arts, for Individual Literatures, for Specific Literary Forms 4 - Subdivisions of Individual Languages and Language Families 5 - Racial, Ethnic, National Groups 6 - Languages 7 - Groups of Persons

schiedlich aus.[6] Die DDC umfaßt über 30.000 Klassen. Bei der Notation wird nach den ersten drei Stellen der Übersichtlichkeit halber ein Punkt gesetzt. Die Schnittstellen zwischen den einzelnen Notationsbestandteilen sind dabei nicht ohne weiteres erkennbar, denn die DDC sieht keine spezifischen Facettenindikatoren vor (→ Abb. 10-3).[7]

Abb. 10-3: *Beispiele komplexer DDC-Notationen (Quelle: Knudsen 1999:457f)*

> Resources for women's history in Greater Manchester:
> → 016.3054094273
>
> Reading Rodney King – reading urban uprising:
> → 305.896073079494
>
> Chronic diseases in the year 2005:
> → 362.1962409492

In der Konzeption der DDC spiegelt sich deutlich die US-amerikanische Perspektive wider (→ Abb. 10-4). Die DDC kommt in rund 95% der Öffentlichen Bibliotheken der USA zum Einsatz.[8] Darüber hinaus findet sie

---

[6] Ein Strukturprinzip, das als 'Disproportionalität' bezeichnet wird und kennzeichnend auch für andere Universalklassifikationen ist, z.B. für die RVK.
[7] Vgl. auch Foskett 1996:192.
[8] Laut einer Notiz im Bibliotheksdienst (Heft 1/2004: 81-83) gibt es in New York seit einiger Zeit sogar ein Hotel, das gemäß der DDC aufgeteilt ist. Die Zimmernummern entsprechen DDC-Notationen und in den Zimmern selbst werden dazu passende Bücher bereitgehalten.

in über 135 Ländern (vor allem Asiens und Afrikas) Anwendung und ist in über dreißig Sprachen übersetzt. Ca. 50% aller Nationalbibliographien (in über sechzig Ländern) sind in ihrer grundlegenden Struktur gemäß der DDC untergliedert.[9]

Abb. 10-4: *Die anglo-amerikanische Ausrichtung der DDC*
(Quelle: Knudsen 1999:457)

Völker:
Nordamerikaner = 1; Indonesier = 9922

Sprachen:
Englisch = 2; Russisch = 9171

Orte:
Wilmington = 7512; Köln = 435514

Ein prominentes Informationssystem im Internet, das die DDC verwendet, ist der interdisziplinäre Fachinformationsdienst BUBL aus Großbritannien.[10] Dem europäischen Projekt *Renardus*, das die simultane Suche in unterschiedlichen Subject Gateways ermöglicht[11], dient die DDC als einheitliche Navigationsstruktur. Insgesamt wird sie mehr zur Erschließung von Internetquellen verwendet als die DK, die im nächsten Abschnitt vorgestellt wird. Dies hängt u.a. mit ihrer weniger stark ausgeprägten Facettenbildung zusammen, die die Anwendung eines Klassifikationssystems grundsätzlich verkompliziert.[12]

1.2 Das Projekt DDC Deutsch[13]

In Deutschland dient die DDC seit 2004 als einheitliche Rahmenklassifikation im Bibliotheksbereich und wird seither für die Erschließung der deutschen Nationalbibliographie eingesetzt. Eine Übersetzung der ersten drei Hierarchiestufen ist bereits fertiggestellt. Es gibt zahlreiche Gründe für die Entscheidung zugunsten der DDC: Zum einen hat sie große internationale

---

[9] Vgl. auch Hunter 2002:49; Foskett 1996:275.
[10] BUBL ist die Abkürzung für: *Bulletin Board for Libraries.* URL: http://link.bubl.ac.uk/ISC2
[11] Vgl. hierzu ausführlicher Kapitel 15.
[12] Vgl. Becker/Neuroth 2002:141.
[13] Vgl. hierzu vor allem Heiner-Freiling 2001 und Gödert 2002 sowie die Website des Projekts: http://www.ddc-deutsch.de/. Weitere Informationen zum Thema finden sich auf der Website der FH Köln: http://www.fbi.fh-koeln.de/institut/projekte/Ddc/DDCde/index.html und der DDB: http://www.ddb.de/:DDBprofessionell/Projekte/DDC Deutsch.

Akzeptanz und Verbreitung gefunden, gerade auch im Bereich elektronischer Publikationen. Als Folge der Übernahme von Fremddaten aus der *Library of Congress* oder der *British Library* existieren in deutschen Bibliothekskatalogen ohnehin schon DDC-Notationen. Der Recherche waren sie bislang jedoch nicht zugänglich. Die Einführung der DDC soll daher künftig den Austausch, die Übernahme und den Zugriff auf Fremddaten vor allem aus dem anglo-amerikanischen Sprachraum erleichtern, der das hauptsächliche Publikationsgebiet darstellt. Durch die kontinuierliche Revisionsarbeit von OCLC hat die DDC eine verhältnismäßig hohe Aktualität. Eine deutsche Ausgabe der DDC ist zudem nützlich für Institutionen wie die Virtuellen Fachbibliotheken, die für ihre Erschließung (insbesondere von Internetquellen) ein international verbreitetes, nicht an die natürliche Sprache gebundenes Erschließungsinstrument benötigen.[14]

Zum Zwecke der Einführung der DDC im deutschen Sprachraum wurde ein DFG-gefördertes Projekt namens *DDC Deutsch* ins Leben gerufen, dessen Träger neben Der Deutschen Bibliothek (DDB) die bayrische Staatsbibliothek und die Fachhochschule Köln sind. Es zielt darauf, die Übersetzung der DDC ins Deutsche und die dafür erforderlichen Anpassungen der englischen Originalausgabe zu organisieren, die dazugehörige Datenbank zu entwickeln sowie die Umstellung der deutschen Nationalbibliographie auf eine Gliederung nach der DDC zu realisieren. In der Hauptsache geht es dabei um den Zugriff auf DDC-Klassen und nicht etwa darum, daß die Universitätsbibliotheken künftig selbst DDC-Notationen vergeben oder die DDC als Aufstellungssystematik einsetzen sollen.

1.3 DK – Universale Dezimalklassifikation

„UDC is a mixture of success and failure."[15]

Die Entstehung der DK nahm 1895 ihren Anfang, als die belgischen Rechtsanwälte Paul Otlet und Henri LaFontaine das *Institut International de Bibliographie* (IIB) gründeten. Damit verfolgten sie das Ziel, eine systematisch geordnete Weltbibliographie zu schaffen. Für diese Ordnung, die auch den Bedürfnissen anderer Benutzergruppen als nur den Bibliothekaren gerecht werden sollte, gründeten sie ihre Klassifikation mit Zustimmung von Dewey auf die 5. Ausgabe der DDC und nannten ihr System *Classification décimale universelle*. Die DK hat die DDC internationalisiert, erweitert, die Notation geändert und mithilfe sog. Anhängezahlen (Facetten) Verbin-

---

14 Zum Begriff der Virtuellen Fachbibliothek vgl. Kapitel 15, Abschnitt 2.
15 Foskett 1996:207.

dungsmöglichkeiten für Notationen eingeführt. Beide Klassifikationssysteme, DDC und DK, entwickelten sich danach unabhängig voneinander weiter.[16] Für die Pflege der DK war zunächst die aus dem IIB hervorgegangene *Fédération international d'information et documentation* (FID) verantwortlich. Seit 1991 ist die Zuständigkeit für die Weiterentwicklung auf ein Consortium bestehend aus FID und nationalen Organisationen übergegangen.[17]

Abb. 10-5: *Gliederungsbeispiel für die DK (Quelle: Laisiepen 1980:316)*

---

6 Angewandte Wissenschaften. Medizin. Technik.
65 Betriebsführung und Organisation von Industrie, Handel und Verkehr
656 Verkehrswesen. Postwesen
656.8 Postwesen. Postbetrieb
656.83 Allgemeine Annahmebedingungen für Postsendungen
656.835 Freimachung. Briefmarken. Philatelie
656.835.1 Freimachung mit Postwertzeichen
656.835.11 Arten von Briefmarken
656.835.111 Allgemein gültige Briefmarken
656.835.111.2 Jubiläums-, Gedenk- und andere Gelegenheitsmarken

---

Von der Struktur her handelt es sich bei der DK um eine sehr detaillierte und umfangreiche Systematik mit 60.000 Klassen plus Hilfstafeln (→ Abb. 10-5). Die Sachgebietsklassen folgen der systematischen Ordnung und enthalten zum Teil starke Präkombinationen.[18] Aspekte der Sprache, der ethnischen Gruppen, der Form, des Ortes, der Zeit, des Materials und des Gesichtspunktes sind in eigene Kategorien ausgegliedert. Sie werden *Allgemeine Anhängezahlen* genannt und werden bei Bedarf mit Sachgebietsklassen kombiniert, wodurch die Klassifikation eine facettenartige Komponente erhält (→ Abb. 10-6). Für die einzelnen Fachgebiete gibt es darüber hinaus *Besondere Anhängezahlen*. Die Anhängezahlen selbst sind wiederum hierarchisch ausdifferenziert.

Die strukturelle Besonderheit der DK besteht darin, daß die Sprachwissenschaften, die ursprünglich analog zur DDC die vierte Hauptklasse besetzten, 1963 mit der Literaturwissenschaft zusammengelegt wurden. Die

---

[16] Die DK wird auch 'Dezimalklassifikation' (nicht zu verwechseln mit dem Strukturprinzip!), 'UDK', ,Universale Dezimalklassifikation', 'Internationale Dezimalklassifikation' oder 'Internationale Universale Dezimalklassifikation' genannt. Die englische Bezeichnung lautet: 'Universal Decimal Classification', oder kurz: UDC.
[17] Vgl. zu diesem Thema vor allem Manecke 2004:132ff und Laisiepen 1980:311ff. Homepage der DK/UDC: http://www.udcc.org/about.htm
[18] Vgl. das vorherige Kapitel.

Hauptklassen der DK	Facetten der DK (=Allgemeine Anhängezahlen)	
0 Allgemeines	Art	DK-Zeichen
1 Philosophie. Psychologie	Sprache	=...
2 Religion. Theologie	Völker	(=...)
3 Sozialwissenschaften. Statistik. Politik. Volkswirtschaft. Recht. Verwaltung. Kriegskunst. Fürsorge. Versicherung. Erziehung. Handel. Volkskunde	Form	(0...)
	Ort	(...)
	Zeit	„..."
	Gesichtspunkt	.00...
4 nicht besetzt	Material	-03...
5 Mathematik. Naturwissenschaften	Personen	-05...
6 Angewandte Wissenschaften. Medizin. Technik		
7 Kunst. Kunstgewerbe. Photographie. Musik. Spiel. Sport		
8 Sprachwissenschaft. Philologie. Schöne Literatur. Literaturwissenschaft		
9 Heimatkunde. Geographie. Biographien. Geschichte.		

Naturwissenschaften sollten ihren Platz einnehmen, um künftig für die besonders stark expandierenden angewandten Wissenschaften zwei Klassen (5 und 6) zur Verfügung zu haben. Dieses Vorhaben wurde jedoch nicht realisiert, so daß die Klasse 4 bis heute vakant geblieben ist.

Bei der Notation wird der Übersichtlichkeit halber nach der jeweils dritten Stelle ein Punkt gesetzt. Die Notationsbestandteile bzw. Anhängezahlen werden durch Satzzeichen und Symbole kenntlich gemacht. Nachfolgend sind einige Klassierungsbeispiele angeführt:[19]

Komplexe Sachverhalte	Allgemeine Anhängezahlen	Besondere Anhängezahlen
Akkordlöhne im Bergbau *321.231: Akkordlohn* *622: Bergbau* → *331.231:622*	*Russisches Ballett des 19. Jahrhunderts* *Ballett: 792.8* *Rußland: (47)* *19. Jahrhundert: „18"* → *792.8(47)„18"*	*Konservieren von Gemüse in Dosen* *.036.5: Konservieren in Dosen* *664.85: Konservieren von Gemüse* → *664.85.036.5*

Die DK wurde in mehr als fünfzig Ländern zum verbindlichen Ordnungssystem erklärt. Die ehemalige Sowjetunion übernahm sie als offizielle Klassifi-

---

19   Quelle: Umlauf 2002:3.1; Hunter 2002:64

kation für Technologie und Naturwissenschaften.[20] Auch heutzutage wird sie viel in Ost- und Südosteuropa angewandt. Umfassend ist sie u.a. in Englisch, Deutsch, Spanisch und Russisch übersetzt, begrenzt in etwa zwanzig Sprachen. In Deutschland hat die DK recht wenige Anwender, 1978 erschien die letzte DK-Ausgabe in deutscher Sprache. Der deutsche Normenausschuß (DNA, heute DIN) hatte 1927 einen Ausschuß für Klassifikation eingesetzt, mit dem Ziel, eine deutsche Gesamtausgabe der UDC vorzubereiten, die erstmalig 1934 erschien. Doch die wenigen Bibliotheken, die die DK anwenden, hängen spätestens seit dem Beschluß der DDB, die DDC zur Leitklassifikation zu machen, in der Luft. Ein (seit einiger Zeit allerdings stagnierendes) deutsches Informationssystem im Internet, das eine Variante der DK anwendet, ist das in Kapitel 5, Abschnitt 7 vorgestellte Projekt GERHARD.

1.4 Vor- und Nachteile von DDC und DK

"Die Signaturen müssen so beschaffen sein, daß man sie nicht korrekt abschreiben kann …"[21]

Wesentliche Vorzüge von DDC und DK sind: ihre Universalität, denn sie umfassen dem Anspruch nach das gesamte menschliche Wissen, Handeln und Erkennen; ihre Kontinuität, denn sie wurden unter weitgehender Beibehaltung und Schonung der vorhandenen Systematik ausgebaut; schließlich ihre Internationalität, denn die Ziffern 0-9 des dekadischen Systems sind unabhängig von Sprache und Schrift in jedem Land verständlich.[22] Durch ihre Facettierung sind die beiden Klassifikationen in der Lage, die mit Monohierarchie und Dezimalprinzip verbundenen strukturellen Zwänge wenigstens teilweise auszugleichen.

DK und DDC weisen allerdings auch gravierende Nachteile auf: So bringt der hohe Grad an Präkombination einen Verlust an Flexibilität und einen notorischen Mangel an Aktualität mit sich. Dazu gesellt sich eine teilweise veraltete Terminologie. Zudem weisen DDC und DK Mängel in der hierarchischen Anordnung der Begriffe, intransparente Hierarchien und eine uneinheitliche Strukturierung auf. Ein Beispiel dafür zeigt Abbildung 10-7: Hier finden sich unterhalb der Klasse *Binnengewässer* der DK auf ein und derselben Hierarchiestufe: unterschiedliche Arten von Hierarchien, unterschiedliche Unterteilungsgesichtspunkte und unterschiedliche Abstraktionsniveaus.

---

[20] Vgl. Foskett 1996:207.
[21] Umberto Eco, zit. nach: Knudsen 1999:454
[22] Vgl. Manecke 2004:130f.

Abb. 10-7: *Hierarchien in der DK (Quelle: Laisiepen 1980:308)*

```
627.1  Binnengewässer
   .11  Entstehung von Wasserläufen
   .12  Quellen
   .13  Hydrodynamik von Wasserläufen
   .14  Wildbäche und Gebirgsflüsse
   .15  Flüsse
   .16  Strommündungen
   .17  Stehende Binnengewässer
   .18  Ufer und Böschungen
```

Schließlich bereitet die Wahl von Fachgebieten als primärem Unterteilungsaspekt dort Probleme, wo es sich um Gebiete handelt, die in hohem Maße regional unterschiedlich ausgeprägt sind, etwa Recht oder Geschichte.[23] Besonders problematisch ist die Berücksichtigung interdisziplinärer Sachverhalte. Die vielen Anwendungsregeln erfordern zudem große Sachkenntnis, will man Fehler bei der Klassierung vermeiden. Dafür sei exemplarisch Abbildung 10-8 sowie folgendes Zitat angeführt:

"Coming to terms with Dewey is like playing the piano ... A simple tune can be picked out with relative ease, but to play the classification as a virtuoso can take a lifetime of study and practice".[24]

Abb. 10-8: *Beispiel einer komplexen DK-Notation*
(Quelle: Website Methodik von Gerhard Knorz:
http://spock.iuw.fh-darmstadt.de/methodik/publ/slide/bkdkn2e.htm#IMG5)

```
        Taxifahren für Frauen nachts
   zum Tarif der öffentlichen Verkehrsmittel
Notation: 656.032.4-055.2:656.131„345"

wobei:

656.032.4  =  Tarife in bezug auf die beförderten Personen.
              Fahrpreisermäßigungen (Bes. Anh.zahl)
  -055.2   =  Frauen. Weibliche Personen
              (Allgemeine Anhängezahl der Person)
     :     =  Beziehungszeichen
 656.131   =  Öffentlicher Kraftwagenverkehr. Taxen
   „345"   =  Nachtzeiten. Stunden der Dunkelheit oder des
              Halbdunkels (Allgemeine Anhängezahl der Zeit)
```

---

[23] Vgl. hierzu vor allem Knudsen 1999.
[24] Zit. nach ebd.:455.

Die *Colon-Klassifikation* (CC) ist eine facettierte Universalklassifikation, die ihren Namen wegen des Doppelpunkts (englisch: Colon) erhielt, der das wichtigste Verknüpfungszeichen in der Notation darstellt. Sie gilt als Vorläufer der Facettenklassifikation und wurde in den zwanziger Jahren von dem Inder Shiyali Ramamrita Ranganathan (1892-1972) entwickelt, seines Zeichens Mathematiker. 1933 wurde sie erstmals publiziert.[25]

Ranganathan entwickelte die Methode der Facettenanalyse. Seine Klassifikation kennt fünf Grund-Facetten bzw. Fundamentalkategorien, die in festgelegter Reihenfolge indexiert werden: *Personality, Matter, Energy, Space, Time*.[26] Dies ergibt die sog. PMEST-Formel (→ Abb. 10-9).[27] *Personality* ist annähernd mit einer Gegenstandsfacette gleichzusetzen, *Matter* faßt Grundmaterial aller Art zusammen und *Energy* kommt einer Prozeßfacette nahe.[28] Als Facettenindikatoren dienen Satzzeichen. Diese Klassifikation wird wegen ausgeprägter Bezüge auf die nationale indische Thematik international nicht und selbst in Indien nur in geringem Umfang benutzt. Zudem ist die 1987 publizierte 7. Ausgabe der CC sehr fehlerbehaftet, was ihren Gebrauch sogar für jene, die mit dem System vertraut sind, problematisch macht.[29] Die CC begründete aber den Typ der Facettenklassifikationen, die Ende der 1940er Jahre in Europa Einzug hielten.

Abb. 10-9: *Klassieren mit der Colon-Klassifikation – einmal einfach, einmal kompliziert. Das L im rechten Beispiel steht für das Fachgebiet Medizin. (Quelle: Laisiepen 1980:346 u. 348)*

PMEST-Formel

Die Herstellung von Glasinstrumenten in Stuttgart im Jahr 1964		Röntgenstrahlenbehandlung der Lungentuberkulose in Indien bis 1950
Personality	Instrument	P Lunge - 45
Matter	Glas	E Krankheit - 4
		P TBC-Bazillen - 21
Energy	Herstellung	E Behandlung - 6
Space	Stuttgart	P Röntgenstrahlen - 253
		S Indien - 44
Time	1964	T 1950 N 5
		Notation: L 45:421: 6253.44 N 5 (L steht für das Fachgebiet Medizin)

---

[25] Vgl. Greiner 1978:77; Laisiepen 1980:341f; Manecke 2004:136ff.
[26] Auf deutsch: *Individualität, Stoff, Bewegung, Raum, Zeit.*
[27] Vgl. Manecke 2004:137; Kiel/Rost 2002:78f; Hunter 2002:37; Foskett 1996:316.
[28] Vgl. Vickery 1969:25f.
[29] Vgl. Hunter 2002:36; Foskett 1996:323.

Abschließend noch zwei Zitate zur CC:

> "(...) from time to time one feels that the scheme is more a testing ground for Ranganathan's theories than a practical means of arranging documents and catalogues."[30]

> „Die gesamte CC ist ein außerordentlich komplizierter Apparat, und es ist kein Wunder, daß sich dieses im Grunde geniale Klassifikationssystem nicht durchgesetzt hat ... Und dennoch ist das von Ranganathan entwickelte Prinzip für die gesamte Ordnungslehre und für die Klassifikationspraxis von großer Bedeutung insofern, als es sowohl bei der Weiterentwicklung der DK als auch bei der Entwicklung von Thesauri verwendet werden kann."[31]

1.6 Sonstige Universalklassifikationen

a) RVK – Regensburger Verbundklassifikation

Die neben hauseigenen Systematiken am meisten verbreitete Klassifikation in Wissenschaftlichen Bibliotheken Deutschlands ist die *Regensburger Verbundklassifikation (RVK)*.[32] Sie entstand in den sechziger Jahren mit Gründung der dortigen Universität. Es handelt sich um eine Universalklassifikation mit integrierten Anhängezahlen, die etwa 118.000 Klassen umfaßt. Anders als bei DK und DDC gibt es kein Gesamtregister, sondern nur fachbezogene Register unterschiedlichen Umfangs. Die RVK ist mithin weniger eine einheitliche Universalklassifikation, denn eine Sammlung einzelner und unterschiedlich ausgeprägter Fachsystematiken, insgesamt 34 an der Zahl. Diese sind unabhängig voneinander entstanden. Gleiches gilt für ihre Fortschreibung. Die RVK wird in fast allen Bibliotheken der Neuen Bundesländer angewandt und häufig für die Erschließung von Dissertationen genutzt.[33]

b) BK – Niederländische Basisklassifikation

Die *Niederländische Basisklassifikation (BK)* wurde in den Niederlanden von der PICA-Stiftung entwickelt und 1993 vom *Gemeinsamen Bibliotheksverbund* (GBV) übernommen.[34] Sie ist auf relativ hohem Abstrak-

---

30 Foskett 1996:254:
31 Ernst Lutterbeck; zit. nach Greiner 1978:77
32 Vgl. Umlauf 2002:3.3.
33 Homepage der RVK:
    http://www.bibliothek.uni-regensburg.de/Systematik/rvk_onl.htm
34 Der GBV ist der Bibliotheksverbund der Bundesländer Bremen, Hamburg, Mecklenburg-Vorpommern, Niedersachsen, Sachsen-Anhalt, Schleswig-Holstein und Thüringen.

tionsniveau angesiedelt und umfaßt insgesamt 2100 Klassen, die sich auf 48 Hauptklassen verteilen. Entsprechend ist die BK vor allem zum kombinierten Einsatz mit verbaler Inhaltserschließung durch RSWK und SWD gedacht. Gegliedert wird fast ausschließlich nach sachlichen Gesichtspunkten, vereinzelt zudem nach Ländern und Epochen. Im Internet wird sie von DutchESS angewandt – das ist ein Informationssystem, das Internetressourcen aller Fachgebiete erschließt und gemeinsam von der *Koninklijke Bibliothek* und einer Anzahl niederländischer Fachbibliotheken unterhalten wird.[35]

c) LCC – Library of Congress Classification

Die *Library of Congress Classification* (LCC) ist eine aus 21 Hauptklassen zusammengesetzte nahezu vollständig präkombinierte Universalklassifikation, die 1899 von der *Library of Congress* entwickelt wurde. Die Hauptklassen sind den vier Blöcken *Allgemeines* (A); *Geistes- und Sozialwissenschaften* (B-P); *Naturwissenschaften, Technik, Militärwissenschaften* (Q-V); *Bibliographie und Bibliothekswissenschaft* (Z) zugeteilt, wobei die Geistes- und Sozialwissenschaften überrepräsentiert sind.[36] Die LCC kommt vor allem in den wissenschaftlichen Bibliotheken der USA zur Anwendung. Im Internet wird sie z.B. bei *CyberStacks* eingesetzt, einem Fachinformationssystem für den naturwissenschaftlich-technischen Bereich, das ausgewählte Internetquellen mit Abstracts und Hinweisen für ihre Benutzung versieht.[37]

→ Die wissenschaftliche Bibliothekslandschaft in Deutschland gestaltet sich im Vergleich zum anglo-amerikanischen Sprachraum ungleich heterogener in bezug auf die eingesetzten Klassifikationssysteme. Gemäß einer im Web publizierten Graphik aus dem Jahre 2002 kommen hauseigene Systematiken in etwa ein Drittel aller Bibliotheken zum Einsatz, in etwa ebenso vielen die RVK. Die BK wird immerhin noch von 15% aller Wissenschaftlichen Bibliotheken eingesetzt und DK und DDC kommen zusammen auf einen Anteil von 5%.[38]

---

[35] Vgl. Koch1998:331; Umlauf 2002:3.4. Homepage der DutchESS: http://www.kb.nl/dutchess/; die BK findet man auf dieser Website unter: http://www.kb.nl/dutchess/nbc_main.html.

[36] Vgl. auch Lorenz 1998:121f; Foskett 1996: Kap. 22.

[37] Homepage von CyberStacks:
http://www.public.iastate.edu/~CYBERSTACKS/homepage.html
Homepage der LCC: http://lcweb.loc.gov/catdir/cpso/lcco/lcco.html

[38] Vgl. Umlauf 2002:2.1.

2 Wichtige internationale Spezialklassifikationen

Spezialklassifikationen decken einen speziellen Gegenstandsbereich ab und betrachten diesen vom fachspezifischen Gesichtspunkt aus. Sie können sich auf eine Disziplin (z.B. *Mathematik*), spezielle Objekte (z.B. *Pflanzen*), einen speziellen Aufgabenbereich (z.B. *Umweltschutz*) oder eine spezielle Dokumentart beziehen (z.B. *Normen*). Sie werden vor allem in Dokumentationsstellen und Spezialbibliotheken eingesetzt und können sowohl präkombinierte als auch Facettenklassifikationen sein.[39]

a) Patentwesen: IPC – Internationale Patentklassifikation

Die *Internationale Patentklassifikation (IPC)* ist ein Instrument zur weltweit einheitlichen Klassierung von Erfindungen und dient vor allem als wirksames Recherchewerkzeug für das sprachunabhängige Wiederauffinden von Patentdokumenten durch die Nutzer.[40] Sie geht auf eine internationale Übereinkunft im Jahr 1954 zurück und wurde nach 14jähriger Entwicklungszeit 1968 erstmals veröffentlicht. Seit dem Straßburger Klassifikationsabkommen von 1971 findet sie allgemeine Anwendung. Zuständig für ihre Pflege ist seit 1975 die *World Intellectual Property Organization* (WIPO).[41]

Der Gegenstandsbereich der IPC sind Patentschriften und Gebrauchsmuster. Sie zeichnet sich durch eine straff organisierte Revisionsarbeit aus und wurde bislang etwa alle fünf Jahre überarbeitet. Die IPC ist in mehrere Sprachen übersetzt und kommt in nahezu hundert Ländern zur Anwendung. Die offiziellen Versionen sind französisch und englisch. Derzeit ist die 7. Auflage in Gebrauch. Das deutsche Patentamt benutzte die IPC seit 1968 als Zweitklassifikation, 1975 löste sie die bisherige Erstklassifikation, die rein anwendungsorientierte Deutsche Patentklassifikation (DPK) ab. In den USA wird eine nationale, rein funktionsorientierte Klassifikation verwendet, die IPC fungiert dort als Zweitklassifikation.

Die IPC geht von acht Hauptklassen aus, Sektionen genannt (→ Abb. 10-10), die sich weiter in Klassen, Unterklassen, Hauptgruppen und Untergruppen ausdifferenzieren. Die ersten vier Ebenen werden hierarchisch notiert, darunterliegende sequentiell.[42] Die IPC ermöglicht die anwendungs-

---

[39] Vgl. DIN 32 705:5.
[40] Vgl. auch Kiel/Rost 2002:79ff.
[41] Vgl. Schramm 2004: 649f.
[42] Vgl. hierzu Kapitel 8, Abschnitt 5.2.

Abb. 10-10: *Sektionen der IPC*

> A Täglicher Lebensbedarf
> B Arbeitsverfahren; Transportieren
> C Chemie; Hüttenwesen
> D Textil; Papier
> E Bauwesen; Bergbau
> F Maschinenbau; Beleuchtung; Heizung; Waffen
> G Physik
> H Elektrotechnik

orientierte und funktionsorientierte Einordnung von Gegenständen, wobei die lange Erarbeitungsphase ihren Hauptgrund im Streit um die Durchsetzung des einen oder des anderen Prinzips hatte.[43] Typische mit Hilfe der IPC zu bewerkstelligende Recherchen sind Weltstandsrecherchen (um Doppelforschung zu vermeiden), Verletzungsrecherchen (um zu verhindern, daß bei Benutzung, Produktion oder Vertrieb technischer Lösungen fremde Patentrechte beeinträchtigt werden) und Neuheitsrecherchen.

Die Revision der IPC wird künftig flexibilisiert und dynamisiert. Ein überschaubarer Kern von etwa 20.000 Klassen auf den höheren Hierarchiestufen soll im Dreijahresrhythmus revidiert werden, hierarchisch tiefer liegende Klassen im Dreimonatsrhythmus. Damit will man sowohl dem Interesse größerer Patentämter an einer tiefen Inhaltserschließung und einem entsprechend spezifischen System als auch dem Bedürfnis kleinerer Ämter nach einem überschaubaren und leicht handhabbaren Instrument nachkommen.[44]

b) Normen: ICS – International Classification for Standards

Die ICS, zu deutsch: die *Internationale Normenklassifikation* bezieht sich auf Normen, technische Regeln und Rechtsvorschriften des technischen Rechts und wird von vielen Normungseinrichtungen angewandt: von internationalen, nationalen (in Deutschland vom DIN) oder von bereichsspezifischen. Der Beschluß zu ihrer Erstellung wurde 1988 von der ISO gefaßt, die erste Version wurde 1994 veröffentlicht. Zuvor war für die Erschließung von Normen die DK eingesetzt worden. Die monohierarchisch strukturierte ICS verfügt über vierzig Hauptklassen und läßt drei No-

---

[43] Homepage der IPC: http://classifications.wipo.int/fulltext/ipc/ipc6en/index.htm
[44] Vgl. Makarov 2004:138f.

202

tationen pro Dokument zu. Die Notation spiegelt das hierarchische Niveau wider.[45]

c) Medizinischer Bereich: ICD-10

Aus dem medizinischen Bereich stammt die ICD-10.[46] Es handelt sich bei ihr um ein von der WHO seit 1946 herausgegebenes Klassifikationssystem zur Erstellung amtlicher Todesursachenstatistiken und zur Erschließung von Krankenakten (vgl. auch die Glosse in Abb. 10-11). Seit 1993 ist die zehnte Auflage im Umlauf, die erhebliche Veränderungen gegenüber der ICD-9 aufweist. 1994 wurde die Klassifikation auf deutsch übersetzt, Herausgeber der deutschen Ausgabe ist das *Deutsche Institut für Medizinische Dokumentation und Information* (DIMDI). Die Klassifikation trägt wesentlich zur Vereinheitlichung der Beschreibungen und begrifflichen Vorstellungen von Krankheiten bei, bindet diese aber zugleich an die westliche, also schulmedizinische Sichtweise. Ein allgemeines Problem war auch hier die Frage des primären Unterteilungsgesichtspunkts: Soll eine Diagnose nach dem Ort ihrer Manifestation oder nach dem Krankheitsprozeß klassiert werden? Soll also z.B. *Lungenentzündung* unter *Lunge* oder unter *Entzündung* eingeordnet werden? – In der ICD-10 ist vorwiegend der Prozeß-Aspekt realisiert.[47]

d) Presse- bzw. Nachrichtenwesen: IPTC-Klassifikation

Die *IPTC-Klassifikation* ist eine vom *International Press and Telecommunication Council* (IPTC)[48] entwickelte Klassifikation, die sich an den Bedürfnissen der aktuellen englischsprachigen Pressedokumentation orientiert, auf Nachrichtendokumente zugeschnitten ist und einen ersten Überblick über Artikel zu einem bestimmten Thema ermöglicht. Sie erhebt den Anspruch, das gesamte gesellschafts- und weltpolitische Geschehen abzudecken. Die Klassifikation ist streng monohierarchisch angelegt und in bis zu drei Hierarchiestufen unterteilt. Die erste Stufe umfaßt insgesamt 17 Klassen. Die zweite Hierarchiestufe ist unterschiedlich stark ausdifferenziert. Eine dritte Hierarchiestufe existiert für *Wirtschaft/Finanzen* und *Sport*. Für den Sport stehen zudem Facetten (etwa Altersklasse oder Geschlecht) zur Verfügung.

---

45 Vgl. Nohr 1997.
46 Langform der ICD-10: *International Statistical Classification of Diseases and Related Health Problems*, zu deutsch: *Internationale Klassifikation der Krankheiten und verwandter Gesundheitsprobleme, 10. Revision.*
47 Vgl. Gaus 2003:96ff; Kiel/Rost 2002:81ff.
48 Der IPTC ist ein 1965 gegründeter Zusammenschluß diverser Nachrichtenagenturen.

Alle Klassen sind mit einer Notation belegt. Im Original englischsprachig, ist die IPTC in zwölf Sprachen übersetzt.[49]

Abb. 10-11: *Sonderliches in der ICD-10 (Quelle: Frankfurter Rundschau vom 12-3-2003; der Abdruck erfolgt mit freundlicher Genehmigung der Autorin)*

Schwachsinn

Der Körper des Menschen birgt bekanntlich manches Geheimnis, und mit ihm auch die Medizin. Da scheint es nur folgerichtig zu sein, wenn die so genannte Positivliste von Arzneimitteln Substanzen wie Schweinezahn und Schweinehaut, Potenzholz oder Rindersprostata enthält. Gegen die Stoffe ist grundsätzlich nichts einzuwenden, nur vielleicht, dass ihre therapeutische Wirkung nicht als wissenschaftlich erwiesen gilt. Bleibt also die Frage, warum sie im Anhang der Positivliste auftauchen, die doch den Worten von Bundesgesundheitsministerin Ulla Schmidt zufolge Arzneimittel enthalten soll, welche „nach dem Stand der wissenschaftlichen Erkenntnis für eine sachgerechte Behandlung, Prävention oder Diagnostik" geeignet sind.

Nicht minder geheimnisvoll geht es im Thesaurus der Krankheitsbegriffe zu, Grundlage für die Internationale Klassifikation der Krankheiten (ICD-10). Auf Basis der ICD werden ab dem Jahr 2004 die Kosten für Krankenhauspatienten pauschal nach ihrer Diagnose abgerechnet (diagnosis-related groups, DRG's). Individuelle Unterschiede zwischen den Patienten oder soziale Komponenten können kaum mehr berücksichtigt werden.

Immerhin hält der Thesaurus der Krankheitsbegriffe einen großen Spielraum für ärztliche Ungewissheiten bereit, was ja der Realität entspricht und ihn damit sympathisch macht. Unter „unzulängliche Persönlichkeit" zum Beispiel findet

der Arzt den Schlüssel F60.8, er kann aber auch „müde Augen" mit H53.9 oder eine „Skelettneurose" mit F45.8 angeben, eine „unsichere Neubildung der männlichen Geschlechtsorgane" (D40.9), ein „besonders auffälliges äußeres Erscheinungsbild" (R46.1) oder einen „Schützengrabenfuß" (T69.0). Allerdings fragt man sich, wie der Patient wohl eine „traumatische Amputation in Halshöhe" (S18) verkraftet haben mag und wie den „Verlust von Teilen des Kopfes oder des Halses" (Z90.0). „Wut" (R45.4) soll gelegentlich vorkommen und offenbar auch eine „toxische Torsionsneurose" (G24.1).

Eine „aggressive Persönlichkeit, passiv" (F60.8) könnte den Umgang mit den Patienten erschweren und als Komplikationsfaktor eigens Berücksichtigung finden. Spätestens bei „pathologischer Brandstiftung" (F63.1) müssen aber die Alarmglocken schrillen.

Sollte jetzt noch etwas unklar geblieben sein in der Diagnose, lässt sich immer noch die Rubrik „bestimmte andere Krankheiten in der Eigenanamnese" ausfüllen. Obwohl die Krankheitsbegriffe also Raum geben für nicht näher zu beschreibende Befindlichkeiten, wie sie jedermann aus dem Alltag kennt, unken im Hintergrund bereits schlecht gelaunte Dauerkritiker, für den Thesaurus der Krankheitsbegriffe passe nur eine Diagnose, nämlich die unter Schlüssel F71.9: „Schwachsinn, mäßiger". NICOLA SIEGMUND-SCHULTZE

---

[49] Vgl. auch Bergau 2002:12f.

e) Kunstgeschichte: Iconclass

Die *Iconclass* ist eine Klassifikation zur Erschließung von Darstellungsinhalten der europäischen Kunst, vor allem von ikonographischen Themen und Motiven. Sie wurde 1944 von dem niederländischen Kunsthistoriker Henri van de Waal (1910-1972) konzipiert und an der Universität Leiden entwickelt und vollendet. Zwischen 1973 und 1985 ist sie in gedruckter Form erschienen. Die Iconclass umfaßt insgesamt 17 Bände (sieben systematische, drei alphabetische sowie sieben bibliographische). Sie ist in mehrere Sprachen übersetzt (Deutsch, Englisch, Französisch, Finnisch) und auch über das Internet zugänglich. Spanische, norwegische und ungarische Übersetzungen sind in Arbeit. Als hochspezialisierter, renommierter Standard ist die Iconclass ein umfassendes Hilfsmittel zur Entschlüsselung ikonographischer Sachverhalte. Herausgegeben und revidiert wird sie von der *Iconclass development group*. Einer ihrer größten Anwender ist das Bildarchiv *Foto Marburg*.[50]

Die Iconclass ist mit einer alphanumerischen Notation versehen. Die dritte Hierarchiestufe ist alphabetisch notiert, die darüber und darunter liegenden Ebenen numerisch. Die Klassifikation weist zehn Hauptklassen auf (→ Abb. 10-12). Gegensätze bzw. komplementäre Sachverhalte werden durch die Dopplung von Buchstaben ausgedrückt, z.B.:

11 H Heilige
11 HH Weibliche Heilige

Abb. 10-12: *Hauptklassen der Iconclass (Quelle: http://www.iconclass.nl/libertas/ic?style=index.xsl&taal=de)*

0 abstrakte, ungegenständliche Kunst
1 Religion und Magie
2 Natur
3 der Mensch (allgemein)
4 Gesellschaft, Zivilisation, Kultur
5 abstrakte Ideen und Konzeptionen
6 Geschichte
7 Bibel
8 Literatur
9 Klassische Mythologie und Antike Geschichte

---

[50] Vgl. Haffner 2001:23f. Die hier angeführten Beispiele sind Foskett entnommen (1996:41) und auf die deutsche Version der Iconclass abgebildet, so wie sie unter http://www.iconclass.nl/libertas/ic?task=getnotation&datum=start&style=index.xsl &taal=de zugänglich ist. Homepage der Iconclass: http://www.iconclass.nl/ Homepage von Foto Marburg: http://www.fotomarburg.de/index.htm

205

Spezifizierungen wie Namen können, so sie nicht ohnehin im Klassifikationssystem vorhanden sind, in Großbuchstaben in die Notation integriert
werden. Haben wir es etwa mit einem Bild zu tun, auf dem ein Bär zu sehen ist, so würden wir die Notation *25F23(BÄR)* vergeben, wobei 25F23 für
Raubtiere steht. Zugleich ist die Iconclass als facettierte Klassifikation konzipiert. Als Facettenindikator dient das Pluszeichen (+). Weist unser Bild z.B.
nur den Kopf eines Bären auf, so würden wir die in Abbildung 10-13 darge-
stellte Tierfacette zum Einsatz bringen. Die komplette Notation für das Bild
würde demzufolge lauten: 25F23(BÄR)(+33).

Abb. 10-13: *Exemplarische Facette der Iconclass (Quelle:*
http://www.iconclass.nl/libertas/ic?style=index.xsl&taal=de)

25F	Tiere
25F(+1)	Tiere als Symbole
25F(+2)	Geschlecht und Alter von Tieren; Fortpflanzung von Tieren
25F(+3)	Anatomie von Tieren
	... 25F(+33) Kopf eines Tieres ...
25F(+4)	tierisches Verhalten
25F(+5)	Bewegung von Tieren; Stellungen, Ausdrucksweisen von Tieren
25F(+6)	Krankheit und Tod von Tieren
25F(+7)	biologische Erforschung von Tieren
25F(+8)	Mensch und Tier
25F(+9)	tierische Erzeugnisse

3 Zusammenfassung

– Eine wichtige Universalklassifikation ist neben der DDC die DK, die
  aus der DDC hervorgegangen ist und sich dann eigenständig weiterentwickelt hat. Bei beiden Klassifikationen handelt es sich um Dezimalklassifikationen, die primär nach Wissenschaftsdisziplinen untergliedert
  sind. Beide Klassifikationen sind zudem facettiert, die DK allerdings wesentlich stärker als die DDC.

– Während die DK schon seit langem in deutscher Sprache vorliegt (allerdings in einer hoffnungslos veralteten Fassung), wird die DDC derzeit
  ins Deutsche übersetzt. Seit 2004 wird sie zur Erschließung der Deutschen Nationalbibliographie eingesetzt. Ausschlaggebende Gründe dafür
  sind ihre große Verbreitung, ihre Eignung für die Erschließung von Internetquellen und die kontinuierliche Revisionsarbeit.

- Wesentliche Probleme beider Klassifikationen sind ihre mangelnde Flexibilität (bedingt durch Präkombination und systematische Ordnung), die häufig wenig transparenten Hierarchien sowie ihre Kompliziertheit.
- Den Prototyp einer Facettenklassifikation stellt die in Indien entwickelte und dort auch hauptsächlich zur Anwendung kommende Colon-Klassifikation dar. Sie unterteilt das Weltwissen ausgehend von fünf Facetten (Personality, Matter, Energy, Space, Time – PMEST).
- Wichtige Spezialklassifikationen mit internationaler Verbreitung sind z.B. die Internationale Patentklassifikation und die Internationale Normenklassifikation. Für Bilder im kunsthistorischen Kontext wird die Iconclass eingesetzt, für die Mediendokumentation steht die IPTC zur Verfügung.

4 Literatur zum Thema

DDC – Machbarkeitsstudie 2000: Einführung und Nutzung der Dewey Decimal Classification (DDC) im deutschen Sprachraum, vorgelegt v. der Arbeitsgruppe klassifikatorische Erschließung, i.A. der Konferenz für Regelwerksfragen, Frankfurt/M.

Foskett, Antony Charles 1996: The subject approach to information, 5th ed. London: Library Association Publishing: Teil III

Heiner-Freiling, Magda 2001: DDC Deutsch 22 – formale, terminologische und inhaltliche Aspekte einer deutschen DDC-Ausgabe, in: ZfBB 48 (2001) 6: 333-339

Heiner-Freiling, Magda 2002: Dewey in der Deutschen Nationalbibliographie?, in: Bibliotheksdienst 36 (2002) 6: 709-715

Gödert, Winfried 2002: „Die Welt ist groß – Wir bringen Ordnung in diese Welt". Das DFG-Projekt DDC Deutsch, in: IWP 53 (2002) 7: 395-400

Knudsen, Holger 1999: Brauchen wir die Dewey-Dezimalklassifikation?, in: Bibliotheksdienst 33 (1999) 3: 454-461

Makarov, Mikhail 2004: The process of reforming the International Patent Classification, in: World Patent Information 26 (2004): 137-141

Nohr, Holger 1997: Internationale Normenklassifikation (ICS), in: nfd 48 (1997) 2: 87-90

Schramm, Reinhard 2004: Patentinformation, in: Kuhlen, Rainer/Seeger, Thomas/Strauch, Dieter (Hg.) 2004: Grundlagen der praktischen Information und Dokumentation, 5. völ. neu gef. Aufl., München u.a.: K G Saur: 643-656

Kapitel 11
Thesauri

Das Kapitel ist dem Thesaurus gewidmet, der wie die Klassifikation ein spezifisches Hilfsmittel für die Inhaltserschließung darstellt, aber einen anderen Typus verkörpert. Nach einer Klärung zentraler Begriffe und struktureller Merkmale von Thesauri werden zunächst Faktoren benannt, die den Anstoß für ihre Entwicklung gaben. Danach werden die Prinzipien ihrer Anwendung erläutert und anschließend die Schlüsselprozesse der Thesauruskonstruktion dargelegt. Es folgen Ausführungen zur Darstellung von Thesauri und ein Überblick über wesentliche Arbeitsschritte für ihre Erstellung und Pflege.

Literatur: Auch für dieses Thema gibt es zunächst einmal Normen, nämlich die zweiteilige DIN 1463 sowie die ISO-Normen 2788 und 5964. Der Aufsatz von Burkart (2004) hält sich eng an die DIN-Norm und führt deren Bestimmungen näher aus. *Die* vertiefende deutschsprachige Monographie zum Thema stellt schließlich Wersigs Thesaurus-Leitfaden (1985) dar. Ein aktuelleres englischsprachiges Pendant ist das Buch von Aitchison/Gilchrist/Bawden (2000). Schließlich soll hier noch eine Internetquelle zum Thema erwähnt werden: Das Thesaurus-Tutorial von Tim Craven, Professor an der Fakultät für *Information and Media Studies* der *University of Western Ontario*. Es ist in acht Kapitel unterteilt, die jeweils mit einem Quiz beschlossen werden, und eignet sich gut als Lernkontrolle.[1]

1 Begriffe

Das Wort *Thesaurus* kommt aus dem Griechischen und bezeichnete ursprünglich einen Ort „zum Einsammeln und Aufbewahren von Schätzen und Weihegaben"[2] oder schlicht einen Wortschatz. Im Bereich der Sprachwissenschaft ist darunter ein Synonymwörterbuch zu verstehen.[3]

Im IuD-Bereich versteht man unter einem Thesaurus eine natürlichsprachig-basierte Dokumentationssprache zur inhaltlichen Feinerschließung. Sie enthält eine geordnete Zusammenstellung von Begriffen und Benennungen, die zum Indexieren, Speichern und Wiederauffinden dokumentarischer Bezugseinheiten dient. Sie lebt von dem Prinzip, einer DBE so viele

---

[1] URL: http://instruct.uwo.ca/gplis/677/thesaur/main00.htm
[2] Kiel/Rost 2002:85
[3] Die englische Bezeichnung für 'Thesaurus' lautet entsprechend (ISO 5127).

Indexterme zuzuweisen, wie jene wesentliche Sachverhalte enthält.[4] Dabei sind die Begriffe und Benennungen durch folgende Maßnahmen terminologisch kontrolliert, also eindeutig aufeinander bezogen:

- vollständige Erfassung von Synonymen;
- besondere Kennzeichnung von Homonymen/Polysemen;
- Festlegung einer Benennung pro Begriff, die diesen eindeutig vertritt.

Zu Beginn ein Beispiel: Nehmen wir an, wir wollten in einer Dokumentationssprache den Prozeß *Heiraten* abbilden. Üblicherweise würden wir hierfür ein Substantiv wählen. Die deutsche Sprache verfügt nun über mehrere Ausdrücke, die gleichermaßen gebräuchlich wie verbreitet sind, z.B. *Hochzeit, Eheschließung, Vermählung, Trauung, Heirat.* Wäre unsere Dokumentationssprache nun ein Thesaurus, so würden wir all diese Benennungen zusammentragen und uns für ein Element entscheiden, dem wir den Vorzug geben. Wenn wir auf unseren Begriff in erster Linie eine kulturelle Perspektive einnehmen wollen, würden wir uns vielleicht für *Hochzeit* entscheiden. Nur dieser Ausdruck (Deskriptor oder Vorzugsbenennung genannt) wäre für das Indexieren und für die Recherche zugelassen, alle anderen Elemente würden in das Thesaurusvokabular zwar aufgenommen, aber zu Nicht-Deskriptoren erklärt. Sie bekommen lediglich einen Verweis auf ihren Deskriptor und sind für die Anwendung nicht zugelassen. Aus aktuellem Anlaß könnten wir nun auch noch überlegen, ob nicht der im Zuge der Eheschließung gleichgeschlechtlicher Partner aufgekommene Ausdruck *Verpartnerung* gleichfalls Teil des Thesaurusvokabulars werden müßte. Das wäre dann unser Deskriptorkandidat.

Die hauptsächlichen Elemente eines Thesaurus sind also Deskriptoren und Nicht-Deskriptoren. Der *Deskriptor* ist ein aktives Element. Es handelt sich um eine genormte und terminologisch kontrollierte Benennung, die für Indexierung und Retrieval zugelassen und verbindlich ist. Sie repräsentiert eine Klasse bedeutungsgleicher bzw. -gleichgesetzter Benennungen. Eine solche Klasse wird als *Äquivalenzklasse* bezeichnet. Der *Nicht-Deskriptor* ist ein passives Element. Darunter versteht man eine Benennung, die nicht zur Indexierung und für die Recherche zugelassen, aber im Thesaurus aufgeführt und entsprechend gekennzeichnet ist, um dem Benutzer den Zugang zum Vokabular zu erleichtern.[5] Zusammengenommen

---

4   Vgl. Wersig 1985:19ff; DIN 1463-1:2.
5   Vgl. DIN 1463-1:2; Lang 1980:262; Wersig 1985:84; 102f. Alternative deutsche Bezeichnung für 'Deskriptor': 'Vorzugsbenennung'. Die englischen Bezeichnungen für 'Deskriptor' und 'Nicht-Deskriptor' lauten: 'preferred term' bzw. 'descriptor' und 'non-preferred term' bzw. 'non-descriptor' (ISO 5127). Die Elemente einer Äquivalenzklasse werden in der englischen Sprache auch als 'equivalent terms' bezeichnet (ISO 5127).

stellen die Deskriptoren eines Thesaurus dessen *Gebrauchsvokabular* dar und die Nicht-Deskriptoren dessen *Zugangsvokabular*, das auf das Gebrauchsvokabular hinführt.[6] Ein weiteres Element ist der *Deskriptorkandidat*. Das ist eine bisher fehlende, aber zum Indexieren für nötig erachtete Benennung, bei der noch unklar ist, ob und wenn ja, mit welchem Status, sie Eingang in den Thesaurus findet. Die Gesamtheit aller Deskriptorkandidaten bildet dessen *Kandidatenvokabular* (→ Abb. 11-1 bis 11-3).[7]

Abb. 11-1: *Bestandteile des Thesaurusvokabulars*

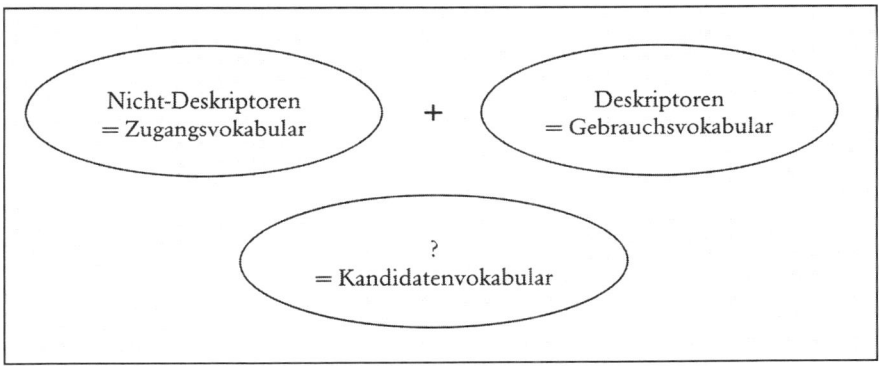

Abb. 11-2: *Bestandteile des Thesaurusvokabulars am Beispiel von Benennungen für den Prozeß 'Heiraten'*

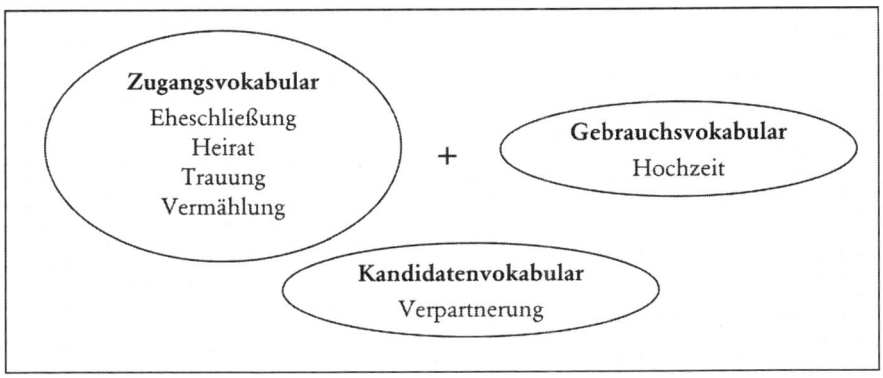

---

6   Vgl. DIN 1463-1:2; Lang 1980:262; 273; 291; Wersig 1985:84ff. Mögliche englische Bezeichnungen für Gebrauchs- und Zugangsvokabular lauten: 'index vocabulary' und: 'entry vocabulary' bzw. 'lead-in-vocabulary' (vgl. z.B. Foskett 1996:88).
7   Vgl. Fugmann 1999:180; Wersig 1985:85.

Abb. 11-3: *Äquivalenzklasse für den Prozeß ‚Heiraten'*

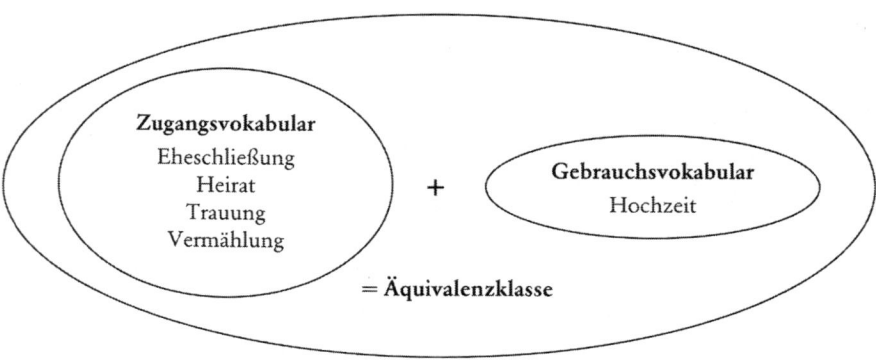

2 Struktur

Ein Thesaurus lebt aber nicht nur von Äquivalenzrelationen, wie sie oben dargestellt wurden – vielmehr sind in ihm auch hierarchische und assoziative Beziehungen vertreten. Angenommen, wir hätten uns also für die Benennung *Hochzeit* als Deskriptor entschieden, so könnte es dazu einen Oberbegriff *Familienfeier*, einen Unterbegriff *Goldene Hochzeit* und einen Teilbegriff *Ringtausch* geben. Verwandte Begriffe könnten z.B. *Braut* und *Bräutigam* sein (als die am Prozeß beteiligten Akteure) oder *Verlobung* und *Scheidung* (als u.U. vorausgehende bzw. nachfolgende Prozesse). Schließlich wäre auch noch denkbar, daß wir Begriffskombinationen in das Vokabular mit aufnehmen möchten, z.B. *Hochzeitskleid* oder *Hochzeitsreise*. Um das Gebrauchsvokabular nicht allzu sehr aufzublähen, würden wir uns vielleicht dazu entschließen, diese komplexen Begriffe beim Indexieren zu zerlegen, z.B. in *Hochzeit + Urlaub* bzw. in *Hochzeit + Bekleidung*. Damit würden wir unseren präkombinierten Ausgangsbenennungen den Status von Nicht-Deskriptoren zuweisen. Sie sind also Teil unseres Thesaurusvokabulars, werden bei Indexat und Recherche aber durch eine Deskriptorenkombination repräsentiert.

Wie nun aber werden diese Begriffsbeziehungen dargestellt und transparent gemacht? Hierfür stehen genormte Relationenkürzel zur Verfügung. Die Äquivalenzrelation wird über die Relationenkürzel BS/BF (*Benutze Synonym/Benutzt für*) ausgewiesen. Beispiel:

Heirat
BS Hochzeit

Hochzeit
BF Heirat

Die Beziehung zwischen einer Begriffskombination und den Deskriptoren, in die sie zerlegt wurde, wird über die Relationenkürzel BK/KB (*Benutze Kombination/Benutzt in Kombination*) ausgewiesen. Beispiel:

Hochzeitskleid
BK Hochzeit + Bekleidung

Im Gegenzug sind nun statt einem zwei Rückverweise nötig:

Hochzeit
KB Hochzeitskleid

Bekleidung
KB Hochzeitskleid

Unspezifizierte Hierarchierelationen werden über die Relationenkürzel OB/ UB (*Oberbegriff/Unterbegriff*) ausgewiesen, Beispiel:

Familienfeier
UB Hochzeit

Hochzeit
OB Familienfeier

Sollen generische und partitive Relationen als solche ausgewiesen werden, so stehen hierfür spezifische Relationenkürzel zur Verfügung – im ersten Fall die Kürzel OA/UA (*Oberbegriff (Abstraktionsrelation)/Unterbegriff (Abstraktionsrelation)*), im zweiten Fall die Kürzel SP/TP (*Verbandsbegriff/Teilbegriff*).[8] Beispiel:

Goldene Hochzeit	*Ringtausch*
OA Hochzeit	*SP Hochzeit*
Hochzeit	*Hochzeit*
UA Goldene Hochzeit	*TP Ringtausch*

Assoziationsrelationen schließlich werden über das Relationenkürzel VB (*Verwandter Begriff*) ausgewiesen. Da es sich im Gegensatz zu den anderen beiden Beziehungsarten um ungerichtete Beziehungen handelt, sind Verweis und Rückverweis hier identisch. Beispiel:

Scheidung
VB Hochzeit

Hochzeit
VB Scheidung

---

[8] Vgl. auch Kapitel 8, Abschnitt 4.

Diese Verweise werden schließlich in *Deskriptorensätzen* zusammengefaßt, die die bestimmende Einheit im alphabetischen Teil eines Thesaurus darstellen.[9] Sie geben aus der Perspektive einer Ausgangsbenennung Aufschluß über deren jeweiliges semantisches Umfeld, also vor allem über äquivalente, über- bzw. untergeordnete und assoziierte Begriffe. Hierdurch machen sich Thesauri in der Feinstruktur zugleich etwas von der Funktionalität der systematischen Ordnung zu eigen. Für das Hochzeitsbeispiel könnte ein Deskriptorensatz wie in Abbildung 11-4 dargestellt aussehen.[10]

Abb. 11-4: *Deskriptorensatz für 'Hochzeit'. Nicht-Deskriptoren sind kursiv gesetzt.*

Hochzeit
BF *Eheschließung*
BF *Heirat*
BF *Trauung*
BF *Vermählung*
OB Familienfeier
UB Goldene Hochzeit
TP Ringtausch
VB Verlobung
KB *Hochzeitsreise*

In bezug auf ihre Grobstruktur verabschieden sich Thesauri jedoch vom Prinzip der systematischen Ordnung. Sie setzen sich vielmehr aus vielen kleinen strukturellen Einheiten zusammen, die immer nur von einem Ausgangsbegriff auf eine überschaubare Menge an Zielbegriffen ausgerichtet sind. Auf diese Weise läßt sich ein komplexeres Beziehungsgefüge aufbauen, als es die systematische Ordnung vermag – man bemüht in diesem Zusammenhang auch gern das Bild eines semantischen Netzes.

→ Thesauri weisen also eine komplexe Beziehungsstruktur auf, die sich als Folge terminologischer und begrifflicher Kontrolle ergibt. Dabei stellen Äquivalenzrelationen weitgehend das Ergebnis terminologischer Kontrolle dar. Hierarchie- und Assoziationsrelationen sind das Ergebnis begrifflicher Kontrolle.

---

[9] Alternative Bezeichnung für 'Deskriptorensatz': 'Begriffssatz'
[10] Nähere Erläuterungen dazu finden sich in Abschnitt 7.

3 Anwendung

Bei der Anwendung eines Thesaurus im Dokumentationsprozeß kommt das Prinzip der *Begriffsgleichordnung* zum Tragen (→ Abb. 11-5). Es bezeichnet die Art, wie die Deskriptoren miteinander in Beziehung treten[11] und ermöglicht große Flexibilität dergestalt, daß bei Indexierung und Retrieval prinzipiell jeder Deskriptor mit jedem verknüpft werden kann. Der Dokumentinhalt wird folglich nicht mehr nur mit einem Indexterm beschrieben (wie bei der Klassifikation), sondern mit mehreren, was seine polydimensionale Abbildung ermöglicht.

Abb. 11-5: *Begriffsgleichordnung – Das Prinzip ‚Jeder mit jedem'* (*Quelle: Greiner 1978:72*)

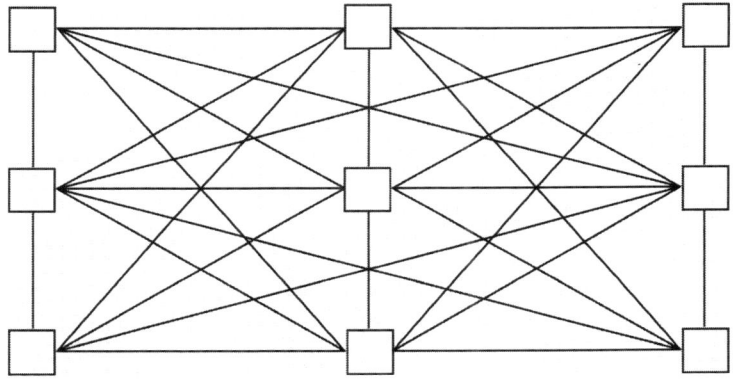

Das vorherrschende Verknüpfungsprinzip stellt damit die *Postkoordination* dar: Komplexe Sachverhalte werden zerlegt und beim Indexieren durch mehrere Deskriptoren repräsentiert. Beim Retrieval können sie durch den Einsatz logischer Operatoren, die eine Verknüpfung der Deskriptoren herstellen, wieder zusammengesetzt werden. Beim thesaurusgestützten Indexieren wird demnach jeder wesentliche Sachverhalt eines Dokuments durch einen Deskriptor bzw. mehrere Deskriptoren abgebildet. Die Nicht-Deskriptoren dienen lediglich der Hinführung auf die Deskriptoren und werden grundsätzlich nicht zugeteilt.

→ Thesauri vermögen durch die Prinzipien der Postkoordination und Begriffsgleichordnung mit wenig Wortmaterial eine nahezu unbegrenzte Anzahl an Sachverhalten zu kennzeichnen. Sie sind damit die ökonomischste, flexibelste und ausdrucksfähigste aller herkömmlichen Doku-

---

[11] Vgl. Greiner 1978:72. Gaus nennt dieses Prinzip 'Begriffskombination' (2003:136ff).

mentationssprachen. Dabei ermöglichen Hierarchierelationen die Erweiterung oder Verengung der Suche ins Allgemeine bzw. Speziellere und die Assoziationsrelation eine Ausdehnung der Suche zur Seite.[12] Äquivalenzrelationen wiederum erhöhen die Konsistenz beim Indexieren und den Recall bei der Recherche.

Thesauri sind auf einer niedrigeren Abstraktionsstufe angesiedelt als Klassifikationen, ihre Reichweite fällt demzufolge geringer aus. Meist sind sie auf einen Gegenstandsbereich (häufig eine Wissenschaftsdisziplin oder Teildisziplin[13]) zugeschnitten. Sie eignen sich besonders zur Feinerschließung unselbständiger, inhaltlich komplexer Quellen, also z.B. für Zeitschriftenaufsätze. Sie sind immer dann besonders gefragt, wenn es weniger auf Ordnung und Aufstellung, als auf die tiefe Erschließung und nachfolgende Präzisionsrecherchen ankommt.

Den Endnutzer stellen Thesauri vor hohe Anforderungen, will er ihr Potential ausschöpfen. Daß er dazu auch gewillt und in der Lage ist, davon können wir nun allerdings nicht ohne weiteres ausgehen, wie zahlreiche Untersuchungen zur Recherchekompetenz von Endnutzern belegen.[14] In Zukunft wird es daher mehr und mehr darauf ankommen, Thesauri nutzbringend beim Retrieval einzusetzen, auch ohne daß sich der Nutzer mit ihnen auseinandersetzen muß. Dazu ein Zitat:

> „The thesaurus must move behind indexing and searching interfaces in order to play its role as a vocabulary control tool that does not require users to interact with it as a separate operation unless they really want to."[15]

Moderne Retrievalansätze können sich die semantische Netzstruktur eines Thesaurus auf vielfältige Art nutzbar machen: Z.B. dadurch, daß sie dem Nutzer Synonyme, assoziierte oder hierarchisch übergeordnete Begriffe zum eingegebenen Suchterm präsentieren, wenn keine oder zu wenig Treffer erzielt wurden. Oder indem sie zur Präzisierung von Suchbegriffen hierarchisch untergeordnete Begriffe anbieten, um damit ein Suchergebnis sinnvoll einzuschränken. Dies kann vollständig oder teilweise automatisiert geschehen. Im letzten Fall haben die maschinell generierten Erweiterungen Vorschlagscharakter, die vom Suchenden entweder angenommen oder verworfen werden können. Den Hintergrund der automatisierten Vorschläge können dabei neben einem intellektuell erstellten Thesaurus auch automatisch erzeugte Begriffsbeziehungen stellen. Mit der Suchmaschine *Google* et-

---

[12] Vgl. DIN 1463-1:5; Greiner 1978:16.
[13] Vgl. auch den Abschnitt 12.
[14] Vgl. z.B. Weichert 2002 und Tröger 2004.
[15] Hudon 2003:118

wa lassen sich seit einiger Zeit Synonyme in die Suche einbeziehen, wenn man dem Suchterm eine Tilde voranstellt. Das System sucht dann nicht nur (z.B.) nach *help* sondern auch nach *guide*, *tips*, *tutorial*, *FAQ* und ähnlichem.[16]

4 Entstehungsgeschichte

Thesauri sind die strukturell am höchsten entwickelten Dokumentationssprachen und zugleich die jüngsten. Sie bildeten sich als eine Art Gegenbewegung zu den Klassifikationen heraus. Ihre Entwicklung begann vor etwa fünfzig Jahren und war motiviert durch die Abkehr vom starren und unflexiblen Schubladenprinzip (Präkombination) und der Rückkehr zur (benutzerfreundlicheren) natürlichen Sprache. Im Zusammenhang mit den immer zahlreicher werdenden unselbständigen Quellen (z.B. Artikel in Fachzeitschriften) trat zudem mehr und mehr das Interesse an einer Feinerschließung von Dokumentbeständen in den Vordergrund, die eine Klassifikation zumeist nicht leistet. Die Herausbildung moderner Informationstechnologie erlaubte nun zudem, die Erschließung von Dokumentinhalten von ihren physischen Trägern zu lösen, indem sie digitale Stellvertreter erzeugte. Dadurch wurde der polydimensionale Zugriff auf die Inhalte von Dokumenten möglich. Dies wiederum unterstützt die Vergabe von mehr als einem einzigen Indexterm und macht sie sinnvoll.

Den Ausgangspunkt der Thesaurusentwicklung stellte die Idee dar, Operationen, die für den Umgang mit Zahlen gelten, auf den Umgang mit Wörtern zu übertragen. Dazu ein Beispiel: Versetzen wir uns für einen Moment zurück in das Zeitalter der D-Mark und stellen uns vor, wir wollten einen Vorrat an Briefmarken anlegen, um damit folgende Arten von Postsendungen zu frankieren:

Postsendung	Porto
Postkarte	DM 1,-
Standardbrief	DM 1,10
Kompaktbrief	DM 2,20
Großbrief	DM 3,00
Maxibrief	DM 4,40

---

[16] Vgl. eine Meldung in Password (9/2003:36). Die Funktionalität ist bislang auf englische Suchterme beschränkt.

Vom Prinzip her sind nun drei Möglichkeiten denkbar:

a) Man erwirbt für jede Art von Brief die passende Marke – dies wäre, auf Dokumentationssprachen übertragen, das Klassifikationsprinzip (für jedes Dokument eine Klasse → Präkombination).

b) Man beschränkt sich darauf, Marken im Wert von zehn Pfennig zu erstehen. Denn damit läßt sich jede der aufgeführten und auch weitere Arten von Briefsendungen frankieren. Das wäre die radikale Zerlegungsvariante (→ Postkoordination). Sie wurde von einem Vorläufer des Thesaurus, der sog. Uniterm-Methode praktiziert.[17]

c) Man entscheidet sich für einen Kompromiß und kauft Marken im Wert von 1,- DM und 1,10 DM bzw. Marken im Wert von fünfzig und sechzig Pfennig. Damit lassen sich alle obigen Postsendungen frankieren. So würden, wie im Abschnitt zur Zerlegungskontrolle näher ausgeführt wird, Thesauri diese Aufgabe lösen.

5 Normung

Die Normung stellt einen vorbereitenden Arbeitsschritt für die terminologische Kontrolle dar. Sie nimmt auf die äußere Form eines Deskriptors Bezug und zielt auf eine Vereinheitlichung der Ansetzung und Schreibweise. Sie legt allgemeine Richtlinien für die Wortfolge, die Wortart, sowie für Casus und Numerus fest.[18] So sollten Deskriptoren generell im Substantiv angesetzt werden und Tätigkeiten als Verben. Adjektive sollten nur in Verbindung mit einem Substantiv in das Gebrauchsvokabular Eingang finden. Substantive sind im Nominativ, Verben im Infinitiv anzusetzen. Im Deutschen ist dabei grundsätzlich der Singular zu verwenden – es sei denn, er ist ungebräuchlich (wie etwa bei: *Eltern, Geschwister, Ahnen, Sporen*), er hat eine andere Bedeutung als der Plural (z.B.: *Kosten, Diäten, Geschichten*) oder er dient dazu, Homonyme eindeutig zu machen (*Bänke, Banken*).[19] Grundle-

---

[17] Die Uniterm-Methode wurde um 1950 als Auftragsarbeit für den US-amerikanischen *Defense Documentation Center* von Mortimer Taube entwickelt. Im Zuge dieser Methode wurde konsequente Postkoordination betrieben. Zusammengesetzte Wörter wurden also in kleinste, ohne Bedeutungsverlust nicht mehr teilbare Einheiten zerlegt. Eine solche Einheit wurde Uniterm genannt (vgl. hierzu Greiner 1978:50ff; Lang 1980:264 sowie Wersig 1985:20ff).

[18] Vgl. hierzu DIN:31 623-2:8; Wersig 1985:93ff.

[19] Abweichend davon gilt für die englische Sprache: Konkrete Gegenstände werden, soweit sie zählbar sind (und das sind sie dann, wenn sich die Frage 'how many?' sinnvoll auf sie anwenden läßt) im Plural angesetzt. Körperteile werden je nach Anzahl des Vorhandenseins angesetzt (also *ears*, aber *nose*, *hands* aber *head*). Nichtzählbare Gegenstände ('how much?') werden im Singular angesetzt, gleiches gilt für Prozesse (z.B. *indexing*). Ebenso sind abstrakte Gegenstände im Singular anzusetzen,

gende Festlegungen in bezug auf die Schreibweise – also z.B. die Frage, ob nach alter oder neuer Rechtschreibung angesetzt wird – sollten im Vorfeld einer Klärung zugeführt werden. Abkürzungen sollten als Deskriptoren angesetzt werden, wenn sie gebräuchlich und eindeutig sind. *AA* im Pressebereich könnte z.B. sowohl für *Auswärtiges Amt* als auch für *Anonyme Alkoholiker* stehen, *UDK* im Dokumentationsbereich sowohl für *Universale Dezimalklassifikation* als auch für *Umweltdatenkatalog*. Bei Mehrwortbenennungen ist die natürliche Wortfolge beizubehalten, die invertierte ist u.U. im Zugangsvokabular aufzuführen.

6 Terminologische Kontrolle

Thesauri sind die Dokumentationssprachen mit der ausgeprägtesten terminologischen Kontrolle. Ihr Umfang und ihre Qualität sind entscheidend für die Qualität des Thesaurus insgesamt. Wie in Kapitel 6 dargestellt, umfaßt dieser Prozeß die Homonym- bzw. Polysemkontrolle, die Synonymkontrolle und die Zerlegungskontrolle.

6.1 Homonym-/Polysemkontrolle

Die *Homonym-/Polysemkontrolle* macht mehrdeutige Benennungen eindeutig. Diesen Vorgang bezeichnet man auch als *Disambiguierung*. Sie wird erst nötig, wenn im Gegenstandsbereich des Thesaurus Benennungen mit mehreren Bedeutungen auftreten können.

Zur Kontrolle von Homonymen bzw. Polysemen können wir z.B. nur eine ihrer Bedeutungen beibehalten und alle anderen explizit ausschließen. Oder wir ersetzen die durch das Homonym/Polysem repräsentierten Begriffe durch eindeutige Benennungen, also z.B. *Anschlag* durch *Plakat* oder *Attentat*, *Wurzel* durch *Baumwurzel* oder *Zahnwurzel*. Schließlich können wir das Homonym/Polysem aber auch um einen *Homonymzusatz* erweitern, der mit ihm zu einer Einheit verschmilzt, also präkombiniert in das Thesaurusvokabular Eingang findet. Beispiel: *Pferd (Tier) – Pferd (Sportgerät) – Pferd (Schachfigur).*[20]

Klassen mit mehr als einer Unterklasse (z.B. *teachers*) hingegen im Plural (ISO 2788: 6f; Aitchison/Gilchrist/Bawden 2000:21ff).

[20] Burkart 2004:143f; DIN 1463-1:4; Wersig 1985:71. Derartige Zusätze werden in der Literatur bisweilen auch als 'Relator', 'Qualifikator' oder 'Qualifier' bezeichnet.

6.2 Synonymkontrolle

Im Zuge der *Synonymkontrolle* entstehen Äquivalenzklassen. Sie bezieht sich vor allem auf typische Fälle von Synonymie oder Quasi-Synonymie, auf Ansetzungs- und Schreibweisenvarianten.[21] In eine Äquivalenzklasse sollten alle gebräuchlichen Synonyme für einen Begriff aufgenommen werden sowie Begriffe, die sich nur so geringfügig unterscheiden, daß sie in der Praxis synonym gebraucht werden.

→ Der Umfang einer Äquivalenzklasse orientiert sich am Gegenstandsbereich. Er sollte so gewählt werden, daß alle Äquivalenzklassen etwa gleich häufig zum Indexieren und für Suchanfragen benutzt werden. Bei häufigen Begriffen sind also enge, bei selteneren Begriffen weite Äquivalenzklassen zu bilden. Im *Europäischen Thesaurus Bildungswesen* (ETB) etwa gehen *Bildschirm* und *Fernsehgerät* eine Äquivalenzrelation ein. Dies ist im pädagogischen Bereich sicher zweckmäßig, wäre aber für den Bereich der Unterhaltungselektronik vermutlich fatal.

6.3 Zerlegungskontrolle

„A difficult and constantly occurring problem in thesaurus construction is knowing when to factor compound terms into simpler terms, and when it may be better for system performance to retain the compound term (also known as the precoordinated term).“[22]

Als *Zerlegungskontrolle* bezeichnet man den Prozeß, komplexe Benennungen daraufhin zu überprüfen, ob sie präkombiniert oder postkoordiniert Eingang in das Thesaurusvokabular finden sollen. Die Zerlegungskontrolle ist, zumal in der deutschen Sprache mit ihren nahezu unbeschränkten Möglichkeiten der Kompositabildung (→ Abb. 11-6) ein zentrales Problem mit größten Auswirkungen auf Aufbau und Verwendung eines Thesaurus.[23] Grundfragen der Zerlegungskontrolle sind daher stets das „Ob" und das „Wie": Soll einen Benennung überhaupt zerlegt werden? Und wenn ja: wie?

---

[21] Vgl. Kapitel 2, Abschnitt 4.2.
[22] Aitchison/Gilchrist/Bawden 2000:38.
[23] Vgl. z.B. Burkart 2004:144f, DIN 1463-1:3; Wersig 1985:54ff.

Abb. 11-6: *Komposita*

- Mikroficherückvergrößerungsgerät
- Parlamentsmitgliederbiographien
- Sondersammelgebietsbibliothek
- Vierschanzentourneesieger
- Datenbankmanagementsystem
- Papieraustauschfilterpackung
- Bezirksschornsteinfegermeister

6.3.1 Zerlegen oder nicht?[24]

Die Entscheidungsgrundlage für oder gegen eine Zerlegung von Begriffs-kombinationen stellt eine Benennungsanalyse bzw. Komponentenanalyse dar, die der Identifizierung von Lexemen dient. Prüfsteine für die Zerlegung könnten z.B. folgende Fragen sein:

- Sind alle begrifflichen Komponenten unabdingbar oder läßt sich der Begriff kürzer fassen? Beispiel *Blumengießkanne*: Der Bestandteil *Blume* ist nicht zwingend.
- Bleibt nach der Zerlegung die gewünschte Spezifität gewahrt? Beispiel: *Sportsoziologie*: Zerlegt in *Sport + Soziologie* finden wir womöglich auch Dokumente, die sich mit diesen beiden Disziplinen, nicht aber mit der spezifischen Teildisziplin befassen.
- Läßt sich die Ausgangsbenennung eindeutig rekonstruieren? Bei einer Zerlegung von *Baumstamm, Schlangengift* und *Topfblume* würden wir womöglich auch Dokumente finden, die sich mit *Stammbäumen, Giftschlangen* und *Blumentöpfen* auseinandersetzen.
- Wie gebräuchlich ist die Begriffskombination? Beispiel *Plattenspieler*: Zwar ließe sich dieser Begriff z.B. in *Schallplatte + Abspielgerät* zerlegen, jedoch ist das nicht zweckmäßig, wenn nach dieser Begriffskombination häufig gesucht wird. Daher sollte man sie wie einen Einzelbegriff behandeln.
- Kann die Benennung aus einer Kombination bereits vorhandener Deskriptoren abgebildet werden? – Dann (und nur dann) ist eine Zerlegung zu erwägen.
- Handelt es sich um einen Eigennamen, um eine feststehende Wendung oder um einen Fachausdruck? – Dann nicht zerlegen.

---

[24] Vgl. zu dieser Frage auch Kapitel 4, Abschnitt 4 sowie Aitchison/Gilchrist/Bawden 2000:41ff + Appendix A.

- Wie viele Lexeme enthält die Begriffskombination? – Laut DIN-Norm sollten es für eine Zerlegung mindestens drei bis vier sein.

→ In den Kerngebieten des Gegenstandsbereichs ist auf hinreichende Spezifität zu achten, daher sollte dort präkombinierend verfahren werden. Inhalte, die den Randgebieten zuzurechnen sind, können postkoordiniert werden.

6.3.2 Vor- und Nachteile einer Begriffszerlegung

„Wer will was Lebendiges erkennen und beschreiben,
sucht erst den Geist herauszutreiben,
dann hält er die Teile in seiner Hand,
fehlt leider nur das geistige Band..."[25]

Eine Begriffszerlegung schafft zusätzliche sprachliche Einstiegsmöglichkeiten. Durch sie erhöht sich die Vergabehäufigkeit der Deskriptoren (was Vor- und Nachteile haben kann). Das Gebrauchsvokabular des Thesaurus bleibt „schlank" und übersichtlich. Jedoch besteht die Gefahr von Fehlverknüpfungen, die Ballast bei der Recherche erzeugen. Auch wird die Thesaurusstruktur dadurch komplizierter, zudem müssen Indexierer und Rechercheure das Zerlegungsprinzip beherrschen.

Weiterhin ist zu beachten, daß einmal zerlegte Begriffskombinationen nicht mehr in begriffliche Beziehung zu Deskriptoren gebracht werden können. Nehmen wir etwa die Begriffskombinationen *Geschirrspülmaschine* und *Kücheninventar*. Unzerlegt könnten wir diese Begriffe hierarchisch miteinander verbinden. Wenn wir nun aber den ersten Begriff z.B. in *Abwasch* und *Maschine* und den zweiten in *Küche* und *Inventar* zerlegen, können wir diese Beziehung nicht mehr abbilden, denn wir verleihen unseren Ausgangsbenennungen damit den Status von Nicht-Deskriptoren. Und zwischen denen werden grundsätzlich keine hierarchischen Beziehungen hergestellt.[26]

6.3.3 Wie zerlegen?

Es ist zunächst zu unterscheiden zwischen zwei verschiedenen Arten der Zerlegung, nämlich der semantischen und der morphologischen Zerlegung. Die *morphologische Zerlegung* ist eine benennungsorientierte Zerlegung. Sie zerlegt die Ausgangsbenennung in ihre konstituierenden Worttei-

---

[25] Goethe: Faust, zit. nach Greiner 1978:52.
[26] Vgl. zu diesem Thema auch Aitchison/Gilchrist/Bawden 2000:40.

le, z.B. *Handschuh* in *Hand + Schuh*.[27] Die *s e m a n t i s c h e   Z e r l e g u n g* ist demgegenüber eine begriffsorientierte Zerlegung. Sie zerlegt die Ausgangsbenennung in ihre Begriffskomponenten. Die Benennungen, die sich daraus ergeben, sind nicht notwendigerweise in der Ausgangsbenennung enthalten. Beispiel: Die Zerlegung von *Handschuh* in *Hand + Bekleidung*.[28]

→ Bei der terminologischen Kontrolle geht es ausschließlich um die semantische Zerlegung. Die Ergebnisse morphologischer Zerlegung können nur dann als Deskriptoren verwendet werden, wenn sie zugleich auch semantisch korrekt sind, Beispiel: *Tierpsychologie (Tier + Psychologie), Schiffsverkehr (Schiff + Verkehr).* [29]

Die semantische Zerlegung kann man noch einmal in eine konjunkte und in eine disjunkte Zerlegung ausdifferenzieren. Eine Zerlegung von *Informationsbedarfsanalyse* in: *Informationsbedarf + Analyse* oder in: *Information + Bedarfsanalyse* wäre ein Beispiel für eine disjunkte Zerlegung. Das ist eine Zerlegung, deren Ergebnisse keine Bedeutungsüberschneidung aufweisen. Die Zerlegung in *Informationsbedarf + Bedarfsanalyse* hingegen wäre ein Beispiel für eine konjunkte Zerlegung. Bei dieser Variante überschneiden sich die Begriffe, in die zerlegt wurde, in ihrer Bedeutung. Konjunkte Zerlegungen produzieren zwar Redundanzen, beugen zugleich aber Fehlverknüpfungen und Ballast vor. Zumal dann, wenn, wie in diesem Beispiel, die einzelnen Bestandteile Begriffe sehr allgemeiner Art repräsentieren (*Information, Analyse*).[30]

Die Zerlegungskontrolle stellt stets einen Balanceakt dar: Es sollte nicht zu viel und nicht zu wenig zerlegt werden, also ein Mittelweg zwischen völliger Postkoordination und extremer Präkombination gefunden werden.[31] Die Entscheidung ist stets auch abhängig vom Gegenstandsbereich, so daß ein und dieselbe Begriffskombination in unterschiedlichen Kontexten unterschiedlich behandelt werden kann. So würde man z.B. *Straßenverkehrsrecht*

---

[27] Bei *Handschuh* handelt es sich um ein sprachliches Phänomen, das man in der englischen Sprache als 'syncategorematic' bezeichnet (ISO 2788:10): Das ist ein Wort, dessen allgemeiner Bestandteil (in diesem Fall *Schuh*) nicht auf seine generische Zugehörigkeit schließen läßt, vielmehr eine Beziehung vortäuscht, wo keine ist – denn Handschuhe sind keine Schuhe. Weitere Beispiele: *Seifenoper* (keine Oper) oder*: Schokoladenei* (kein Ei) oder: *pink elephants* (keine Elefanten, vielmehr der englische Ausdruck für 'Halluzinationen'). Derartige Wörter sollten grundsätzlich nicht zerlegt werden.

[28] Vgl. hierzu Burkart 2004:144; DIN 1463-1:3; DIN 31623-2:10; Wersig 1985:58.

[29] Die englischen Bezeichnungen für diese beiden Zerlegungsarten lauten: 'semantic factoring' und 'syntactical factoring' (ISO 2788:10).

[30] Vgl. hierzu auch DIN 31 623-2:12.

[31] Vgl. hier noch einmal das Briefmarkenbeispiel in Abschnitt 4.

kaum zerlegt in kontrolliertes Vokabular für ein juristisches Informationssystem Eingang finden lassen, vielleicht aber in die Mediendokumentation.[32]

→ Je stärker zerlegt wird, desto größer sind der semantische Informationsverlust und die Gefahr einer sinnverfälschenden Zerlegung. Im Zweifelsfall geht Einheit vor Zerlegung.

7 Begriffliche Kontrolle

Im Zuge der begrifflichen Kontrolle werden hierarchische und assoziative Beziehungen zwischen Begriffen definiert. Dabei zeichnen sich Thesauri vor allem dadurch aus, daß sie diese Begriffsbeziehungen *explizit* und *systematisch* festlegen und darstellen. Während nun für hierarchische Begriffsbeziehungen die in Kapitel 8 vorgestellten Regeln gelten, kann die Definition assoziativer Beziehungen weniger regelgeleitet vonstatten gehen. Eine stete Versuchung liegt daher darin, einen Thesaurus mit dieser Art Begriffsbeziehung zu überladen.[33]

Verwandte Begriffe können derselben oder unterschiedlichen Kategorien angehören.[34] Man unterscheidet drei Arten assoziativer Beziehungen: Die *komplementäre Begriffsbeziehung* ist eine Beziehung zwischen Gegensätzen, z.B. die Beziehung zwischen *Reichtum* und *Armut*, oder die zwischen *Krankheit* und *Gesundheit*.[35] Mit *sequentieller Begriffsbeziehung* wiederum ist die Beziehung zwischen zwei Begriffen gemeint, die durch eine Abfolge im Sinne einer Vor- und Nachordnung gekennzeichnet ist.[36] Beispiele:

- Ursache – Wirkung (Kausalbeziehung): *Übelkeit – Erbrechen*
- Produzent – Produkt (genetische Beziehung): *Müller – Mehl*
- Vorgänger – Nachfolger (konsekutive Beziehung): *DDR – Neue Bundesländer*

---

[32] Vgl. auch Miller/Teitelbaum 2002:90.
[33] Vgl. Burkart 2004:149; Wersig 1985:74ff; Foskett 1996:83.
[34] Vgl. ISO 2788:17. Innerkategorielle Assoziationsbeziehungen bestehen prinzipiell zwischen gleichgeordneten Begriffen (also solchen mit gemeinsamem Oberbegriff, z.B. zwischen *donkeys* – Esel, *hinnies* – Maulesel und *horses* – Pferde, die den Oberbegriff *equines* haben). Ausweisen sollte man sie aber nur, wenn es zu gegenseitigen Überschneidungen kommt. Die Beziehung zwischen *donkeys* und *hinnies* sollte also definiert werden, ebenso diejenige zwischen *horses* und *hinnies,* bei *horses* und *donkeys* müßten wir dies hingegen nicht tun.
[35] Vgl. DIN 32 705:4.
[36] Vgl. DIN 2330:5; DIN 2342-1:2.

Die *pragmatische Begriffsbeziehung* schließlich hat weder hierarchischen noch sequentiellen Charakter. Sie kommt z.B. durch Ähnlichkeit oder Gemeinsamkeit des Auftretens zustande (z.B. *Kugel – Ball* oder: *Pferd – Sattel).*[37]

Ganz allgemein sollte eine assoziative Beziehung zwischen zwei Begriffen dann definiert werden, wenn:

> „they are mentally associated to such an extent that the link between them should be made explicit in the thesaurus, on the grounds that it would reveal alternative terms which might be used for indexing and retrieval."[38]

Grundsätze für die Definition von Begriffsbeziehungen

a) Assoziative und hierarchische Begriffsbeziehungen *werden ausschließlich für Deskriptoren* definiert. Sie verorten den Deskriptor im semantischen Gefüge und tragen hierüber zu seiner Definition bei.

b) Begriffsbeziehungen sind *immer reziprok* darzustellen, mit Verweis und Rückverweis.

c) Zwischen zwei Begriffen kann jeweils *nur eine Art von Beziehung* bestehen.

d) Die Definition von Begriffsbeziehungen ist *kontextabhängig und zweckbestimmt.* Nehmen wir z.B. die beiden Begriffe *WWW* und *Internet.* Im Kontext des IT-Bereichs würden wir *WWW* wohl als Internetdienst begreifen und demzufolge als Unterbegriff von *Internet* ansetzen, im Kontext der Mediendokumentation würde wir die beiden Begriffe dagegen vielleicht als Synonyme betrachten, also eine Äquivalenzrelation definieren. Sollten die Begriffe allerdings in verschiedenen Hierarchieleitern zu finden sein (*Internet* etwa in der Hierarchieleiter *Netzwerke, WWW* in der Hierarchieleiter *Informationsquellen*) würden wir sie womöglich als verwandte Begriffe ansetzen.

Definitionen und Scope Notes

Im Rahmen der begrifflichen Kontrolle können Deskriptorensätze zudem mit einer Definition und einer *Scope Note* versehen werden: Letztere ist eine kontextabhängige Erläuterung, die durch das Kürzel SN ausgewiesen wird. Sie kann eine Bedeutungseinschränkung der Ausgangsbenennung enthalten, eine Instruktion für deren Anwendung beim Indexieren oder

---

[37] Vgl. DIN 2342-1:2.
[38] Aitchison/Gilchrist/Bawden 2000:60

Verwaltungsangaben.[39] Beispiele dafür finden sich in Abbildung 11-7. Auch eine Definition kann Bestandteil des Deskriptorensatzes sein. Im Unterschied zur Scope Note informiert sie über die kontextunabhängige lexikalische Bedeutung des Deskriptors.

Abb. 11-7: *Deskriptorensätze aus dem Thesaurus Sozialwissenschaften; Stand: 2002*

Steine und Erden (ab 1987)
    SN *als Wirtschaftszweig*
    BT Wirtschaftszweig
    UF Zementindustrie
    NO 4.6.04

Täter (ab 1996)
    SN *bis 1995 siehe Straffälliger*
    NT Mittäter
          Rückfalltäter
          Straffälliger
    UF Tätertypologie +
    NO 2.9.04

Arbeitsunfähigkeit
    SN *nur bei zeitlich begrenzter Arbeitsunfähigkeit,*
          sonst Erwerbsunfähigkeit
    RT Berufsunfähigkeit
          Erwerbsunfähigkeit
          Invalidität
    UF Dienstunfähigkeit
    NO 3.3.06/3.4.01

---

[39] ebd.:35

Tabelle 11-1 stellt die Begriffsbeziehungen in Thesauri mitsamt ihren genormten deutschen und englischen Verweisen zusammenfassend dar.[40]

Tab. 11-1: *Verweispaare im Überblick*

	deutsch		englisch	
	Kürzel	Langform	Kürzel	Langform
Äquivalenzrelation	BS	Benutze Synonym	USE	Use
	BF	Benutzt für Synonym	UF	Use[d] for[41]
Begriffs-kombinationen	BK	Benutze Kombination	USE	Use
	KB	Benutzt in Kombination	UFC	Used for combination
Hierarchierelation allgemein	OB	Oberbegriff	BT	Broader term
	UB	Unterbegriff	NT	Narrower term
Hierarchierelation: Generische Relation	OA	Oberbegriff (Abstraktions-relation)	BTG	Broader term (generic)
	UA	Unterbegriff (Abstraktions-relation)	NTG	Narrower term (generic)
Hierarchierelation: Partitive Relation	SP	Verbandsbegriff	BTP	Broader term (partitive)
	TP	Teilbegriff	NTP	Narrower term (partitive)
Assoziationsrelation	VB/VB	Verwandter Begriff	RT/RT	Related term

---

[40] Schreitet man aber z.B. einmal die entsprechende Systemstelle für Thesauri in der Fachhochschulbibliothek Potsdam ab, die für diesen Bereich als Sondersammelgebietsbibliothek fungiert (zum Begriff vgl. Kap. 15, Abschn. 1.3), so gewinnt man den Eindruck, daß Normen lediglich dafür da sind, um von ihnen abzuweichen, so unterschiedlich fallen einzelne Thesauri in ihrer Struktur und Darstellung aus. Deutschsprachige Thesauri bedienen sich häufig englischer Relationenkürzel, da die deutschen Kürzel vergleichsweise wenig eingängig und leicht zu verwechseln sind.

[41] Laut DIN 1463 ist das Kürzel UF mit 'Used for', laut ISO 2788 mit 'Use for' aufzulösen.

Wie bereits erwähnt, ist das Thesaurusvokabular in seinem Hauptteil i.d.R. alphabetisch in Form von Deskriptorensätzen angeordnet. Die Deskriptorensätze können neben dem Deskriptor eine Deskriptornummer und/oder Notation enthalten. Neben gegebenenfalls vorhandenen Definitionen und/oder Scope Notes gibt der Deskriptorensatz natürlich Auskunft über äquivalente und sonstige Begriffsbeziehungen und weist häufig auch Verwaltungsangaben auf, z.B. Einführungs-, Änderungs- oder Streichungsdaten.[42] Was die hierarchischen Beziehungen angeht, so erstrecken sich die Deskriptorensätze im alphabetischen Teil aus der Perspektive der Ausgangsbenennung zumeist lediglich über eine Hierarchiestufe nach oben und nach unten. Die Nicht-Deskriptoren erhalten lediglich einen Verweis auf den Deskriptor! Sie sollten nach Möglichkeit typographisch von den Deskriptoren abgehoben werden.[43] Beispiele für Deskriptorensätze finden sich in Abbildung 11-7.

9 Erstellung und Pflege

Schon bei der Erstellung eines Thesaurus und den dafür nötigen Festlegungen sollte der Pflegeaspekt mit einbezogen werden, denn die Qualität einer Dokumentationssprache steht und fällt mit kontinuierlicher Revisionsarbeit.

9.1 Erstellung

In bezug auf die Erstellung eines Thesaurus gelten die in Kapitel 7 dargelegten Grundsätze für die Erarbeitung von Dokumentationssprachen.[44] Der Erstellungsprozeß vollzieht sich in folgenden Schritten:

a) *Wortgutsammlung* (pragmatisch und/oder systematisch)

b) *Normung*

c) *Terminologische Kontrolle*
– Homonym-/Polysemkontrolle
– Synonymkontrolle
– Zerlegungskontrolle
→ Ergebnis: Äquivalenzrelationen

---

[42] Vgl. Burkart 2004:150f; DIN 1463-1:7.
[43] Aitchison/Gilchrist/Bawden 2000:100
[44] Vgl. auch Wersig 1985: Kap. 5.

d) Begriffliche Kontrolle
- Definitionen und Scope Notes
- Begriffsbeziehungen
→ Ergebnis: Hierarchie- und Assoziationsrelationen

e) Erzeugung des Endprodukts
- alphabetischer Teil
- evtl. systematischer Teil
- evtl. alphabetisches permutiertes Register
- Textteil

f) Test für Indexierung und Retrieval
Bei der praktischen Erprobung eines Thesaurus können wir uns an folgenden Fragen orientieren: Ist das Vokabular zweckmäßig und ausreichend? Hat sich der jeweils zugewiesene Status (Nicht-Deskriptor/Deskriptor) bewährt? Ist das Verhältnis von Deskriptoren zu Nicht-Deskriptoren angemessen? Sind Art und Häufigkeit der definierten Begriffsbeziehungen zweckmäßig und ausreichend? Kann der passende Deskriptor gezielt und schnell aufgefunden werden?

9.2 Pflege

Der Umstand, daß Thesauri auf einer niedrigen Abstraktionsstufe angesiedelt sind, macht sie wenig resistent gegenüber neuen sprachlichen oder begrifflichen Entwicklungen. Thesauri sind daher sehr aufwendig im Aufbau und in der Pflege, ihre Revision sollte nach Möglichkeit institutionalisiert werden. Dabei fallen folgende typische Pflegearbeiten an: Das Kandidatenvokabular muß gesichtet und über seine Aufnahme entschieden werden. Die Vergabehäufigkeit der Deskriptoren sollte statistisch ausgewertet werden. Wenig bzw. gar nicht benutzte Deskriptoren sind zu löschen oder im Status zu verändern. Sehr häufig benutzte Deskriptoren sollten durch die Einführung zusätzlicher benachbarter Deskriptoren entlastet werden, also durch zusätzliche Unterbegriffe und verwandte Begriffe. Fehlende Deskriptoren müssen ebenso wie fehlendes Zugangsvokabular und fehlende Begriffsbeziehungen ergänzt werden (→ Abb. 11-8), veraltete oder nicht benutzte Nicht-Deskriptoren sollten entfernt werden. Gleiches gilt für Überhierarchisierungen und zu extensive Assoziationsrelationen.[45]

---

45 Vgl. auch Aitchison/Gilchrist/Bawden 2000:170.

Abb. 11-8: *Neue Deskriptoren im INFODATA-Thesaurus (links; Stand: Oktober 2000)*
und im Thesaurus Sozialwissenschaften (rechts; Stand: 2002)

Benchmarking	Attac
Browsing	Brandt, W.
Business Process Reengeneering	Best Practice
Call Center	DVD
Chipkarte	Electronic Learning
Data Mining	EU-Staat
Data Warehouse	Finanzkrise
Dokumentenmanagement	gleichgeschlechtliche Lebensgemein-
Electronic Commerce	schaft
Elektronische Zeitschrift	Greenpeace
Elektronisches Dokument	Intifada
Endnutzer	Lernzeitkonto
Filterung	Online-Befragung
Geschäftsprozess	Popkultur
Informationsgesellschaft	SMS
Metadaten	Mädchenschule
Stadt	Rundfunk Berlin-Brandenburg
Land	Spin Doctoring
Kreis	Sohn
Gemeinde	Stalking
Suchmaschine	Tochter
Telearbeit	Wissensmanagement

Dabei ist zu beachten, daß jede Veränderung einen Eingriff in das begriffliche Gefüge des Thesaurus darstellt. Z.B. entspricht jede Löschung eines Deskriptors dem Herausschneiden eines Knotens, dessen lose Enden dann wieder neu verknüpft werden müssen (→ Abb. 11-9). Umgekehrt erfordert natürlich jede Einfügung eines neuen Deskriptors dessen Einbau in das begriffliche Gefüge. Alle Änderungen müssen zudem reziprok ausgeführt werden und gelöschte Deskriptoren müssen trotzdem suchbar sein (es sei denn, der Datenbestand wurde nachindexiert).[46]

9.3 Thesaurus-Software

Die Erstellung eines Thesaurus ist zwar vornehmlich ein intellektueller Prozeß, dieser kann durch Software jedoch erheblich unterstützt und erleichtert werden. Man unterscheidet diesbezüglich integrierte bzw. anwendungsabhängige Software von autonomer bzw. anwendungsunabhängiger Software.

---

[46] Vgl. Burkart 2004:153.

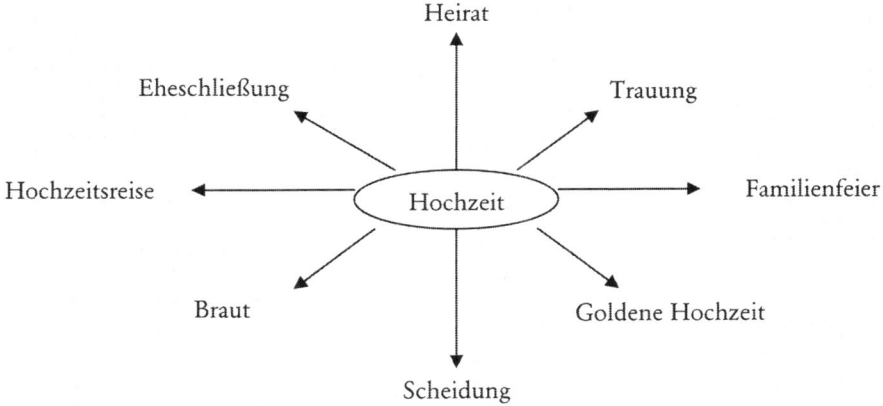

Integrierte Thesaurus-Software ist mit Berücksichtigung der Systemumgebung konzipiert. Sie ist meist nicht auf andere Systeme übertragbar, sondern lediglich in der eigenen Umgebung anwendbar und leidet bisweilen an einem vergleichsweise geringen Funktionsumfang. Die integrierte Pflege von Thesaurus und Dokumentbeständen gestaltet sich mit ihr jedoch meist unkomplizierter als bei anwendungsunabhängiger Software. Diese wiederum ist für den spezifischen Zweck der Thesauruserstellung konzipiert. Sie erlaubt die Erstellung von Produkten, die in unterschiedlichsten Umgebungen zur Anwendung gelangen können. Auch bietet sie meist eine sehr viel weitreichendere Unterstützung als integrierte Komponenten. Verbreitete Vertreter dieses Typs im deutschen Sprachraum sind INDEX, MIDOS und ThesMain. Im Internet ist zudem das englischsprachige Programm TheW32 als Freeware zugänglich.[47] Ein wesentlicher Vorteil von Thesaurus-Software ist die automatische Generierung reziproker Begriffsbeziehungen, die Zeitersparnis und verläßliche Konsistenz schafft. Auch automatische Konsistenzprüfungen und schnell erzeugte variable Darstellungsformen sind Vorzüge der Software gegenüber manueller Thesaurusarbeit.[48]

---

[47] Die URL lauten folgendermaßen:
ThesMain: http://www.cedar.at/wgr_home/pub/hamburg.htm
MIDOSThesaurus: http://www.progris.de/index.html?/midost.htm
INDEX 5.0: http://shorl.com/fafrajemyfuki
TheW32: http://publish.uwo.ca/~craven/freeware.htm#thew32
[48] Vgl. auch Aitchison/Gilchrist/Bawden 2000:171; Burkart 2004.153.

Eine Übersicht über Thesaurus-Software im Internet findet sich z.B. unter folgenden Adressen:

BAK/Berliner Arbeitskreis Information: Software: Automatische Inhaltser-
schließung, Klassifikation und Indexierung, Thesauruserstellung und
Verwaltung
http://bak-information.ub.tu-berlin.de/software/autothes.html
Stand: August 2003
Willpower Information: Information Management Consultants
Software for building and editing thesauri:
http://www.willpower.demon.co.uk/thessoft.htm
Stand: Juni 2003
FH Köln: Thesaurus Management Software
http://www.fbi.fh-
koeln.de/institut/labor/bir/thesauri_new/thsoften.htm
Stand: Januar 2003

Kriterien für die Evaluierung von Thesaurus-Software finden sich unter:

State Records New South Wales: Guidelines for Developing and Implement-
ing a Keyword Thesaurus; Appendix B: Selecting Thesaurus Software
http://shorl.com/denygidostapro
Stand: März 2003
Comparison of thesaurus management software for PCs: Table of features
http://www.willpower.demon.co.uk/thestabl.htm
Stand: März 2003

10 Zusammenfassung

- Thesauri zeichnen sich u.a. durch ihre Äquivalenzrelation aus. Dabei
  werden gebräuchliche Benennungen für einen Begriff in einer Äquivalenzklasse zusammengefaßt, die durch einen Deskriptor repräsentiert
  wird.

- Das Vokabular von Thesauri setzt sich aus dem Gebrauchsvokabular zusammen, das die Gesamtheit der Deskriptoren umfaßt, und dem Zugangsvokabular, das die Gesamtheit der Nicht-Deskriptoren umfaßt.

- Beim Indexieren und der Recherche werden komplexe Sachverhalte zumeist durch eine Kombination von Deskriptoren repräsentiert. Dabei
  gilt das Prinzip der Begriffsgleichordnung, so daß jeder Deskriptor mit
  jedem kombiniert werden kann. Auf diese Weise wird eine große Inde-
  xiergenauigkeit erreicht, was Thesauri vor allem für die Feinerschließung
  bzw. Präzisionsrecherchen geeignet macht.

- Thesauri entwickelten sich u.a. aus der Kritik an Klassifikationen. Sie vollziehen die Rückkehr zur natürlichen Sprache und lösen sich vollständig vom Schubladenprinzip. An die Stelle von Präkombination setzen Thesauri die Postkoordination. Dadurch ermöglichen sie den polydimensionalen Zugriff auf Dokumentbestände und erreichen somit eine größere Ausdrucksfähigkeit als Klassifikationen.
- Schlüsselprozesse der Thesauruserstellung sind die terminologische und die begriffliche Kontrolle. Grundlegende Entscheidungen müssen vor allem in bezug auf den angestrebten Vokabularumfang und den Beziehungsreichtum getroffen werden. Typische Pflegearbeiten beziehen sich ebenfalls auf diese beiden Faktoren: das Vokabular und die Begriffsbeziehungen.
- Bei der terminologischen Kontrolle werden Homonyme disambiguiert, Synonyme zu Äquivalenzklassen zusammengefaßt und Begriffskombinationen auf ihre Zerlegung überprüft. Diese Prozesse münden in der Bestimmung von Äquivalenzrelationen. Die terminologische Kontrolle ist bei Thesauri von allen Dokumentationssprachen am stärksten ausgeprägt.
- Im Rahmen der begrifflichen Kontrolle werden hierarchische und assoziative Beziehungen definiert. Zudem werden Deskriptoren bei Bedarf mit Definitionen und Scope Notes versehen.
- Thesauri werden im Hauptteil i.d.R. alphabetisch in Form von Deskriptorensätzen dargestellt. Alle Begriffsbeziehungen werden mit reziproken Verweisen ausgestattet.

11 Literatur zum Thema

Aitchison, Jean/Gilchrist, Alan/Bawden, David 2000: Thesaurus construction and use: a practical manual, 4th ed., London: ASLIB
Rezension in: Knowledge Organization 28 (2001) 2: 100-102 (von Stella Dextre Clarke)
Burkart, Margarete 2004: Thesaurus, in: Kuhlen, Rainer/Seeger, Thomas/ Strauch, Dieter (Hg.) 2004: Grundlagen der praktischen Information und Dokumentation, 5. völ. neu gef. Aufl., München u.a.: K G Saur: 141-154
DIN 1463-1: Erstellung und Weiterentwicklung von Thesauri. Einsprachige Thesauri, Stand: November 1987
Gaus, Wilhelm 2003: Dokumentations- und Ordnungslehre. Theorie und Praxis des Information Retrieval, 4., überarb. u. erw. Aufl., Berlin u.a.: Springer: Kap. 14 u. 15; 18-20

ISO 2788:1986: Documentation – Guidelines for the establishment and development of monolingual thesauri

Wersig, Gernot 1985: Thesaurus-Leitfaden. Eine Einführung in das Thesaurus-Prinzip in Theorie und Praxis, (DGD-Schriftenreihe; 8), 2. erw. Aufl., München/New York: Saur.

12 Thesauruserstellung an einem Beispiel

Im folgenden geht es darum, Vokabular, das dem Begriffsumfeld 'Bildung' entnommen wurde und das Teil des *Thesaurus Sozialwissenschaften* ist, in eine thesaurusartige Struktur zu bringen. Dabei sollen *keine weiteren Benennungen hinzugefügt* werden.[49]

12.1 Das Thesaurusvokabular

Hier zunächst eine Auflistung der Vokabularelemente in alphabetischer Reihenfolge:

amtliche Statistik	*Hochschulpolitik*	*Schulbildung*
Ausbilder	*Hochschulreife*	*Schule*
Berufsbildung	*Hochschulstatistik*	*Schulfach*
Berufsschule	*Klasse*	*Schulklasse*
Bildung	*Lehrer*	*Schulpolitik*
Bildungspolitik	*Lehrkörper*	*Schulstatistik*
Fachhochschule	*Lehrpersonal*	*Schulunterricht*
Fachhochschulreife	*Musikhochschule*	*Sonderpädagogik*
Gewerbelehrer	*Musikpädagogik*	*Sportpädagogik*
Grundschule	*Pädagogik*	*Technische Hochschule*
Grundschullehrer	*Pädagogische Psychologie*	*Universität*
Hochschulbildung	*Politik*	*Unterricht*
Hochschule	*Primarschule*	*Unterrichtsfach*
Hochschullehrer	*Psychologie*	*Wissenschaftspolitik*

12.2 Exemplarischer Thesaurusausschnitt

Im folgenden wird die im Thesaurus Sozialwissenschaften (Ausgabe 2002) implementierte Struktur für dieses Vokabular dargestellt. Die Ausführungen

---

[49] Mein herzlicher Dank gilt an dieser Stelle Gerhard Knorz für die Erlaubnis, diese Aufgabenstellung, die ich von seiner Website Methodik übernommen und jahrelang in der Lehre am IID eingesetzt habe, hier publizieren zu dürfen. URL: http://spock.iuw.fh-darmstadt.de/methodik/publ/ubung/t2_k_2.htm

orientieren sich an den einzelnen Stufen der Thesauruserstellung. Das gesamte Ergebnis wird schließlich in Form alphabetisch geordneter Deskriptorensätze präsentiert.

a) Homonym-/Polysemkontrolle

Klasse wird disambiguiert durch die alternative Benennung *Schulklasse*.

b) Synonymkontrolle/Äquivalenzrelationen

Der Pfeil verweist jeweils von einem Nicht-Deskriptor auf einen Deskriptor.

Lehrkörper → Lehrpersonal
Primarschule → Grundschule
Schulfach → Unterrichtsfach
Schulunterricht → Unterricht
Universität → Hochschule

c) Zerlegungskontrolle/Begriffskombinationen

Der Pfeil verweist jeweils von einer Begriffskombination auf die Deskriptoren, in die sie zerlegt wurde.

Fachhochschulreife → Fachhochschule + Hochschulreife
Gewerbelehrer → Berufsschule + Lehrer
Grundschullehrer → Grundschule + Lehrer
Hochschulstatistik → Hochschule + amtliche Statistik
Schulstatistik → Schule + amtliche Statistik

d) Begriffliche Kontrolle/Hierarchierelationen

Bildung	*Pädagogik*	*Schule*
- Berufsbildung	*- Musikpädagogik*	*- Berufsschule*
- Hochschulbildung	*- Sonderpädagogik*	*- Grundschule*
- Schulbildung	*- Sportpädagogik*	
Hochschule	*Politik*	
- Fachhochschule	*- Bildungspolitik*	
- Musikhochschule	*- - Schulpolitik*	
- Technische Hochschule	*- - Hochschulpolitik*	
Lehrpersonal	*- Wissenschaftspolitik*	
- Ausbilder		
- Lehrer	*Psychologie*	
- - Hochschullehrer	*- pädagogische Psychologie*	

e) Begriffliche Kontrolle/Assoziationsrelationen

Folgende Paarungen wurden als verwandte Begriffe angesetzt:

Bildungspolitik – Wissenschaftspolitik
Pädagogik – pädagogische Psychologie

f) Das Gesamtergebnis in Form von Deskriptorensätzen

Die Relationenkürzel, die im Thesaurus Sozialwissenschaften verwendet werden, wurden übernommen. Deskriptoren sind gesperrt, Nicht-Deskriptoren kursiv gesetzt. Das + hinter einer Begriffskombination bedeutet, daß für ihre Abbildung der betreffende Deskriptor sowie ein weiterer Deskriptor zu vergeben sind.

amtliche Statistik
UF: Hochschulstatistik +
UF: Schulstatistik +

Ausbilder
BT: Lehrpersonal

Berufsbildung
BT: Bildung

Berufsschule
BT: Schule
UF: Gewerbelehrer +

Bildung
NT: Berufsbildung
NT: Hochschulbildung
NT: Schulbildung

Bildungspolitik
BT: Politik
NT: Schulpolitik
NT: Hochschulpolitik
RT: Wissenschaftspolitik

Fachhochschule
BT: Hochschule
UF: Fachhochschulreife +

Fachhochschulreife
USE: Fachhochschule + Hochschulreife

Gewerbelehrer
USE: Lehrer + Berufsschule

Grundschule
BT: Schule
UF: Primarschule
UF: Grundschullehrer +

Grundschullehrer
USE: Grundschule + Lehrer

Hochschulbildung
BT: Bildung

Hochschule
NT: Fachhochschule
NT: Musikhochschule
NT: Technische Hochschule
UF: Universität
UF: Hochschulstatistik +

Hochschullehrer
BT: Lehrer

Hochschulpolitik
BT: Bildungspolitik

Hochschulreife
UF: Fachhochschulreife +

Hochschulstatistik
USE: amtliche Statistik + Hochschule

Klasse
USE: Schulklasse

Lehrer
BT: Lehrpersonal
NT: Hochschullehrer
UF: Gewerbelehrer +
UF: Grundschullehrer +

Lehrkörper
USE: Lehrpersonal

Pädagogik
NT: Musikpädagogik
NT: Sonderpädagogik
NT: Sportpädagogik
RT: pädagogische Psychologie

Pädagogische Psychologie
BT: Psychologie
RT: Pädagogik

Politik
NT: Bildungspolitik
NT: Wissenschaftspolitik

Primarschule
USE: Grundschule

Psychologie
NT: pädagogische Psychologie

Schulbildung
BT: Bildung

Schule
NT: Berufsschule
NT: Grundschule
UF: Schulstatistik +

Schulfach
USE: Unterrichtsfach

Schulklasse
UF: Klasse

Schulpolitik
BT: Bildungspolitik

Schulstatistik
USE: Schule + amtliche Statistik

Schulunterricht
USE: Unterricht

Sonderpädagogik
BT: Pädagogik

Sportpädagogik
BT: Pädagogik

Technische Hochschule
BT: Hochschule

Universität
USE: Hochschule

Unterricht
UF: Schulunterricht

Unterrichtsfach
UF: Schulfach

Wissenschaftspolitik
BT: Politik
RT: Bildungspolitik

Lehrpersonal
NT: Ausbilder
NT: Lehrer
UF: Lehrkörper

Musikhochschule
BT: Hochschule

Musikpädagogik
BT: Pädagogik

Kapitel 12
Beispiele für Thesauri

Es wird zunächst eine typologische Unterteilung von Thesauri vorgenommen. Danach werden einige Beispiele vorgestellt, die größere Verbreitung gefunden haben bzw. die auf eine längere Tradition zurückblicken können.

1 Thesaurus-Typologie

a) Einsprachige und mehrsprachige Thesauri

Nach der Sprachbasis lassen sich ein- und mehrsprachige Thesauri unterscheiden: Ein *einsprachiger Thesaurus* ist in einer einzigen Sprache abgefaßt. Richtlinien für seine Erstellung und Fortschreibung enthalten die DIN-Norm 1463-1 und die ISO-Norm 2788.[1] Entsprechend gründet sich ein *mehrsprachiger Thesaurus* auf zwei oder mehrere Sprachen. Bei seiner Erstellung ist zunächst die Entscheidung zu treffen, ob die betreffenden Sprachen gleichrangig behandelt werden, oder ob eine als alleiniger Referenzpunkt dienen soll. Eine Besonderheit gegenüber dem einsprachigen Thesaurus ist die, daß nun zwischen verschiedenen Arten von Äquivalenzen zu differenzieren ist. So gibt es im Englischen z.B. keinen lexikalischen Ausdruck für *Waldsterben* oder *Berufsverbot* (Nicht-Äquivalenz) und keine genaue Entsprechung für *Wissenschaft* – der Begriff *science* deckt nur einen Teil des Bedeutungsumfangs ab (Teiläquivalenz). Umgekehrt umfaßt z.B. das englische Wort *skidding* im Deutschen sowohl *Rutschen* als auch *Schleudern*.[2] Auch kommt es vor, daß eine Benennung in der Ausgangssprache nicht vollständig mit derjenigen in der Zielsprache übereinstimmt, wie es z.B. bei *Gedeck* und dem französischen Ausdruck *Menu* der Fall ist (unscharfe Äquivalenz). Das Homonymproblem wiederum stellt sich nicht lediglich als ein innersprachliches, sondern auch als ein zwischensprachliches. So bedeutet etwa *Gift* in der deutschen Sprache etwas ganz Anderes als in der englischen. Richtlinien für die Erstellung und Fortschreibung von mehrsprachigen Thesauri sind in der DIN-Norm 1463-2 und in der ISO-Norm 5964 enthalten.[3]

---

[1] Englische Bezeichnung für 'Einsprachiger Thesaurus': 'monolingual thesaurus' (ISO 5127)

[2] Dieser Fall wird im Englischen als 'single-to-multiple-equivalence' bezeichnet.

[3] Vgl. auch Wersig 1985:303ff. Die englische Bezeichnung für 'Mehrsprachiger Thesaurus' lautet: 'multilingual thesaurus' (ISO 5127). 'Nicht-Äquivalenz', 'Teiläquivalenz'

b) Mikro- und Makrothesauri

Nach der Abdeckung unterscheidet man zwischen Mikro- und Makrothesauri. Ein *Makrothesaurus* ist ein Thesaurus mit thematisch breiter Abdeckung und eher unspezifischem Vokabular. Ein *Mikrothesaurus* dagegen enthält spezifisches Vokabular und ist thematisch stärker eingegrenzt.[4]

2 Anwendungsbeispiele

Im folgenden wird eine Auswahl englischsprachiger und deutschsprachiger Thesauri vorgestellt und abschließend werden Beispiele für mehrsprachige Thesauri gegeben.

2.1 Thesauri in deutscher Sprache

a) INFODATA-Thesaurus

Der *INFODATA-Thesaurus* ist das Erschließungsinstrumentarium für die gleichnamige bibliographische Datenbank, die informationswissenschaftliche Literatur und solche aus verwandten Disziplinen verzeichnet. Der Thesaurus wird vom Informationszentrum für Informationswissenschaft und -praxis (IZ) in Potsdam herausgegeben. Er verfügt nur über einen alphabetischen Teil, die Deskriptoren sind teilweise in die englische Sprache übersetzt. Die letzten Änderungen stammen vom Oktober 2000. Im Internet ist eine Version mit abgespeckter Beziehungsstruktur (ohne kombinierte und verwandte Begriffe und ohne Scope Notes) zugänglich.[5] Im INFODA-

---

und 'Unscharfe Äquivalenz' lauten im Englischen: 'non-equivalence'; 'partial equivalence'; 'inexact equivalence' (vgl. Aitchison/Gilchrist/Bawden 2000: Section I).

[4] Die Zitate sind der ISO 5127 entnommen. Die englischen Bezeichnungen für 'Makrothesaurus': und 'Mikrothesaurus' lauten: 'macrothesaurus' und 'microthesaurus'. Diese Differenzierung ist nicht Bestandteil der DIN-Norm. Die wiederum nimmt ergänzend zu den hier aufgeführten Unterteilungen noch eine weitere Unterteilung vor, nämlich die in Thesauri mit und ohne Vorzugsbenennung. Ein Thesaurus mit Vorzugsbenennung repräsentiert die Bestandteile einer Äquivalenzklasse durch einen Deskriptor – und nur dieser ist für Indexat und Recherche zulässig. Bei einem Thesaurus ohne Vorzugsbenennung hingegen darf jedes Element einer Äquivalenzklasse für Indexat und Recherche benutzt werden. Dies hat den Vorteil, daß sowohl benennungs- als auch begriffsorientiert auf Dokumentbestände zugegriffen werden kann (DIN 1463-1:2; Burkart 2004:145).

[5] Das englischsprachige fachliche Pendant zum INFODATA-Thesaurus ist der *ASIS Thesaurus of Information Science* von der *American Society for Information Science*: http://www.asis.org/Publications/bookstore/thes.html.

TA-Thesaurus werden weitgehend die genormten deutschen Relationenkürzel verwendet. Revisionen werden durch Geburts- und Todeszeichen sichtbar gemacht (→ Abb. 12-1).

Online: http://www.infodata-edepot.de/thesaurus/START.HTM.

Abb. 12-1: *Ausschnitt aus dem INFODATA-Thesaurus*

```
Dokumentationszentrum
  BS   ID Stelle
† Dokumentenanalyse
  (ab Jan. 89 benutze: Input)
  Document analysis
Dokumentenart
  BS   Dokumentart
Dokumentenauswahl
  BS   Auswahl
* Dokumentenmanagement
  (eingeführt: Sept.2000)
  Document management
  VB   Büroorganisation
  VB   Informationsmanagement
  VB   Innerbetriebliche Information
Doppel
  BS   Dublizität
```

b) Standard-Thesaurus Wirtschaft – STW

Der *Standard-Thesaurus Wirtschaft* ist als Instrument zur inhaltlichen Erschließung von Dokumenten für das Fachinformationsgebiet Wirtschaft und Wirtschaftswissenschaft im deutschsprachigen Raum entwickelt
worden. Er liegt z.B. der Datenbank *Econis* zugrunde. Seine Deskriptoren
(ca. 5600) decken die gesamte Breite ökonomischer Themenstellungen ab.
Als Ergänzung sind die Nachbargebiete mit eigenen Mikrothesauri integriert worden, vor allem Recht, Soziologie, Technik und Politik. Darüber
hinaus sind auch die wichtigsten geographischen Begriffe enthalten, vor allem Staaten und Staatengruppen. Eine große Zahl von Nicht-Deskriptoren
(ca. 15.600) unterstützt als Zugangsvokabular den verbalen Zugriff. Der
STW ist sowohl systematisch als auch alphabetisch gegliedert und weist in
beiden Teilen identische Informationen auf. Als Brücke zwischen den Teilen
dient die Notation. Die Mehrfachzuordnung eines Deskriptors zur Grobklassifikation, die den systematischen Teil strukturiert, ist erlaubt. In der
Feinstruktur und Darstellung ähnelt der STW dem Thesaurus Sozialwissen-

241

schaften (s.u.). Abbildung 12-2 illustriert einen exemplarischen Deskriptorensatz.

Online: http://www.gbi.de/thesaurus/

Abb. 12-2: *Exemplarischer Deskriptorensatz aus dem STW*
F = Feldnotation (Verweis auf den systematischen Teil);
V.13.06.01 = Technische und Fertigungsberufe; W.07 = Bauwirtschaft

Bauberufe	
BF	*Bauarbeiter*
	Bauhilfsberufe
	Friedhofsarbeiter
	Hochbauberufe
	Maurer
	Schleusenwärter
	Sprengmeister
	Straßenbauarbeiter
	Tiefbauberufe
	Totengräber
F	V.13.06.01;
	W.07
VB	Architekten
	Bauwirtschaft
	Ingenieure

2.2 Thesauri in englischer Sprache

a) Medical Subject Headings – MeSH

Der MeSH ist ein medizinischer Thesaurus, der von der amerikanischen *National Library of Medicine* (NLM) entwickelt wurde und mit dem Titel *Subject Heading Authority List* erstmalig im Jahre 1954 publiziert wurde. Die NLM ist auch heute noch für seine Aktualisierung zuständig, die jährlich stattfindet. Der MeSH wird zur Indexierung medizinischer Literatur und vor allem für die Literaturdatenbank MEDLINE eingesetzt. Das DIMDI pflegt die deutschsprachige Ausgabe des MeSH. Der MeSH ist polyhierarchisch strukturiert und besteht aus drei Teilen: einem systematischen (*MeSH Tree Structures*), einem alphabetischen (*MeSH Annotated Alphabetic List*) und einem permutierten Register (*Permuted MeSH*). Der systematische Teil gliedert sich in 15 Klassen, der alphabetische Teil umfaßt Deskriptoren (*Main Headings*), Rollenindikatoren (*Subheadings* bzw. *Qualifiers*) und NichtDeskriptoren (*Entry Terms*).[6]

---

[6]   Vgl. auch Gaus 2003: Kap. 19.

242

Tabelle 12-1: *Deskriptorensatz aus dem MeSH*
(Stand: 2004; Quelle: http://www.nlm.nih.gov/mesh/MBrowser.html)

MeSH Heading	Acquired Immunodeficiency Syndrome
Tree Number	C02.782.815.616.400.040
Tree Number	C02.800.801.400.040
Tree Number	C02.839.040
Tree Number	C20.673.480.040
Annotation	caused by HIV; coord IM with HIV-1 or HIV-2 (IM) if pertinent;/ epidemiol: consider also HIV SEROPREVALENCE; AIDS-RELATED OPPORTUNISTIC INFECTIONS is available if particularly discussed: see note there; for lymphoma with AIDS, use LYMPHOMA, AIDS-RELATED
Scope Note	An acquired defect of cellular immunity associated with infection by the human immunodeficiency virus (HIV), a CD4-positive T-lymphocyte count under 200 cells/microliter or less than 14% of total lymphocytes, and increased susceptibility to opportunistic infections and malignant neoplasms. Clinical manifestations also include emaciation (wasting) and dementia. These elements reflect criteria for AIDS as defined by the CDC in 1993.
Entry Term	AIDS
Entry Term	Immunodeficiency Syndrome, Acquired
Entry Term	Immunologic Deficiency Syndrome, Acquired
Entry Term	Acquired Immune Deficiency Syndrome
Entry Term	Acquired Immuno-Deficiency Syndrome
See also	AIDS Arteritis, Central Nervous System
See also	AIDS Dementia Complex
See also	AIDS Serodiagnosis
See also	HIV Seropositivity
See also	HIV Seroprevalence
See also	Lymphoma, AIDS-Related
Allowable Qualifiers	BL CF CI CL CN CO DH DI DT EC EH EM EN EP ET GE HI IM ME MI MO NU PA PC PP PS PX RA RH RI RT SU TH TM UR US VE VI
Entry Version	ACQUIRED IMMUNODEFIC SYNDROME
Previous Indexing	Immunologic Deficiency Syndromes (1979-1982)
History Note	83
Unique ID	D000163

Wie aus Tabelle 12-1 ersichtlich wird, findet sich der Deskriptor *Acquired Immunodeficiency Syndrome* in vier verschiedenen Hierarchiesträngen wieder. Das sind die folgenden: *Virus Diseases/RNA Virus Infections* (C02.782), *Virus Diseases/Sexually Transmitted Diseases* (C02.800), *Virus Diseases/Slow Virus Diseases* (C02.839) und *Immunologic Diseases* (C20). Neben Annotation und Scope Note gibt der Deskriptorensatz zudem Auskunft über Nicht-Deskriptoren, verwandte Begriffe (*See Also*) und über erlaubte Rollenindikatoren (*Allowable Qualifiers*), die hier als Kürzel aufgeführt sind. So steht z.B. BL für *Blood*, CI für *Chemically induced* und CO für *Complications*.

Online: http://www.nlm.nih.gov/mesh/meshhome.html

b) Art & Architecture Thesaurus – AAT

"The AAT is a structured vocabulary containing around 125,000 terms and other information about concepts. Terms in AAT may be used to describe art, architecture, decorative arts, material culture, and archival materials. The coverage of the AAT ranges from Antiquity to the present, and the scope is global."[7]

Der AAT wurde seit Beginn der 1980er Jahre vom Art History Programm des J. Paul Getty Trust (Santa Monica, USA) konzipiert und nach 14jähriger Entwicklungszeit erstmalig 1990 in einer unvollständigen Ausgabe veröffentlicht. Die gegenwärtige Ausgabe stammt aus dem Jahr 1994. Bei seiner Entwicklung stand der MeSH Modell. Die Vokabulargrundlage bildeten zunächst etwa 30.000 Terme aus den LCSH. Der Gegenstandsbereich des AAT umfaßt Kulturgut aller Art. Sein Schwerpunkt liegt auf architektonischen Grundbegriffen.[8] Das Vokabular des AAT ist in sieben grundlegende Facetten unterteilt, nämlich: *associated concepts*, *physical attributes* (Farbe, Eigenschaften, Gestaltungselemente), *styles and periods*, *agents* (Personen und Organisationen), *activities* (Ereignisse, Techniken, Funktionen), *materials*, *objects*. Der AAT verfügt über eine sequentielle Notation, die Deskriptorensätze sind u.a. mit alternativen Ansetzungsweisen (Kürzel ALT) und mit *history notes* (HN) ausgestattet – das sind Hinweise auf Veränderungen in der zweiten Ausgabe gegenüber der ersten. Außerdem weisen die Deskriptorensätze teilweise sehr ausführliche Scope Notes auf (→ Abb. 12-3). Vorbildcharakter auch für andere Thesauri haben die Regeln des AAT zum Umgang mit Begriffskombinationen.[9]

Online: http://www.getty.edu/research/tools/vocabulary/aat/

---

[7] About the AAT: http://www.getty.edu/research/tools/vocabulary/aat/about.html
[8] Vgl. Haffner 2001:24 sowie ebd.
[9] Vgl. Aitchison/Gilchrist/Bawden 2000:73; 121 sowie Foskett 1996:412ff.

Abb. 12-3: *Auszug aus dem alphabetischen Teil (links) und dem systematischen Teil (rechts) des AAT (2. Aufl., 1994)*
ALT = Alternative Ansetzungsform; HN= History Note

buffets		TX.159	carriages	
	TC.1002	*TX.160*	*<carriages by form>*	
HN	May 1993 related term added	TX.161	*<four-wheeled carriages>*	
	March 1993 descriptor changed, was buffets (sideboards)	TX.162	barouches	
		TX.163	britzkas	
		TX.164	buckboards	
	March 1993 alternate term changed, was buffet (sideboard)	TX.165	chariots (carriages)	
		TX.166	coaches (carriages)	
	January 1993 descriptor moved	TX.167	berlin coaches	
		TX.168	broughams	
ALT	buffet	TX.169	concord coaches	
SN	Term used loosely for a variety of serving cupboards or tables since the 16ᵉ century, now generally called sideboards. (FAIRB)	TX.170	coupés (carriages)	
		TX.171	stagecoaches	
		TX.172	state coaches	
		TX.173	droshkies	
		TX.174	landaulets	
buggies (carriages)		TX.175	landaus	
	TX.177	TX.176	phaetons	
ALT	buggy (carriage)	TX.177	buggies (carriages)	
SN	Use for light, simply constructed, four-wheeled carriages with or without collapsible tops and usually accomodating only one or two passengers; developed in England in the late 18th century; may also be used for early automobile designs with similar body styles.	TX.178	democrat wagons	
		TX.179	spider phaetons	
		TX.180	post chaises	
		TX.181	rockaways	
		TX.182	sociables	
		TX.183	surreys	
		TX.184	victorias	
		TX.185	wagonettes	
		TX.186	*<two-wheeled carriages>*	
		TX.187	cabriolets	
		(...)	(...)	

c) NASA-Thesaurus

Der NASA-Thesaurus ist das Erschließungsinstrument für die Datenbanken der NASA. Er besteht aus zwei Teilen. Der erste (*Hierarchical Listing With Definitions*) stellt eine Mischung aus alphabetischem und systematischem Teil dar, indem er die Deskriptorensätze primär alphabetisch anordnet, aber abweichend von der sonst üblichen Praxis mitsamt ihrer kompletten hierarchischen Struktur darstellt. Er ist polyhierarchisch strukturiert. Der zweite Teil (*Rotated Term Display*) enthält ein permutiertes KWIC-Register mit Äquivalenzbeziehungen (→ Abb. 12-4).

Online: http://www.sti.nasa.gov/products.html

Abb. 12-4: *Auszug aus dem NASA-Thesaurus, Stand: Januar 2004; Links das permutier-te KWIC-Register, rechts die Auflistung der Deskriptoren mit ihrem kompletten Beziehungsgefüge. Die Anzahl der Punkte markiert die jeweilige Hierarchiestufe (Quelle: http://www.sti.nasa.gov/products.html). GS = Generic Structure*

airframes	**nightglow**
Airgeep aircraft	UF *night airglow*
use VZ-8 aircraft	GS atmospheric radiation
airglow	. sky radiation
night **airglow**	. . airglow
use **nightglow**	. . . **nightglow**
airline operations	electromagnetic radiation
(...)	. light (visible radiation)
night	. . sky radiation
night airglow	. . . airglow
use **nightglow**	. . . . **nightglow**
night E layer	RT biometeorology
use E **region**	night sky
night sky	radio auroras
night	sky brightness
use F **region**	**night sky**
night sky	UF *night E layer*
night flights (aircraft)	*night F layer*
Pioneer Venus 2 **night** probe	GS sky
night sky	. **night sky**
night vision	RT airglow
nightglow	auroras
nigotrons	gegenschein
Nihon aircraft	nightglow
(...)	sky brightness
	twilight glow
	zodiacal light

2.3 Mehrsprachige Thesauri

a) Thesaurus Sozialwissenschaften

Der *Thesaurus Sozialwissenschaften* wurde für die sozialwissen-schaftliche Literaturdatenbank SOLIS und die Forschungsdatenbank FORIS des Bonner Informationszentrums Sozialwissenschaften entwickelt. Er wird aber auch von anderen Einrichtungen zur Erschließung sozialwissenschaftli-cher Bestände eingesetzt. Der Thesaurus hat einen systematischen und einen alphabetischen Teil, ist einsprachig, zweisprachig (deutsch/englisch) und 1997 erstmalig dreisprachig erschienen (deutsch/englisch/russisch). Die der-zeitige Ausgabe enthält ca. 11.000 Einträge, davon etwa 7.000 Deskriptoren und 4.000 Nicht-Deskriptoren. Fachlich deckt der Thesaurus alle Disziplinen der Sozialwissenschaften ab und hat für diesen Bereich den Charakter eines Leitvokabulars. Die letzte Auflage der ein- und zweisprachigen Ausgabe erschien 2002.[10] Hier begegnen uns typische Probleme zwischensprachlicher Äquivalenz bzw. Nicht-Äquivalenz: So gibt es z.B. im Englischen kein Wort für *Abitur*. Im Thesaurus wird es daher umschrieben als *secondary school graduation certificate*. In anderen Fällen wird sich mit schlichten Übernahmen beholfen: So erscheinen die *neuen Bundesländer* als *new Bundeslaender*. Und für das deutsche *Urteil* gibt es in der englischen Sprache zwei gebräuchliche Benennungen, die im Thesaurus als *judgement or sentence* verzeichnet sind.

b) Europäischer Thesaurus Bildungswesen

Der *Europäische Thesaurus Bildungswesen* (ETB) ist ein mehrsprachiger Thesaurus, der u.a. dem Informationssystem über das europäische Bildungswesen (EUDISED – *European Documentation and Information System for Education*) zugrunde liegt. Er deckt die elf Amtssprachen der Europäischen Union ab, wobei diese Sprachen im Thesaurus gleichgestellt sind. Ergänzend dazu wurden Fassungen in kroatischer, tschechischer, ungarischer, polnischer, slowenischer und türkischer Sprache entwickelt. Der ETB bietet ein überprüftes und durch (poly-)hierarchische sowie assoziative Relationen strukturiertes Vokabular. Es umfaßt etwa 3000 Deskriptoren und 380 Nicht-Deskriptoren. Der ETB wurde 1974 erstmalig veröffentlicht, die derzeitige vierte Ausgabe stammt aus dem Jahre 1998 und wird hauptsächlich über das Internet verbreitet. Der Thesaurus ist in drei Teile strukturiert: Der alphabetische Teil hat mehrsprachigen Charakter und zeigt wie der NASA-Thesaurus einen Deskriptor in seiner kompletten hierarchischen Struktur sowie mit Äquivalenz- und verwandten Beziehungen auf. Das permutierte KWIC-Register ist ebenfalls alphabetisch angeordnet. Es verzeichnet das gesamte Thesaurusvokabular, versieht Nicht-Deskriptoren mit Hinweisen auf ihre Deskriptoren und enthält Informationen über die systematische Verortung der Vokabularelemente. Der systematische Teil wiederum beschränkt sich auf die systematische Anordnung der Deskriptoren mitsamt ihren verwandten Beziehungen (→ Abb.12-5 u. 12-6).[11]

Online: http://www.eurydice.org/TeeForm/FrameSet_DE.htm

---

10 Vgl. z.B. Kiel/Rost 2002:97ff.
11 Der englische Name des ETB lautet: 'European Education Thesaurus' – EET. Ein weiterer auf Europa bzw. die EU zugeschnittener mehrsprachiger Thesaurus ist EU-ROVOC. Er bezieht sich auf alle von der Tätigkeit der EU betroffenen Sachbereiche und wird vom Europäischen Parlament, den nationalen und regionalen Parlamenten in Europa, den nationalen Verwaltungen und diversen europäischen Organisationen eingesetzt. URL: http://europa.eu.int/celex/eurovoc/

Abb. 12-5: *Auszug aus dem alphabetischen Teil (links) und dem permutierten KWIC-Register (rechts) des ETB (deutsche Version; Stand: 1998)*
MT= Mikrothesaurus (Hinweis auf den systematischen Teil);
DA=dänisch; EL=Griechisch; EN=Englisch; ES=Spanisch; FI=Finnisch;
FR=Französisch; IT=Italienisch; NL=Niederländisch; PT=Portugiesisch;
SV=Schwedisch

Bild
MT *(01) Unterricht und Ausbildung*
    da: illustration i undervisning
    el: εικόνα
    en: image
    es: imagen
    fi: kuvat
    fr: image
    it: immagine
    nl: beeld
    pt: Imagem
    sv: illustration
BT1 Audiovisuelles Lehrmittel
  BT2 Lehrmittel
NT1 Dia
NT1 Diagramm
NT1 Diareihe
NT1 Foto
NT1 Graphische Darstellung
  NT2 Flußdiagramm
NT1 Landkarte
  NT2 Wandkarte
NT1 Mikrofiche
NT1 Mikrofilm
NT1 Plakat
NT1 Sichtfolie

Öffentliche **Bibliothek** (17)
Schul~ **bibliothek** (17)
Software~ **bibliothek** (17)
Universitäts~ **bibliothek** (17)
Bibliothekar
Bibliothekswissenschaft(11)
Bild (01)
Berufs~ **bild** (33)
Licht~ **bild**
  USE Dia (01)
Selbst~ **bild** (20)
Bildarchiv (17)
Magnetische **Bildaufzeichnung** (17)
Bildende Kunst (15)
Berufs~ **bildende** Schule (04)
Allgemein~ **bildendes** Schulwesen (04)
Bilderbuch (18)
Wort~ **bilderkennung** (01)
Bildplatte (08, 18)
Licht~ **bildreihe**
  USE Diareihe (01)
Bildschirm
  USE Fernsehgerät (08)
Bildschirmtext (17,18)
Bildung (03)
Allgemein~ **bildung** (03)

Abb. 12-6: *Auszug aus dem systematischen Teil (Mikrothesaurus) des ETB (deutsche Version; Stand: 1998). Die Anzahl der Punkte markiert die jeweilige Hierarchiestufe.*

```
┌─────────────────────────────────────────┐
│  (01) Unterricht und Ausbildung          │
│                                          │
│  (...)                                   │
│  L e h r m i t t e l                     │
│        RT Ausstattung (08)               │
│        RT Dokument (18)                   │
│        RT Entwicklung von Lehrmitteln (03)│
│        RT Massenmedien (18)              │
│        RT Medienzentrum (07)             │
│        RT Unterricht                     │
│        RT Verweismaterial (18)           │
│  . Anschauungsmaterialien                │
│              RT Anschauungsunterricht    │
│  . . Musterexemplar                      │
│  . . Pflanze                             │
│              RT Botanik (11)             │
│              RT Botanischer Garten (07)  │
│  . . Tier                                │
│              RT Zoologie                 │
│  . Audiovisuelles Lehrmittel             │
│              RT Audiovisuelle Methode    │
│              RT Interaktives Video (17)  │
│  . . Bild                                │
│  . . . Dia                               │
│  . . . Diagramm                          │
│  . . . Diareihe                          │
│  . . . Foto                              │
│              RT Fotografie               │
└─────────────────────────────────────────┘
```

c) Thesaurus Ethik in den Biowissenschaften

Die erste Version dieses Thesaurus wurde im Juli 2004 fertiggestellt und publiziert. Derzeitig ist der Thesaurus zweisprachig (deutsch – englisch), im nächsten Jahr soll eine französische Version ergänzt werden. Initiiert wurde er vom *Deutschen Referenzzentrum für Ethik in den Biowissenschaften* (DRZE) in Bonn. An seiner Erstellung wirkten zahlreiche auch internationale Kooperationspartner mit, z.B. das *Centre de documentation en éthique des sciences de la vie et de la santé de l'INSERM* in Paris sowie das *Kennedy Institute of Ethics* in Washington, DC. Dabei sind die verschiedenen Sprachversionen keine reinen Übersetzungen, sondern orientieren sich am faktischen Sprachgebrauch.

Der Thesaurus ist auf die inhaltliche Erschließung bioethischer Literatur zugeschnitten und deckt das gesamte interdisziplinäre Feld der Ethik in den Biowissenschaften ab, also nicht nur die auf Menschen bezogenen, sondern auch die nicht-humanen Bereiche. Mit ihm bietet sich erstmals die Möglichkeit, bioethische Literatur im deutsch-, englisch- und bald auch französischsprachigen Forschungsraum nach einem einheitlichen System zu erschließen und zugänglich zu machen. Als strukturelle Besonderheit weist der Thesaurus integrierte Konkordanzen zu thematisch verwandten Erschließungsinstrumentarien auf, nämlich zum *Bioethics Thesaurus* des Kennedy Institute of Ethics und zum *Euroethics Thesaurus*, die nicht mehr weiterentwickelt werden. Zudem gibt es eine Konkordanz zum MeSH und künftig soll auch noch eine zum französischen *Thesaurus d'éthique des sciences de la vie et de la santé* hinzukommen.[12] Abbildung 12-7 zeigt einen exemplarischen Deskriptorensatz.

Online: http://www.drze.de/BELIT/thesaurus?la=de

Abb. 12-7: *Deskriptorensatz aus dem Thesaurus Ethik in den Biowissenschaften (Stand 2004); Quelle: http://www.drze.de/BELIT/thesaurus?la=de Konk = Konkordanz zum Bioethics Thesaurus (B), zum Euroethics Thesaurus (E) und zum MeSH (M).*

Gentechnik	
Sachgebiet:	IX Genetik, menschliche Fortpflanzung und Sexualität
En:	genetic engineering
UF:	Genetische Intervention
	Genetischer Eingriff
	Gentechnischer Eingriff
	Gentechnologie
UF+:	Biopharmaceuticals
	Gentechnisch erzeugtes Arzneimittel
	Gentechnisch erzeugtes Medikament
RT:	Antibiotikaresistenz
	Biotechnologie +
	Insulin
	Organherstellung
	Technik +
Konk:	B: Genetic intervention
	E: genetic engineering
	M: Genetic Engineering (D005818)

---

[12] Vgl. hierzu Schruff/Dickhaus 2004. Zum Begriff der Konkordanz vgl. das folgende Kapitel.

3 Zusammenfassung

- Thesauri lassen sich in ein- und mehrsprachige Thesauri sowie in Mikro- und Makrothesauri unterteilen. Bei mehrsprachigen Thesauri stellen sich Probleme zwischensprachlicher Homonymie und Äquivalenz.
- Thesauri in deutscher Sprache, die größere Bekanntheit erlangt haben, sind z.B. der INFODATA Thesaurus für die Informationswissenschaften und der STW für den Bereich der Wirtschaft. Thesauri in englischer Sprache mit Modellcharakter sind z.B. der MeSH für den medizinischen Bereich und der AAT für den Bereich der Kunst und Architektur.
- Beispiele für mehrsprachige Thesauri sind der in den Amtssprachen der EU vorliegende ETB für den pädagogischen Bereich, der in elf Sprachen erschienen ist, der Thesaurus Sozialwissenschaften (dreisprachig) und der Thesaurus Ethik in den Biowissenschaften (zur Zeit zweisprachig).

4 Literatur

Foskett, Antony Charles 1996: The subject approach to information, 5th ed., London: Library Association Publishing: Part IV

Gaus, Wilhelm 2003: Dokumentations- und Ordnungslehre. Theorie und Praxis des Information Retrieval, 4., überarb. u. erw. Aufl., Berlin u.a.: Springer: Kap. 19

Kiel, Ewald/Rost, Friedrich 2002: Einführung in die Wissensorganisation. Grundlegende Probleme und Begriffe, Würzburg: Ergon: Kap. 3

Schruff, Renate/Dickhaus, Claudia 2004: Der multilinguale Thesaurus Ethik in den Biowissenschaften, in: IWP 55 (2004) 7: 411-413

Stock, Mechthild 1999: Standard-Thesaurus Wirtschaft. Ein neuer Standard der Wirtschaftsinformation?, in: Password 1/99: 22-29

Kapitel 13
Vergleich von Dokumentationssprachen

„In one of the ironic twists of modern technology, the widespread acceptance of the Internet has led to a resurgence of interest in the much older, traditional study of knowledge classification ..."[1]

Im folgenden wird zunächst ein Überblick über Ansätze gegeben, Dokumentationssprachen durch die Erstellung von Konkordanzen aufeinander abzubilden. Danach werden die Grundtypen 'Klassifikation' und 'Thesaurus' anhand zahlreicher Vergleichsaspekte einander gegenübergestellt, von Ontologien abgegrenzt, und es wird ein Ausblick auf künftige Entwicklungen geworfen.

1 Konkordanzen

Vor dem Hintergrund der durch das WWW hervorgerufenen Möglichkeiten zur Vernetzung von Informationssystemen stellt sich verstärkt die Frage, wie eine integrierte Suche nach inhaltlichen Gesichtspunkten in verteilten, heterogen erschlossenen Datenbeständen ermöglicht werden kann. Denn Dokumentationssprachen unterscheiden sich zumeist erheblich in bezug auf ihre Breite und Spezifität, den Umgang mit komplexen Sachverhalten, den abgebildeten Begriffsbeziehungen usw.[2]

Einen Lösungsweg hierfür bietet die Erstellung von *Konkordanzen*, d.h. die Abbildung einer Dokumentationssprache auf eine andere – ein Vorgang, der manchmal auch als 'Mapping' bezeichnet wird. Die Grundidee dabei ist, mittels einer einzigen Dokumentationssprache auf Dokumentbestände zuzugreifen, die mit unterschiedlichen Dokumentationssprachen erschlossen wurden.[3] Konkordanzen können z.B. entwickelt werden für unterschiedliche Thesauri mit vergleichbarem Gegenstandsbereich, wie z.B. für den *Thesaurus Sozialwissenschaften* und den *Thesaurus of Sociological Indexing Terms* realisiert, oder für unterschiedliche Universalklassifikationen.[4]

---

[1] Zitat von der Website eines Softwareherstellers, nach Aitchison/Gilchrist/Bawden 2000:xiii.

[2] Vgl. auch ebd.:173.

[3] Vgl. Krause 2004:80ff; CARMEN: Arbeitspaket 12: http://www.bibliothek.uni-regensburg.de/projects/carmen12/index.html.de. Alternative deutsche Bezeichnung für 'Konkordanz': 'Crosskonkordanz'. Die englische Bezeichnung lautet 'concordance list' (ISO 5127).

[4] Vgl. Eisen 2001.

Diskutiert wird in diesem Zusammenhang in den Reihen der DDB eine Konkordanz zwischen der DDC und der RVK. Des weiteren können Konkordanzen für gleichartige Dokumentationssprachen mit unterschiedlicher fachlicher Abdeckung realisiert werden, wofür die Konkordanz zwischen dem STW mit dem entsprechenden Bereich der SWD und diejenige zwischen dem Thesaurus Sozialwissenschaften und der SWD Beispiele darstellen (→ Tab. 13-1).[5] Schließlich können auch unterschiedliche Arten von Dokumentationssprachen aufeinander abgebildet werden, z.B. DDC-Notationen auf die SWD (wie es im Rahmen des Projekts *DDC Deutsch* realisiert werden soll). Eine Konkordanz zwischen der DDC und den LCSH besteht bereits.[6]

Tab. 13-1: *Beispiele für die Konkordanz zwischen Vokabularelementen des Thesaurus Sozialwissenschaften und der SWD (Quelle: Krause 2004:81)*

SWD	Thesaurus Sozialwissenschaften
Geschlechterrolle	Geschlechtsrolle
Sowjetunion	UDSSR
Berufliche Fortbildung	Berufliche Weiterbildung
Haushalt	Privathaushalt
Führung	Personalführung
Jugendarbeitslosigkeit	Jugend +Arbeitslosigkeit

Dabei werden ähnliche Fragen und Probleme aufgeworfen wie bei der Übersetzung einer Dokumentationssprache in eine andere Sprache. Insofern können hier die DIN-Norm 1463-2 und die ISO-Norm 5964 für die Erstellung mehrsprachiger Thesauri eine gewisse Hilfestellung geben. Allgemein gilt bei der Konkordanzerstellung, daß eine feiner gegliederte Dokumentationssprache leichter auf eine gröber gegliederte abgebildet werden kann als umgekehrt.[7]

---

5 Vgl. Crosskonkordanz STW-SWD:
   http://www.uni-kiel.de/ifw/zbw/projekte/konkordanz.html. Im englischen Sprachraum existieren entsprechend Konkordanzen zwischen LCSH und MeSH bzw. LCSH und AAT (vgl. Aitchison/Gilchrist/Bawden 2000:174).
6 Vgl. hierzu Gödert 2002:396.
7 Die Abbildung von Begriffsinventaren zweier Dokumentationssprachen aufeinander kann aber auch mit Hilfe automatischer statistischer Verfahren erfolgen. Dabei geht es wesentlich um die Häufigkeit, mit der Begriffe in Dokumentsammlungen, die mithilfe von zwei verschiedenen Erschließungsinstrumenten indexiert sind, zusammen vorkommen. Je häufiger dies der Fall ist, desto wahrscheinlicher ist es, daß es sich um eine sinnvolle Verbindung handelt (vgl. Krause 2004:82).

2 Vergleich

Der Thesaurus trat zunächst in Konkurrenz zur Klassifikation, die bis in die 1970er Jahre hinein anhielt. In der Zeit danach erhielt die Thesaurus-Euphorie jedoch einen Dämpfer durch den sehr hohen Aufwand für die Erstellung und Pflege dieser Instrumente. Auch das Aufkommen von Volltextdatenbanken, die das Freitextretrieval ermöglichten, trug zur Relativierung von Thesauri bei. Heutzutage werden Thesauri und Klassifikationen häufig gemeinsam eingesetzt. Da sie auf komplementäre Suchziele ausgelegt sind (die Thesauri auf Precision, die Klassifikationen auf Recall), können sie einander sinnvoll ergänzen. Im Zusammenhang mit dem Internet erfahren die Klassifikationen sogar eine gewisse Renaissance, die u.a. für ihre Eignung auf das Browsing als Suchstrategie zurückzuführen ist. Entscheidend für den Einsatz der einen oder der anderen Dokumentationssprache sollte stets das Kriterium der Zweckmäßigkeit sein.

Tabelle 13-2 faßt noch einmal wesentliche Unterscheidungsmerkmale der beiden Grundtypen zusammen.

Tab. 13-2: *Klassifikationen und Thesauri im Vergleich*

Vergleichsaspekt	Klassifikation	Thesaurus
Sprachbasis	Künstliche Sprache	Natürliche Sprache
Abdeckung des Gegenstandsbereichs	eher breit als tief	eher tief als breit
Abstraktionsstufe	hoch	niedrig
Elemente	Klassen (repräsentiert durch Notationen)	Deskriptoren/ Nicht-Deskriptoren
Anordnung des Vokabulars	primär systematisch	primär alphabetisch
vorkommende Beziehungsarten	vor allem Hierarchierelationen	Äquivalenz-, Hierarchie-, Assoziationsrelationen
vorherrschendes Verknüpfungsprinzip	Präkombination/ Präkoordination	Postkoordination
Erschließungsziel	Groberschließung, Ordnung, Aufstellung	Feinerschließung
Indexierung	Einer DBE wird genau eine Notation zugewiesen	Einer DBE werden mehrere Deskriptoren zugewiesen
Betonung liegt auf ...	Gemeinsamkeiten von Dokumenten	Unterschieden zwischen Dokumenten

$\rightarrow \rightarrow$

Vergleichsaspekt	Klassifikation	Thesaurus
gut geeignet für...	Vollständigkeitsrecherchen	Genauigkeitsrecherchen
Flexibilität	gering	groß
Ausdrucksfähigkeit	gering	groß
Erweiterbarkeit	relativ problematisch	relativ unproblematisch

An einem Beispiel werden Anwendung und Wirkungsweise unterschiedlicher Dokumentationssprachen abschließend noch einmal demonstriert. Zugrunde liegen soll ein Buch mit dem fiktiven Titel: *Einführung in die Herstellung französischer Ostertorten auf kalter Basis.*[8] Die jeweiligen Erschließungsergebnisse zeigen die Abbildungen 13-1 bis 13-3.

Abb. 13-1: *Indexieren mit präkombinierter Klassifikation*

```
1 Torten
    11 Frankreich
        111 Kühlschrank
            111.1 Weihnachten
                111.11 Lexikon
                111.12 Backbuch
                111.13 Einführung
            111.2 Ostern
                111.21 Lexikon
                111.22 Backbuch
                111.23 Einführung
            111.3 Geburtstag
                (...)
        112 Backofen
            (...)
    12 Deutschland
        (...)
2 Kuchen
    (...)
                        Indexat: 111.23
```

---

[8]   Die Idee dafür stammt ursprünglich aus den Lehrmaterialien von Klaus Lepsky.

Abb. 13-2: *Indexieren mit Facettenklassifikation*

A Gebäckart   B Land   C Verfahren
1 Torte   1 Frankreich   1 Kühlschrank
2 Kuchen   2 Deutschland   2 Backofen
3 Keks   3 Italien

D Anlaß   E Dokumentart
1 Weihnachten   1 Lexikon
2 Ostern   2 Backbuch
3 Geburtstag   3 Einführung

Indexat: A1B1C1D2E3

Abb. 13-3: *Indexieren mit Thesaurus*

Einführung

Frankreich
OB Europa

Kühlschrank
BF *Eisschrank*
OB Kücheninventar
VB Backofen

Ostern
OB Feiertag
UB Gründonnerstag
UB Karfreitag
UB Ostertage
VB Weihnachten

Torte
OB Gebäck
VB Kuchen

Indexat:
Torte # Frankreich # Kühlschrank #
Ostern # Einführung

3 Ausblick

Möglich, daß die Unterteilung von Dokumentationssprachen nach der Sprachbasis oder nach Maßgabe ihres Umgangs mit komplexen Sachverhalten in einigen Jahren obsolet wird. Dank moderner Informationstechnologie verschwindet die künstliche Sprache ihrer Kompliziertheit wegen ohnehin mehr und mehr aus dem Wahrnehmungsbereich der (End-)Nutzer. Auch versuchen moderne Dokumentationssprachen zunehmend, die Vorteile beider Grundtypen in sich zu vereinen.[9] Künftig könnte daher bei ihrer Untergliederung die Gegenüberstellung von 'intellektuell' und 'automatisch' in den Vordergrund treten, und zwar sowohl in bezug auf die Konzeption als auch in Hinblick auf die Anwendung von Dokumentationssprachen.

Zum Anwendungsaspekt: Je nachdem, ob Dokumentationssprachen für intellektuelle oder automatische Erschließungsverfahren benötigt werden, werden sie u.U. unterschiedlichen Anforderungen genügen müssen. So könnte es z.B. sein, daß das Vokabular eines auf automatische Erschließungsverfahren zugeschnittenen Thesaurus um umgangssprachliche Elemente angereichert werden muß. Denn anders als beim Menschen, der die Beschränkung auf formale Sprache und substantivierte Ausdrucksformen von selbst vollzieht, muß die Maschine in dieser Hinsicht erst angelernt werden. Es würden dann sehr viel größere Äquivalenzklassen entstehen und folglich ein ganz anderes Zahlenverhältnis von Gebrauchs- zu Zugangsvokabular.[10] Für das Beispiel *Heiraten* aus dem Kapitel 11 könnte dies etwa so aussehen wie in Abbildung 13-4.

Zum konzeptionellen Aspekt: Ebenso könnte man die Gegenüberstellung von 'automatisch' und 'intellektuell' auf die Erstellung von Dokumentationssprachen beziehen. Einen Ansatz zur automatischen Generierung von semantischen Begriffsfeldern stellt etwa der von den Betreibern der Metasuchmaschine *MetaGer* unterhaltene *Web-Assoziator* dar[11], der dem Nutzer Anregungen und Hilfestellungen bei wenig erfolgreichen Suchanfragen

---

[9] Vgl. auch Manecke 2004:139. Den historischen Prototyp eines Hybrids stellte der 1970 publizierte *Thesaurofacet* dar, der aus der *Englisch Electric Faceted Classification for Engineering* abgeleitet war. Er stellte im systematischen Teil eine Facettenklassifikation und im alphabetischen einen Thesaurus dar (Wersig 1985:312; Foskett 1996:367). Als modernes Beispiel eines Hybrids könnte die *PAN-Klassifikation* dienen, die in vielen elektronischen Pressearchiven der ARD zum Einsatz kommt. Die Abkürzung steht für 'Presse Archiv Netzwerk' (vgl. hierzu auch Dahmen 2001).

[10] Diese Anregung verdanke ich einem Vortrag von Michael Weniger zum Thema 'Automatische Indexierung im Berliner Verlag', wo Derartiges praktiziert wird. Gehalten am IID am 7.11.2002.

[11] Web-Assoziator der Suchmaschine MetaGer: http://metager.de/asso.html

Abb. 13-4: *Äquivalenzklasse für den Begriff ,Heiraten'. Die linke Aufstellung wäre so oder so ähnlich in einem Thesaurus für intellektuelle Inhaltserschließung zu erwarten, bei einem Thesaurus für automatische Verfahren kämen womöglich noch die Elemente der rechten Aufstellung dazu.*

– Heirat – Hochzeit – Trauung – Eheschließung – Vermählung – Verpartnerung	– heiraten – den heiligen Bund der Ehe schließen – unter die Haube kommen – den Bund fürs Leben eingehen – (...)

vermitteln will (→ TAB. 13-3). In ähnliche Richtung weist die Synonymsuche bei *Google*.[12] Allgemein gilt die automatische Erstellung eines Thesaurus, die sich auf statistische oder syntaktische Analysen stützen kann, als schwierig. Dies gilt insbesondere für die automatische Definition von Begriffsbeziehungen, bei der die Auswertung des gemeinsamen Auftretens von Termen eine zentrale Rolle spielt. Die automatische Textklassifikation ist demgegenüber einfacher und kann sich auf eine längere Forschungstradition stützen.[13] Wie auch immer die Dinge sich entwickeln werden: Die Unterscheidung von Thesaurus und Klassifikation als unterschiedliche *Prinzipien* der Abbildung und des Umgangs mit Begriffen und den Beziehungen, die sie untereinander eingehen, wird bedeutsam bleiben.

Tab. 13-3: *Automatisch mit dem Web-Assoziator generiertes semantisches Umfeld von 'Hochzeit' (Stand: Mai 2003)*

einschlägiges Vokabular	weniger einschlägiges Vokabular
heiraten	bytes
geschenke	einbinden
hochzeitzeitung	selfhtml
hochzeitsgeschenke	multimedia
hochzeitstisch	alafolide
hochzeitsreise	michael
feiern	
ehering	und, unter ferner liefen:
brautkleid	kleiderschrank-
braut	expertensystem ;-)
silberhochzeit	

---

12 Vgl. Kapitel 11, Abschnitt 3.
13 Vgl. hierzu Moens 2000:110; 132 sowie Aitchison/Gilchrist/Bawden 2000:83.

Seit einiger Zeit macht im Zusammenhang mit Dokumentationssprachen der Begriff der *Ontologie* die Runde, der aus der Philosophie entlehnt ist. Noch besteht keine Einigkeit darüber, was genau man darunter zu verstehen hat – die Positionen reichen von 'neumodische Bezeichnung für kontrolliertes Vokabular' bis hin zu: 'eine neue Qualität kontrollierten Vokabulars'. Zwei Definitionen seien hier beispielhaft angeführt:

> „An ontology can be defined as a formal, explicit specification of a shared conceptualisation" (…) 'Conceptualization' refers to an abstract model of some phenomenon in the world by having identified the relevant concepts of that phenomenon. 'Explicit' means that the type of concepts used, and the constraints on their use are explicitly defined. 'Formal' refers to the fact that the ontology should be machine-readable. 'Shared' reflects the notion that an ontology captures consensual knowledge that is, it is not private to some individual, but accepted by a group. An ontology describes the subject matter using notions of concepts, instances, relations, functions and axioms. Concepts in the ontology are organized in taxonomies through which inheritance mechanisms can be applied."[14]

und:

> Unter einer Ontologie versteht man in der Informatik im Bereich Künstliche Intelligenz ein formal definiertes System von Dingen und/oder Konzepten und Relationen zwischen diesen Dingen. Zusätzlich enthalten Ontologien (zumindest implizit) Regeln.
>
> Ontologien haben mit der Idee des Semantic Web innerhalb der letzten Jahre einen Aufschwung erfahren, was jedoch nicht unbedingt zu einer Klärung des Begriffes Ontologie beigetragen hat. In vielen Fällen handelt es sich bei den als Ontologien bezeichneten Strukturen lediglich um kontrollierte Vokabularien wie Klassifikationen oder Thesauri. Von der Möglichkeit von Relationen über Relationen (…) und Regeln wird unter anderem aufgrund ihrer Komplexität relativ selten Gebrauch gemacht, obwohl gerade diese Merkmale Ontologien von anderen Begriffssystemen unterscheiden.[15]

Folgt man diesen Definitionen, so ergeben sich Abgrenzungsprobleme gegenüber herkömmlichen Thesauri. Während Thesauri jedoch in erster Linie eine pragmatische Funktion für Indexierung und Retrieval erfüllen, dienen Ontologien der Wissenrepräsentation in einer Form, die es Maschinen ermöglicht, Schlußfolgerungen zu ziehen, die in der Ontologie nicht explizit formuliert wurden. Grundlage hierfür stellt eine Definition prädikativer Begriffsbeziehungen dar.[16] Ein Beispiel:

---

[14] Alles zit. nach: Gilchrist 2002:13.
[15] Aus Wikipedia: http://de.wikipedia.org/wiki/Ontologie_(Informatik)
[16] Vgl. Köpcke 2002.

Aus der Beziehung:	*Eltern haben Kinder*
und der Beziehung:	*Mütter sind weibliche Eltern*
kann der Computer schließen:	*Mütter haben Kinder.*[17]

Die Fähigkeit von Ontologien zu logischen Schlußfolgerungen ist eines ihrer wesentlichen Merkmale. Mit dieser Eigenschaft stellen sie wichtige Komponenten auf den Weg zum Semantic Web dar.[18]

In der Literatur findet sich bezüglich einer Abgrenzung auch noch folgende Typologie:

Klassifikationen:	*Mono*dimensionale Ontologien (da sie nur bzw. vorwiegend hierarchische Beziehungen verwirklichen).
Thesauri:	*Poly*dimensionale Ontologien (da sie eine begrenzte Anzahl von begrifflichen Beziehungsarten verwirklichen).
Ontologien:	*Viel*dimensionale Systeme mit potentiell unendlich vielen Beziehungsarten.[19]

4 Zusammenfassung

- Im Zeitalter einer Vielzahl über das WWW zugänglicher Informationssysteme wird es immer wichtiger, Konkordanzen zwischen verschiedenen Dokumentationssprachen zu erstellen, die einen einheitlichen Zugriff auf heterogen erschlossene Dokumentbestände ermöglichen.

- Die beiden Grundtypen Thesaurus und Klassifikation lassen sich in bezug auf ihre Abdeckung, ihr Abstraktionsniveau, ihre Bestandteile, die Vokabularanordnung, ihren Beziehungsreichtum, ihren Umgang mit komplexen Sachverhalten sowie in bezug auf ihre Folgen für das Retrieval, ihre Anwendung und ihre Ausdrucksstärke vergleichen.

- Künftig werden neben die traditionellen Vertreter von Dokumentationssprachen verstärkt Ontologien treten, die eine größere Anzahl an Beziehungsarten, Aspekten und Dimensionen abzubilden vermögen und auf maschinelle Verarbeitung zugeschnitten sind.

---

[17] Quelle: Gietz 2001:25.

[18] Im allgemeinen faßt man darunter die Bemühungen zusammen, das Web vor allem unter Zuhilfenahme von automatischen Verfahren, Metadatenformaten und semantischen Netzen zu erschließen. Es geht also darum, einen Zustand zu erreichen, wo nicht mehr nur Menschen, sondern mehr und mehr auch Maschinen in der Lage sind, Informationen zu interpretieren und aus vorhandenem Wissen neues zu generieren (vgl. z.B. Gilchrist 2002:14; Neuroth 2002:295; Gietz 2001:3; 25; Münch 2002).

[19] Vgl. Gietz 2001:24f.

5 Literatur zum Thema

Dahmen, Elisabeth 2001: Klassifikation als Ordnungssystem im elektronischen Pressearchiv, in: Info 7, 1/2001: 34-39

DIN 1463-2: Erstellung und Weiterentwicklung von Thesauri. Mehrsprachige Thesauri, Stand: Oktober 1993

Eisen, Christine 2001: Vergleich und Aufbau einer Konkordanz zwischen dem Thesaurus Sozialwissenschaften und dem Thesaurus of Sociological Indexing Terms, IID-Hausarbeit

Gilchrist, Alan 2002: Thesauri, taxonomies and ontologies – an etymological note, in: JDOC 59 (2003) 1: 7-18

Köpcke, Andrea 2002: Ontologien – inhaltliche Erschließung in elektronischen Umgebungen, in: Schmidt, Ralph (Hg.): Content in Context – Perspektiven der Informationsdienstleistung (Proceedings zur 24.Online-Tagung der DGI): 323-339

Reimer, Ulrich 2004: Wissensbasierte Verfahren der Organisation und Vermittlung von Information, in: Kuhlen, Rainer/Seeger, Thomas/Strauch, Dieter (Hg.) 2004: Grundlagen der praktischen Information und Dokumentation, 5. völ. neu gef. Aufl., München u.a.: K G Saur: 155-166

Kapitel 14
Inhaltliche Erschließung von Internetquellen

Auch im Internet finden sich letztlich Texte, Bilder und Töne wieder. Sie sind eingebunden in Websites, die entweder als ganze oder zerlegt in ihre einzelnen Bestandteile zum Gegenstand dokumentarischer Bearbeitung werden können. Es werden zunächst die Eigenarten von Internetquellen dargestellt und dann mit Browsing und Searching die beiden wesentlichen Methoden thematisiert, auf Internetquellen gezielt zuzugreifen. Danach geht es um die Rolle, die Metadatenformate für die Erschließung von Internetquellen (gerade auch für die Erschließung von Fachinformation) spielen. In diesem Zusammenhang wird das Dublin Core Metadatenset vorgestellt.

Literatur: Deutschsprachige, theorie-orientierte Überblicksliteratur zum Thema dieses Kapitels ist rar, Buchpublikationen sind es sowieso. Statt dessen muß man mit Artikeln in Fachzeitschriften vorlieb nehmen, die sich dann zumeist einem speziellen Projekt (z.B. einer Virtuellen Fachbibliothek) oder einem speziellen Aspekt (z.B. Metadaten) widmen. Ein Buch, das neben einem praktischen Beispiel auch Theorie zu Wort kommen läßt, ist die Publikation der Niedersächsischen Staats- und Universitätsbibliothek (SUB) Göttingen (hier als SSG zitiert), die allerdings schon einige Jahre alt ist. Wesentliche Definitionsarbeit zum Thema Suchdienste haben die Publikationen von Traugott Koch geleistet. Für das Thema Metadaten sei insbesondere auf die Aufsätze von Becker und Neuroth hingewiesen.

1 Besondere Merkmale von Internetquellen

Bevor hier die Eigenschaften von Internetquellen zum Thema gemacht werden, sollen zunächst diejenigen von Printprodukten in Erinnerung gerufen werden. Gedruckte Erzeugnisse haben klare Grenzen, sie sind abgeschlossen und nicht mehr veränderbar. Sie begünstigen eine lineare Rezeption und setzen für ihre Sammlung und Nutzung einen konkreten Ort voraus. Andere Medien wie Bild oder Ton existieren daneben und zusätzlich.[1]

Dagegen zeichnen sich Internetquellen z.B. durch ihre *Dynamik* aus: Internetadressen können verändert, fortgeschrieben, verlagert werden oder auch schlicht verschwinden. Dauerhafte Adressen gibt es ebensowenig wie eindeutige Namen. Das gleiche Dokument kann unter mehreren Adressen

---

[1]   Vgl. SSG:4.

vorhanden und umgekehrt können verschiedene Dokumente unter einer Adresse abgelegt sein. Dies alles produziert einen hohen Aktualisierungs- und Pflegeaufwand. So müssen nicht nur die URL[2] selbst beständig auf ihre Gültigkeit hin überprüft werden, sondern auch ihre formalen und inhaltlichen Beschreibungen. Zudem müssen neue Quellen recherchiert und eingearbeitet und veraltete Quellen gelöscht werden. Erschwerend kommt hinzu, daß sich diese Arbeitsschritte nur sehr begenzt automatisieren lassen. Denn automatische Linkchecker vermögen zwar die Gültigkeit von URL zu überprüfen, nicht aber deren Inhalt – geschweige denn, daß sie die neue Adresse einer verschwundenen Ressource aufspüren können.

Als weiteres Merkmal tritt der Umstand hinzu, daß es sich bei Internetquellen immer um digitale Ressourcen handelt, was in Kombination mit ihrer *Masse* (dank komplikations- und restriktionsfreier Publikationsmöglichkeiten) automatische Erschließungsverfahren auf die Tagesordnung setzt, wie sie z.B. von Suchmaschinen praktiziert werden.[3] Der erfolgreichen Anwendung solcher Verfahren steht allerdings die *Heterogenität* von Internetquellen entgegen – ob es nun um den Ressourcentyp, den Inhalt, die Struktur, die Qualität, den Umfang oder die Sprache geht. Das Fehlen einheitlicher Strukturmerkmale erschwert zudem eine Ordnung der Quellen nach formalen Kriterien (etwa alphabetisch nach Autorennamen, wie wir das z.B. bei Büchern praktizieren können).

Bedingt durch das Hypertextprinzip haben Internetquellen keine klaren Grenzen, zeichnen sich also durch *Offenheit* aus. Das begünstigt ihre assoziative Rezeption und ihre Vernetzbarkeit. Zugleich hat der Hypertext mit der Website eine neue Publikationsform hervorgebracht, die aus unzähligen Einzeldokumenten bestehen kann. Die eindeutige Bestimmung und Abgrenzung dessen, was bei der Erschließung als DBE gelten soll, wird damit zu einem voraussetzungsvollen und schwierigen Unterfangen.[4]

Als Folge der unkoordinierten und unkontrollierten Publikation von Informationen im Internet können wir uns zudem ihrer Qualität nicht sicher sein:

> „Wo der 'klassische' Bibliothekar sich auf Nationalbibliographien, ein etabliertes Verlagswesen und die rigorose Qualitätskontrolle in wissenschaftlichen Zeitschriften durch ein 'peer review' (d.h. ein Gutachtersystem) stützen kann, ist der 'Internet Librarian' darauf angewiesen, all diese Qualitätskontrollen selbst durchzuführen."[5]

---

[2] URL ist die Abkürzung für *Uniform Resource Locator* und ein Synonym für 'Internetadresse'.
[3] Vgl. auch SSG:5 und den nächsten Abschnitt sowie Tröger 2001:250.
[4] Vgl. auch Taylor 1999:137.
[5] Vgl. SSG:20f.

Die *fehlende Qualitätskontrolle* verlagert die Verantwortung für die Bewahrung der Qualität also zunehmend auf die erschließenden Personen, die sich damit neuen Aufgaben gegenübersehen: nicht nur eine Auswahl dokumentationswürdiger Quellen zu treffen, sondern auch eine Bewertung ihrer Qualität vorzunehmen. In dieser Hinsicht läßt sich unterscheiden zwischen impliziten und expliziten Bewertungen. Die *implizite* Bewertung kommt schlicht durch die Quellen zum Ausdruck, die wir in unsere Sammlung aufnehmen. Die *explizite* Bewertung geht anhand publizierter Qualitätskriterien vonstatten und wird z.B. in den *Special Subject Guides* der SUB Göttingen praktiziert (siehe weiter unten und Abb. 15-1).[6]

Insgesamt hat das Internet zudem wesentlich dazu beigetragen, die Zuständigkeit der dokumentarischen Profession, die traditionellerweise eng in Zusammenhang mit Fachinformation steht, in Richtung auf Informationen und gesellschaftliche Bereiche jeder Art zu erweitern.

2 Zugriff auf Internetquellen

Für das Retrieval im Internet wie auch in anderen Medien gilt zunächst einmal, daß wir hierfür geeignete Instrumente brauchen. Im Internet sind das im wesentlichen Suchmaschinen und Web-Verzeichnisse, die eng mit den einander ergänzenden Prinzipien des Browsing und Searching verbunden sind.

2.1 Searching

Suchmaschinen leben vom Zugriffsprinzip des *Searching*. Darunter versteht man den Zugriff auf Internetquellen durch die Eingabe eines oder mehrerer Suchterme in die Suchmaske einer Datenbank.[7] Auch verzeichnisbasierte Suchdienste bieten i.d.R. diese Zugriffsmöglichkeit an. Sie ist dort aber nicht die einzig mögliche und auch nicht die bestimmende – das ist vielmehr das Browsing.

Suchmaschinen zeichnen sich idealtypischerweise aus durch die automatische Sammlung und Auswahl von Internetquellen. Dabei werden Dokumenttexte zumeist als Volltexte gespeichert, suchbar gemacht und sortiert nach ihrer Relevanz für die Suchterme ausgegeben (Relevance Ranking). Suchmaschinen operieren also mit automatischen Erschließungsverfahren,

---

6 Vgl. auch SSG:21. Ein Kriterienkatalog für wissenschaftliche Internetressourcen findet sich beispielsweise unter http://webdoc.sub.gwdg.de/ebook/aw/2003/bargheer/v10.pdf bzw. bei Bargheer 2003.
7 Vgl. auch Koch 1996:1.

wobei diese Erschließung als Reaktion auf eine Suchanfrage erfolgt und ohne, daß es dabei zur expliziten Produktion inhaltlicher Metadaten kommt. Die Ausgabe formaler Metadaten beschränkt sich bedingt durch das Fehlen einheitlicher Strukturmerkmale zumeist auf den Titel (wenn es einen gibt), die URL und auf den unmittelbaren Kontext der Suchterme.[8]

Einen Unterfall von Suchmaschinen stellen Metasuchmaschinen dar, die selbst keine Dokumente vorhalten und durchsuchen, sondern Suchanfragen simultan an Suchmaschinen weitergeben. Beispiel einer solchen Metasuchmaschine für den deutschen Sprachraum ist *MetaGer*. Je nach Reichweite läßt sich zudem unterscheiden zwischen universalen Suchmaschinen und Spezialsuchmaschinen (etwa *Paperball* für tagesaktuelle Nachrichten oder die Kindersuchmaschine *Milkmoon*).[9]

Suchmaschinen arbeiten zumeist mit modernen Retrievalansätzen, also unscharfen Treffermengen und einer gewichteten Ergebnisausgabe (Best-Match-Retrieval). Einen strukturierten Zugang zu den Quellen können Suchmaschinen allerdings nicht gewährleisten: Bei der Ergebnisausgabe werden die URL häufig aus ihrem Zusammenhang gerissen, den wir hernach u.U. mühsam rekonstruieren müssen. Insgesamt arbeiten Suchmaschinen stärker recall- als precision-orientiert. Sie gehören derzeit gewiß zu den maßgeblichen Instanzen, die Pionierarbeit in Sachen moderner Retrievalansätze bzw. automatischer Verfahren der Inhaltserschließung leisten. So kann *Google* mittlerweile etwa nach Definitionen suchen (mit einem dem Suchterm vorangestellten 'define') und, wie in Kapitel 11 bereits erwähnt, automatisch Synonyme in eine Anfrage mit einbeziehen (mit einer vorangestellten Tilde). Beides gilt zur Zeit allerdings nur für englische Wörter. Und die französische Metasuchmaschine *Kartoo* z.B. bereitet Treffermengen auch graphisch auf und gruppiert sie in Clustern, das sind dynamische, über eine Suchanfrage generierte Klassen.[10]

---

[8] Englische Bezeichnung für 'Suchmaschine': 'search engine'

[9] Homepage von MetaGer: http://www.metager.de/; Homepage von Paperball: http://paperball.fireball.de/; Homepage von Milkmoon: http://www.milkmoon.de/.

[10] Homepage von Kartoo: http://www.kartoo.com/. Nützliche Internetquellen zum Thema Suchmaschinen bietet die *Suchfibel*. Dort erfährt man Wissenswertes über Suchmaschinen: welche es gibt, wie man sie bedient, welche Suchtechniken man anwenden kann. Und auch der Besuch der Website von *Search Engine Watch,* die u.a. über aktuelle Entwicklungen bei den Suchmaschinen informiert, lohnt sich. Homepage der Suchfibel: http://www.suchfibel.de/index.htm; Homepage von Search Engine Watch: http://searchenginewatch.com/

Web-Verzeichnisse leben vom Zugriffsprinzip des Browsing. *Browsing* meint den Zugriff auf eine Quelle durch systematisches Blättern. Es ist eng mit dem Hypertextprinzip verbunden. Das Browsing eignet sich vorwiegend für Überblicksrecherchen oder dann, wenn das gesuchte Thema schwer über Suchterme zu fassen ist. Es entlastet den Nutzer von der Notwendigkeit, sein Anliegen in Suchterme zu übertragen.[11]

Web-Verzeichnisse zeichnen sich durch die intellektuelle Sammlung, Auswahl, Erschließung, Pflege und (u.U.) Bewertung von Internetquellen aus. Dabei erfolgt die Inhaltserschließung primär durch die Einordnung der Quellen in eine Systematik. Dies kann eine Eigenentwicklung sein oder auch eine etablierte Klassifikation. Eine differenziertere Beschreibung geschieht (wenn denn) über Annotationen, Kommentare, Bewertungen o.ä.[12]

Träger von Web-Verzeichnissen können dem Wissenschaftsbereich entstammen oder privatwirtschaftlichen Unternehmen. Häufig sind es aber auch Privatpersonen. Die Abdeckung kann universal sein, sie kann sich z.B. aber auch auf eine Sprache beschränken oder nur auf Fachinformation beziehen. Beispiele für Web-Verzeichnisse mit universaler Abdeckung sind *Yahoo!*, das *Open Directory Projekt* oder, für deutschsprachige Seiten, *Web.de*.[13] Auf Fachinformation ausgerichtete Web-Verzeichnisse sind demgegenüber unter Bezeichnungen wie 'Subject Gateway' 'Virtuelle Fachbibliothek' oder 'Fachportal' geläufig.[14]

Web-Verzeichnisse bieten i.d.R. einen strukturierten Zugang zu den nachgewiesenen Quellen (zumeist über eine Verlinkung mit der Homepage). Die dahinterstehende intellektuelle Arbeitsleistung bewirkt, daß hier die Precision im Vordergrund steht, denn der Anspruch auf Vollständigkeit ist im Internet intellektuell nicht einzulösen. Als hauptsächliche Erschließungsarbeiten fallen im Kontext verzeichnisbasierter Suchdienste zum einen die Aufnahme und Bearbeitung von Websites, zum anderen die Entwicklung und Ausdifferenzierung der Systematik an.[15] Bedingt durch die beständige Weiterentwicklung und Qualitätsverbesserung der Suchmaschinen haben kom-

---

[11] Vgl. hierzu Hamdorf 2004:223; Moens 2000:68.
[12] Es existiert eine Vielzahl alternativer Bezeichnungen für 'Web-Verzeichnis' – im Deutschen z.B. '[Web-]Katalog', im Englischen etwa 'directory', 'subject tree' oder 'subject catalogue' (vgl. z.B. Koch 1996:1f; Hamdorf 2001).
[13] Homepage von Yahoo!: http://www.yahoo.com/; Homepage des Open Directory Projekts: http://www.dmoz.com/; URL des Verzeichnisses von WEB.de: http://dir.web.de/?meta_hp=on
[14] Vgl. hierzu ausführlich das nächste Kapitel.
[15] Vgl. Hamdorf 2001:264f.

merzielle, jenseits des Wissenschaftsbereichs angesiedelte Web-Verzeichnisse jedoch stark an Bedeutung verloren.

2.3 Zusammenfassende Gegenüberstellung

Tabelle 14-1 nimmt eine zusammenfassende Gegenüberstellung der beiden idealtypischen Suchdienste im Internet vor.

Tab. 14-1: *Suchmaschinen und Web-Verzeichnisse im Vergleich*

	Suchmaschinen	Web-Verzeichnisse
Zugriff	Searching	Browsing
Sammlung + Auswahl	automatisch	intellektuell
Erschließung	automatisch, ohne explizite Produktion inhaltlicher Metadaten	intellektuell durch die Erzeugung inhaltlicher und formaler Metadaten
Verknüpfungsprinzip	Postkoordination	Präkombination
Zugang	unstrukturiert	strukturiert
Retrievalqualität	Recall-orientiert	Precision-orientiert

Für die Suche nach Fachinformationsquellen im Internet sind den Suchmaschinen verzeichnisbasierte Suchdienste vorzuziehen, die auf diese Art von Informationen spezialisiert sind.[16] Sie bieten den Vorzug eines strukturierten Zugangs zu den Quellen und haben zudem eine qualitative Vorauswahl getroffen. Dadurch sind die dort nachgewiesenen Quellen homogener in bezug auf Qualität, Struktur und Inhalt. Da die Zusammenstellungen auf intellektueller Arbeit beruhen, werden sie allerdings nie den Abdeckungsgrad und die Aktualität von Suchmaschinen erreichen können. Letztere sind daher sinnvoll als nachgeordnete Suchinstrumente zur gezielten Suche nach Lücken einzusetzen, die die Web-Verzeichnisse lassen.[17]

3 Metadaten

Das Internet hat die Praxis der Veröffentlichung, Verbreitung und Nutzung wissenschaftlicher Informationen grundlegend verändert. Die Gewinnung

---

[16] Mit *Google Scholar* steht allerdings seit dem Jahr 2004 auch eine auf den Wissenschaftsbereich ausgerichtete Suchmaschine zur Verfügung: http://scholar.google.com/.

[17] Vgl. auch Rösch 2004a:178.

von Metadaten und ihr Guß in eine einheitliche Form sind ein wichtiger Ansatz, diese Informationen suchbar zu machen.[18]

3.1 Definition

Eine sehr gute Kurzbeschreibung zu der Frage, was Metadaten sind, hält der Metadatenserver der SUB Göttingen bereit. Sie lautet folgendermaßen:

> „Unter Metadaten ('Daten über Daten') versteht man strukturierte Daten, mit deren Hilfe eine Informationsressource beschrieben und dadurch besser auffindbar gemacht wird. Der Begriff geht zwar dem Web-Zeitalter voraus, findet aber vor allem im Zusammenhang mit modernen elektronischen Informationssystemen seine Anwendung. Von Tim Berners-Lee, dem Erfinder des World Wide Web und Direktor des World Wide Web Consortium (W3C), stammt die Definition: 'Metadaten sind maschinenlesbare Informationen über elektronische Ressourcen oder andere Dinge.'
> Metadaten liefern also Grundinformationen über ein Dokument, wie z.B. Angaben über Autor, Titel oder Zeitpunkt der Veröffentlichung, und reproduzieren damit im Prinzip genau das, was an Erschließungsarbeit in den Bibliotheken seit jeher geleistet wurde. Und genau wie jedes bibliothekarische Regelwerk setzt auch der effektive Einsatz von Metadaten einen gewissen Standardisierungsgrad voraus. Doch dieser Standardisierungsgrad hat bei den herkömmlichen Bibliotheksregelwerken inzwischen ein so hohes Komplexitätsniveau erreicht, daß sich nicht erst vor dem Hintergrund schwindender finanzieller und personeller Kapazitäten unmöglich auf die dramatisch anwachsende Fülle von Dokumenten in elektronischen Netzen wie dem WWW übertragen läßt.
> Hinter dem Begriff der Metadaten steht deshalb auch die Suche nach neuen Ansätzen in der Ressourcenbeschreibung und nach den entsprechenden Verfahren der Informationsvermittlung, die auf einen effizienten und kostengünstigen Einsatz in elektronischen Netzen hin optimiert sind. Insgesamt erhebt die gegenwärtige Metadatendiskussion den Anspruch, daß damit bessere Erschließungs- und Retrievalmechanismen angeboten werden können, als sie bisher im Internet existieren...“[19]

Metadaten sind also strukturierte Daten, mit deren Hilfe Ressourcen jeder Art beschrieben werden können. Da Internetquellen ja kaum einheitliche Strukturmerkmale (mit Ausnahme ihrer URL) aufweisen, wird die Erzeugung von Metadaten im Interesse des Retrieval hier besonders dringlich. Dies gilt um so mehr für den gezielten Zugriff auf Fachinformation. Der Zweck von Metadaten besteht also darin, die Erschließung von Ressourcen zu verbessern und darüber ihre Auffindbarkeit und Nutzung zu erleichtern. Zudem sollen sie Ressourcen in größere Zusammenhänge und in Bezie-

---

18   Vgl. hierzu auch Neuroth 2002:275.
19   Metadata Server: Einführung in Metadaten: http://www2.sub.uni-goettingen.de/intrometa.html

hungen zu anderen Ressourcen stellen und den Datenaustausch erleichtern.[20] Metadaten werden entweder von den Dokumenturhebern im Dokumenten-Header implementiert oder sie ergeben sich als Produkte einer nachträglichen (Fremd-)Erschließung von Internetquellen.

3.2 Metadatenformate

Metadatenformate sind eng mit dem Postulat einer *Interoperabilität* von Informationssystemen verbunden. Darunter versteht man ihre Austauschbarkeit, Kommunizierbarkeit und Anschlußfähigkeit. Damit Informationssysteme diese Anforderung erfüllen können, ist es wichtig, daß einheitliche Metadatenformate verwendet und die einzelnen Felder dieser Formate gleich interpretiert werden. Zu diesem Zweck werden Metadatenformate standardisiert. Eines davon, das wohl wichtigste und für die Beschreibung von Internetquellen am meisten verbreitete ist das Dublin Core Metadata Element Set[21], das im folgenden Abschnitt näher beschrieben wird.

Metadatenformate setzen sich aus einzelnen Metadatenelementen zusammen. Dabei werden zu jedem Metadatenelement neben einer semantischen Definition auch Festlegungen über die Wiederholbarkeit getroffen (sind Mehrfacheinträge erlaubt?) sowie über den Verpflichtungsgrad (muß, soll kann das Element erfaßt werden?), und es werden 'Best-Practice'-Empfehlungen ausgegeben. Sog. Encoding Schemes ermöglichen die Zuordnung des Elementinhalts zu Wertelisten. Sie geben also z.B. Auskunft darüber, welcher Dokumentationssprache ein bestimmter Indexterm entnommen wurde. Encoding Schemes für das Element *Subject* bei Dublin Core sind z.B. *DDC*, *LCSH* oder *MeSH*. Metadaten können z.B. auf folgende Art dargestellt sein:

<META NAME="DC.Subject" SCHEME="DDC" CONTENT="541.34">[22]

Subclasses wiederum spezifizieren die Bedeutung von Elementen. So spezifiziert z.B. die Subclass *Abstract* bei Dublin Core das Element *Description*. Subclasses decken nur einen Ausschnitt des eigentlichen Begriffsumfangs des unqualifizierten Elements ab und schränken es damit ein.[23]

---

[20] Vgl. hierzu u.a. van Cappelleveen 1997 und Neuroth 2002:277ff.
[21] Abkürzung für 'Dublin Core Metadata Element Set': DCMES, oder auch schlicht: DC
[22] SSG:55
[23] Vgl. MEATLIB:4f sowie Becker u.a. 2002:40.

„(...) hinter dem Dublin-Core-Ansatz [steht] der Versuch, ein kostengünstiges, leicht handhabbares und doch wirkungsvolles Verfahren zu entwickeln, das auch vor der großen Zahl an Dokumenten in elektronischen Netzen nicht kapitulieren muß...“[24]

Die Entwicklung des Dublin Core Metadata Element Set geht auf eine Reihe von Workshops zurück, die sich seit 1995 der Erschließung und Recherche digitaler Dokumente widmeten.[25] Es handelt sich um ein Kategorienschema bestehend aus 15 Elementen, die sich im wesentlichen auf formale Angaben (z.B. Titel, Urheber, Ressourcenart) und die inhaltliche Beschreibung beziehen (wie Schlagwörter, Stichwörter, Abstract). Dazu kommen administrative Daten wie etwa das Verhältnis des Dokuments zu anderen Datensätzen und Angaben zu Rechten (→ Tab. 14-2).

DC-Metadaten stellen ein Austauschformat für die Identifikation und den Nachweis digitaler Ressourcen dar und beschreiben sie zum Zwecke des Retrieval so, daß sie von Menschen und Maschinen gelesen und interpretiert werden können. Es handelt sich also um einen Ansatz zur Erschließung von Internetquellen, der die in den Quellen enthaltenen Informationen um zusätzliche genormte Aspekte ergänzt. Damit wird den Urhebern von Web-Dokumenten ein Mittel an die Hand gegeben, Metadaten selbst zu generieren und so die Dokumente im Interesse ihrer leichteren Wiederauffindbarkeit zu erschließen. Das DC-Format ist interdisziplinär anwendbar, international einsetzbar und soll ein Minimum an technischer und konzeptueller Austauschbarkeit gewährleisten.[26]

Soweit diese Elemente ohne weitere Spezifizierungen zur Anwendung kommen, handelt es sich um das Format *Dublin Core Simple*. Angereichert mit Subclasses (bei DC 'Refinements' genannt) und Encoding Schemes wird daraus das Format *Dublin Core Terms*. Aufgrund der relativen Einfachheit von Dublin Core setzt es sich für die Erschließung von Fachinformation im Internet weltweit mehr und mehr durch. Das Nebeneinander unterschiedlicher Erschließungsarten und der Einsatz unterschiedlicher Dokumentationssprachen bleiben jedoch als Probleme bestehen und schlagen sich insbesondere im DC.Subject-Feld nieder. Auch reichen die 15 Elemente den Fachinformationsdiensten für die Ressourcenbeschreibung häufig nicht aus.[27]

---

[24] Metadata Server: Einführung in Metadaten: http://www2.sub.uni-goettingen.de/intrometa.html
[25] Homepage der Dublin Core Metadaten-Initiative (DCMI): http://dublincore.org/
[26] Vgl. Neuroth 2002:277f; Becker u.a. 2002:45.
[27] Vgl. auch Neuroth 2002:290, Krause 2004:79.

Tab. 14-2: *Die 15 Elemente des Dublin Core Metadata Element Set (Dublin Core Simple, Version 1.1 – Deutsche [Kurz-]Fassung, übernommen und in der Beschreibung leicht modifiziert und angereichert von der Website des Museumsbundes: http://shorl.com/bufitrejyvyfo.)*

Title/Titel	Der für die Ressource vergebene Name.
Creator/Verfasser oder Urheber	Derjenige, der in erster Linie für die Erstellung des Inhalts der Quelle verantwortlich ist.
Subject/Thema, Schlagwörter	Das Thema des Ressourceninhalts.
Description/ Inhaltliche Beschreibung	Die Darstellung des Ressourceninhalts.
Publisher/ Verleger oder Herausgeber	Die Instanz, die für die Veröffentlichung bzw. Verfügbarkeit der Ressource verantwortlich ist.
Contributor/ Weitere beteiligte Personen bzw. Körperschaften	Eine Instanz, die zum Inhalt der Ressource beiträgt.
Date/Datum	Ein Datum, das ein Ereignis im Lebenszyklus der Ressource darstellt.
Type/Ressourcenart	Das Genre des Ressourceninhalts.
Format/Format	Die physische oder digitale Festschreibung der Ressource.
Identifier/ Identifikation der Ressource	Eine eindeutige Bezeichnung der Ressource in einem bestimmten Kontext (bei Internetquellen ist das i.d.R. die URL).
Source/Quelle	Ein Hinweis auf Quellen, von der die vorliegende Ressource abgeleitet werden kann.
Language/Sprache	Die Sprache(n) des Inhalts der Ressource.
Relation/Beziehung zu anderen Ressourcen	Die Beziehung zu verwandten Ressourcen
Coverage/Abdeckung	Die räumliche, zeitliche oder fachliche Reichweite des Ressourceninhalts.
Rights Management/ Rechteverwaltung	Informationen über die Rechte, die an der Ressource und sie betreffend vorhanden sind.

DC-Metadaten sind insbesondere für die Erschließung und Recherche von Fachinformationsquellen via Spezialsuchmaschinen interessant. Im nicht-wissenschaftlichen Kontext ist der Erschließungsgrad mit (DC-)Meta-daten dermaßen gering, daß es sich für die Betreiber universaler Suchmaschinen nicht lohnt, diese mit Funktionalitäten auszustatten, die eine Auswertung von Metadaten ermöglichen.[28]

3.4 Namespace und Application Profile

Schließlich sollen im Zusammenhang mit Metadatenformaten noch zwei häufig genannte Begriffe eingeführt werden, nämlich Namespace und Application Profile.[29]

Im Kontext von Metadatenformaten identifiziert ein *Namespace* einen festgelegten Satz an Metadatenelementen samt ihrer Definitionen, der weitgehend kontextunabhängig konzipiert wurde und somit auf ein breites Spektrum von Bereichen und Ressourcen Anwendung finden kann. Beispiele für Namespaces stellen Dublin Core Simple und Dublin Core Terms dar.

Ein *Application Profile* wiederum besteht aus einem Satz an Metadatenelementen, die in verschiedenen Namespaces definiert sein können. Ein solcher Metadatensatz ist auf einen spezifischen Anwendungsfall zugeschnitten. Dabei dürfen Definitionen aus Namespaces spezifiziert, nicht jedoch ausgeweitet werden. Jedes Projekt zur Erschließung von Internetquellen definiert i.d.R. sein eigenes Application Profile. Es ist zumeist Ausdruck des kleinsten gemeinsamen Nenners, auf den sich die beteiligten Projektpartner einigen konnten.

→ Da ein Application Profile aus mindestens einem Namespace bestehen kann bzw. muß, ist theoretisch jeder Namespace auch ein Application Profile. Eine vollständige Nachnutzung eines Namespaces als Application Profile ist allerdings eher unwahrscheinlich. Um Verwechslungen zwischen den beiden Begriffen zu vermeiden, gibt es die Überlegung, den Begriff 'Application Profile' so einzuengen, daß er aus mindestens zwei Namespaces oder aus der Untermenge eines Namespace bestehen muß.[30]

---

[28] Eine Ausnahme stellt die Suchmaschine *Fireball* (http://www.fireball.de/) dar, die außer der Titel-, URL- und Linksuche die Suche nach den Metatags *Keyword*, *Author* und *Publisher* ermöglicht (vgl. Lewandowski 2004:101).

[29] Vgl. hierzu vor allem METALIB:3 sowie Becker u.a. 2002:38f.

[30] Vgl. Becker u.a. 2002:50f.

4 Zusammenfassung

- Internetquellen zeichnen sich gegenüber konventionellen Printmedien vor allem durch ihre Heterogenität, ihre Dynamik, ihre Offenheit und die fehlende Qualitätskontrolle aus. Dies macht ihre Erschließung und Pflege aufwendig und setzt zudem eine beständige Überprüfung und Bewertung ihrer Qualität auf die Tagesordnung.

- Der gezielte Zugriff auf Internetquellen kann über Suchmaschinen, also über das Searching erfolgen oder über Web-Verzeichnisse, die vor allem vom Browsing leben. Dabei beruhen Suchmaschinen auf automatischen Prozessen der Sammlung und Erschließung, während sich Web-Verzeichnisse auf intellektuelle Arbeitsleistung gründen.

- Metadaten stellen ein wichtiges Instrument für den Zugriff auf Internet-quellen, insbesondere im Bereich der Fachinformation dar. Ihre Intero-perabilität wird über einheitliche Formate gewährleistet. Das für die Erschließung von Internetquellen am meisten verbreitete Metadatenformat ist Dublin Core.

- Das DC-Format besteht aus 15 Datenelementen, die bei Bedarf weiter ausdifferenziert werden können. Es ist auf die Erschließung digitaler Ressourcen zugeschnitten und verhältnismäßig unkompliziert. Dadurch kann es breite Anwendung finden.

- Bei Dublin Core Simple und Dublin Core Terms handelt es sich um Namespaces, die wie andere Namespaces auch die Grundlage für Application Profiles bilden. Application Profiles wiederum stellen ein für einen bestimmten Anwendungsbereich maßgeschneidertes Metadaten-format dar.

5 Literatur zum Thema

Bargheer, Margo 2003: Quality Control and Evaluation of Scientific Web Resources, in: Bibliothek 27 (2003) 3: 153-169

Hamdorf, Kai 2001: Wer katalogisiert das Web? Dokumentarische Arbeit als Big Business und Freiwilligen-Projekt, in: nfd 52 (2001): 263-270.

Hamdorf, Kai 2004: Jenseits von Google – Erschließung und Recherche von Internet-Angeboten durch Webkataloge, in: IWP 55 (2004) 4: 221-224

Koch, Traugott 1996: Suchmaschinen im Internet (Vortrag am 11.3. 1996) im Rahmen von: Weiter auf dem Weg zur virtuellen Bibliothek! Bibliotheken nutzen das Internet. Erste INETBIB-Tagung in der Universitätsbibliothek Dortmund):
http://www.lub.lu.se/tk/demos/DO9603-manus.html

Koch, Traugott 1997: Verbesserung der Recherchemöglichkeiten im Internet – internationaler Überblick. 19. Online-Tagung der Deutschen Gesellschaft für Dokumentation, Frankfurt/Main: http://www.ub2.lu.se/tk/demos/DGD97.html

Koch, Traugott 1998: Nutzung von Klassifikationssystemen zur verbesserten Beschreibung, Organisation und Suche von Internetressourcen, in: BuB 50 (1998) 5: 326-335

Koch, Traugott 1998a: Browsing and searching internet resources: http://www.lub.lu.se/netlab/documents/nav_menu.html

Lepsky, Klaus 1998: Im Heuhaufen suchen – und finden. Automatische Erschließung von Internetquellen: Möglichkeiten und Grenzen, in: BuB 50 (1998) 5: 336-340

Lewandowsky, Dirk 2001: „Find what I mean not what I say". Neuere Ansätze zur Qualifizierung von Suchmaschinen-Ergebnissen, in: BuB 53 (2001) 6/7: 381-386

Neuroth, Heike 2002: Suche in verteilten „Quality-controlled Subject Gateways". Entwicklung eines Metadatenprofils, in: Bibliothek 26 (2002) 3: 275-296

[SSG]: Das Sondersammelgebiets-Fachinformationsprojekt (SSG-FI) der Niedersächsischen Staats- und Universitätsbibliothek Göttingen: GeoGuide, MathGuide, Anglo-American History Guide und Anglo-American Literature Guide (www.SUB.Uni-Goettingen.de/ssgfi/). Dokumentation – Teil 1, (DBI-Materialien 185), Berlin 1999
Rezension in: Bibliothek 24 (2000) 1: 105-107 (von Eckhard Eichler)

Tröger, Beate 1998: „Und wie halten Sie es mit der Internet-Erschließung?" Bibliothekarische Gretchenfragen von IBIS bis GERHARD; in: Bibliotheksdienst 32 (1998) 11: 1922-1930

Tröger, Beate 2001: „42!" oder: Was nutzen die besten Antworten, wenn die Fragen nicht dazu passen? Internet-Inhaltserschließung auf neuen Wegen, in: B.I.T. online 4(2001) 3: 249-254

Kapitel 15
Fachinformationsdienste im Internet

In diesem Kapitel werden verschiedene Typen von Fachinformationsdiensten vorgestellt, voneinander abgegrenzt und mit Beispielen illustriert. Daneben geht es um Ansätze und Projekte, die sich die Integration dieser Dienste zum Ziel gesetzt haben.

Literatur: Da die Erschließung von Fachinformation eng mit der Diskussion um Metadatenformate verbunden ist, gelten hierfür die Anmerkungen aus dem vorherigen Kapitel. Wesentliche definitorische Arbeit zu einzelnen Typen von Fachinformationsdiensten wurde von Traugott Koch (2000) und Hermann Rösch (2001 u. 2004) geleistet. Eine umfassende Zusammen- und Gegenüberstellung von Subject Gateways findet sich bei Gietz (2001).

1 Subject Gateways

> „Am ehesten können noch fachlich begrenzte Qualitätsdienste (Subject Based Information Gateways, SBIG's oder auch Clearinghouses genannt) die besten Eigenschaften der roboterbasierten und der listenbasierten Dienste vereinen, die Methoden des Browsing und der Suche integrieren und Mehrwert durch Qualitätsauswahl und Beurteilung, gute Beschreibung und Strukturierung der Ressourcen (Annotation, Deskriptoren aus kontrollierten Listen und Thesauri, Reviews, Ratings, Klassifikation) schaffen."[1]

Nach einer einführenden Begriffsbestimmung werden wichtige Unterscheidungskriterien für Subject Gateways benannt, die der summarischen Darstellung ihres Entwicklungsstandes zugrunde liegen. Beispielhaft werden sodann einige konkrete Subject Gateways vorgestellt.

1.1 Definition

Ein *Subject Gateway* ist ein Fachinformationssystem im Internet, das Internetquellen verzeichnet. Traugott Koch unterscheidet zwischen 'einfachen Subject Gateways' und 'qualitätskontrollierten Subject Gateways'. Einfache Subject Gateways definiert er wie folgt:

> "Subject Gateways are Internet services which support systematic resource discovery. They provide links to resources (documents, objects, sites or services), pre-

---

[1] Vgl. Koch 1997:1.1.1.

dominantly accessible via the Internet. The service is based on resource description. Browsing access to the resources via a subject structure is an important feature."[2]

Hinter diesem Begriff verbergen sich also Fachinformationsdienste im Internet, die auf systematischer Ordnung beruhen und eine Struktur für das Browsing anbieten. Sie enthalten Verweise auf Fachinformationsquellen im Internet, sammeln und erschließen sie. Dabei handelt es sich zumeist um hauseigene Lösungen – sowohl technisch als auch konzeptionell.[3]

Ein qualitätskontrolliertes Subject Gateway wird von Koch demgegenüber wie folgt definiert:

"'Quality-controlled subject gateways' are Internet services which apply a rich set of quality measures to support systematic resource discovery. Considerable manual effort is used to secure a selection of resources which meet quality criteria and to display a rich description of these resources with standard-based metadata. Regular checking and updating ensure good collection management. A main goal is to prove a high quality of subject access through indexing resources using controlled vocabularies and by offering a deep classification structure for advanced searching and browsing."[4]

Diese Subject Gateways erfüllen also zusätzlich folgende Kriterien: Sie wählen die Quellen anhand von Qualitätskriterien aus und nehmen regelmäßige Qualitätskontrollen vor. Außerdem beschreiben sie die Quellen mit Hilfe standardisierter Metadatenformate. Der inhaltlichen Erschließung liegt dabei i.d.R. eine Klassifikation zugrunde, nach Möglichkeit in Kombination mit einem Thesaurus oder einer Schlagwortliste.[5] Dazu können sich noch weitere Mehrwertdienste gesellen, etwa Listen der neu aufgenommenen Ressourcen, Kommunikationsforen, Dokumentarchive, Bibliographien, Profildienste, Tagungskalender, personalisierte Nutzungs- und Anzeigeoptionen usw. Dies sind bereits Angebote, die eine Entwicklung von Subject Gateways hin zu Fachportalen initiieren (siehe weiter unten).

→ Der Kürze halber soll im folgenden dennoch weiterhin von Subject Gateways gesprochen werden, wenn eigentlich qualitätskontrollierte Subject Gateways im Koch'schen Sinne gemeint sind.

---

[2] Vgl. Koch 2000:24f.
[3] Vgl. auch Gietz 2001:3; Hellweg 2002.
[4] Koch 2001:26
[5] Vgl. auch Gietz 2001:3.

Subject Gateways lassen sich vor allem in Hinblick auf ihre fachliche, geographische und sprachliche Abdeckung unterteilen sowie nach Art der verzeichneten Ressourcen. Daraus lassen sich die unterschiedlichsten Typen generieren. Verbreitet ist etwa der Typ Subject Gateway, der eine Disziplin abdeckt, global und einsprachig ist (etwa SOSIG, siehe unten). Eine andere häufig vorkommende Kombination ist: interdisziplinär, global, einsprachig (etwa BUBL, s.u.) oder: national, interdisziplinär, etwa: DutchESS oder: national, eine Disziplin, etwa: *Deutscher Bildungsserver*.[6]

Des weiteren unterscheiden sich Subject Gateways nach dem Vorhandensein und der Art von Informationsdienstleistungen und nach der Einbindung: Handelt es sich um ein eigenständiges Subject Gateway, den Teil eines Subject Gateway-Verbundes oder ein Meta-Subject Gateway? Auch die Art der Qualitätssicherung (bezogen auf die Art und Ausführlichkeit der Ressourcenbeschreibung, die Qualitätskriterien für die Aufnahme, die Frequenz der Linküberprüfung) stellt ein wichtiges Vergleichskriterium dar. Schließlich ist noch nach der Menge der vorgehaltenen Ressourcen und nach dem Betreiber zu fragen: Handelt es sich um eine Bibliothek oder ein Hochschulinstitut, eine Behörde, eine Firma oder eine Privatperson?

Subject Gateways unterscheiden sich also in vielerlei Hinsicht, von der technologischen Basis über die Inhalte bis zur Qualität des Sammlungsmanagements. Die hauptsächlichen Probleme werden erstens bei der Pflege gesehen und zweitens bei der Interoperabilität: Viele Subject Gateways benutzen proprietäre (hauseigene) Softwarelösungen, gleiches gilt für die Erschließungspraxis. Eine stärkere Interoperabilität ist daher vor allem für Datenbankprotokolle, Suchsprachen, Metadatenformate, die Erschließungsinstrumentarien und Erfassungsregeln gefordert.[7]

Bevor im Verlaufe dieses Kapitels mit *Renardus* ein Projekt vorgestellt wird, das sich dieser Probleme angenommen hat, folgt nun die Vorstellung

---

[6] Zur Typologie von Subject Gateways vgl. vor allem Gietz 2001:5ff und Koch 2000: 26ff. Homepage von DutchESS: http://www.kb.nl/dutchess/index.html; Homepage des Deutschen Bildungsservers: http://www.bildungsserver.de/

[7] Vgl. Koch 2000:32. Ein mittlerweile erfolgreich abgeschlossenes Projekt, das sich der technologischen Interoperabilität von Subject Gateways angenommen hat, war DBClear (*Datenbank-basierte Clearinghäuser im Kontext digitaler Fachbibliotheken*). In seinem Rahmen wurde ein nachnutzbares plattformunabhängiges Datenbanksystem für die Automatisierung häufig wiederkehrender Arbeitsabläufe realisiert, die im Zusammenhang mit der Erstellung und Pflege internetbasierter Fachinformationsdienste anfallen. Projektträger waren das IZ Sozialwissenschaften und die SUB Göttingen (vgl. Hellweg 2002).

eines modellhaften Subject Gateway in Deutschland sowie weiterer Einrichtungen dieser Art mit exemplarischem Charakter.

1.3 Beispiele

a) Die Special Subject Guides der SUB Göttingen

Die *Special Subject Guides* (SSG) sind Ergebnis eines Fachinformationsprojekts für die Sachgebiete Geowissenschaften, Mathematik, anglo-amerikanische Geschichte, anglo-amerikanische Kultur und Forstwissenschaften.[8] Für diese Schwerpunkte fungiert die SUB Göttingen im Rahmen des von der DFG organisierten Systems der überregionalen Literaturversorgung als Sondersammelgebietsbibliothek.[9] Die SSG wurden im Rahmen eines Projekts entwickelt, das auf eine prototypische Lösung zielte, also nachnutzbar für andere Sammelgebiete sein sollte.

Die inhaltliche Erschließung der verzeichneten Quellen erfolgt über Annotationen und Indexate, und zwar sowohl verbal als auch klassifikatorisch mit Hilfe etablierter Klassifikationssysteme. Dabei wird ein standardisiertes Metadatenformat angewandt, das sehr stark an Dublin Core angelehnt ist.[10] Die SSG beruhen auf einer Ressourcenauswahl, womit eine erste implizite Bewertung stattfindet. Bestimmte Bereiche bzw. Ressourcenarten werden allerdings unabhängig von ihrer Qualität vollständig erfaßt, im *Anglo-American Literature Guide* etwa alle Einrichtungen im Bereich der Anglistik und Amerikanistik. Zusätzlich zeichnen sich die SSG durch ein ausgereiftes System expliziter Qualitätsbewertung aus.[11]

Auf einer dreistufigen Skala (mit den Ausprägungen *fair – good – excellent*) werden Bewertungen in bezug auf folgende Kategorien vorgenommen: Die inhaltliche Relevanz *(Content)*, die Übersichtlichkeit und Gestaltung *(Clarity)*, die Binnenerschließung der Website durch ein Register oder eine lokale Suchmaschine *(Index)* sowie Verweise auf weitere Ressourcen *(Links)*. Berücksichtigt werden dabei deren Anzahl, Güte, das Vorhandensein von Kommentaren, ihre Anordnung und Aktualität. Dazu gesellen sich als indirekt wertende Kategorien die Zielgruppe, für die die Ressource geeignet ist *(Level)*, und die Anzahl der Verweise auf diese Ressource von anderen Quel-

---

[8] Vgl. hierzu vor allem SSG.
[9] Die Aufgabe einer Sondersammelgebietsbibliothek besteht darin, für ihre jeweiligen Gebiete die wissenschaftliche Literatur so komplett wie möglich zu sammeln. Damit soll gewährleistet werden, daß in Deutschland alle wissenschaftlich relevanten Publikationen zumindest in einem Exemplar vorhanden sind (vgl. SSG:1).
[10] Vgl. ebd.:29.
[11] Vgl. ebd.:31f; 72ff.

len (*Backlinks*). Dieses Kriterium soll Auskunft darüber geben, inwieweit Nutzer die Ressource empfehlen.[12]

→ Dem Fazit einer Buchrezension: „Ein ambitioniertes und sehr gut durchdachtes Projekt der intellektuellen Erschließung" kann man sich nur anschließen (→ Abb. 15-1 und 15-2).[13]

b) ARGUS Clearinghouse

Beim *ARGUS Clearinghouse* handelt es sich um einen im Januar 2002 eingestellten Dienst. Er soll hier dennoch Erwähnung finden, hatte er doch eine Vorreiterrolle inne, was die explizite Bewertung von Internetquellen betrifft. Dazu die Betreiber:

> "We recognize the importance of the Argus Clearinghouse as one of the first projects on the Internet to list and categorize resource guides. Therefore, it is our intention to keep the current site at www.clearinghouse.net running; however, it will no longer be actively maintained."[14]

ARGUS war eine fachübergreifende Einrichtung im Internet und eine der ersten ihrer Art. Sie wurde 1993 gegründet. Als eine Art Meta-Subject Gateway nahm ARGUS ausschließlich Quellen auf, die ihrerseits schon auf einer Quellensammlung beruhten. Der Zugang erfolgte über eine Systematik. Die Quellen wurden mit Schlagwörtern indexiert und ihre Qualität wurde anhand mehrerer Kategorien bewertet. Der Dienst wurde, so heißt es bei ARGUS, von der *Internet Public Library* übernommen. [15]

→ http://www.clearinghouse.net/

c) BUBL

BUBL ist die Abkürzung für *Bulletin Board for Libraries*. Es handelt sich um einen interdisziplinären Fachinformationsdienst aus dem Raum Großbritannien, der seine Quellen mit Hilfe der DDC erschließt und einen Zugriff auf die Notationen ermöglicht. Die Quellen werden mit Kurzbeschreibung und Formaldaten (Autor, geographische Angaben, Dokumenttyp) versehen und monatlich überprüft.

→ Abb. 15-3/http://link.bubl.ac.uk/ISC2

---

[12] Der Zugang zu den SSG erfolgt über: http://www.sub.uni-goettingen.de/ebene_1/ fachinfo/angebot.html.de#Guides.
[13] Eckhard Eichler in: Bibliothek 24 (2000) 1:106
[14] ARGUS Clearinghouse/Notice: http://www.clearinghouse.net/notice.html
[15] Homepage der Internet Public Library: http://www.ipl.org/

Abb. 15-1: *Die Bewertung von Internetquellen im Anglistik Guide der SUB Göttingen (URL: http://www.anglistikguide.de/)*

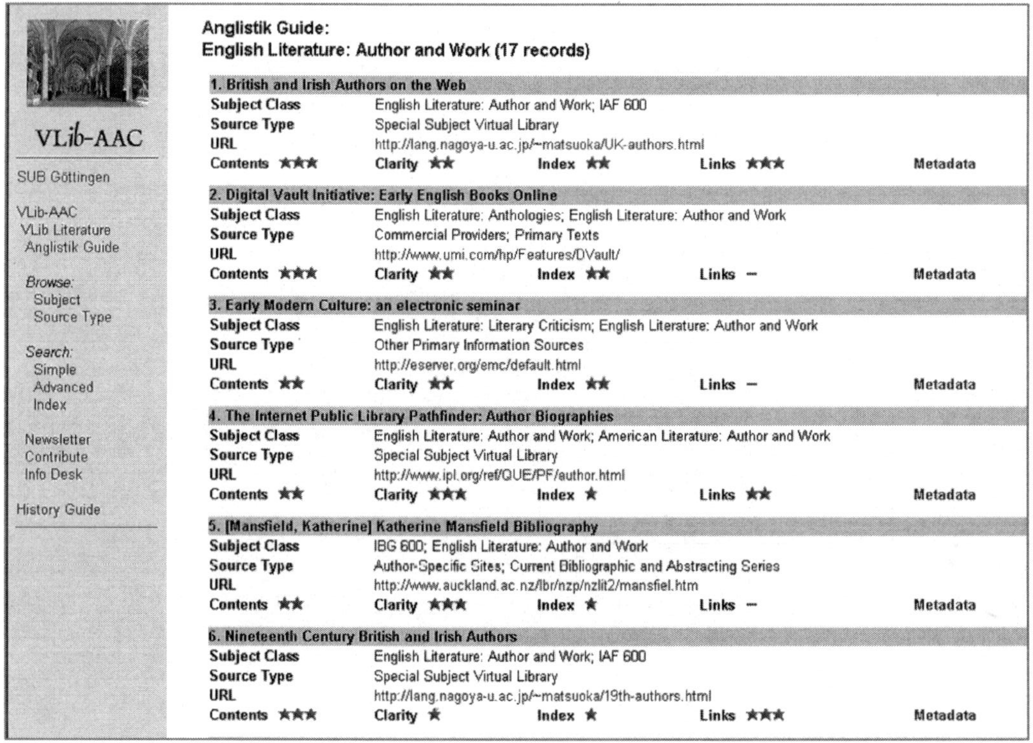

Abb. 15-2: *Exemplarischer Metadatensatz zu einer Internetquelle im Anglistik Guide der SUB Göttingen (URL: http://www.anglistikguide.de/)*

VLib-AAC

SUB Göttingen

VLib-AAC
VLib Literature
Anglistik Guide

Browse:
Subject
Source Type

Search:
Simple
Advanced
Index

Newsletter
Contribute
Info Desk

History Guide

BIBLIOGRAPHIC DATA

Title	British and Irish Authors on the Web
Editor	Matsuoka, Mitsuharu <matsuok@lang.nagoya-u.ac.jp>
Publisher	Faculty of Language and Culture - Nagoya University: Nagoya-City, JP
Distributor	Nagoya University: Nagoya-City, JP <http://www.nagoya-u.ac.jp/>
Language	English
Country (State)	Japan
Format of data	text/html
Keywords	British authors; Irish authors
Description	This site offers links to literary texts, books, and other reference material concerning British and Irish authors and their works.
URL	http://lang.nagoya-u.ac.jp/~matsuoka/UK-authors.html

CLASSIFICATION

Source Type	Special Subject Virtual Library
Subject Class	English Literature: Author and Work; IAF 600
GOK	IA 600; IAF 600
BK	18.05; 17.98
LCSH	English literature--History and criticism--Bibliography--Web sites. English literature--Bibliography--Web sites. English literature--Irish authors--History and criticism--Bibliography--Web sites. English literature--Irish authors--Bibliography--Web sites.

ADDITIONAL INFORMATION

Updated	2001-06-25
Access	free
Restrictions	none
Contents ★★★	**Clarity ★★** **Index ★★** **Links ★★★** **Level** undergraduate, graduate, professional

STATISTICS

Backlinks	unknown
© SSG-FI	2001-07-20

283

Abb. 15-3: *Zugriff auf BUBL über die DDC (URL: http://bubl.ac.uk/link/)*

BUBL LINK Catalogue of Internet Resources

Dewey | Search | Subject Menus | Countries | Types

Selected Internet resources covering all academic subject areas

A | B | C | D | E | F | G | H | I | J | K | L | M | N | O | P | Q | R | S | T | U | V | W | X | Y | Z

000 Generalities
Includes: computing, Internet, libraries, information science

100 Philosophy and psychology
Includes: ethics, paranormal phenomena

200 Religion
Includes: bibles, religions of the world

300 Social sciences
Includes: sociology, politics, economics, law, education

400 Language
Includes: linguistics, language learning, specific languages

500 Science and mathematics
Includes: physics, chemistry, earth sciences, biology, zoology

600 Technology
Includes: medicine, engineering, agriculture, management

700 The arts
Includes: art, planning, architecture, music, sport

800 Literature and rhetoric
Includes: literature of specific languages

900 Geography and history
Includes: travel, genealogy, archaeology

[Search]

BUBL uses the Dewey Decimal Classification system as the primary organisation structure for its catalogue of Internet resources.
The Dewey Decimal Classification is (c) 1996-2004 OCLC Online Computer Library Center. Used with Permission.

BUBL Information Service, Centre for Digital Library Research, Strathclyde University, Glasgow G1 1XH, Scotland
Tel: 0141 548 4752   *Email:* bubl@bubl.ac.uk

284

2 Virtuelle Fachbibliotheken

Der Begriff *Virtuelle Fachbibliothek* wird in der Literatur entweder synonym zu 'Subject Gateway' gebraucht oder als übergreifende Einrichtung aufgefaßt, von der Subject Gateways Teil werden. Der letzten u.a. von Hermann Rösch und der SUB Göttingen[16] vertretenen Auffassung möchte ich mich hier anschließen. Denn wie weiter unten im einzelnen erläutert, stellen Virtuelle Fachbibliotheken über die Sammlung, Beschreibung und den Verweis auf Fachinformationsquellen im Internet hinaus weitere Dienstleistungen bereit.

Das Konzept der Virtuellen Fachbibliotheken im Internet geht zurück auf ein Memorandum der DFG aus dem Jahre 1998 zur Weiterentwicklung der überregionalen Literaturversorgung. Dies war eine Reaktion auf veränderte Informationsbedürfnisse der Wissenschaftler infolge der wachsenden Bedeutung elektronischer Medien, die veränderte Publikationsgewohnheiten und -geschwindigkeiten nach sich ziehen. Als Träger Virtueller Fachbibliotheken wurden die Sondersammelgebietsbibliotheken auserkoren, deren Aufgabenbereich nun wie folgt erweitert werden sollte:

> „… eine solche virtuelle Fachbibliothek soll Fachinformationseinrichtungen, wissenschaftliche Fachgesellschaften, Verlage und weitere Bibliotheken zusammenschließen, um dem Nutzer einen direkten und möglichst vollständigen Zugriff auf die für ihn relevanten wissenschaftlichen Informationsressourcen zu ermöglichen. Damit soll es möglich sein, fachbibliographische Datenbanken direkt mit Bestandsnachweisen der in der SSG-Bibliothek vorhandenen Bestände zu verknüpfen; zugleich sollen in dieses Konzept digitale Medien, wie elektronische Zeitschriften, aber auch fachliche Internetressourcen integriert werden."[17]

Eine Virtuelle Fachbibliothek bietet demnach einen fachspezifischen Zugriff auf wissenschaftlich relevante Informationen und Dokumente, die, weltweit verteilt, sowohl in gedruckter als auch in elektronischer Form vorliegen (dann vornehmlich als Internetquellen). Maßgeblich für die Aufnahme in die Sammlung ist dabei stets die inhaltliche Relevanz und nicht etwa der Ressourcentyp. Denn Virtuelle Fachbibliotheken sollen nicht nur Texte, sondern auch Fakten, Lehrmaterialien, Bilder, Töne, Animationen und Videosequenzen sowie neue Ressourcenarten wie Kompetenznetze, Konferenzkalender oder Diskussionslisten nachweisen.

Im einzelnen bestehen Virtuelle Fachbibliotheken aus folgenden Kernelementen: Aus einem (qualitätskontrollierten) *Subject Gateway* und einer *fachlichen Suchmaschine*, die die im Subject Gateway vorgehaltenen Quellen

---

[16] Vgl. Rösch 2004:78 und SSG:7.
[17] SSG:7

in Gänze suchbar macht. Dazu gesellen sich *Bibliothekskataloge*, die die parallele Suche in den Katalogen der Trägerbibliotheken ermöglichen, und *Dokumentlieferdienste*. [18] Als weitere Dienstleistungen können Virtuelle Fachbibliotheken Zugriffe auf Volltextdatenbanken, elektronische Zeitschriften, bibliographische Datenbanken, Tagungskalender, Konferenzdatenbanken und dergleichen mehr anbieten.[19] Durch ein einheitliches Metadatenformat[20] wird zusätzlich zur dokumentübergreifenden auch eine fachübergreifende Suche ermöglicht. Diese wurde im Rahmen des Integrationsprojekts *Vascoda* (siehe unten) realisiert, das den Nutzer in die Lage versetzt, unter einer einheitlichen Oberfläche simultan in den verschiedenen Bibliotheken zu recherchieren.[21]

Die Virtuellen Fachbibliotheken (kurz: ViFa) präsentieren sich unter einem gemeinsamen Einstiegspunkt im Internet, nämlich unter http://www.virtuellefachbibliothek.de/. Einige konstituieren sich entlang geographischer Räume (z.B. die ViFa Anglo-Amerikanischer Kulturraum, die ViFa Niederländischer Kulturkreis oder die ViFa Vorderer Orient einschl. Nordafrika), andere entlang von Wissenschaftsdisziplinen (z.B. die ViFa Geschichte, die ViFa Medizin – *MedPilot* genannt – oder die ViFa Physik) oder entlang von Teildisziplinen (etwa die ViFa Holztechnologie – *ViFaHolz* oder die ViFa Gegenwartskunst). Realisiert sind bislang über zwanzig Einrichtungen dieser Art, weitere befinden sich im Aufbau.[22]

3 (Fach-)Portale

'Portal' meint ursprünglich den repräsentativen Eingang eines bedeutenden Bauwerks. Im Kontext des Internet bezeichnet man damit einen einheitlichen Einstiegspunkt und personalisierten Zugriff auf eine Einrichtung im Internet, bei der verschiedene Dienste in eine Benutzerschnittstelle zusammengelegt bzw. verschmolzen sind.[23]

---

[18] Vgl. hierzu Rösch 2004:74ff.
[19] Vgl. auch Rosemann 2003:13; 16. Je nach Disziplin können noch spezifische Typen dazukommen, so etwa Börsen für gebrauchte Maschinen in der Virtuellen Fachbibliothek Technik (ViFaTec).
[20] Dieses Format wurde im Projekt META-LIB entwickelt, dessen Ergebnisse in einer Kurzfassung unter http://www2.sub.uni-goettingen.de/metacore/empfehlungen/core_set.pdf publiziert sind. Projektträger waren u.a. die DDB und die SUB Göttingen (vgl. Wessel/Weiß 2001).
[21] Vgl. ebd.:304.
[22] Sämtliche hier genannten ViFas sind über den einheitlichen Einstiegspunkt erreichbar. Ein Überblick über realisierte und geplante ViFas mitsamt ihren Trägern findet sich in DFG:340ff.
[23] Vgl. zu diesem Thema v.a. Rösch 2001.

Portale halten i.d.R. leistungsfähige Suchwerkzeuge vor, verdichten große Informationsmengen (u. U. inhaltlich erschlossen und bewertet) und stellen Kommunikationsmöglichkeiten bereit. Dabei unterscheiden sie sich von sonstigen Suchdiensten im Internet vor allem durch ihre *Personalisierungsfunktion,* die letztlich das wesentliche definitorische Merkmal ausmacht.[24]

Portale werden als Suchdienste der dritten Generation gehandelt (die erste stellen Suchmaschinen und Web-Verzeichnisse, die zweite Metasuchdienste dar). Sie sind entweder auf einen breiten Massenmarkt mit unspezifischer Zielgruppe orientiert (horizontales Portal) oder konstituieren sich entlang eines bestimmten Gegenstands (vertikales Portal). Sie werden von Suchdiensten, Internet Service Providern, Browserherstellern oder Medienkonzernen angeboten. Eine der ersten Einrichtungen im Internet, die ihr Angebot zum Portal ausweiteten, war der Suchdienst *Yahoo!* (Stichwort: *My Yahoo!*[25]). Je nach Gegenstandsbereich lassen sich Internet-, Unternehmens- und Fachportale unterscheiden. Beispiel für ein Subject Gateway auf dem Weg zu einem Fachportal ist SOSIG.[26]

S O S I G ist ein sozialwissenschaftlicher Fachinformationsdienst aus England. Der Zugang zu den Quellen erfolgt über eine Systematik. Die Quellen werden teilweise sehr ausführlich beschrieben und mittels Klassifikation und Thesaurus erschlossen. Auch formale Metadaten werden verzeichnet (Dokumentart, Kontaktadresse, Sprache). SOSIG stellt einen (kostenlosen) personalisierten Zugang zur Verfügung, der die Erstellung eines persönlichen Interessenprofils ermöglicht. Dieses wiederum ist die Grundlage für die regelmäßige Benachrichtigung über neue Websites, Konferenzen, Fortbildungen usw. sowie die auf das Profil abgestimmte Suche nach solchen Informationen. Zudem ermöglicht dieser Zugang die Bekanntmachung eigener Informationsangebote und die Suche nach Personen mit den gleichen Interessenschwerpunkten.

→ Abb. 15-4/http://sosig.esrc.bris.ac.uk/grapevine/User

---

[24] Dieses Verständnis entspricht, wie Rösch (2004:79) ausführt, eher der anglo-amerikanischen Auffassung von 'Portal', wohingegen unter diesem Begriff in Deutschland zumeist lediglich der einheitliche Zugang zu bestimmten Ressourcen verstanden wird.

[25] Yahoo!/Login: http://de.my.yahoo.com/

[26] Alternative Bezeichnung für Fachportal: 'Wissenschaftsportal'. Krause (2004:76) verwendet 'Fachportal' allerdings als Teilbegriff von 'Wissenschaftsportal'. Englische Bezeichnung: subject portal (Rösch 2004a:181)

Abb. 15-4: *Homepage von SOSIG. Unter dem Menüpunkt 'My Account' ist ein personalisierter Zugang möglich (URL: http://sosig.esrc.bris.ac.uk/).*

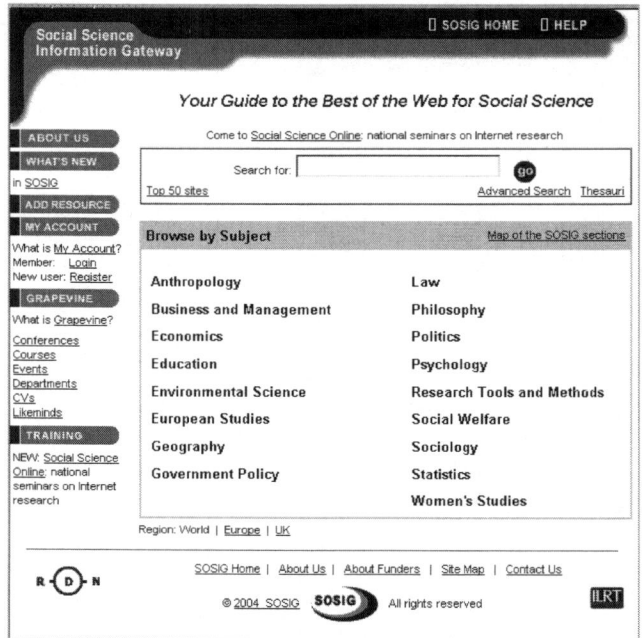

4 Übergreifende Suchdienste

„Standardisierung ist von der verbleibenden Heterogenität her zu denken."[27]

Das rasante Wachstum von Fachinformation im Internet und die vielfältigen Ansätze ihrer Sammlung und Erschließung rufen um so dringlicher die Frage nach ihrer Integration auf die Tagesordnung. Dabei geht es darum, unter den Bedingungen dezentraler und in vielerlei Hinsicht heterogener Systeme einheitliche Zugriffsmöglichkeiten auf Fachinformationsquellen zu schaffen, ohne sich von Qualitätskriterien wie Precision und Recall verabschieden zu müssen, aber auch ohne den einzelnen Systemen ihre Spezifität zu nehmen. Einheitliche Metadatenformate wie das DC-Format sind für derartige Standardisierungsbemühungen ebenso Voraussetzung wie Dokumentationssprachen von universaler Reichweite (z.B. die DDC).[28] Im folgenden geht es darum, mit *Renardus* und *Vascoda* zwei dieser Integrationsansätze vorzustellen.

---

[27] Krause 2004:80
[28] Vgl. hierzu vor allem Krause/Niggemann/Schwänzl 2003:27.

288

Vascoda bietet einen fächerübergreifenden öffentlichen Einstiegspunkt für die Suche nach Fachinformation. Der Fachinformationsdienst wird vom BMBF und der DFG gefördert. Er ist seit der IFLA 2003 im Internet zugänglich und führt Informationsdienstleistungen von annähernd vierzig Bibliotheken, Forschungseinrichtungen und Informationsvermittlungsstellen zusammen. Zum Zeitpunkt seiner Freischaltung waren 23 Virtuelle Fachbibliotheken, die vier deutschen Informationsverbünde[29] sowie die Elektronische Zeitschriftenbibliothek (EZB)[30] in Vascoda eingebunden. Seit April 2004 ist das zweite Release mit erweiterter Suchfunktionalität online. Perspektivisch sollen auch noch die Bibliotheksverbünde hinzukommen. Unter einer einheitlichen Oberfläche bietet Vascoda Zugang zu einer großen Menge an qualitätsgeprüften Fachinformationsquellen, die meisten davon kostenfrei. Es werden aber auch kostenpflichtige Informationen (etwa aus kommerziellen Datenbanken) zugänglich gemacht. Der Dienst trägt damit zu einer zuverlässigen und effizienten Informations- und Literaturversorgung bei und soll den Grundbaustein auf dem Weg zu einer 'Digitalen Bibliothek Deutschland' legen.[31] Ein zentrales Problem ist dabei das Nebeneinander unterschiedlicher Philosophien im Umgang mit und im Zugang zu Informationen: Während die Virtuellen Fachbibliotheken der Open-Access-Bewegung verpflichtet sind, verfolgen die Informationsverbünde eine kommerzielle Strategie.[32]

→ http://www.vascoda.de/

---

[29] Informationsverbünde konstituieren sich entlang einer oder benachbarter Wissenschaftsdisziplinen. Ihre Entwicklung wurde vom BMBF angestoßen und dient in erster Linie dazu, dem Nutzer auch den direkten Zugang zu elektronischen Volltexten zu ermöglichen: „Ein Informationsverbund ist eine Kooperation zwischen Datenbankanbietern, Bibliotheken und Forschungseinrichtungen eines Fachgebiets, die gemeinsam eine Dienstleistung zur Literatur- und Informationsversorgung für dieses Fach aufbauen und betreiben. Dabei ist das Angebot von elektronischen Volltexten von zentraler Bedeutung." (Rosemann 2003:13). Die Dienstleistungen sind i.d.R. kostenpflichtig. Es existieren die folgenden vier Informationsverbünde: *GetInfo* (für Technik und Naturwissenschaften), *EconDoc* (für Wirtschaftsinformation), *Informationsverbund Medizin* und *Infoconnex* (Informationsverbund Pädagogik–Sozialwissenschaften–Psychologie). Vgl. Schöning-Walter 2003:6;12; Rosemann 2003:13f.

[30] Die EZB ist ein kooperatives Informationssystem, an dem über zweihundert Bibliotheken beteiligt sind. Sie stellt elektronische, im Internet publizierte Zeitschriften bereit (vgl. eine Notiz im Bibliotheksdienst Nr. 8/9 2003:1131).

[31] Vgl. auch Müller/Bredemeier 2003.

[32] Vgl. hierzu z.B. den Thread in der Inetbib vom August 2003: http://www.ub.uni-dortmund.de/listen/inetbib/msg21913.html.

Renardus war ein Projekt der EU im Rahmen des Programms „Promoting a user-friendly Information Society". Es waren zwölf Projektpartner verteilt auf sieben Länder daran beteiligt, nämlich Dänemark, Deutschland, Finnland, Frankreich, Großbritannien, Niederlande, Schweden. Es ging darum, einen einheitlichen, zentralen Zugang für das integrierte Searching und Browsing in verschiedenen Subject Gateways möglich zu machen. Projektpartner auf deutscher Seite waren die SUB Göttingen, die DDB und die *Zentralstelle für Agrardokumentation und -information* (ZADI). Das Projekt begann im Januar 2000 und endete im Juni 2002.[33]

Als Alternative zu herkömmlichen Suchmaschinen konzipiert, bietet Renardus eine auf Fachinformation ausgerichtete interdisziplinäre Suche. Bereits existierende Subject Gateways wurden unter einer Suchoberfläche zusammengeschlossen, die bereits vorhandenen Bestände an qualitätskontrollierten Metadaten über eine Schnittstelle dem Nutzer für das Searching und Browsing angeboten. Die Grundidee dabei war, einen großen Datenbestand gemeinsam nutzen zu können, aber nur den eigenen kleinen Datenpool pflegen zu müssen. Die Identität der einzelnen Subject Gateways sollte dabei so weit wie möglich gewahrt bleiben.

Da sich nun das Cross-Browsing wesentlich voraussetzungsvoller gestaltet als das Cross-Searching, galt es als wesentliche Aufgabe, eine einheitliche Browsing-Struktur zu finden und die jeweiligen Systematiken der beteiligten Subject Gateways darauf abzubilden. Diese einheitliche Struktur wurde in der DDC gefunden.[34]

Die zweite wesentliche Aufgabe bestand in der Entwicklung eines einheitlichen Metadatenformats. Hier griff man im wesentlichen auf das DC-Format zurück, denn viele Subject Gateways haben ihr Metadatenformat ohnehin auf der Basis von DC entwickelt und einige spezielle Elemente zusätzlich definiert. Bei der Definition des Kernsets wurden internationale Standards, Normen und Regelansetzungen berücksichtigt. Das Application Profile von Renardus besteht aus acht formal-inhaltlichen und zwei administrativen Metadatenelementen. Bei denen zu Form und Inhalt handelt es sich um: *title, creator, description, subject, identifier, language, type, country* (letzteres ist nicht Bestandteil von DC). Für jedes Metadatenelement wurde der Grad der Verbindlichkeit vorgegeben. Verpflichtend sind: *title, subject, description, identifier.* Auf dieses Format mußten die lokalen Metadatenformate der beteiligten Partner nun entsprechend abgebildet werden.

---

[33]   Vgl. hierzu vor allem Becker/Neuroth 2002.
[34]   Vgl. hierzu auch Koch 2000:32; Becker/Neuroth 2002:140f.

Der Zugriff auf die Daten erfolgt über ein zentrales Webportal, dahinter liegt der sog. Renardusbroker, der dynamisch Ergebnislisten generiert. Eine feldbezogene Suche ist in den Feldern *title, subject* und *description* möglich. Des weiteren läßt sich die Suche nach Informationstypen und Subject Gateways einschränken. Auf die DDC kann nur verbal zugegriffen werden, die Notation darf aus lizenzrechtlichen Gründen nicht abgebildet werden.

→ http://www.renardus.org/index.html

5 Zusammenfassung

- Fachinformationsdienste im Internet, die sich an einer bestimmten Disziplin, einer Teildisziplin oder einer Gruppe von Disziplinen konstituieren, können ihrem Typ nach Subject Gateways, Virtuelle Fachbibliotheken oder Fachportale sein.

- Subject Gateways sammeln und erschließen qualitätskontrollierte Internetquellen. Sie sind zumeist das Herzstück Virtueller Fachbibliotheken, die darüber hinaus noch zusätzliche Informationsdienstleistungen anbieten. Fachportale wiederum zeichnen sich durch ihre Personalisierungsfunktion aus.

- Modellhafte Subject Gateways im deutschen Sprachraum sind die Special Subject Guides der SUB Göttingen. Ein traditionsreiches interdisziplinäres Subject Gateway, das seine Quellen mit Hilfe der DDC erschließt, ist BUBL. SOSIG wiederum ist der Prototyp eines Fachportals.

- Virtuelle Fachbibliotheken sind in Deutschland bereits für viele Gegenstandsbereiche realisiert. Sie richten sich nicht nur an Wissenschaftsdisziplinen, sondern auch an geographischen bzw. kulturellen Räumen oder an Sprachräumen aus.

- Moderne Integrationsbemühungen zielen darauf, die Spezifik der einzelnen Fachinformationsdienste zu wahren und gleichzeitig eine einheitliche, d.h. vor allem eine disziplinen-, ressourcen- und einrichtungsübergreifende Suche auf der Grundlage kleinster gemeinsamer Nenner zu realisieren. Dafür sind einheitliche Metadatenformate eine wichtige Voraussetzung.

- Ein interdisziplinäres Integrationsprojekt für die Suche nach Fachinformation im deutschen Sprachraum ist Vascoda. Renardus wiederum ermöglicht die integrierte fächerübergreifende Suche in europäischen Subject Gateways.

6 Literatur zum Thema

Becker, Hans Jürgen u.a. 2002: Die Virtuelle Bibliothek als Schnittstelle für eine fachübergreifende Suche in den einzelnen Virtuellen Fachbibliotheken, in: Bibliotheksdienst 36 (2002) 1: 35-51

Becker, Hans Jürgen/Neuroth, Heike 2002: Crosssearchen und crossbrowsen von „Quality-controlled Subject Gateways" im EU-Projekt Renardus, in: ZfBB 49 (2002) 3: 133-146

Gietz, Peter 2001: Expertise über Quality Controlled Subject Gateways und fachwissenschaftliche Portale in Europa:
http://www.dl-forum.de/dateien/subjectgateways.pdf

Koch, Traugott 2000: Quality-controlled subject gateways: definitions, typologies, empirical overview, in: Online Information Review 24 (2000) 1: 24-34

Roseman, Uwe 2003: Die Arbeitsgruppe der Informationsverbünde und die Virtuellen Fachbibliotheken: Beginn einer wunderbaren Zusammenarbeit?!, in ZfBB 50 (2003) 1: 13-18

Rösch, Hermann 2001: Portale in Internet, Betrieb und Wissenschaft. Marktplatz und Instrument des Kommunikations- und Wissensmanagements, in: B.I.T. online 4 (2001) 3: 237-246

Rösch, Hermann 2004: Virtuelle Fachbibliotheken – in Zukunft Fachportale? Bestandsaufnahme und Entwicklungsperspektiven, in: IWP 55 (2004) 2: 73-80.

Rösch, Hermann 2004a: Linklisten, Subject Gateways, Virtuelle Fachbibliotheken, Bibliotheks- und Wissenschaftsportale. Typologischer Überblick und Definitionsvorschlag, in: B.I.T. online 7 (2004) 3: 177-188

Schöning-Walter, Christa 2003: Die DIGITALE BIBLIOTHEK als Leitidee: Entwicklungslinien in der Fachinformationspolitik in Deutschland, in: ZfBB 50 (2003) 1: 4-12

Literaturverzeichnis

Zeitschriftenkürzel:

Bibliothek	Bibliothek. Forschung und Praxis
BuB	Buch und Bibliothek
IWP	Information – Wissenschaft und Praxis. Bis einschl. 2001 zitiert als nfd.
JDOC	Journal of Documentation
nfd	Nachrichten für Dokumentation. Ab 2002 zitiert als IWP
ZfBB	Zeitschrift für Bibliothekswesen und Bibliographie

Art & Architecture Thesaurus, published on behalf of The Getty Art History Information Program, 2nd ed., New York/Oxford 1994: Oxford University Press

Aitchison, Jean/Gilchrist, Alan/Bawden, David 2000: Thesaurus construction and use: a practical manual, 4th ed., London: ASLIB

Bargheer, Margo 2003: Quality Control and Evaluation of Scientific Web Resources, in: Bibliothek 27 (2003) 3: 153-169

Becker, Hans Jürgen u.a. 2002: Die Virtuelle Bibliothek als Schnittstelle für eine fachübergreifende Suche in den einzelnen Virtuellen Fachbibliotheken, in: Bibliotheksdienst 36 (2002) 1: 35-51

Becker, Hans Jürgen/Neuroth, Heike 2002: Crosssearchen und crossbrowsen von „Quality-controlled Subject Gateways" im EU-Projekt Renardus, in: ZfBB 49 (2002) 3: 133-146

Beier, Heiko 2004: Semantische Netze als Mittel gegen die Informationsflut, in: IWP 55 (2004) 3:133-138

Beling, Gerd/Wersig, Gernot 1980: Register, in: Laisiepen, Klaus, Lutterbeck, Ernst, Meyer-Uhlenried, Karl-Heinrich: Grundlagen der praktischen Information und Dokumentation. Eine Einführung, 2., völ. neubearb. Aufl., München u.a.: K G Saur: 426-450

Buchanan, Brian 1989: Bibliothekarische Klassifikationstheorie, München u.a.: K G Saur

Burkart, Margarete 2004: Thesaurus, in: Kuhlen, Rainer/Seeger, Thomas/Strauch, Dieter (Hg.) 2004: Grundlagen der praktischen Information und Dokumentation, 5. völ. neu gef. Aufl., München u.a.: K G Saur: 141-154

Buske, Helmut 1997: Vom Glanz und Elend der Register, in: Philobiblon 41 (1997) 1: 31-46

Cleveland, Donald B./Cleveland, Ana D. 2001: Introduction to Indexing and Abstracting, 3rd ed., Englewood, Colorado: Libraries Unlimited

Dahmen, Elisabeth 2001: Klassifikation als Ordnungssystem im elektronischen Pressearchiv, in: Info 7, 1/2001: 34-39

[DFG]: Deutsche Forschungsgemeinschaft, Gruppe ›Wissenschaftliche Literaturversorgungs- und Informationssysteme‹ (LIS): Das DFG-System der überregionalen Sammelschwerpunkte im Wandel. Weitere Schritte zur Umsetzung des Memorandums zur Weiterentwicklung der überregionalen Literaturversorgung, in: ZfBB 51 (2004) 5-6: 328-345

DIN 1426: Inhaltsangaben von Dokumenten. Kurzreferate, Literaturberichte, Stand: Oktober 1988

DIN 1463-1: Erstellung und Weiterentwicklung von Thesauri. Einsprachige Thesauri, Stand: November 1987

DIN 1463-2: Erstellung und Weiterentwicklung von Thesauri. Mehrsprachige Thesauri, Stand: Oktober 1993

DIN 2330: Begriffe und Benennungen. Allgemeine Grundsätze, Stand: Dezember 1993

DIN 2331: Begriffssysteme und ihre Darstellung, Stand: April 1980

DIN 2342-1: Begriffe der Terminologielehre. Grundbegriffe, Stand: Oktober 1992

DIN 5007-1 (Entwurf): Ordnen von Schriftzeichenfolgen – Teil 1: Allgemeine Regeln für die Aufbereitung (ABC-Regeln), Stand: Mai 2004

DIN 31 623-1: Indexierung zur inhaltlichen Erschließung von Dokumenten. Begriffe, Grundlagen, Stand: September 1988

DIN 31 623-2: Indexierung zur inhaltlichen Erschließung von Dokumenten. Gleichordnende Indexierung mit Deskriptoren, Stand: September 1988

DIN 31 623-3: Indexierung zur inhaltlichen Erschließung von Dokumenten. Syntaktische Indexierung mit Deskriptoren, Stand: September 1988

DIN 31 630-1: Registererstellung. Begriffe, Formale Gestaltung von gedruckten Registern, Stand: Juni 1988

DIN 31 631-1: Kategorienkatalog für Dokumente. Begriffe und Gestaltung, Stand: Januar 1984

DIN 32 705: Klassifikationssysteme. Erstellung und Weiterentwicklung von Klassifikationssystemen, Stand: Januar 1987

DDC – Machbarkeitsstudie 2000: Einführung und Nutzung der Dewey Decimal Classification (DDC) im deutschen Sprachraum, vorgelegt v. der Arbeitsgruppe klassifikatorische Erschließung, i.A. der Konferenz für Regelwerksfragen, Frankfurt/M.

Düro, Michael/Schweibenz, Werner 2002: Metadaten für Museen, in: IWP 53 (2002) 6: 339-346

Dürr, Frank 2003: Herausforderung für die Aus- und Fortbildung. Anforderungen an Mediendokumentare in Zeiten der Rationalisierung, in Info 7, 2/2003: 81-84

Eisen, Christine 2001: Vergleich und Aufbau einer Konkordanz zwischen dem Thesaurus Sozialwissenschaften und dem Thesaurus of Sociological Indexing Terms, IID-Hausarbeit

Europäischer Thesaurus Bildungswesen; hg. von der Kommission der Europäischen Gemeinschaften; Fassung in deutscher Sprache, 1998

Eversberg, Bernhard 2003: Eine seltene Sache. Erwartung und Ernüchterung bei der thematischen Katalogsuche: http://www.allegro-c.de/regeln/cosarara.htm

Foskett, Antony Charles 1996: The subject approach to information, 5th ed., London: Library Association Publishing

Frommeyer, Jutta 2000: Aufbau einer Internetpräsenz für Spezialbibliotheken. Die Entwicklung von HTML-Seiten am Beispiel der Gutenberg-Gesellschaft, in: Bibliothek 24 (2000) 2: 201-211

Fugmann, Robert 1992: Theoretische Grundlagen der Indexierungspraxis, (Fortschritte in der Wissensorganisation, Bd. 1), Frankfurt/M.: Indeks Verlag

Fugmann, Robert 1999: Inhaltserschließung durch Indexieren: Prinzipien und Praxis, (Reihe Informationswissenschaft der DGD, Bd. 3), Frankfurt/M.: DGD

Gaese, Volker/Geisler, Stefan/Peters, Günter 2002: Das Projekt „DocCat" – Ein automatisches Verschlagwortungssystem in der Gruner + Jahr Textdokumentation, in: Info 7, 1/2002: 22-29

Gaus, Wilhelm 2003: Dokumentations- und Ordnungslehre. Theorie und Praxis des Information Retrieval, 4., überarb. u. erw. Aufl., Berlin u.a.: Springer

Gietz, Peter 2001: Expertise über Quality Controlled Subject Gateways und fachwissenschaftliche Portale in Europa: http://www.dl-forum.de/dateien/subjectgateways.pdf

Gilchrist, Alan 2002: Thesauri, taxonomies and ontologies – an etymological note, in: JDOC 59 (2003) 1: 7-18

Gödert, Winfried 1991: Verbale Inhaltserschließung. Ein Übersichtsartikel als kommentierter Literaturbericht, in: Mitteilungsblatt des Verbandes der Bibliotheken des Landes Nordrhein-Westfalen 41 (1991) 1: 1-27

Gödert, Winfried 1998: Surfen, Suchen, Finden. Neue Herausforderungen an die Informationserschließung, in: BuB 50 (1998) 5: 320-325

Gödert, Winfried 2002: „Die Welt ist groß – Wir bringen Ordnung in diese Welt". Das DFG-Projekt DDC Deutsch, in: IWP 53 (2002) 7: 395-400

Greiner, Götz 1978: Allgemeine Ordnungslehre, Frankfurt/M.: Eigenverl.

Grummann, Martin 2000: Sind Verfahren zur maschinellen Indexierung für Literaturbestände Öffentlicher Bibliotheken geeignet? Retrievaltests von indexierten ekz-Daten mit der Software IDX, in: Bibliothek 24 (2000) 3: 297-318

Haag, Markus 2002: Automatic Text Summarization, in: Schmidt, Ralph (Hg.): Content in Context – Perspektiven der Informationsdienstleistung (Proceedings zur 24. Online-Tagung der DGI): 235-249

Haffner, Dorothee 2001: Ein kunsthistorischer Thesaurus für die Diathek, in: AKMB-news 7 (2001) 2: 23-26

Hamdorf, Kai 2001: Wer katalogisiert das Web? Dokumentarische Arbeit als Big Business und Freiwilligen-Projekt, in: nfd 52 (2001) 5: 263-270

Hamdorf, Kai 2004: Jenseits von Google – Erschließung und Recherche von Internet-Angeboten durch Webkataloge, in: IWP 55 (2004) 4: 221-224

Heiner-Freiling, Magda 2001: DDC Deutsch 22 – formale, terminologische und inhaltliche Aspekte einer deutschen DDC-Ausgabe, in: ZfBB 48 (2001) 6: 333-339

Heiner-Freiling, Magda 2002: Dewey in der Deutschen Nationalbibliographie?, in: Bibliotheksdienst 36 (2002) 6: 709-715

Hellweg, Heiko u.a. 2002: DBClear: A generic System for Clearinghouses, in: Adamczak, Wolfgang/Nase, Annemarie (Hg.): Gaining Insight from Research Information: Proceedings of the 6th International Conference on Current Research Information Systems, University of Kassel, August 29-31, 2002, Kassel: Kassel University Press: 131-139: http://www.uni-kassel.de/CRIS2002/programme_abstract.ghk?id=78

Hermes, Thorsten/Ioannidis, George/Miene, Andrea 2002: Wie kommt das Bild in die Datenbank? Inhaltsbasierte Analyse von Bildern und Videos, in: IWP 53 (2002) 1: 15-21

Hermes, Thorsten u.a. 2003: Automatische Indexierung von multimedialen Dokumenten, in: Info 7, 2/2003: 101-108

Hudon, Michèle 2003: True and testes products: thesauri on the Web, in: The Indexer 23 (2003) 3: 115-119

Hunter, Eric J. 2002: Classification made simple, 2nd ed., Aldershot, Haunts (UK): Ashgate

INFODATA-Thesaurus; hg. vom Informationszentrum für Informationswissenschaft und -praxis (IZ) der Fachhochschule Potsdam, Oktober 2000

ISO 214-1976: Documentation – Abstracts for publications and documentation

ISO 704-2000: Terminology work – Principles and methods

ISO 999-1996: Information and documentation – Guidelines for the content, organization and presentation of indexes

ISO 2788-1986: Documentation – Guidelines for the establishment and development of monolingual thesauri

ISO 5127-2001: Information and Documentation – Terminology

ISO 5963-1985: Documentation – Methods for examining documents, determining their subjects, and selecting indexing terms

ISO 5964-1985: Documentation – Guidelines for the establishment and development of multilingual thesauri

Jansen, Rolf 1993: Thesaurusrelationen als instrumentelle Hilfsmittel für Hypertext und Wissensbanken?, in: nfd 44 (1993) 1: 7-14

Kamphusmann, Thomas 2002: Text-Mining. Eine praktische Marktübersicht, Düsseldorf: Symposium Publishing GmbH

Kiel, Ewald/Rost, Friedrich 2002: Einführung in die Wissensorganisation. Grundlegende Probleme und Begriffe, Würzburg: Ergon

Knorz, Gerhard 1994: Automatische Indexierung, in: Hennings, Ralf-Dirk u.a.: Wissensrepräsentation und Information-Retrieval (Modellversuch BETID, Lehrmaterialien Nr. 3), Potsdam: 138-198

Knorz, Gerhard 1997: Indexieren, Klassieren, Extrahieren, in: Buder, Marianne u.a. (Hg.) 1997: Grundlagen der praktischen Information und Dokumentation, 4. völ. neu gef. Aufl., München u.a.: K G Saur: 120-140

Knorz, Gerhard 2004: Informationsaufbereitung II: Indexieren, in: Kuhlen, Rainer/Seeger, Thomas/Strauch, Dieter (Hg.) 2004: Grundlagen der praktischen Information und Dokumentation, 5. völ. neu gef. Aufl., München u.a.: K G Saur: 179-188

Knudsen, Holger 1999: Brauchen wir die Dewey-Dezimalklassifikation?, in: Bibliotheksdienst 33 (1999) 3: 454-461

Koch, Traugott 1996: Suchmaschinen im Internet (Vortrag am 11.3.1996 im Rahmen von: Weiter auf dem Weg zur virtuellen Bibliothek! Bibliotheken nutzen das Internet. Erste INETBIB-Tagung in der Universitätsbibliothek Dortmund): http://www.lub.lu.se/tk/demos/DO9603-manus.html

Koch, Traugott 1997: Verbesserung der Recherchemöglichkeiten im Internet – internationaler Überblick. 19. Online-Tagung der Deutschen Gesellschaft für Dokumentation, Frankfurt/Main: http://www.ub2.lu.se/tk/demos/DGD97.html

Koch, Traugott 1998: Nutzung von Klassifikationssystemen zur verbesserten Beschreibung, Organisation und Suche von Internetressourcen, in: BuB 50 (1998) 5: 326-335

Koch, Traugott 2000: Quality-controlled subject gateways: definitions, typologies, empirical overview, in: Online Information Review 24 (2000) 1: 24-34

Köpcke, Andrea 2002: Ontologien – inhaltliche Erschließung in elektronischen Umgebungen, in: Schmidt, Ralph (Hg.): Content in Context – Perspektiven der Informationsdienstleistung (Proceedings zur 24. Online-Tagung der DGI): 323-339

Krause Jürgen 2004: Konkretes zur These, die Standardisierung von der Heterogenität her zu denken, in: ZfBB 51 (2004) 2: 76-89

Krause, Jürgen/Niggemann, Elisabeth/Schwänzl, Roland 2003: Normierung und Standardisierung in sich verändernden Kontexten: Beispiel Virtuelle Fachbibliotheken, in: ZfBB 50 (2003) 1: 19-28

Kuhlen, Rainer 1980: Linguistische Grundlagen, in: Laisiepen, Klaus, Lutterbeck, Ernst, Meyer-Uhlenried, Karl-Heinrich: Grundlagen der praktischen Information und Dokumentation. Eine Einführung, 2., völ. neubearb. Aufl., München u.a.: K G Saur: 675-728

Kuhlen, Rainer 2004: Informationsaufbereitung III: Referieren (Abstracts – Abstracting – Grundlagen), in: Kuhlen, Rainer/Seeger, Thomas/Strauch, Dieter (Hg.) 2004: Grundlagen der praktischen Information und Dokumentation, 5. völ. neu gef. Aufl., München u.a.: K G Saur: 189-206

Kunze, Horst 1992: Über das Registermachen, 4., erw. u. verbess. Aufl., München u.a.: K G Saur

Laisiepen, Klaus 1980: Klassifikation, in: Laisiepen, Klaus, Lutterbeck, Ernst, Meyer-Uhlenried, Karl-Heinrich: Grundlagen der praktischen Information und Dokumentation. Eine Einführung, 2., völ. neubearb. Aufl., München u.a.: K G Saur: 299-350

Lancaster, Frederick W. 1998: Indexing and abstracting in theory and practice, 2nd ed., London: Library Association Publishing

Lang, Friedrich H. 1980: Inhaltserschließung, in: Laisiepen, Klaus, Lutterbeck, Ernst, Meyer-Uhlenried, Karl-Heinrich: Grundlagen der praktischen Information und Dokumentation. Eine Einführung, 2., völ. neubearb. Aufl., München u.a.: K G Saur: 246-298

Lee, J. D. 2002: The father of British indexing: Henry Benjamin Wheatley, in: The Indexer 23 (2002) 2: 86-91

Leesch, Klaus 2002: Teilautomatisches Erschließen. Workshop des WDR Printarchivs im Benehmen mit der Fachgruppe 7 des VDA in Köln am 30./31.10.2002, in: Info 7, 3/2002: 144-152

Leesch, Klaus 2003: Teilautomatische Erschließung in Pressearchiven – Markt, Produkte, Tests und Anwendungen, in: Info 7, 2/2003: 96-100

Lepsky, Klaus 1998: Im Heuhaufen suchen – und finden. Automatische Er-schließung von Internetquellen: Möglichkeiten und Grenzen, in: BuB 50 (1998) 5: 336-340

Lepsky, Klaus 1998a: Sacherschließung ohne RSWK? Neue Praxis an der Universitäts- und Landesbibliothek Düsseldorf, in: ProLibris 2/98: 112-114

Lepsky, Klaus/Zimmermann, Harald H. 2000: Katalogerweiterung durch Scanning und automatische Dokumenterschließung, in: ZfBB 47 (2000) 4: 305-316

Lewandowsky, Dirk 2001: „Find what I mean not what I say". Neuere An-sätze zur Qualifizierung von Suchmaschinen-Ergebnissen, in: BuB 53 (2001) 6/7: 381-386

Lewandowsky, Dirk 2004: Abfragesprachen und erweiterte Funktionen von WWW-Suchmaschinen, in IWP 55 (2004) 2: 97-102

Lorenz, Bernd 1998: Klassifikatorische Sacherschließung. Eine Einführung (Bibliotheksarbeit 5), Wiesbaden: Harrassowitz Verlag

Mader, Ute/Leesch, Klaus 2002: DC-Electra und die PAN-Erschließung. Ein Test mit einer Software zur (teil-)automatischen Erschließung, in: In-fo 7, 3/2002: 153-162

Makarov, Mikhail 2004: The process of reforming the International Patent Classification, in: World Patent Information 26 (2004): 137-141

Maltby, Arthur/Marcella, Rita (Hg.) 2000: The future of classification, Al-dershot: Gower

Manecke, Hans-Jürgen 2004: Klassifikation, Klassieren, in: Kuhlen, Rai-ner/Seeger, Thomas/Strauch, Dieter (Hg.) 2004: Grundlagen der prakti-schen Information und Dokumentation, 5. völ. neu gef. Aufl., München u.a.: K G Saur: 127-139

Miller, Uri/Teitelbaum, Ruth 2002: Pre-Coordination and Post-Coordination: Past and Future, in: Knowledge Organization 29 (2002) 2: 87-93

Moens, Marie-Francine 2000: Automatic Indexing and Abstracting of Document texts, Boston/Dordrecht/London: Kluwer Academic Pub-lishers

Müller, Patrick/Bredemeier, Willi 2003: Willkommen, Vascoda, in: Pass-word 9/2003: 2f

Neuroth, Heike 2002: Suche in verteilten „Quality-controlled Subject Gateways". Entwicklung eines Metadatenprofils, in: Bibliothek 26 (2002) 3: 275-296

Nohr, Holger 1997: Internationale Normenklassifikation (ICS), in: nfd 48 (1997) 2: 87-90

Nohr, Holger 1999: Inhaltsanalyse, in: nfd 50 (1999) 2: 69-78

Nohr, Holger 2003: Grundlagen der automatischen Indexierung. Ein Lehrbuch. Berlin: Logos

Pincoe, Ruth 2003: Apples, Pears and Oranges: Three important books on indexing, in: The Indexer 23 (2003) 3: 124-128

Pinto, Maria 2003: Abstracting/abstract adaptation to digital environments: research trends, in: JDOC 59 (2003) 5: 581-608

Ratzek, Wolfgang 2003: Synopse einer Informations- und Wissensgesellschaft. Zeichenbasierte Kommunikation, in B.I.T. online 6 (2003) 2: 137-144

Regelwerk Fernsehen: Richtlinien für die Formalbeschreibung, Inhaltserschließung und Feststellung der Archivwürdigkeit von Fernsehproduktionen; Fassung August 1991; mit neuesten Ergänzungen Dezember 2001

Regelwerk Hörfunk Wort: Richtlinien für die Formalbeschreibung, Inhaltserschließung und Feststellung der Archivwürdigkeit von Wortproduktionen; 2., ergänzte Aufl., Stuttgart 1993

Reimer, Ulrich 2004: Wissensbasierte Verfahren der Organisation und Vermittlung von Information, in: Kuhlen, Rainer/Seeger, Thomas/Strauch, Dieter (Hg.) 2004: Grundlagen der praktischen Information und Dokumentation, 5. völ. neu gef. Aufl., München u.a.: K G Saur: 155-166

Rodejohann, Jo 1987: Probleme mit politisch geprägten Benennungen von Begriffen bei der Erstellung eines politikwissenschaftlichen Thesaurus, in nfd: 38 (1987) 6: 374-377

Roseman, Uwe 2003: Die Arbeitsgruppe der Informationsverbünde und die Virtuellen Fachbibliotheken: Beginn einer wunderbaren Zusammenarbeit?!, in ZfBB 50 (2003) 1: 13-18

Rösch, Hermann 2001: Portale in Internet, Betrieb und Wissenschaft. Marktplatz und Instrument des Kommunikations- und Wissensmanagements, in: B.I.T. online 4 (2001) 3: 237-246

Rösch, Hermann 2004: Virtuelle Fachbibliotheken – in Zukunft Fachportale? Bestandsaufnahme und Entwicklungsperspektiven, in: IWP 55 (2004) 2: 73-80

Rösch, Hermann 2004a: Linklisten, Subject Gateways, Virtuelle Fachbibliotheken, Bibliotheks- und Wissenschaftsportale. Typologischer Überblick und Definitionsvorschlag, in: B.I.T. online 7 (2004) 3: 177-188

RSWK: Regeln für den Schlagwortkatalog, hg. von der Konferenz für Regelwerksfragen beim Deutschen Bibliotheksinstitut, 3., überarb. und erw. Aufl., Berlin 1998

Salton, Gerald/McGill, Michael 1987: Information Retrieval – Grundlegendes für Informationswissenschaftler, Hamburg u.a.: McGraw-Hill

Schlagwortliste Arbeitsmarkt, Beruf und Berufsausbildung; hg. vom Institut für Arbeitsmarkt und Berufsforschung der Bundesanstalt für Arbeit, Nürnberg 1998

Schmitt, Julia 2001: Bildrecherche: Retrievalstrategien in der Bilddokumentation am Beispiel vom DIZ München, IID-Hausarbeit

Schramm, Reinhard 2004: Patentinformation, in: Kuhlen, Rainer/Seeger, Thomas/Strauch, Dieter (Hg.) 2004: Grundlagen der praktischen Information und Dokumentation, 5. völ. neu gef. Aufl., München u.a.: K G Saur: 643-656

Schruff, Renate/Dickhaus, Claudia 2004: Der multilinguale Thesaurus Ethik in den Biowissenschaften, in: IWP 55 (2004) 7: 411-413

Schüller, André 2002: Konkurrenz für Google? Auf der Suche nach dem Glück im Web, in: ABI-Technik 22 (2002) 2: 151-157

[SSG]: Das Sondersammelgebiets-Fachinformationsprojekt (SSG-FI) der Niedersächsischen Staats- und Universitätsbibliothek Göttingen: Geo-Guide, MathGuide, Anglo-American History Guide und Anglo-American Literature Guide (www.SUB.Uni-Goettingen.de/ssgfi/). Dokumentation – Teil 1, (DBI-Materialien 185), Berlin 1999

Standard-Thesaurus Wirtschaft; hg. von der Bibliothek des Instituts für Weltwirtschaft – Deutsche Zentralbibliothek für Wirtschaftswissenschaften u.a., 1998

Stock, Mechthild 1999: Standard-Thesaurus Wirtschaft. Ein neuer Standard der Wirtschaftsinformation?, in: Password 1/99: 22-29

Stock, Wolfgang 2000: Textwortmethode, in: Password 7-8/2000: 26-33

Tappenbeck, Inka/Wessel, Carola 2001: CARMEN: Content Analysis, Retrieval and Metadata: Effective Networking. Bericht über den middleOfTheRoad Workshop, in: Bibliotheksdienst 35 (2001) 5: 566-572

Taylor, Arlene G. 1999: The organization of information, Englewood, Colorado: Libraries unlimited

Thesaurus Sozialwissenschaften; bearb. v. Hannelore Schott; hg. vom Informationszentrum Sozialwissenschaften; Bonn 2002

[TID]: Komitee Terminologie und Sprachfragen der Deutschen Gesellschaft für Dokumentation (Hg.) 1975: Terminologie der Information und Dokumentation, (DGD-Schriftenreihe Band 4), München: Verlag Dokumentation

Tröger, Beate 1998: „Und wie halten Sie es mit der Internet-Erschließung?" Bibliothekarische Gretchenfragen von IBIS bis GERHARD; in: Bibliotheksdienst 32 (1998) 11: 1922-1930

Tröger, Beate 2001: „42!" oder: Was nutzen die besten Antworten, wenn die Fragen nicht dazu passen? Internet-Inhaltserschließung auf neuen Wegen, in: B.I.T. online 4(2001) 3: 249-254

Tröger, Beate 2004: Nutzungsanalysen im Blick auf fachliche und interdisziplinäre Webportale. Ergebnisse und Konsequenzen, in: B.I.T. online 7 (2004) 1: 21-27

Umlauf, Konrad 2000: Inhaltserschließung in Bibliotheken, (Berliner Handreichungen zur Bibliothekswissenschaft; 82), Berlin: Institut für Bibliothekswissenschaft der Humboldt-Universität zu Berlin: http://www.ib.hu-berlin.de/~kumlau/handreichungen/h82/

Umlauf, Konrad 2002: Einführung in die bibliothekarische Klassifikationstheorie und -praxis, Berlin: Institut für Bibliothekswissenschaft der Humboldt-Universität zu Berlin 1999-2002 (Berliner Handreichungen zur Bibliothekswissenschaft, 67): http://www.ib.hu-berlin.de/~kumlau/handreichungen/h67/

Vickery, Brian C. 1969: Facettenklassifikation, München-Pullach/Berlin: Verlag Dokumentation

Wätjen, Hans-Joachim 1998: GERHARD – Automatisches Sammeln, Klassifizieren und Indexieren von wissenschaftlich relevanten Informationsressourcen im deutschen World Wide Web, in: B.I.T. online 1 (1998) 4: 279-290

Weichert, Manfred 2002: „Gibt es auch Wahnsin". Benutzungsuntersuchungen an einem Hamburger WebOPC, in: Bibliothek 26 (2002) 2: 142-149

Wellisch, Hans H. 1983: 'Index': the word, its history, meanings and usages, in: The Indexer 13 (1983) 3: 147-151

Wersig, Gernot 1985: Thesaurus-Leitfaden. Eine Einführung in das Thesaurus-Prinzip in Theorie und Praxis, (DGD-Schriftenreihe; 8), 2. erw. Aufl., München/New York: K G Saur

Wessel, Carola/Weiß, Berthold 2001: META-LIB: Die Metadaten-Initiative deutscher Bibliotheken, in: Bibliothek 25 (2001) 3: 301-305

Weßner, Bernd 1980: Inhaltsangaben zur Kurzorientierung, in: Laisiepen, Klaus, Lutterbeck, Ernst, Meyer-Uhlenried, Karl-Heinrich: Grundlagen der praktischen Information und Dokumentation. Eine Einführung, 2., völ. neubearb. Aufl., München u.a.: K G Saur: 418-425

Register

Das Register erstreckt sich auf den Haupttext mitsamt Abbildungen und Tabellen, aber ohne Einleitungstexte, Zusammenfassungen und Fußnoten. Pfeile verweisen von einem Synonym auf eine Vorzugsbenennung, z.B.: *Dokumenturheber* → *Autor.* Synonyme zu einem Registereingang sind diesem in Klammern nachgestellt, z.B.: *Autor (Dokumenturheber).* Nachgestellte Zusätze in eckigen Klammern dienen der näheren Erläuterung eines Registereingangs, z.B.: *Form [als Kategorie].* Die Eingänge sind in natürlicher Wortfolge an der entsprechenden Stelle des Alphabets plaziert. Ein Eingang wie *Präkombinierte Klassifikation* findet sich also unter *P* und nicht unter *K.* Kursiv gesetzte Seitenzahlen weisen auf die Hauptfundstellen hin, die häufig eine Definition enthalten. Fundstellen in Tabellen bzw. Abbildungen sind mit einem der Seitenzahl vorangestellten T bzw. A ausgewiesen. *T123* z.B. bedeutet, daß sich der gesuchte Begriff in der Tabelle auf S. 123 findet. Das Kürzel *s.a.* (siehe auch) verweist auf einen assoziierten Registereingang.